U0527589

[美] 本·伯南克 著
(Ben S. Bernanke)
冯毅 译

# 21世纪货币政策

21st CENTURY
MONETARY POLICY
THE FEDERAL RESERVE FROM
THE GREAT INFLATION TO COVID-19

中信出版集团｜北京

图书在版编目（CIP）数据

21 世纪货币政策 /（美）本·伯南克著；冯毅译. -- 北京：中信出版社，2022.11

书名原文：21st century monetary policy: the Federal Reserve from the great inflation to COVID-19

ISBN 978-7-5217-4483-5

I. ① 2… II. ①本… ②冯… III. ①货币政策－研究－美国 IV. ① F827.120

中国版本图书馆 CIP 数据核字（2022）第 179055 号

Copyright © 2022 by Ben S. Bernanke
Simplified Chinese translation copyright © 2022 by CITIC Press Corporation
ALL RIGHTS RESERVED
本书仅限中国大陆地区发行销售

21 世纪货币政策
著者：　　[美]本·伯南克
译者：　　冯毅
出版发行：中信出版集团股份有限公司
　　　　　（北京市朝阳区惠新东街甲 4 号富盛大厦 2 座　邮编　100029）
承印者：　北京诚信伟业印刷有限公司

开本：787mm×1092mm　1/16　　印张：30　　字数：405 千字
版次：2022 年 11 月第 1 版　　　　印次：2022 年 11 月第 1 次印刷
京权图字：01-2022-5816　　　　　书号：ISBN 978-7-5217-4483-5
定价：89.00 元

版权所有·侵权必究
如有印刷、装订问题，本公司负责调换。
服务热线：400-600-8099
投稿邮箱：author@citicpub.com

# 目　录

导　读　一本了解美联储货币政策决策历史演进的好书　// 1

前　言　// 9

## 第一部分
―――― 20世纪货币政策 ――――
## 通货膨胀的起落

第一章　大通胀　// 2

第二章　伯恩斯与沃尔克　// 22

第三章　格林斯潘和繁荣的20世纪90年代　// 42

## 第二部分
―――― 21世纪货币政策 ――――
## 全球金融危机和大衰退

第四章　新世纪与新挑战　// 80

第五章　全球金融危机　// 101

第六章　新的货币制度：从QE1到QE2　// 129

第七章　货币政策的演化：QE3和缩减恐慌　// 160

## 第三部分
21世纪货币政策

# 从加息周期到新冠肺炎大流行

**第八章** 进入加息周期 // 190

**第九章** 鲍威尔和特朗普 // 216

**第十章** 新冠肺炎大流行 // 239

## 第四部分
21世纪货币政策

# 前路漫漫

**第十一章** 2008年之后美联储的工具箱：量化宽松和前瞻性指引 // 264

**第十二章** 美联储的工具箱足够了吗 // 291

**第十三章** 强有力的政策：新的工具和框架 // 312

**第十四章** 货币政策和金融稳定 // 347

**第十五章** 美联储的独立性及其社会角色 // 382

致读者 // 398

致　谢 // 399

资料来源说明 // 401

注　释 // 404

参考文献 // 431

# 导 读
## 一本了解美联储货币政策决策历史演进的好书

徐 忠

中国银行间市场交易商协会副会长

《21世纪货币政策》一书的作者是2022年诺贝尔经济学奖获得者伯南克。伯南克与其导师斯坦利·费希尔（曾任以色列央行行长和美联储副主席）均是学者兼中央银行家。伯南克在其导师启蒙下对大萧条的成因特别感兴趣，提出了金本位下货币紧缩导致了大萧条的观点；正是对大萧条的深入研究，使伯南克充分认识到金融因素在经济发展和波动中的作用，很早就提出并探讨了"金融加速器"理论。2002年，伯南克加入了美联储理事会，2008年金融危机发生时他刚好担任美联储主席，结合大萧条与货币史的研究，伯南克果断实施QE（量化宽松），推出前瞻性指引，带领美国走出了危机。尽管书名是《21世纪货币政策》，但是本书内容涵盖了美联储的产生、运作和演变，以及历任美联储主席的决策，同时作者作为资深的学者，在书中引用了大量的文献，讨论了自然失业率、中性利率、奥肯定律、长期停滞、全球储蓄过剩、菲利普斯曲线扁平化等学术概念。总之，这本书内容非常丰富，对于了解美联储的货币政策演变非常有价值，适合不同背景人士阅读。

除了受货币政策理论和认识的变化，以及客观环境变化的影响，美联储主席在货币政策决策中起到了至关重要的作用。从美联储的百年历史来看，其中既诞生了沃尔克、格林斯潘等获得世界赞誉的中央银行家，也有伯恩斯等产生较大争议的美联储主席。不同美联储主席的风格不同，对货币政策的认识不同，很大程度上决定着美国不同时期货币政策的成败，有几条线索可以关注。

### 一、美联储主席的理念一定程度上决定了货币政策操作的方向

从美联储百年货币史来看，货币政策决策要有理论基础，美联储主席对货币政策的认识至关重要。大萧条时期美联储没有很好地认识到，金本位下可能导致货币紧缩与经济通缩。伯恩斯时期将通胀成因认为是成本推动的，而非需求推动，认为通胀和货币没有关系，在货币紧缩和宽松之间采取"时断时续"的政策，这样既没有实现低通胀，也没有实现持续的低失业率。沃尔克认为通胀是和货币有关系的，必须要采取先发制人的策略。格林斯潘在1996年推迟了紧缩政策，是因为他认识到更强劲的生产率增长将缓解通胀压力。伯南克充分借鉴了大萧条的分析，在全球金融危机第一时间实施QE政策并取得了成功。

### 二、货币政策究竟是先发制人还是后发制人

抑制通胀一直是美联储最重要的目标，但不同时期的美联储主席在这个问题上的策略有明显差异，早期主要是采用先发制人的策略。20世纪50年代，时任美联储主席马丁说过："当聚会渐入佳境时收走大酒杯。"格林斯潘也提出，货币政策对通胀产生抑制效果是有时滞的，需要一年或者更长的时间，如果不能在出现通胀苗头的初期就果断采取措施，那么必然会付出更高的政策代价，从而抑制增长。这意味着，货币政策要走在市场曲线前面。从马丁到沃尔克、格林斯潘，先发制人是几任美联储主席比较坚持的，在通胀治理层面效果显著。

之后美联储主席的策略发生了转变。伯南克和耶伦的货币政策从强调先发制人控制通货膨胀，过渡到货币政策重视风险管理，再到鲍威尔逐步转向

平均通胀目标的新框架。伯南克和耶伦强调风险管理，认为危机后风险是不对称的，通胀暂时起不来，但就业的问题很难解决。耶伦认为，即使出现通胀，进程也是缓慢的，不需要采取快速的措施；同时，其任期内还有货币紧缩过急对经济产生冲击的经历。在没有过多财政刺激的情况下，货币政策强调风险管理有一定的合理性。鲍威尔在2020年8月提出了平均通胀目标的新框架，不介意通胀暂时高于目标，采用更积极的政策来确保充分就业；应对通货膨胀实际上结束了先发制人的策略，走在了市场曲线的后面。尽管耶伦时期通胀没出现什么问题，但在鲍威尔时期，美国通胀开始起来时，鲍威尔一直对外宣称通胀是暂时的，直到2021年底才改口，但通胀预期已经形成。美国居民消费价格指数在一年多时间内从2021年2月的1.7%涨到2022年6月的9.1%。

### 三、货币政策是遵循规则还是相机抉择

货币政策是遵循规则，还是相机抉择，不同美联储主席的风格也不一样。格林斯潘喜欢含糊其词，是个"讲废话的能手"，希望保留自由裁量权，认为央行不可能比市场更聪明。沃尔克不是纯粹的货币主义者，认为货币政策既是科学，也是艺术，需要随时随地根据形势的变化做出相应的调整，在实践检验中不断完善，机械僵化的做法并不可取。很多人习惯性地认为，沃尔克的成功，实际上就是1976年诺贝尔经济学奖得主米尔顿·弗里德曼货币主义理论的成功；沃尔克倡导的"限制货币供给数量"的实践做法，完全就是弗里德曼倡导的"固定货币供给增长率规则"的现实版本。但沃尔克认为："货币主义的政策建议——找到最佳的货币供给增长率且不论发生什么都要严格盯住——充其量只能说是天真的且危险的误导。"实际上，沃尔克上任后采用货币数量目标抑制高通胀，一个重要原因是转移公众对短期利率的关注，防止遭到对20%高利率的批评，到了1982年，沃尔克放弃了货币数量目标，回到了联邦基金利率目标。

而伯南克和耶伦更强调规则，重视透明度。他们相继引入显性的通胀目

标，发布《经济预测摘要》，每年进行几次沟通，出台前瞻性指引，规定失业率到了多少就要出台政策。伯南克时期大幅扩充《经济预测摘要》，包括对经济变量和政策利率本身更长期的预测。此外，伯南克、耶伦时期公开市场委员会会议后召开新闻发布会的频率是每个季度一次，鲍威尔时期增加到每年八次。与市场保持良好的沟通，可以引导市场预期，更好地稳定通胀。但沟通有利有弊，市场并不傻，如果美联储没有兑现承诺，就会有信誉的损失，反而起到负面的效果。

在决策方式上，格林斯潘偏向最新数据及市场人士信息驱动的决策。格林斯潘被称为"艺术大师"的经典案例是对1996年经济形势的判断。按照当时模型的估计，失业率已经低于自然失业率，按照先发制人的策略应该加息，但格林斯潘根据市场数据与小道消息判断，技术与生产率提升将有助于抑制通胀，因此延迟了加息，事后证明这是对的。相对于格林斯潘的数据信息驱动，伯南克和耶伦更偏向模型驱动的决策，这与他们强调规则和透明度是一脉相承的，但模型毕竟是抽象的结果，其是否与实际一致往往是需要验证的。20世纪70年代伯恩斯时期对自然失业率的估计就出现了偏差，实际上可能在6%，但估计成了4%，央行不断实施刺激性政策，导致了大通胀。目前，鲍威尔从模型驱动的决策再次回归格林斯潘的方式，对模型和基于经济数据、来自商业联络人以及真正"接地气"的人士的小道消息进行深入研究。

**四、央行与财政的关系**

央行避免短期的行政干预并独立制定执行货币政策，是其实现各种政策目标的前提条件。大多数国家早期财政部和央行是在一起的，美联储成立的时候跟财政部也在一起，后来，美联储理事会从财政部的办公地点搬到了位于华盛顿宪法大道上的新总部。"二战"时期，美联储的货币政策没有独立性，必须维持低利率支持政府发债。1951年，财政部和美联储达成一致，同意美联储逐步取消盯住利率的政策，使其可以自由地使用货币政策来推动宏观经济目标，为现代货币政策奠定了基础。尽管如此，美联储主席保持独立性仍然面临很多困难。马丁时期认识到长期赤字和货币宽松可能造成通胀，当1965年底失业率降至充分就业的临界水平时，马丁先发制人对付通胀，宣布将美联储的贴现率提高50个基点；美联储决议宣布后，约翰逊总统把马丁叫到得克萨斯州的农场，把他狠狠训斥了一顿；马丁面对外部压力，美联储在提高利率方面经常前后矛盾，而且常常为时过晚。伯恩斯时期之所以出现了通胀，与其屈服于政治压力、丧失独立性是有关的，伯恩斯曾担任尼克松的竞选经济顾问，货币政策确实在选举前放松了。沃尔克对独立性坚持得很好。1984年夏天，沃尔克被召集到白宫图书馆面见里根总统，里根总统没有说话，而总统办公厅主任詹姆斯·贝克对沃尔克说："总统命令你在选举前不要提高利率。"沃尔克的反应是：一句话也没说，直接走了出去。特朗普打破了过去总统不公开批评美联储政策的惯例，但鲍威尔通过与国会发展良好的关系来制衡总统的攻击，保持独立性。

　　货币与财政的关系非常重要，格林斯潘及之前的主席马丁经常评价财政政策，但之后没有得到延续。在马丁与伯恩斯时期，政府因为越南战争和"伟大社会"计划大幅扩张财政支出，不愿轻易退出刺激性的财政政策，这导致了通胀，这时仅通过货币政策解决是有问题的，马丁也与政府进行了政策上的博弈，但不够坚决。格林斯潘经常评价财政政策，在有关财政政策的辩论中扮演着重要的角色，参与制定了削减赤字的法案，并公开主张联邦政府要勒紧裤腰带。尽管因此遭受了来自国会等方面的很多批评，但他认为这些问题非常重要，付出一些代价是值得的。而到了伯南克、耶伦、鲍威尔时期，出于担心美联储的独立性，他们一般都主动避免格林斯潘式介入财政政策评价的做法。危机后，美国财政部虽然实施了TARP（不良资产救助计划），但财政有一些困难，投入不多，导致美国迟迟走不出危机。新冠肺炎疫情后，美国经济在已经转好、只是暂时出现经济停滞的情况下，拜登政府实施创纪录的财政刺激，并要求货币宽松政策配合。后来美国出现通胀，货币政策就面临两难：如果不加息，通胀会高企；反之如果过快加息，财政可持续性就有问题，同时股市泡沫可能破裂，货币政策就成了替罪羊。另外，货币政策没有其他政策的配合，单兵突进也解决不了太多的问题。全球金融危机后伯南克实施了QE，但由于缺乏结构性改革与财政支出的配合，只能不断扩大量化宽松货币政策。新冠肺炎疫情后，拜登政府刚上台时，美联储新的政策框架以及宽松政策取向并没有立即与新的财政行动相匹配，最终的效果都不好。为了保持央行的独立性，处理好财政与货币的关系，增强政策间的协调配合，格林斯潘、鲍威尔等美联储主席经常要去和国会沟通，向市场公开发声，争取最大程度的支持。

**五、央行的银行监管与金融稳定职责**

美联储的银行监管、金融稳定职责在成立之初就确定了，并在一系列重大危机的处置上发挥了重要作用。美联储最初成立的时候，最主要的目标不是实施货币政策，而是为了承担最后贷款人的角色，以应对19世纪90年代到20世纪20年代银行体系的挤兑潮、恐慌潮。为了更好地维持银行体系的稳定，美联储被授权审查成员银行的账簿，与货币监理署、州银行监管机构共享银行监管权。在沃尔克时期，1984年，伊利诺伊大陆银行差点破产，该银行得到了美国政府的救助，联邦存款保险公司进行出资，美联储向该银行提供贴现窗口贷款，并与联邦存款保险公司以及其他监管机构在救助行动中密切合作，"大而不能倒"的概念由此诞生。同一时期，储贷行业在利率上行阶段，很多机构资不抵债，产生了1 240亿美元的损失，美联储也参与了救助。1994年，墨西哥政府面临无法履行其国际义务的违约风险，美联储无法获得国会批准直接救助。在格林斯潘的支持下，美国财政部利用外汇稳定基金为墨西哥的一揽子救助计划提供资金。在全球金融危机时，美联储援引《联邦储备法》第13条第3款，该条款允许美联储在"异常和紧急的情况下"，也就是正常信贷渠道受阻时，向银行系统外的机构放贷。同时与财政部协调，动用外汇稳定基金创建一个保险计划，以保护货币基金的投资者。危机后出台的《多德－弗兰克法案》在一定程度上限制了美联储、财政部和联邦存款保险公司在危机期间用来稳定金融体系的紧急权力，但保留了银行监管的权力。

货币政策做得再好，如果监管不到位，也实现不了金融稳定。一个重要的例子是，2008年金融危机发生之前几年，货币政策没出现什么问题，在2004—2005年房价大涨期间，住房抵押贷款的利率保持在6%左右，总体水平并不低，但对借贷行为和风险承担的监管不足，未能阻止"耍花招"似的抵押贷款泛滥，监管存在空白与重叠，最后诱发了次贷危机。格林斯潘多年来经常批评房利美、房地美资本不足以及风险操作行为，但没有什么效果。

在美国，股市的财富效应对经济增长作用比较重要，也是美联储金融稳定领域关注的重点。在格林斯潘时期，1987年股市崩盘，10月19日"黑色星期一"道琼斯指数一天暴跌23%。为了控制股市崩盘的后果，防止金融和经济系统崩溃，格林斯潘在股市大跌的第二天早上迅速声明：随时准备提供充足的流动性。20世纪90年代，格林斯潘对股市的估值有着强烈的负面看法，通过加息和呼吁等手段来多次减缓股市的非理性繁荣。2008年金融危机期间，伯南克实施QE，由于房地产不断下行，只能通过推动股市的上涨恢复经济，但在退出量化宽松政策时也不得不考虑对股市的冲击。

### 六、央行的信誉取决于行动而非口头喊话

通胀的预期很重要，央行稳定预期的能力取决于央行的信誉。如果能稳定预期，央行可以通过付出很小的政策代价来控制通胀，并且有更大的刺激就业的政策空间。20世纪70年代伯恩斯与今天鲍威尔没能控制住通胀，一个重要原因是预期失控了。沃尔克与格林斯潘对通胀控制得很好，形成了20世纪80年代之后二三十年的大缓和时期，这就是央行信誉的作用。但信誉是通过行动取得的，不是通过口头喊话得来的。不能简单地割裂流动性效应和预期效应的关系，尤其要避免言行不一致，损害央行信誉，最终造成预期管理失效。央行的信誉一定程度上还取决于央行行长的个人声誉和沟通技巧。当然，央行在短期政治压力下的独立性和市场机构广泛认可的政策框架也有

利于提高央行的信誉。前瞻性指引对央行信誉的影响，在不同央行行长和决策环境下是不同的。

### 七、美联储的货币政策操作框架的变与不变

金融危机前，联邦公开市场委员会（FOMC）通过所谓的"稀缺储备"机制实施货币政策，即美联储通过调整银行系统的准备金供应来控制联邦基金利率。这是通过在公开市场上出售国债来减少准备金，或者通过购买国债来增加准备金实现的。这就要求密切监控银行的准备金需求，通过公开市场操作，使联邦基金利率停留在目标水平。随着2008年金融危机后量化宽松货币政策的出台，美联储实际转向了一个新的操作框架，即所谓的"充足储备"体系。即银行集体的准备金比过去多，超过通常的日常需求，没有必要从其他银行借入准备金，结果联邦基金利率保持在接近零的水平。当美联储想紧缩货币政策时，考虑到体系内储备金过剩，传统的公开市场操作无法提高联邦基金利率。联邦公开市场委员会不得不在2019年1月宣布长期采用"充足储备"的方案。充足储备框架依靠三个要素使联邦基金利率保持在目标范围内。一是提供银行在美联储充足的储备金；二是利率走廊，包括美联储自己设定的利率，以及影响联邦基金的利率；三是公开市场操作，即纽约联邦交易室执行联邦公开市场委员会的指令，可以通过直接购买或回购国债和政府支持机构债券来永久性或临时性增加系统中的储备水平。从所谓的"稀缺储备"到所谓的"充足储备"框架是美联储不得不选择的结果；实际上，在货币政策正常化的道路上，美联储货币政策的操作仍在试错的过程中，今后如何演变还需要进一步观察。

伯南克在《21世纪货币政策》一书中花了相当大的篇幅为其量化宽松货币政策和前瞻性指引政策辩护，认为其没有造成金融不稳定、贫富差距、市场扭曲等问题，也没有保护僵尸企业。我相信读者仁者见仁、智者见智。当然，我们对一项政策好坏的判断要看其主要影响。

# 前　言

2020年1月29日，杰罗姆·鲍威尔（Jerome Powell）快步走上演讲台，开始了他担任美联储主席第三年的首场新闻发布会。他掀开一个白色的活页夹，向在场的记者们点头致意，然后低下头读他准备好的发言稿。他举止低调，甚至让人感到有些忧虑，但他传达的信息是乐观的：美国经济已经创纪录地进入长时间扩张的第11个年头，失业率保持在半个世纪以来的最低水平，低薪工作者在经历了多年的薪资停滞之后工资正在上涨。过去两年影响金融市场的贸易紧张局势已经减弱，全球经济增长似乎正在回稳。

他顺便提到了影响经济前景的"不确定性"，"包括新型冠状病毒带来的不确定性"[1]。① 美国有线电视新闻网（CNN）的唐娜·博拉克（Donna Borak）在全长54分钟的新闻发布会开始21分钟后才提出有关该病毒的后续问题，当时全球病例数量不多。鲍威尔谨慎地承认"该病毒是一个非常严重的问题"，可能"会对全球的活动造成一些干扰"[2]。

---

① 书末的资料来源说明提供了美联储官方文件的出处，包括新闻发布会、联邦公开市场委员会会议的文字记录、政策声明、新闻稿、预测和国会听证会证词。书末的注释根据需要提供了更多的信息，包括直接引用的参考文件，以及较旧或较难获取的材料的引用来源。美联储官员的讲话做了单独引用。

5周之后，也就是3月3日，鲍威尔走上同一个演讲台，以同样平静的语调向记者宣读了一份沉重得多的声明。他对世界各地被病毒感染的人表示了同情，同时指出它扰乱了许多国家的经济发展，并预测遏制该病毒传播的措施"肯定会在一段时间内对国内外的经济活动造成影响"。他说美联储正在降息，以便"在面临新的风险时帮助经济保持强劲的动力"[3]。他同时暗示未来还会有更多的措施。世界形势发生了戏剧性的变化，美联储的政策也会随之改变。

在1月29日至3月3日的新闻发布会期间，新冠肺炎疫情已演变为一场初露端倪的全球性危机。据报道，这种后来被称为新型冠状病毒肺炎（COVID-19）的传染病，其病例已经从不到1万例增加到全球范围内的9万多例。意大利已经隔离了伦巴第地区的城镇，伊朗也报告了感染病例在激增。2月29日，美国报道了首例因感染该病毒而死亡的病例，死者是西雅图附近一名50多岁的男子。从那时起，美国的病例和死亡人数呈指数级增长，这有可能使纽约市和其他热点地区的医疗系统不堪重负。

与此同时，疫情引发了美国金融市场的恐慌，使其经历了2007年至2009年金融危机以来最为糟糕的一周，也预示着经济将面临的困境。道琼斯工业股票平均价格指数（DJIA）在2月早些时候创下了历史新高，但在截至2月28日的一周内暴跌逾12%。到了3月，动荡已经蔓延至债券市场。即使是超级安全的美国国债的卖家也很难找到买家，买家对持有现金以外的任何东西几乎都没了兴趣。由于贷款机构和投资者正努力应对新冠病毒带来的不确定性，企业、购房者以及州和地方政府借债的私人信贷市场有可能会完全冻结。

事实上，市场的恐慌预示着经济将会受到较大的创伤。随着企业和学校关闭（要么是自愿关闭，要么是地方政府强制关闭），经济活动以前所未有的速度萎缩。2020年2月，在从大衰退（Great Recession）中长期复苏之后，失业率只有3.5%。而在两个月之后，也就是4月，官方公布的失业率为14.8%，这一令人震惊的增长数据可能低估了疫情对于劳动力市场的破坏。4月有超过2 000万个工作岗位流失，这是自1939年该系列数据有记录以来的最大跌幅。美国国民经济研究局（NBER）的商业周期测定委员会是衰退和扩张时间的裁定者，该委员会后来将新冠肺炎疫情引发的经济衰退的起始时间定为2020年2月。

我曾在2007—2009年全球金融危机期间担任美联储主席，我对鲍威尔和他的美联储同事承受的压力感同身受。但是与我们十多年前面临的那场持续了近两年的危机不同，这次的危机似乎是突然发生的。基于"在可能的情况下最好提前应对危机"的原则，鲍威尔领导下的美联储迅速采取了一系列引人注目的行动来平息金融动荡以保护经济。它将短期利率目标维持在接近于零的水平，并承诺只要有需要，就会继续维持下去。为了帮助货币市场和国债市场恢复正常运行，美联储向资金紧张的金融公司放贷，并在公开市场上购买了价值数千亿美元的国债和抵押贷款支持证券（MBS）。它重新制订了金融危机时期的计划，以支持商业和消费信贷市场。它还与各国央行合作以确保全球市场有充足的美元供应，因为美元是世界性储备货币。美联储最终承诺继续大规模购买证券，即推行所谓的量化宽松政策，直到经济状况得到大幅改善。

所有这些措施都借鉴了2007—2009年金融危机期间拟定的那个"剧本"，但鲍威尔和美联储并未止步于此。美联储与国会和财政部合作，建立了支持企业和市政债券市场的新计划，并为银行向中型企业和非营利组织发放贷款提供融资。2020年8月，美联储宣布对其货币政策制定框架进行重大调整，这是疫情暴发前采取的一系列措施的结果，其目的是在利率已经很低的情况下提高政策的效力。在接下来的几个月里，美联储更加明确地承诺只要有需要就会将利率维持在低位，从而巩固了货币政策。

当然，美联储无法对危机的源头以及疫情的传播进程产生任何影响，也不能像政府和国会那样，通过征税和支出来支持受疫情影响最严重的民众和企业。但它可以利用货币政策及其信贷能力来稳定金融体系，畅通信贷并使其流向实体经济以支持消费者和企业支出，并创造就业机会。在这一过程中，它将会在疫情之后的经济复苏方面发挥重要的作用。

正如我在领导美联储时经常说的那样，货币政策不是灵丹妙药，但它很重要，而且非常重要。鲍威尔和美联储对新冠肺炎大流行的反应表明，21世纪的货币政策以及更为广泛的央行政策一直被显著的创新和变革所定义。美联储在疫情期间采取的多种举措以及决定和宣布这些举措的速度在过去似乎是不可想象的，这不仅对20世纪五六十年代现代美联储的第一位领导人威廉·麦克切斯尼·马丁（William McChesney Martin Jr.）来说是这样，甚至对历史上最有影响力、领导20世纪90年代美联储的中央银行家之一艾伦·格林斯潘（Alan Greenspan）来说也是如此。正如鲍威尔本人承认的那样："我们越过了许多以前从未越过的红线。"[4]

这本书的目的是帮助读者理解美联储作为美国货币政策的制定者是如何取得今天的成就的，它从面临的各种挑战中学到了什么，以及它未来会如何演变。虽然我主要关注的是我最了解的央行美联储，但我也借鉴了其他主要国家央行的经验，它们同样面临着许多挑战，并且也做出了重要的创新。我希望这本书能对我的经济学家同行和他们的学生有所帮助，但我也努力让任何对经济政策、金融政策或央行感兴趣的人都能读懂这本书。正如鲍威尔所领导的美联储在新冠肺炎大流行中扮演的角色所表明的那样，理解美联储的目标以及它为实现这些目标而使用的工具和策略，对于理解当代世界经济是至关重要的。

## 历史镜头

本书主要从历史的角度来审视当今（以及未来）的美联储。这就是我如何进入这个话题的，我看不出有其他方法可以完整理解美联储的工具、策略和沟通方式是如何演变到今天这个情况的。

20世纪70年代末，我在麻省理工学院读研究生时的一段对话激发了我对货币政策的兴趣。我向当时一位年轻的教授斯坦利·费希尔（Stanley Fischer）寻求论文开题的建议，他是一颗冉冉升起的学术之星，之后担任过以色列央行行长和美联储副主席，再后来成为我的顾问和导师。他递给我一本米尔顿·弗里德曼（Milton Friedman）和安娜·施瓦茨（Anna Schwartz）合著的860页的《美国货币史（1867—1960）》（*A Monetary History of the United States, 1867-1960*）[5]。

斯坦利说："读读这本书，它可能会让你厌烦得要死。但如果它能让你兴奋起来，你就可以考虑研究货币经济学。"

这本书令我深深着迷。它不仅让我对货币经济学产生了兴趣，也让我对20世纪30年代大萧条（Great Depression）的原因产生了兴趣，这是我在学术作品中经常讨论的一个话题。正如弗里德曼和施瓦茨指出的那样，央行行长们过时的理论以及对经济的错误理解在那个灾难性的十年中发挥了主要作用，这展示出思想塑造事件的力量。正是本着弗里德曼和施瓦茨的主旨思想，这本书从历史的角度解释美联储政策的演变及其在经济中发挥的作用。由于弗里德曼和施瓦茨没有提及第二次世界大战后几十年的历史，所以紧随其后的战后时代似乎是开始这一叙事的合适起点。正如我在本书最后部分所做的那样，学习美联储的历史教训也为我们预测未来做好了准备。

事实上，在许多方面，20世纪五六十年代初标志着现代央行的诞生。在那个时期，美联储不再受制于二三十年代的金本位制，也不再受制于"二战"期间通过维持低利率来为战时债务融资所承担的责任。20世纪二三十年代也是英国经济学家约翰·梅纳德·凯恩斯（John Maynard Keynes）的思想在美国越来越有影响力的时期。凯恩斯于1946年去世，但他的追随者们在他关于大萧条时期著作的基础上，强调了宏观经济政策（包括货币政策）在抗击衰退和控制通胀方面的潜力。所谓的凯恩斯主义经济学，在现代化情境下，仍然是美联储和其他央行的中心范式。

20世纪60年代见证了美国战后历史上最惨痛的经济事件之一，也是经济决策的重大失误之一，即我们现在所说的"大通胀"（Great Inflation）。大通胀一直威胁着美国的经济甚至政治稳定，直到20世纪80年代，保罗·沃尔克（Paul Volcker）领导的美联储以失业为代价才解决了这个难题。政策制定者从大通胀中学到的或者他们自认为学到的东西塑造了货币政策的演变过程，即使在今天也是如此。

## 美联储的发展历程

为了打好基础，我在这里勾勒出美国央行的早期历史，并提供美联储的发展背景——它的结构、治理方式以及如何实施货币政策。然后，我将简要介绍一些本书将讨论的关键因素，正是这些因素塑造了现代美联储，并推动近几十年来美联储工具和政策的显著变化。

### 早期

美国有着浓厚的民粹主义传统，从安德鲁·杰克逊（Andrew Jackson）总统到21世纪"茶党运动"和"占领华尔街运动"的成员，民粹主义者一直对人们眼中的金融和政府权力集中抱有敌意。民粹主义的影响有助于解释为什么美国直到1913年美联储成立之前都没有一个成熟的央行，这比许多其他发达经济体都晚（英格兰银行的建立可以追溯到1694年，瑞典的央行甚至建立得更早）。亚历山大·汉密尔顿（Alexander Hamilton）是美国第一任财政部长，也是一位认为美国有朝一日将成为工业和金融强国的现代主义者。他于1791年创立了"央行"，但这曾遭到托马斯·杰斐逊（Thomas Jefferson）和詹姆斯·麦迪逊（James Madison）的强烈反对，他们对美国经济的憧憬有着更多的田园色彩。1811年，汉密尔顿创立的美国第一银行在国会投票中以微弱劣势丧失了特许经营权。另一个创立"央行"——美国第二银行的尝试也在1832年以失败告终。当时杰克逊总统总体上并不信任银行，而且与第二银行的领导人尼古拉斯·比德尔（Nicholas Biddle）争执不下，他否决了国会对该银行特许经营权的续期。（具有讽刺意味的是，杰克逊的头像仍然印在20美元的纸币上，对此他应该会反对吧。）

大约从19世纪90年代到20世纪20年代，进步时代的政治环境更加有利于建立央行。伍德罗·威尔逊（Woodrow Wilson）总统就去这样做了，他在1913年12月23日签署了《联邦储备法》（Federal Reserve Act）。与当时倡导以科学、合理的政策改善经济的进步观点一致，新成立的美联储（Federal Reserve System）旨在帮助监督和稳定政府监管松懈、经常出现功能失调的银行体系。19世纪的美国银行体系一直受到频繁的挤兑潮和恐慌潮的困扰，这几乎总是与经济衰退联系在一起，而某些时期的衰退甚至相当严重。1907年的恐慌事件是在著名金融家J.皮尔庞特·摩根（J. Pierpont Morgan）及其盟友的干预下结束的，政府并不是最后一根稻草。国会决定重新考虑建立央行。

当时全球最重要的央行——英格兰银行提供了范例，它有两个主要职责。第一，它按照金本位制管理英国的货币供应。和其他主要货币一样，英镑与黄金的兑换比率是固定的，英格兰银行调整了短期利率，以确保英镑的黄金价值保持稳定。第二，它在挤兑潮和恐慌潮期间充当了最后贷款人，这一点与美国尤为相关。如果储户对英国的银行或其他金融机构失去信心，开始排队取钱，那么英格兰银行将以银行的贷款和其他资产作为抵押品，随时准备借给银行所需的现金来偿还储户。只要一家银行有基本的偿付能力，英格兰银行的贷款就能允许它继续营业，并避免以极低的价格出售资产。因此，英国避免了19世纪至20世纪初困扰美国的难题，即金融危机和经济不稳定反复出现。

和英格兰银行一样，新成立的美联储被赋予了管理货币供应的关键角色（这一点是由金本位制决定的），并为选择加入联邦储备系统的银行（即所谓的成员银行①）充当最后贷款人。由于只有具备偿付能力的银行才有资格向美联储借款，新的央行还被授权审查成员银行的账簿，与货币监理署②和州银行监管机构（监管州特许银行）共掌这一权限。时至今日，货币政策、银行监管以及应对金融稳定所面临的威胁是对美联储主要职责的一个很好的描述。

人们一直在争论，新的央行是由华盛顿管理（正如大多数银行家所主张的那样），还是以一种更分散的方式给予央行地区分支机构更大的权力（中西部农民和其他担心东部金融利益集中的人更青睐这种模式）。威尔逊支持了一项折中的方案：美联储将包括一个在华盛顿拥有一般监督权力的理事会，以及12个位于全国主要城市、拥有相当自主权的地区联邦储备银行。美国的各大城市纷纷争取成为地区联邦储备银行的所在地，最终在波士顿、纽约、费城、克利夫兰、里士满、亚特兰大、芝加哥、圣路易斯、明尼阿波利斯、堪萨斯城、达拉斯和旧金山设立了地区联邦储备银行。尽管自美联储成立以来，经济活动向西转移，但这些城市至今仍是地区联邦储备银行的所在地。（旧金山联邦储备银行所在的地区囊括了目前美国1/5以上的经济活动。）

---

① 联邦特许银行按照要求加入该体系，但各州特许银行可以自主选择是否加入。今天美国的银行体系仍然包含三种类型的银行：联邦特许银行、属于美联储成员的州特许银行以及非美联储成员的州特许银行，每种银行都有不同的监管机构组合。
② 货币监理署（Comptroller of the Currency）成立于美国内战时期，负责监管联邦特许银行。——译者注

**大萧条**

总体而言，美国经济在美联储成立后的头15年里是繁荣的，但在1929年，世界进入了一场全球性的大萧条。大萧条的起源是复杂的，国际金本位制是其中一个主要原因，它在第一次世界大战期间被大多数国家中止后又重新被确立。战争带来严重的通胀，交战国家的财政出现崩溃，关键商品的短缺状况不断加剧。随着各国战后回归金本位制，需要重新建立货币供应与可用黄金数量之间的联系，但是显而易见的是，战后世界没有足够的黄金，各国之间的黄金分配也不够均衡，无法将商品和服务的价格维持在更高水平。

一种解决办法是降低货币相对于黄金的官方价格，让可用的黄金支撑更高的货币供应和价格水平，但在许多国家，货币贬值被视为与金本位制不一致。（购买政府债券的人尤其反对货币贬值，因为贬值会降低他们所购债券的实际价值。）取而代之的是制定应急性措施以弥补黄金短缺的问题。例如，一些国家同意持有黄金支持的货币（如英镑），而不是实际的黄金。与长期以来的做法一样，英格兰银行本身持有的黄金库存与未偿还纸币数量相比微不足道，这取决于投资者对于英格兰银行对金本位制承诺的信心，而不是支持英镑的实际黄金。

然而，战后国际政治和金融状况仍然高度不稳定。在德国，应该支付多少赔款以及美国要求英国和法国全额偿还战时贷款的问题上的分歧加剧了这种不稳定。这些冲突反过来又动摇了人们对重建全球货币体系的信心，该体系在很大程度上依赖于相互信任与合作。随着恐慌和不确定性的加剧，各国政府和投资者停止持有英镑和其他黄金替代品，转而试图获得实物黄金，这导致了一场全球性"黄金争夺战"，包括对各国央行持有的黄金的挤兑。随着全球黄金短缺的状况再次出现，金本位制国家的货币供应和价格出现暴跌。例如，从

1931年到1933年，美国商品和服务的价格下降了30%。

物价水平的下跌使许多债务人破产，想象一下，当农作物价格暴跌时，农民们努力支付抵押贷款，这导致了金融体系的崩溃，经济也随之崩溃。[6]惊恐的储户挤兑导致美国银行倒闭潮愈演愈烈，数以千计的小银行关门停业，这加剧了金融危机，进一步减少了货币供应，反过来收紧了面向企业和农民的信贷。除了少数经济体，大萧条给全球大部分地区带来了冲击。与金本位制是经济衰退主要原因的观点一致，选择或被迫放弃金本位制的国家，经济恢复得也更快。[7]

1933年，新当选的富兰克林·罗斯福（Franklin Roosevelt）总统推出了一系列新政策，试图结束大萧条。其中两点尤为重要：首先，罗斯福打破了美元与黄金之间的联系，结束了美国的通缩，使经济得以初步复苏，直到1937年，过早的货币和财政紧缩导致了新的经济衰退；①其次，罗斯福宣布了一个银行业"假日"，关闭了所有银行，并发誓只有那些有偿付能力的银行才会重新开业。再加上国会建立的联邦存款保险制度可以保护小储户免受银行倒闭的损失，这个"假日"有力地结束了银行业的恐慌浪潮。

弗里德曼和施瓦茨的《美国货币史（1867—1960）》强调了货币体系和价格崩溃在大萧条中的作用。在我以理事会成员的身份加入美联储后不久，我在弗里德曼的90岁生日聚会上致辞。我在结束讲话时，为美联储在这场灾难中扮演的角色道歉："我想对米尔顿和安娜说：'关于大萧条，你们说得对，我们确实那样做了，我们非常抱歉。但多亏了你们，我们不会再犯那样的错误了。'"[8]

将大萧条完全归咎于美联储未免有些言过其实，但作为相对较新且经验不足的央行，美联储的确表现不佳。它在20世纪20年代的加

---

① 国际金本位制一直沿用到20世纪70年代，但在1933年之后，金本位制对美联储的政策基本上已经不具备任何限制。

息旨在为股市投机降温，这导致了1929年的股市崩盘和最初的全球经济衰退。它对金本位制的承诺使其无法对20世纪30年代早期破坏性的通缩做出充分的反应。而且它在遏制银行业恐慌浪潮方面做得太少了，尽管结束恐慌一直是其创立动机之一。[1]美联储未能保持货币或金融稳定，这使大萧条比原本可能发生的情况要糟糕得多。

  一个有缺陷的思想框架——在金本位制不可行的情况下依然坚持金本位制——是美联储和其他政策制定者未能避免大萧条的关键原因。但弗里德曼和施瓦茨强调，美联储在20世纪30年代危机期间相对被动的另一个解释是结构分散以及缺乏有力的领导。[本杰明·斯特朗（Benjamin Strong）是纽约联邦储备银行颇具影响力的行长，也是美联储体系的实际领导人，他于1928年死于肺结核。]国会通过改革央行的组织结构来解决这一问题。作为1935年《银行法》的一部分，它增加了美联储理事会的权力，减少了地区联邦储备银行的自主权，形成了今天美联储的基本决策结构。

  这些改革还增加了美联储相对于行政部门的独立性，将财政部长和货币监理署（联邦特许银行的监管者）从美联储理事会中移除，这是一个重要的象征性步骤，将美联储理事会从以前设立于财政部的办公地点，搬到了位于华盛顿宪法大道上的一个宏伟的新总部，那里是公共事业振兴署的一个项目，对面就是一个购物中心。这座建筑后来以1934—1948年担任美联储理事会主席的马里纳·埃克尔斯（Marriner Eccles）的名字命名。埃克尔斯在起草1935年的《银行法》方面发挥了重要作用，并最终填补了斯特朗去世后留下的领导层空缺。与他在美联储的许多前任不同，埃克尔斯认识到有必要采取强有力的政府行

---

[1] 关于美联储未能阻止20世纪30年代的银行业恐慌的原因是有争议的。当时的大多数银行规模小、业务单一，很快就破产了，它们缺乏从美联储借款的抵押品。而其他银行不是美联储的成员，没有资格获得美联储的贷款。然而，大多数历史学家都认为美联储本可以在稳定银行体系方面采取更多的措施。

动来对抗大萧条，他的一些想法与凯恩斯的理论不谋而合，助力形成了罗斯福新政的基础。

大萧条一直持续到"二战"时期，1941—1945年的大规模战争将美国经济推向了充分就业甚至更高水平。在战争期间和战争刚刚结束之后，应财政部的要求，美联储将利率维持在较低水平，以降低政府为战争提供资金的成本。战后面对朝鲜半岛新的敌对行动，杜鲁门总统迫使美联储保持低利率。但美联储领导人担心极低的利率会刺激通胀，而战时配给制度的结束刺激了民众对消费品的需求，通胀已经开始飙升。正如我们将在第一章中看到的那样，美联储开始做出反应。1951年3月，财政部和美联储达成一致意见，同意美联储逐步取消盯住利率的政策，使其可以自由地使用货币政策来推进宏观经济目标，包括稳定通胀。这个被称为1951年《财政部－美联储协议》的历史性协议为现代货币政策奠定了基础。

**美联储的结构**

美联储今天的结构在很大程度上反映了国会在其1913年成立时和1935年改革时所做出的选择。在成立之初，美联储由理事会和12家地区联邦储备银行组成。理事会的7名成员由总统提名，由参议院确认，任期为14年，实行交错任期制。自2010年实行监管改革以来，理事会主席、副主席以及负责监督银行监管的第二副主席也由总统提名，并由参议院确认，任期为4年。与内阁部长不同，根据法律规定，理事会成员不能因政策分歧而被总统解职，只能以渎职或被国会弹劾为由解职，这反映出美联储成立时做出的妥协。从技术层面上看，这12家地区联邦储备银行尽管都有公共目标，但它们是私营机构，而且每家银行都有董事会，成员包括当地银行家、商界人士和社区领袖。这些董事会帮助监督地区联邦储备银行的运作，更加重要的是，董事们（2010年以后不再包括银行家）选择行长要经过美联储理事会的批准。

这反映了1935年的改革以及美联储理事会成员（与地区联邦储备银行行长不同）由总统任命的事实，如今理事会掌握着美联储大部分政策的制定权。更重要的是美联储负责最后贷款人政策，它设定贴现率——美联储向银行放贷的利率，并决定是否启动美联储的紧急贷款权。该理事会还为美联储监管和监督的银行和银行控股公司（拥有银行甚至其他金融公司的公司）制定规则，例如资本要求[①]。地区联邦储备银行的工作人员对银行进行实际监管，确保所在地区的银行遵守理事会制定的规则。

在美联储制定的规则中，有一个非常重要的例外：货币政策，包括设定短期利率和其他措施，旨在影响整体金融状况，并通过这些措施来影响经济发展。根据相关法律，货币政策是由一个更大的组织制定的，这个组织被称为联邦公开市场委员会。参加联邦公开市场委员会会议的有19位（满额人数）政策制定者，包括7名美联储理事会成员和12位地区联邦储备银行行长，以及美联储理事会和每家地区联邦储备银行的工作人员。按照传统，每年该委员会都要选举美联储理事会主席作为其主席。在华盛顿的埃克尔斯大楼的理事会会议室里，委员会成员每年都会围坐在一张巨大且镶红木的黑色花岗岩会议桌旁召开8次会议。主席还可以召集临时会议，以前是电话会议，如今是视频会议。

联邦公开市场委员会的投票规则令人费解。在出席会议的19位委员和行长中，只有12位可以在任何一场特定的会议上投票。7位美联储理事会成员和纽约联邦储备银行（通常也是联邦公开市场委员会

---

[①] 一家银行的资本大致是其资产与负债的差额，而这又等于其股东的权益。资本可以吸收贷款和其他投资的损失，而不会引发破产，因此拥有大量资本的银行倒闭风险较小。

副主席）行长可以在每次会议上投票。剩下的4票每年在其他11位地区联邦储备银行行长之间轮换。这种复杂的设计允许地区联邦储备银行行长有发言权，但将多数投票权（取决于美联储理事会空缺）交给了由总统任命的美联储理事会成员。用美联储的行话来说，参加联邦公开市场委员会会议的19位政策制定者被称为参与者，而投票者被称为成员。

美联储主席以联邦公开市场委员会主席的身份，在货币政策上只有一票投票权，但是他还有制定议程和建议政策行动的权力，再加上委员会协商一致决策的传统，美联储主席在同等地位成员中成为具有高度影响力的第一人。美联储副主席和纽约联邦储备银行行长通常也具有相当大的影响力，他们与主席的合作十分密切。

当然，最终政府和国会通过立法确定了美联储的目标、结构和权力。1977年出台的《美联储改革法案》（Federal Reserve Reform Act）正式规定，国会监督美联储货币政策的基石是履行所谓的双重使命：国会要求联邦公开市场委员会追求充分就业和稳定物价的经济目标。虽然美联储的货币政策目标已被写入法律，但美联储的政策制定者有责任管理利率和其他政策工具，从而实现这些目标。根据斯坦利·费希尔力推的不同的观点，美联储并没有目标独立性，它的目标是由总统和国会通过立法设定的。但它确实有，至少在原则上是有的，我称之为"政策独立性"，即有能力在它认为合适的时候使用它的政策工具，以最好地实现这些目标。[9]美联储内部结构的各个方面，包括长期且交错的理事会成员任期，总统不能因为政策分歧而将理事会成员解职的规定，地区联邦储备银行行长不通过行政任命的事实，以及美联储有能力从其持有的证券回报中支付运营费用，而不是依赖国会拨款等，都有助于使其免受短期政治压力的影响，从而能够比内阁部门更独立地行事，并更加关注长期结果。

### 美联储的资产负债表和货币政策

与任何银行一样,美联储也有一张包含资产和负债的资产负债表。[①]它有两项主要负债:货币(现金,也就是众所周知的联邦储备券)和银行准备金。流通中的美元数量非常大,2021年约为2.15万亿美元,相当于每个美国人持有超过6 000美元。(当然,很少有美国人持有这么多现金。大部分为海外持有,通常是为了对冲通胀或当地货币不稳定的风险。)

银行准备金是商业银行在美联储持有的存款。(银行在美联储金库中持有的现金也算作准备金。)银行不再像过去那样必须持有准备金来满足监管要求,但它们发现这些准备金仍然是有用的。例如,如果旧金山的一家银行需要将资金转移到纽约的一家银行,它可以通过指示美联储将准备金从它的账户转移到纽约银行的账户来轻松做到这一点。银行准备金还具有安全性和流动性,可以迅速转换成现金,以满足储户的需求。想要额外准备金的银行可以从另一家银行借入,通常是隔夜拆借。银行间相互收取的拆借利率被称为联邦基金利率(Federal Funds Rate)。尽管名为联邦基金利率,但它是由市场决定的利率。简而言之,联邦基金利率是货币政策制定者使用的一个关键利率。在其现代历史中的大部分时间里,联邦公开市场委员会通过实施货币政策来影响联邦基金利率,尽管有时贴现率也被用来表示货币政策的变化。

在资产负债表的资产端,美联储主要持有的是不同期限的美国国债(联邦政府债券)以及抵押贷款支持证券(将大量个人抵押贷款捆

---

[①] 更确切地说,每个地区的联邦储备银行都有自己的资产负债表,这是每个地区联邦储备银行充当所在地区银行的独立最后贷款人时代的遗留物。总体来说,地区性的美联储资产负债表构成了美联储的整体资产负债表。

绑在一起的证券）。美联储持有的抵押贷款支持证券是由政府资助的企业（也称GSEs）发行的。政府资助企业，如房利美（Fannie Mae）、房地美（Freddie Mac）和吉利美（Ginnie Mae）是由联邦政府创建的，目的在于促进信贷流入房地产市场。目前，政府资助企业发行的所有证券都是由政府担保的，美联储可以购买并持有这些证券。此外，美联储发放的任何贷款，比如以最后贷款人的角色向银行发放的贷款都算作资产。

美联储的资产负债表通常会提供可观的收入。在资产端，美联储从其持有的证券中收取利息。在负债端，它支付的是银行准备金的利息，而不是货币现金的利息。它用部分收入来支付自身的运营费用，但将大部分汇给了财政部，从而减少了政府的预算赤字。

非常重要的是，美联储利用其资产负债表来执行货币政策决定。假设需要更高的利率来实现联邦公开市场委员会的经济目标，在做出这一决定后，委员会将提高联邦基金利率的目标水平（或是最近的目标区间）。

近年来，美联储通过改变两种可管理的利率来影响联邦基金利率，包括它为银行在美联储持有的准备金所支付的利率。然而，在其现代历史的大部分时间里，美联储通过造成银行准备金短缺来提高联邦基金利率，这反过来又导致银行抬高了联邦基金利率。为了减少银行准备金的供应，美联储通过纽约联邦储备银行的公开市场部门，使用一组被称为一级交易商的指定私人金融公司作为代理人，将国债出售给私人投资者。随着投资者为这些证券买单，银行体系的准备金也出现了同等程度的下降。（可以把购买这些证券想象成给美联储开支票，为了支付这些支票，购买者所在的银行必须动用它们的准备金。）随着可用准备金的减少，银行之间相互拆借的利率（价格）自然会上升，这正是联邦公开市场委员会希望的。同样，为了降低联邦基金利率（借入准备金的价格），公开市场部门在公开市场上购买美国国债，增加了银行系统的准备金供应。其他形式的货币政策，包括构成量化宽松的大规模证券购买，也会改变美联储的资产负债表。

由于金融市场紧密相关，美联储改变联邦基金利率的能力使其能够更广泛地影响金融状况。宽松的金融环境会促进借贷和消费，从而促进经济活动。为了缓解金融状况，联邦公开市场委员会降低了联邦基金利率的目标，从而影响其他金融变量。例如，较低的联邦基金利率通常与较低的抵押贷款和公司债券利率（支持住房和资本投资支出）、较高的股票价格（通过增加财富来增加支出）和较弱的美元（通过降低美国商品的价格来鼓励出口）有关。为了收紧金融环境，联邦公开市场委员会将提高联邦基金利率的目标，以达到扭转宽松政策的效果。

## 本书主题

正如鲍威尔领导的美联储对疫情的反应所显示的那样，自1951年《财政部－美联储协议》使美联储得以追求宏观经济目标以来，美联储的工具、政策框架和沟通方式发生了根本性的变化。这本书的统一观点是，这些变化在很大程度上不是经济理论或美联储正式权力变化的结果，而是三大经济发展因素共同作用的结果，这三种发展因素结合在一起塑造了美联储如何看待自己的目标和它所受到的约束。

首先是通胀行为的持续变化，特别是通胀与就业的关系。自20世纪50年代以来，美国的货币政策一直深受经济学家和政策制定者看待通胀和劳动力市场之间关系的严重影响。20世纪六七十年代的政策制定者既错误地判断了这种关系，也没有考虑到经济学家所谓的"通胀心理"造成的不稳定影响，这两个失误导致了长达15年物价的快速上涨——"大通胀"。

在20世纪八九十年代，在沃尔克和格林斯潘的领导下恢复美联储对抗通胀的信誉带来了重要利好,在此期间,控制通胀成为美联储政策策略的核心。然而,正如我们将看到的,在随后的几年里,通胀行为发生了重大变化,包括通胀和失业之间的关系明显减弱。2000年以后,货币政策制定者认识到通胀既可能过低,也可能过高。这些变化带来了新的政策策略,比如鲍威尔主席领导的美联储在2020年8月提出的新框架。2021年,尽管就业人数仍远低于新冠肺炎大流行之前的水平,但新冠肺炎大流行后,与经济重新开放相关的短缺和瓶颈引发了通胀急剧上升。为什么通胀行为(包括它与就业的关系)会随着时间的推移而改变?无论是现在还是将来,这对货币政策和经济都会有哪些影响?

其次是正常利率水平长期下行。部分原因是由于较低的通胀,即使在货币政策没有对经济实施进一步刺激的情况下,总体利率水平也比过去低得多。更加重要的是,这缩小了美联储和其他央行在经济低迷时期通过降息来刺激经济的范围。在全球金融危机期间是这样,在2020年又是如此。随着一场新冠肺炎大流行导致经济停摆,联邦基金利率降至零,但经济需要更多的刺激措施。在短期利率仍相对接近于零的情况下,美联储和其他央行如何支撑经济?它们已经使用了哪些工具,实施效果如何,将来会使用哪些新工具?财政政策、政府支出和税收在稳经济中应该发挥什么作用?

最后一个长期发展因素是系统性金融不稳定风险的增加。美联储的成立是为了帮助保持金融系统的稳定性,避免出现危及经济的恐慌潮和崩溃。在大萧条期间,它未能做到这一点。在第二次世界大战和2007—2009年全球金融危机期间,美国金融稳定面临着周期性但最终有限的威胁。然而,全球金融危机表明严重的金融不稳定并不是历史上的罕见现象,也不是只有新兴市场才会发生的事情。即使是在最发达的经济体和最复杂的金融体系中也可能发生这种情况,并造成可怕的破坏。2007—2009年的金融危机(当时我担任美联储主席)迫使美联储开发了防范金融不稳定的新工具，而在2020年3月新冠肺炎大流行期间，美联储进一步扩大了应对危机的工具箱。更多的不稳定性也推动了重大的改革和对金融体系更加深入的监管。这些措施够了吗？还能做些什么呢？如果有的话，货币政策应该在多大程度上考虑金融稳定风险？

这三个因素主要是经济上的，但是理解美联储的政策选择还需要关注政治因素和社会环境。决定美联储政策的最重要的政治因素是该机构保持的独立性。正如我们看到的，美联储结构中的一些方面，如长期理事会成员任期和预算自主权等，促进了政策的独立性。而另一方面，国会可以在任何时候改变美联储的结构和权力，美联储的民主合法性要求它回应通过立法和行政部门所表达的民意。体现央行独立性的现代案例是什么？央行应该在什么时候与财政部或政府的其他部门合作？货币政策和财政政策应该更加协调吗？美联储是否应该在追求更广泛的社会目标方面发挥作用，比如减少经济不平等或减缓气候变化？

这里提出的关键问题不能进行抽象回答，只能通过理解这些问题的源头和美联储制定政策的历史背景来回答。这本书从第一部分到第三部分着眼于美联储政策的演变，从战后早期到现在，美联储需要应对不断变化的经济和政治环境。第四部分具有前瞻性，通过借鉴美联储以往的经验教训，来思考当前的争议以及美国货币政策和维护金融稳定政策的未来前景。

## 第一部分
20世纪货币政策

## 通货膨胀的起落

# 第一章
## 大通胀

"大"通常是个褒义词,但是在经济学中却不一定如此。在20世纪30年代"大萧条"和2007—2009年"大衰退"(即全球金融危机)时期,美国失业率飙升,国民收入暴跌。从20世纪60年代中期到80年代中期,美国在"大通胀"期间陷入的经济困境比上述两个"大"时期要少。然而,那个时代的标志——因石油危机而排队加油的车龙和福特政府著名但徒劳的"立即制止通胀"运动("Whip Inflation Now",简称"WIN"运动),都严重打击了美国人对经济和政府的信心。对于美联储来说,那一时期既有低谷困顿,也有高光时刻。面对政治压力以及货币政策如何发挥作用才合适等不断变化的观点,美联储对不断加剧的通胀的反应看起来既迟滞又不充分。但随后在20世纪80年代,美联储在保罗·沃尔克的带领下成功压制住通胀,并取得了胜利。尽管这场胜利代价高昂,但它帮助恢复了人们对经济决策的信心,并为随后20年美国强劲的经济表现奠定了坚实基础。正如童年的创伤会改变一个成年人的性格那样,大通胀也深刻影响了美国以及世界各地未来数年的货币政策理论和实践。更重要的是,央行将这一时期的经验教训纳入以控制通胀和管理通胀预期为重点的政策框架中,这一政策框架即使在通胀回落之后仍然具有很大的影响力。大通胀的经验表明政治压力会扭曲货币政策，这也使许多人相信，货币政策制定者应当尽可能独立地根据客观分析和经济的长期利益做出决定。

## 大通胀历史概述

在20世纪60年代以前，除了战时和战后的复原时期，通胀很少成为美国经济面临的问题。在人们的记忆中，美国这片土地上最严重的通胀发生在独立战争期间（当时北美各个殖民地都发行了自己的货币），以及内战时期南方政府美利坚联盟国元崩溃之后。但这两起事件都只是地方性的，并没有涉及联邦政府发行的全国性货币。在大萧条时期，人们更担心的是通缩以及迅速下跌的物价，而不是通胀。在第二次世界大战结束时通胀曾经短暂大幅上升，到朝鲜战争时再次飙升。但从20世纪50年代初到60年代中期，它基本上是平静的。CPI（消费者物价指数），这个衡量一篮子标准消费品的物价指数，在1952—1965年平均每年只增长约1.3%。

这种情况在1966年左右开始改变，当时CPI出人意料地上涨了3.5%。从那时起，通胀的步伐开始加快，随之而来的是长达15年高企且剧烈震荡的通胀。从1965年底到1981年底，年均通胀超过7%，在1979—1980年甚至接近13%的峰值。美国人从未经历过如此严重的持续通胀，而且他们也并不欢迎这种情况。到20世纪70年代末，在民意调查中，高通胀经常被选为最令人担忧的经济问题，人们对政府的经济政策也越来越失去信心。

为什么1965年以后通胀会上升这么快？当时的经济学说似乎可以解释这种情况，至少一开始是这样的。大部分职业生涯都在伦敦政治经济学院度过的新西兰人A.W.菲利普斯（A. W. Phillips），在1958年发表的一篇论文中阐述了一个关键的论点。菲利普斯针对英国近一个世纪的数据，研究得出平均工资增长与劳动力市场疲软程度（通过失业率来衡量）之间的关系。菲利普斯发现，低失业率往往伴随着更快的工资增长。这种经验关系后来被称为菲利普斯曲线（Phillips curve）。[1]

菲利普斯曲线捕捉到一个直观的情况：如果对工人的需求量相对于供给量来说较高，也就是说如果雇主难以吸引和留住工人，那么工人应该能够要求更高的工资。此外，正如许多经济学家很快指出的那样，同样的基本逻辑应该也适用于商品或服务的价格。[2]如果需求如此强劲，乃至公司难以满足客户的订单，那么公司将有更大的空间来提高其产品或服务的价格。（经济学家现在将工资的菲利普斯曲线和价格的菲利普斯曲线区分开来，前者正如最初的菲利普斯论文中提到的那样，将工资增长与失业率联系在一起；后者将CPI的上升与失业率或其他经济疲软程度指标联系在一起。）基本上，菲利普斯曲线的逻辑是当私人和公共部门的总需求持续超过经济体中的生产能力时，通胀便会加速。

这一观点似乎直截了当地描述了20世纪60年代末的情况，当时整个经济系统中对商品和服务的需求迅速增长。需求增长的主要驱动力是财政政策以及联邦政府的税收和政府支出政策。人们对经济的不满曾帮助约翰·F.肯尼迪（John F. Kennedy）在1960年的选举中险胜。当时经济只是从1957—1958年的衰退中缓慢复苏，1960年竞选期间又开始了一次短暂的衰退，导致失业率一直上升。肯尼迪曾向选民承诺，他将"让美国再次前进"。[3]为了兑现自己的承诺，他在施政团队中任命了全新一代的顾问，他们秉持20世纪30年代凯恩斯理论中的精神，提倡积极调控经济，以促进就业。曾在肯尼迪政府中任职的杰出人物有后来获得诺贝尔奖的肯尼斯·阿罗（Kenneth Arrow）、詹姆斯·托宾（James Tobin）和罗伯特·索洛（Robert Solow）。明尼苏达大学著名经济学家沃尔特·海勒（Walter Heller）作为总统经济顾问委员会（CEA）的主席，领导了这个顾问团队。

凯恩斯曾主张积极使用财政政策来对抗失业。新任总统按照顾问的建议提出了广泛的减税计划，以刺激消费者和企业支出。肯尼迪在他的提案通过之前就被暗杀了，但他的继任者林登·B.约翰逊（Lyndon B. Johnson）在1964年见证了减税法案的通过。

减税被广泛认为是成功的，它帮助降低了失业率。在肯尼迪执政初期的1961年年中，失业率曾达到7.1%的峰值，但到1965年年底，失业率便降低至4.0%。①从宏观经济政策的角度来看，这是一个松油门的合理时机，但外交政策和社会目标的重要性似乎超越了经济的稳定性。在约翰逊的领导下，财政政策进一步放宽松，以同时应对在越南战争和总统雄心勃勃的"伟大社会"（Great Society）计划中增加的支出——这是一个军事与民事同时超支的财政政策的典型案例。部署在越南的美国军队从1964年的2.3万人猛增到1965年的18.4万人，到1968年进一步增加到50多万人。[4]与此同时，约翰逊在1964年1月又宣布向贫困宣战，1965年推出了医疗保险（Medicare）和医疗补助（Medicaid）制度，承诺政府为退休和低收入美国人支付医疗费用。虽然"伟大社会"计划最终带来了重要的公共福祉，比如65岁以上美国人的贫困率显著降低，但与此同时，政府的支出也在进一步增加。

随着经济的升温和失业率的下降（1968—1969年约为3.5%），工资和物价开始加速上涨。很简单，这与菲利普斯曲线推理所预测的十分接近。医疗保健行业就是一个例子：随着医疗保险和医疗补助制度的出现，市场对医疗服务的需求猛增，医疗保健价格的增长率也

---

① 两派都声称这一成果是自己的功劳。一派是专注于减税的需求侧效应的凯恩斯主义者，另一派是相信较低的边际税率会引起更多经济活动的供给侧学派。因为减税之后随之而来的是更高的通胀，这是需求强劲的标志，因此凯恩斯主义者的理由可能更充分。

第一章　大通胀

从1965年的4%跃升到1966年的9%左右,其中的主要原因就是医疗费用的大幅增加。[5]与此同时,1965—1968年名义上的国防开支增长了44%,致使军事承包商大幅增加生产和劳动力。如果更多的税收可以为增加的支出支付部分费用,从而降低私人部门的购买力,那么整个经济系统的通胀就会得到缓解。但越南战争并不受公众欢迎,因此出于对进一步削弱公众支持率的担心,约翰逊反对任何形式的大幅增税。(总统确实在1968年批准了对个人和企业所得税征收一年10%的额外附加税,但可能因为这一政策被广泛理解为只是纯粹的临时措施,因此其对减缓私人支出几乎没有起到什么作用。)

增加税收或削减开支的财政政策并不是给过热的经济降温的唯一工具,货币政策也可以发挥作用。在20世纪60年代,以提高利率形式出现的紧缩货币政策本可能减少住房建设、资本投资和其他私人部门的支出,从而抵消联邦政府的大幅度支出扩张。然而,出于我们稍后即将探讨的原因,美联储并没有充分或持续地收紧货币政策,以抵消不断积聚的通胀压力。

1968年,约翰逊的继任者理查德·尼克松认识到通胀问题日益严重,但像其前任一样,他也希望能够避免收紧财政政策或货币政策的政治成本,尤其是在1970年美国经济遭受轻度衰退之后。几年后,经济学家雷·费尔(Ray Fair)证明了经济增长情况对总统选举结果拥有强大的影响力,但尼克松并没有参考计量经济学模型,就凭直觉理解了这种联系。[6]

有没有办法在不减缓经济增长的情况下解决不断加剧的通胀问题呢?考虑到即将到来的1972年大选,尽管最初有些勉强,但是尼克松还是利用国会在1970年赋予总统的权力,批准了对工资和物价进行直接调控。该项目始于1971年8月15日,首先是为期90天的冻结,即所谓的第一阶段。在此之后,针对工资和价格制定者的规则还在不断调整。该计划的第二阶段一直持续到1973年1月,此时大多数工资涨幅被限制在5.5%，并且在绝大多数情况下，如果价格上涨，那么涨幅必须向价格委员会申报并证明其合理性。第三阶段原本设计为管制和自愿控制工资价格之间的过渡阶段，但在食品和燃料价格的急剧上涨再次推动通胀后，政府于1973年6月下令第二次冻结，这次为期60天。之后便是第四阶段，在这一阶段有选择地解除一些价格管制。工资-物价管制最终于1974年4月结束。[7]

这种控制最初很受欢迎。民众认为这是一种信号，即政府终于还是对通胀采取了强有力的压制行动，但这些政策最终却成为一场代价高昂的失败。在市场经济中，工资和价格提供了至关重要的信息，协调工人、生产者和消费者的决定。例如，一种商品的相对价格高，就会刺激生产者生产更多该产品，而消费者则会减少对这种商品的消费。如果人为地绕过这一协调机制，那么粗暴的工资-物价管制可能具有高度的破坏性。在尼克松实施管制之后，消费品和关键的生产要素出现了短缺。例如，在饲料价格上涨（在世界市场上是固定的、不受控制的）但是牛肉和家禽零售价格受到美国政府管控的情况下，农民会选择屠宰牛羊，而不是亏本饲养。与此同时，超市货架上空空如也。想方设法逃避管制变得越来越普遍。公司找到了绕过规则的方法，并且为各种例外情况游说辩解。

管制对通胀并没有产生持久的影响，1971—1972年通胀小幅下降，但是随着管制的解除，通胀再次抬头。这种控制就像是通过使温度表失灵的方式来处理过热的发动机。要想有机会真正发挥作用，这些措施必须伴随着给总体需求降温的政策，比如减少政府支出或收紧货币政策。战时价格管制通常伴随着配给制度（需要配给票才能购买某些商品）和降低消费者购买力的措施（提高税收、销售战争债券）。在战时爱国主义情绪的激发下，民众更愿意服从，这种心理和行为也可能有所帮助。但是，由于1972年的竞选活动已经开始，政府并没有采取任何行动来限制总需求。相反，在大选前的准备阶段，

第一章 大通胀

财政和货币政策都是扩张性的，重点是为了降低失业率。

尼克松的策略在一定程度上是成功的：他成功地再次当选美国总统。但是在20世纪70年代，通胀持续恶化。除了管控措施到期后的通胀反弹之外，还有两个关键因素进一步推高了通胀，那便是油价和人们的心理。

1973年10月，为了报复以色列发起的第四次中东战争，阿拉伯石油生产国实施了石油禁运。从1972年到1975年，石油价格翻了两番多。[8]石油进口价格上涨导致汽油和取暖燃料的价格飙升。高油价也推高了那些生产过程中需要大量能源的产品和服务的价格。例如出租车和卡车运输服务都增加了附加费，以弥补不断上升的额外燃料成本损失。

石油禁运期间仍然有一些工资－物价管制。1973年11月，行政当局对某些与石油有关的产品价格实施了额外管制。可以预见的是，价格上限导致了短缺，其中臭名昭著的大排长队加油的车龙（以及迪斯科舞厅和水门事件）成为那个时代的象征。1974年，许多司机只能在一个月中的奇数天或偶数天才能加油，这取决于他们的车牌的最后一位数字。在等待加油的时候，沮丧的司机有时会发生冲突。在接下来的几年里，尽管因为70年代中期全球经济增长显著放缓而抑制了需求，但是世界石油价格依然居高不下。1979年，伊朗革命和国王倒台再次扰乱了石油供应，导致油价翻了一倍多，通胀再次飙升。

与此同时，更令人担忧的情况是，一种新的担心通胀的心理占据了上风。在20世纪50年代至60年代初，通胀非常低，人们在日常决策中完全可以忽略它。随着通胀不断上升，政府控制通胀的努力被证明远远不够，甚至事与愿违，人们开始将高企且不稳定的通胀视为新常态。工人们开始在工资谈判中要求对通胀进行补偿，这种要求通常是非正式的，但在某些情况下是通过自动触发机制进行的生活费用调整（"Cost-of-Living Adjustments"，COLAs），这种机制在20世纪70年代越来越普遍。雇主们几乎没有动力抵制加薪，而是专注于将不断上涨的成本转嫁给消费者。在一个自我强化的循环中，更高的通胀预期给通胀带来了新的动力，反过来又印证了这些预期的正确性。"工资–物价螺旋形上升"成了新的流行概念。

不稳定的通胀预期也加强了油价冲击的负面影响。石油或其他关键大宗商品价格的一次性上涨，其本身其实只会造成短期和暂时性的通胀。然而，如果最初的通胀飙升导致人们推断通胀将持续走高，这种预期就会自我证实，因为工人和企业开始将持续价格上涨的预期纳入自己的工资和价格需求中。这种模式在20世纪70年代表现得十分明显。

对快速通胀的预期是个问题，但通胀的波动性和不可预测性或许更糟。至少在原则上，调整到比如8%的通胀可能不是那么困难，前提是它是真正稳定和可预测的。每个企业设定的工资和物价可以在考虑到总体物价上涨8%的情况下进行平稳调整，利率可以包括8%的额外补贴，以补偿投资者和贷款机构投资购买力的预期损失。

然而实际上，即便面对相对稳定的通胀，人们依然会感到困惑，特别是在很长的时间跨度上，比如在制订退休计划时。但无论如何，当通胀高企时，它通常会很不稳定，上下波动而且难以预测，在大通胀时期也的确是这样。在20世纪70年代，CPI一度从1972年的3.4%升至1974年的12.3%，再降到1976年的4.9%，1978年又回升到9.0%。难以预测的通胀会造成混乱并带来经济风险。人们不确定他们的工资和储蓄的未来购买力。低收入家庭尤其脆弱，因为他们的大部分储蓄都是现金或支票账户，抵御价格变化的能力较弱。高通胀带来的经济不安全感和不确定性有助于解释为什么到20世纪70年代末，如此多的人将通胀视为一个毁灭性的问题。

第一章　大通胀

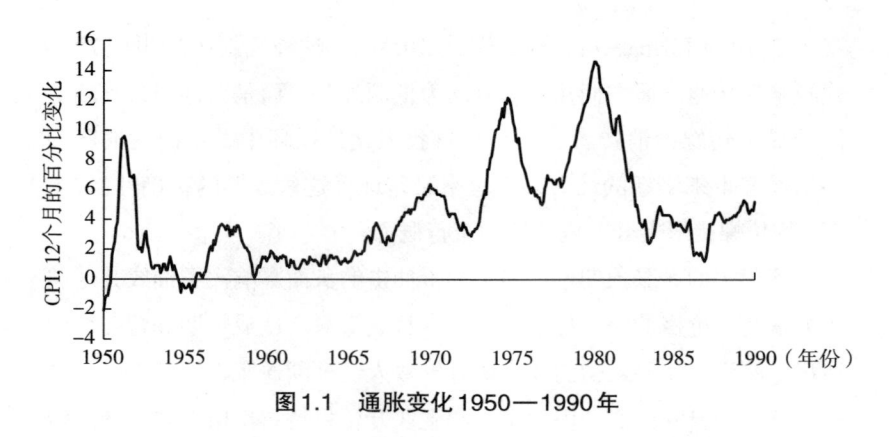

图1.1 通胀变化1950—1990年

通胀在20世纪50年代和60年代初保持稳定，在60年代末上升，70年代至80年代初达到高位，最终在80年代得到控制。
资料来源：美国劳工统计局、美联储经济数据库。

油价冲击和不稳定通胀预期的组合是强大的。通胀似乎越来越失去控制，1979年达到13.3%，1980年达到12.5%，在此之前的1974年达到12.3%，这些都是1946年以来的超高数值。

## 菲利普斯曲线的演变

20世纪70年代的通胀会让那些只熟悉1958年原始菲利普斯曲线的经济学家感到困惑。在这条曲线的预测下，高通胀必然伴随着极低的失业率。然而，20世纪70年代的平均失业率并不是特别低，在1973—1975年的经济衰退之后，失业率甚至上升到了9%。通胀高企和经济增长停滞这一令人苦恼的组合被称为滞胀。到70年代中期，至少在当时看来，菲利普斯曲线似乎已经完全失去了效用。

然而关键的是，这一时期的经济学家认为菲利普斯曲线理念的核心其实是可以保留的。通过两次合理的修正，通胀理论可以被重塑为更现代的形式。

首先，原始菲利普斯曲线的基础隐含了一个前提，即通胀和失业的大部分变化反映的是整个经济体系中商品和服务需求总量的变化。需求的增加（因为越南战争和"伟大社会"计划造成的政府支出增加），应该增加就业并提高工资和价格，这就如同经济体中对马铃薯需求量的增加应该也会同步带来马铃薯产量的提高、价格的提高以及马铃薯行业就业率的上升。如果需求变化是经济波动的主要原因，那么相对较高的通胀应该就会伴随着较低的失业率，正如最初的菲利普斯曲线所预测的那样。

然而，有时经济经历的冲击是供给而不是需求，1973—1974年和1979年的油价急剧上涨就是典型的例子。20世纪70年代不断上涨的油价抬高了许多商品和服务的生产及运输成本，从而加剧了通胀。就像马铃薯枯萎病在推高马铃薯价格的同时降低了马铃薯的产量和行业就业一样，宏观经济中的供应冲击是滞胀性的，会同时推高通胀和失业率。因此，要用菲利普斯曲线来解释数据，就有必要将"供给侧冲击引起的通胀"与"需求侧冲击引起的通胀"分开。经济学家们研究了一些办法来区分二者。

一种粗略的方法是关注核心通胀，这是一种不包括能源和食品价格的通胀衡量方法，因为能源和食品价格波动通常较大，尤其容易受到供应紊乱的影响。由于核心通胀排除了一些重要的并且容易受到供应紊乱影响的来源，因此它能够更好地反映需求量的增减是如何影响通胀的。20世纪70年代的核心通胀变化曲线表明，即使供给侧冲击更加凸显，通胀也还是持续对需求侧做出反应。例如，在1969—1970年、1973—1975年、1980年的经济衰退中，核心通胀显著下降，这表明尽管有供给侧因素的影响，但较慢的经济增长和较高的失业率仍然可以减缓物价上涨的速度。

除了增加供给侧冲击这一因素，对传统菲利普斯曲线的第二个修正是允许通胀预期明确发挥其作用。后来的诺贝尔奖得主米尔顿·弗里德曼和埃德蒙·费尔普斯（Edmund Phelps）在20世纪60年代末都预测到，在70年代盛行的不断自我强化的通胀预期心理效应可能是存在的。弗里德曼在1967年12月的美国经济协会主席演讲中预测，如果通胀预期上升，通胀与失业之间传统的菲利普斯曲线关系将变得不稳定，而如果实际通胀仍居高不下，这种情况就必然会发生。[9]弗里德曼认为，如果人们预期通胀会上升，他们就会按照物价上升的速度，要求雇主以大致相同的比率增加工资，以此来保护自己的购买力。因此，家庭和企业预期的通胀每上升1%，随着时间的推移，实际通胀也将上升1%。费尔普斯在1968年的一篇论文中也提出了类似的观点。[10] 20世纪70年代的通胀将证明弗里德曼 – 费尔普斯理论的实用性。

什么因素可以导致人们的通胀预期发生变化？关于通胀预期的决定因素以及央行如何影响通胀预期的争论，最晚自20世纪60年代起就成为货币政策分析和实践的核心内容。然而，由于人们会从经验中吸取教训，因此，政府在60年代末、70年代初未能控制通胀（这打破了通胀将保持在低位的预期）也就不足为奇了。更高的通胀预期反过来又推高了实际通胀，这会造成一个恶性循环。将通胀和通胀预期重新稳定在合理的低水平将是一项重大的挑战。

经过20世纪70年代的实践和弗里德曼、费尔普斯等人深刻见解之后的修正，菲利普斯曲线仍然是当今经济学家对通胀这一现象的核心理解理论。总结一下，菲利普斯曲线的现代表现形式可以概括为三个结论。[11]

首先，当需求增长超越了相对应的供应增长速度时，经济扩张最终将导致更高的通胀，包括工资和物价。这是1958年最初的菲利普斯曲线以及菲利普斯发表论文之后的研究所传达的信息。

其次，供应侧的冲击是滞胀性的，它会提高通胀，也会降低产出和就业，至少在一段时间内如此。这就是20世纪70年代油价冲击后发生的事情。

最后，在保持失业率和供应冲击的影响不变的情况下，家庭和企业对通胀预期的增加最终会导致实际通胀按照相同比例上升。更高的通胀反过来又会证明更高水平的通胀预期是合理的，从而形成一个恶性循环。

菲利普斯曲线的更新版本为美国的大通胀提供了一个合理的解释。财政政策的扩张——减税、战争支出和社会支出，在肯尼迪总统和约翰逊总统任期内持续了太久，导致经济过热和通胀问题开始萌芽。尼克松总统继续刺激需求，寄希望于通过直接控制工资和物价来抑制通胀，但并没有成功。尼克松的价格管制导致资源短缺和分配不当，管制解除后，通胀便卷土重来。全球油价上涨和其他不利的供给侧冲击加剧了菲利普斯曲线的效应，将经济推入滞胀。而且，通胀心理越是根深蒂固，就越导致通胀和通胀预期不断上升的恶性循环。

尽管现代版本的菲利普斯曲线有助于解释大通胀，但问题依然存在：美联储在哪儿？为什么美联储会放任通胀失控，而且当通胀失控发生的时候，为什么美联储不采取更多措施阻断这个不断上升的通胀周期？一个简单的回答是，政治因素以及对通胀过程的错误看法使美联储领导人在关键时刻采取了观望态度，而并未采取本可以控制通胀的政策，这些政策本身令人十分痛苦。

## 威廉·麦克切斯尼·马丁、林登·贝恩斯·约翰逊与大通胀

就像今天的情况一样，20世纪六七十年代的美联储主席对美联储的政策产生了重大影响。从大通胀开始至发展到顶峰这段长达27年的时间里，美联储只经历了两位领导人：威廉·麦克切斯尼·马丁（1951—1970年担任主席）和阿瑟·伯恩斯（Arthur Burns，1970—

1978年担任主席）。要了解美联储为何未能遏制大通胀，我们必须了解这两人决策背后的理念和政治力量。

马丁是美联储历史上任期最长的主席，曾在5位美国总统手下任职。他与他的父亲都曾在美联储担任要职，他的父亲老威廉·麦克切斯尼·马丁（William McChesney Martin Sr.）参与起草了创立美联储的法案，后来担任圣路易斯联邦储备银行的行长。马丁在耶鲁大学学习英语和拉丁语，并认真考虑过成为一名长老会牧师——严格戒烟、戒酒和戒赌，但他继承了父亲在商业和金融方面的天赋。马丁的第一份工作就是在父亲手下，即在圣路易斯联邦储备银行担任银行检查员。[12] 他在随后的职业生涯里当过金融家和公务员。1938年，31岁的他成为纽约证券交易所主席，致力于恢复人们对股市的信心。他后来担任美国进出口银行行长，并在财政部担任助理部长。

在财政部任职期间，马丁成为1951年具有里程碑意义的《财政部-美联储协议》的首席谈判代表，并在财政部长约翰·斯奈德（John Snyder）因白内障手术住院时接管了谈判。自1942年以来，应财政部的要求，美联储为国债的短期和长期利率设置了上限，以降低战争债务的成本。战时管制和定量配给结束后，通胀爆发，但持续时间很短。然而，在接下来的几年里，美联储越来越担心将利率长期维持在低水平会过度刺激经济。因此，美联储开始寻求结束固定了很久的低利率。

然而随着朝鲜半岛新一轮战争的升温，白宫和财政部拒绝了美联储提出的改变货币政策的建议。随之而来的是一场引人注目的公开斗争，其中包括杜鲁门总统召集联邦公开市场委员会全员到白宫接受"训诫"的那段插曲。在那次闭门会议之后，杜鲁门发表了一份声明，声称联邦公开市场委员会已经同意将利率维持在原先的低水平。然而，联邦公开市场委员会并没有达成这样的协议，马里纳·埃克尔斯（联邦公开市场委员会前主席，当时为美联储理事会成员）向媒体透露了一个与杜鲁门的声明相矛盾的说法。由于美联储绝不妥协，国会或媒体也没有任何支持的迹象，最终白宫只好让步。[13]随后美联储与财政部达成协议，允许美联储逐步取消固定利率，使其能够根据稳定经济（包括控制通胀）的需要自由调整利率。①[14]

协议中暗示的美联储角色的变化与当时日益发展的政治和学术共识是一致的，这反映了社会对战后可能再一次发生大萧条的恐慌和广泛传播的凯恩斯主义思潮的影响力，人们认为政府的政策就应该是积极寻求稳定经济，包括控制通胀，而不是直接接受经济的繁荣和衰退就是自然发生和不可避免的循环。《1946年就业法案》（Employment Act of 1946）就从立法的角度反映了这一观点，它要求联邦政府采用一切可行的手段来实现"最大就业、最高生产力和最强购买力"。事实上，国会希望能够争取美联储的支持，以实现更强劲、更稳定的经济，而这也会加强美联储在与财政部角力中的影响力。[15]从美联储的角度来看，该协议是其追求更大的货币政策独立性的一个转折点，在这种情况下，货币政策的独立性意味着制定政策的自由，以推进更宏大的经济目标，而不仅仅是服务于财政部的融资需求。

协议达成后不久，杜鲁门任命马丁接替即将离任的美联储主席托马斯·麦凯布（Thomas McCabe）。麦凯布辞职的原因是，在经历了财政部和美联储之间时常发生的激烈争执之后，他认为自己已经不能再与政府部门合作了。鉴于马丁之前在财政部任职，杜鲁门希望他能够通过保持宽松的货币政策来实现自己的政治目的。但事实将证明马丁是一个直率的人，他拒绝以牺牲美联储新赢得的政策自由为代价接受白宫的指示。（在后来与马丁的偶遇中，杜鲁门只说了一个词："叛

---

① 两党发布的简短声明实际上相当含糊，只是说财政部和美联储"已经就债务管理和货币政策达成完全一致……确保政府所要求的成功融资，同时将公共债务货币化的程度降到最低"。美联储对最后一句话的解释是，它不再有义务锁定美国国债的利率。

第一章 大通胀

徒"。[16])20世纪80年代担任美联储主席的保罗·沃尔克也不是个软弱的人,他后来写道,马丁"举止友好,为人谦虚,但在制定政策和维护美联储独立性方面,却有着钢铁般的意志"[17]。这种勇气即将受到考验。

马丁对任何一种经济学思想流派都没有强烈的认同。他采用的基本方法很简单:他认为货币政策应该与商业周期相适应,努力应对衰退或是不可持续的经济繁荣,并避免过度通胀。[18]在实际操作中,这意味着在经济扩张时期、在通胀严重之前就提高利率,同时在经济衰退或经济增长放缓时降低利率。他曾有一句著名的论述,那就是把美联储比作一位监护人,"当聚会渐入佳境时收走大酒杯"[19]。马丁认为,至少从长期来看,温和的低通胀可以促进经济的健康发展,而不会对经济增长和就业率造成破坏。1957年他说道:"物价的稳定对可持续增长至关重要。"[20]

在管理货币政策以促进经济稳定和降低通胀方面,马丁帮助创造了现代央行运行的范本,而不是像之前那样,央行只是用来维持货币的黄金价值,打击过度投机行为,或者帮助政府进行债务融资。经济历史学家克里斯蒂娜·罗默(Christina Romer)和大卫·罗默(David Romer)认为,马丁在20世纪50年代的货币政策关注于针对经济周期进行逆势操作并且在必要的时候对通胀先发制人,因此比起60年代末或70年代的货币政策来说,这些政策反而更像是八九十年代出现的。[21]毫无疑问,由于1952年当选的艾森豪威尔总统也被保持低通胀的重要性说服,并在那10年中没有抵制马丁用"收走酒杯"的方式来进行加息以预防通胀,因此他的货币政策才得以顺利推行。

在肯尼迪执政期间,政治和政策环境都发生了显著的变化,尤其是在肯尼迪遇刺、约翰逊上台之后更是如此。在1960年之前,《1946年就业法案》认为政府有责任实现"最大就业",这一法案充满了雄心壮志。与此相反，肯尼迪政府，尤其是白宫经济顾问委员会——该机构本身就是在《1946年就业法案》之后创建的——试图通过定量定义什么是"最大就业"来使该法案具有可操作性。给"就业最大化"（或"充分就业"，这个概念越来越普遍）加上一个数字，将为经济政策提供一个清晰而明确的目标，并且可以成为衡量政策成功的标准。[22]

但当时和现在一样，定义充分就业更像是艺术，而非科学。1962年，为肯尼迪和约翰逊提供建议的颇具影响力的经济学家阿瑟·奥肯（Arthur Okun）利用菲利普斯曲线推理，将充分就业定义为"在不会造成通胀压力的条件下，能够实现的最高就业水平"。[23] 由于在20世纪50年代，除了经济衰退时期，失业率通常保持在4%以下，在这个没有高通胀的时代，白宫经济顾问委员会的经济学家估计在现实中充分就业就相当于维持4%左右①的失业率。这一估计随后被政策制定者和经济学家普遍接受。

在肯尼迪就职后不久，实际失业率就超过了7%，到1962年底仍维持在5.5%左右，这表明劳动力市场仍然相当疲软。换句话说，人们认为美国正面临产出缺口，即实际产出和充分就业情况下的产出之间的落差。奥肯估计，失业率每增加一个百分点，产出就会减少大约三个百分点，这一经验法则后来被称为奥肯定律[24]。白宫经济顾问委员会认为，消除产出缺口应该是施政的核心目标。而且，只要失业率接近4%，就可以在不产生通胀压力的情况下实现这一目标。

奥肯定义的充分就业或最大就业，以及充分就业的标志——失业率，仍然是现代宏观经济学中的重要概念。今天，经济学家通常把稳定通胀下的最低失业率称为"自然失业率"（"u-star"，缩写为u*）。

---

① 从字面看，充分就业对应的失业率可能被认为是零。但经济学家认识到，即使是在最好的劳动力市场，也会存在失业的状况，因为人们会更换工作，或是在工作和其他活动（比如在学校就读）之间转换，抑或是人们会由于缺乏胜任市场上工作所需的技能而失业。

第一章 大通胀 17

"自然失业率"这个概念有些误导人，因为它暗示u*是不变的。事实上，u*也可以随着时间而变化。例如，由于劳动力人口构成或是经济结构发生变化，自然失业率也会随之变化。降低u*，比如通过政策提高劳工技能或增强雇主与雇员的匹配，可以带来更好的劳动力市场结果。尽管如此，"自然失业率"这个概念仍被广泛采用。

虽然自然失业率的概念自20世纪60年代以来就没有太大变化，但经验表明，在实际生活中对u*的估算可能相当不确定，这意味着在制定政策时使用这些概念需要非常小心。这种不确定性与我们讲的故事有关，因为尽管经济顾问委员会在20世纪六七十年代对自然失业率的估计，即4%被广泛接受，然而回顾过去，用奥肯的话来说，"不造成通胀压力"并可以长期维持的失业率被证明会远高于4%——这个事实产生了深远的影响。美国国会预算办公室（CBO）对潜在产出和相应的自然失业率进行了回顾性分析，如今估计的结果是：u*在20世纪60年代实际上在5.5%左右，在70年代则达到6%。①如果事后诸葛亮式的现代视角的估计是正确的，那么60年代和70年代的产出缺口不仅比当时的政策制定者认为的要小得多，而且甚至常常是负的，即实际产出远远高于经济的可持续产出潜力。至少有一点可以明确的是，那个时期的政策制定者对他们估计的u*数值过于自信，自信到即使通胀已经上升，却还是不愿改变。[25]

根据当时的凯恩斯主义共识，财政政策应该在稳定经济方面起到主导作用。由于大规模的战时支出，大萧条被确认已经终结，因此这一共识得到了事实上的支持。肯尼迪政府将重点放在了减税上（这是

---

① 根据美国国会预算办公室的数据，相对于20世纪50年代，60年代末和70年代u*的增长反映了劳动力人口构成的变化和经济结构的变化，这增加了失业工人与工作匹配所需的时间，参见Brauer于2007年的报告。Orphanides在2003年发表的论文认为，20世纪70年代的政策制定者并未及时认识到70年代生产率增长放缓，从而高估了那时的经济潜在产出。

一项财政措施，而不是货币政策），以帮助缩小当时被认为出现的产出缺口。然而，美国政府错误地认为美联储将支持行政当局刺激经济增长的努力，当时国会中大部分议员也都是这样想的。从1961年开始，一个被称为"Quadriad"的四方会谈小组开始定期召开会议，成员包括美联储主席、财政部长、白宫预算主任和经济顾问委员会主席，有时还包括美国总统本人。[26]会议的目的是协调经济政策，白宫将其解释为让美联储"融入团队"。肯尼迪总统和约翰逊总统还任命了支持他们的扩张主义观点的人来担任美联储理事会成员，以此进一步限制马丁的行动。

马丁对新凯恩斯正统学说持怀疑态度，认为对政策的实际效果过于乐观，但在20世纪60年代初，通胀仍保持温和。然而，在1965年5月，随着肯尼迪－约翰逊减税政策的实施和越来越多兵力投入越南战场，马丁公开表达了对"长期财政赤字和货币宽松"可能造成的通胀后果的担忧。[27] 1965年12月27日，随着失业率降至充分就业的关键临界水平——4%（甚至采用白宫的估算指标），马丁终于以4∶3的票数赢得了美联储理事会的支持，通过了一项公开的先发制人的行动来对抗通胀，那就是宣布将美联储的贴现率提高50个基点。① 和20世纪50年代一样，马丁认为自己的角色就是负责"收走酒杯"。

约翰逊总统对此十分愤怒。美联储的决议出台后，总统把马丁叫到得克萨斯州的农场，狠狠地训斥了他一顿。据报道，约翰逊说："马丁，我的孩子们正在越南死去，而你却连救命的钱都不肯印。"[28] 进一步的压力来自国会的民主党人，他们认为美联储的紧缩政策会减缓创造就业机会，而这是完全不必要的。事实上，一些立法者甚至认为4%的失业率应该被视为决策者所能接受的最高水平，而不是最低

---

① 美联储也允许联邦基金利率在1965年上升，但在当时，与贴现率不同，联邦基金利率的变化并不能公开公布。因此，贴现率经常被用来暗示货币政策立场的变化。

水平。

　　为了寻求妥协，马丁咨询了约翰逊的白宫经济顾问委员会。[29] 马丁坚信经济正处于通胀升温的危险阶段。马丁建议，如果国会和政府愿意收紧财政政策，为过热的经济降温并缓解通胀压力，那么紧缩性的货币政策可能就没有必要了。经济顾问委员会的成员们对马丁的观点持开放态度，并一致认为，如果紧缩是必要的，那么最好是由财政政策来带头。然而，约翰逊并不愿意支持增加税收或减少财政支出的立法。

　　因此，美联储在1966年继续加息，并利用其作为监管机构的影响力，迫使银行收紧银根。事态的发展比马丁预想中更富有戏剧性。经济几乎立即放缓，尤其是对利率高低和信贷供应松紧特别敏感的房地产市场。更大范围的衰退的可能性为美联储和白宫敲响了警钟。由于经济顾问委员保证，约翰逊愿意要求国会批准增税以帮助降低通胀风险，因此马丁也做了让步，转变了美联储早些时候的紧缩政策。然而，约翰逊将增税视为政治上的失败，因此他并未贯彻这一承诺。

　　1967年，随着对经济衰退的恐慌消退，而对通胀的担忧加剧，美联储和白宫之间的"懦夫博弈"再次上演。（懦夫博弈是一种双人博弈，也被称为斗鸡博弈和胆小鬼博弈。）那年秋天，马丁领导的美联储再次开始收紧货币政策。白宫相应再次同意了增税。1968年的政治环境十分紧张，当年马丁·路德·金和肯尼迪总统接连遇刺，随后爆发了激烈的抗议和内乱，此外，当年是总统大选年，这些因素都不利于国会对美联储妥协。尽管如此，出于对通胀和美元稳定性的担忧，总统在6月还是签署了一项法案，其中包括临时征收10%的附加所得税。考虑到附加税可能会减缓经济增长，马丁领导的美联储暂停了货币紧缩，并在8月降低了贴现利率。

　　这将被证明是一种误判。尽管附加税导致短期的财政预算盈余，但它对总体需求的抑制远低于美联储和经济顾问委员会的预期。由于所有人都知道增税是暂时的，因此大多数人和企业都用自己的储蓄支付了额外的税收，并维持正常的开支。到1968年年底，失业率下降到3.4%，通胀进一步上升。美联储又一次改变了主意，重新开始收紧货币政策，但马丁在美联储的日子也即将走向终结。1970年1月，马丁的任期即将结束，临行前他给其他理事会成员打电话，并说"我是个失败者"[30]，1969年的通胀差点儿达到6%。

马丁失败了吗？"大通胀"确实是在他的任期内和见证下开始的，部分原因是美联储在提高利率方面经常前后矛盾，而且常常为时过晚——这是因为美联储希望紧缩的财政政策能起到更大的作用。然而总体来说，马丁是一个并不情愿的同谋，他面对强大的政治压力，已经尽可能地抵制经济的过度扩张。20世纪60年代下半叶的通胀主要是"既要大炮又要黄油"的财政政策的结果，正如马丁担心的那样，这是对自然失业率和新凯恩斯主义政策对经济进行调整的能力过于乐观的结果。

20世纪70年代则是另一番景象。在马丁的继任者阿瑟·伯恩斯的领导下，美联储在维持政策独立性方面只做了有限的努力，而且出于教条主义和政治原因，导致了长达10年高企且剧烈震荡的通胀。

## 第二章

# 伯恩斯与沃尔克

1969年11月，理查德·尼克松总统任命阿瑟·伯恩斯接替马丁担任美联储主席，该任命于1970年2月生效。伯恩斯（1904年出生，父亲为伯恩赛格）小时候随父母从加利西亚（该地历史上曾经分别属于奥地利和波兰）移民到美国。① 伯恩斯是哥伦比亚大学的一名教授，后来担任美联储主席的艾伦·格林斯潘是他的学生。他身着粗花呢外套，嘴里叼着烟斗，看起来像是一位纯粹且杰出的学院派经济学家。作为一名年轻学者，伯恩斯与他在哥伦比亚大学的导师、经济学家韦斯利·C.米切尔（Wesley C. Mitchell）一起发表了一些关于经济繁荣和衰退的最早且最有影响力的实证分析文章。目前仍在使用的领先经济指标这一指数，就起源于伯恩斯和米切尔对商业周期的历史研究，确定衰退开始和结束时间的原则也是如此。伯恩斯还担任过美国经济协会主席，并领导了美国国民经济研究局，该机构仍然是研究广泛经济主题的前沿。

然而，伯恩斯并不只是一个象牙塔里的学者。他曾在许多商业机构任职，也是艾森豪威尔政府中一名值得信赖的顾问，曾担任白宫经

---

① 我的祖父母乔纳斯和丽娜·伯南克也出生在那个地区，他们于1921年移民到美国。

济顾问委员会主席。他对自己的预测能力感到自豪，这是他长期沉浸在经济数据中磨炼出来的。事实上，作为艾森豪威尔的顾问，他的准确预测帮助他赢得了艾森豪威尔的副总统尼克松的信任。而且和马丁一样，伯恩斯也经常警告过高的通胀可能造成的危害。伯恩斯特别关注通胀对商业信心的影响，他认为商业信心是商业周期的驱动力。[1]然而，尽管伯恩斯具备专业资质，而且经常表示厌恶通胀，但事实证明，他作为美联储主席并不愿意采取足够紧缩的货币政策来控制通胀。

## 阿瑟·伯恩斯与"央行的痛苦"

伯恩斯的做法在他上任后不久就显露出来了。经济正在放缓——1970年发生了一场温和的衰退，部分原因是马丁在前一年收紧了货币政策，但通胀仍然是一个重大问题，物价比1969年上涨了5.6%。伯恩斯把短期增长作为优先目标，以放松货币政策作为回应。联邦基金利率从伯恩斯执掌美联储时的9%降至1972年秋季的5%左右。较低的利率为经济复苏提供了支持，失业率从1971年中期约6%的峰值下降到1973年后期的不足5%，但这对限制通胀毫无帮助。在尼克松解除工资和价格管制后，通胀有所上升。为什么伯恩斯会接受这种取舍呢？

政治当然是整个故事的一部分。就像他的前任马丁一样，伯恩斯受到了总统的压力。在这种情况下，尼克松就是任命伯恩斯并在1973年再次任命他的人。伯恩斯在1968年总统竞选期间担任尼克松的经济顾问，并在大选后成为白宫的重要人物。一旦伯恩斯被任命为美联储主席，尼克松就毫无保留地利用他们的关系为他的政治利益服务。随着1970年经济衰退期间失业率上升，总统希望在1972年的选举中保持经济强劲。白宫的录音资料显示，尼克松提出伯恩斯要对个人和政党忠诚，这促使他在投票前保持宽松的货币政策，财政部长舒尔茨（George Shultz）强化了这一信息。

据我所知，没有确凿的证据表明伯恩斯明确同意尼克松的需求，但货币政策在选举前放松了，财政政策也是如此。在日记中，伯恩斯承认尼克松施压："我相信，总统会不惜一切代价连任。"他写道："总统及其优柔寡断的幕僚对美联储的骚扰将持续下去，甚至可能愈演愈烈。"他还强调了自己的独立性："幸运的是，虽然我不再确定总统是否完全了解这一点，但我仍然是他最好的朋友。通过保持坚定不移的立场，我将倾尽全力为经济服务，也为总统服务。"尽管如此，录音确实显示伯恩斯在美联储做出决定前曾致电总统，并与他讨论了政策问题，其程度在今天看来是极其不恰当的。[2] 伯恩斯的日记还显示，他的行为更像是在白宫会议上谋划政治策略、讨论与美联储职责无关的政策举措的政府成员，而不是作为一家独立央行的行长。[3]

也就是说，尼克松的阴谋并不能完全解释伯恩斯不愿解决通胀问题的原因。特别是自从1974年尼克松辞职后，伯恩斯就一直保持沉默。正如经济历史学家罗伯特·赫策尔（Robert Hetzel）等人认为的那样，即使没有尼克松的影响，伯恩斯对通胀的原因和货币政策适当作用的看法也可能使他倾向于采取一种更为被动的方法。[4]

尽管伯恩斯不认为自己是凯恩斯主义者，但他与当时许多凯恩斯主义者的观点一致，即由于与货币政策无关的原因，美国经济变得更加倾向于通胀。在伯恩斯看来，这种更大的通胀趋势反映了大公司和工会将自己与市场力量隔离开来的能力日益增强，而市场力量正是他们用来随意推高物价和工资的动力。伯恩斯支持政府维持充分就业的承诺，该承诺通过减少经济周期性衰退带来的痛苦，进一步增强了参与者的市场力量。

由于他认为通胀主要是由成本推动的（如企业和工会提高价格和工资的力量），而不是由"需求拉动"压力（如不断增加的政府和消费者支出）推动的，所以伯恩斯认为货币政策主要通过减缓需求增长来发挥作用，是一种成本高昂且效率低下的降低通胀的方式。他认为，只有当经济衰退严重到拥有强大权力的工资和价格制定者别无选择时，货币政策才能结束通胀。在这一过程中，许多工人将失去工作，缺乏市场力量的小公司将受到格外严重的打击。此外，伯恩斯认为，限制性货币政策的效果将不均衡地发挥作用，这会给某些经济部门带来不公平的负担。例如，资金紧缩将压垮对利息敏感的建筑业和房地产业，而对消费者支出或大公司资本投资的影响则要小得多。

伯恩斯的成本推动型通胀理论使他相信，政府实施的控制措施直接限制了工会和企业提高工资和物价的能力，这是一种比紧缩货币政策或紧缩财政政策成本更低的遏制通胀的方法。因此，他是早期工资价格控制或当时被称为"收入政策"的坚定倡导者。[5]事实上，如果没有伯恩斯的建议和鼓励，尼克松不太可能实施这些控制措施。因此，尼克松影响伯恩斯的同时，伯恩斯也影响了尼克松。伯恩斯还反对工资价格控制必须与限制总体支出相结合的观点。与之相反，他看到的是劳动分工，管制措施将约束工资和价格制定者的行为，这将充分释放货币和财政政策以支持经济增长和就业。更重要的是，伯恩斯的成本推动型通胀理论也解释了他是如何观察到通胀的持续增长，而没有得出经济运行高于其潜力的结论的，货币和财政政策也因此过于具有扩张性。

伯恩斯认为，通胀在很大程度上是由非货币因素造成的。1973年的石油价格冲击和由此导致的通胀飙升更加证实了这一观点。毕竟，油价的上涨在很大程度上看起来是地缘政治和全球经济状况的结果，而不是宽松的货币政策或美国国内经济过热的结果。对于新一轮的通胀，伯恩斯的首选反应是重新实施全面的工资–物价管制，但前几轮控制未能结束通胀，这让他领导下的美联储在大多数美国人心目中失去了信誉。为了遏制通胀的抬升，美联储确实在1973年开始了一系列加息举措，但当经济陷入衰退时，这些举措基本上被逆转了。

这种"时断时续"的模式——在通胀飙升时收紧政策，但在失业率开始上升时又立即放松，结果被证明是无效的，并导致通胀和通胀预期逐步上升。

伯恩斯认识到，20世纪70年代滞胀时期的经济状况远非令人满意。他认为通胀代价高昂且不稳定，但失业也是如此。他认为公众不会容忍失业率高到仅靠货币政策就能完全控制通胀的程度，也不认为这应该由美联储来做决定。这当然是伯恩斯从国会得到的信息。1976年，尽管美联储在放松政策，经济处于复苏之中，但明尼苏达州的民主党参议员休伯特·汉弗莱（Hubert Humphrey）及其盟友抱怨美联储在促进就业方面做得不够。汉弗莱主张政府要有明确的就业目标，包括必要时的政府工作保障，以及让总统在决定货币政策方面发挥更大的作用。他的提案没有通过，但汉弗莱和他的众议院同僚奥古斯都·霍金斯（Augustus Hawkins，加州民主党议员）继续推动立法。

当时进行的立法辩论的一个重要结果是，1977年通过了《联邦储备法》的修正案，该修正案要求美联储管理货币政策，以追求"稳定的价格、充分就业和适度的长期利率"。由于稳定的价格和充分就业通常会导致适度的长期利率，第三个目标通常被视为多余。自那以后，美联储领导人经常提到该机构的双重使命，即促进稳定的价格和充分就业。双重授权本身就是一种妥协，民主党人（该党自20世纪70年代在参众两院都占据多数席位）在推动中更加重视就业，共和党人坚持给予物价稳定以平等的地位。

根据菲利普斯曲线的逻辑，货币政策制定者有时必须在通胀和失业之间做出权衡。1977年的法案并没有具体说明如何在制定政策时权衡这两个目标。几十年来，借用外交辞令，更重视就业任务的美联储政策制定者被称为鸽派，而更关注通胀的政策制定者被称为鹰派。当然这个定义不是一成不变的，政策制定者有时会根据经济状况从鹰派转变为鸽派，然后又转变回来。

尽管参议员汉弗莱于1978年1月去世，但国会关于他的提案的辩论仍在继续。同年晚些时候，国会通过了《充分就业和平衡增长法案》，卡特总统签署了该法案，也就是更广为人知的《汉弗莱-霍金斯法案》(Humphrey-Hawkins Act)。1978年的这个法案（适用于整个政府，而不仅仅是美联储）为就业设定了雄心勃勃的目标，包括20岁及以上人群的失业率不应超过3%，这个数字甚至低于肯尼迪的总统经济顾问委员会制定的4%的充分就业基准目标。该法案还为通胀设定了目标，包括在10年内将通胀降至为零，但该法案优先考虑就业目标。[6]该法案要求美联储理事会每半年向国会提交一份《货币政策报告》，详述美联储在实现其既定目标方面取得的进展。①伯恩斯当然知道《汉弗莱-霍金斯法案》的数量目标是不可行的，至少在合理的时间内是不可行的，但他很可能会将该法案以及前一年批准的双重授权，视为对国会不会容忍涉及大幅增加失业率的通胀控制方法的承认。

简而言之，伯恩斯在大通胀时期的动机是复杂的。他受到了政治的影响，可能狭义上是屈服于尼克松总统的压力，当然广义上是他认为国家不会容忍造成高失业率的货币政策。但是伯恩斯的政策也反映了他自己对通胀原因的看法。与他的前任马丁（以及他的继任者沃尔克）不同，他不相信通胀主要是由货币因素引起的，因此，他认为紧缩的货币政策是一种间接的、昂贵的、在很大程度上无效的控制通胀的工具。伯恩斯领导下的美联储采取的是"时断时续"的政策，在货币紧缩和宽松之间交替，这样既没有实现低通胀，也没有实现持续的低失业率，相反通胀继续螺旋式上升。

1979年，在离开美联储后不久，伯恩斯做了一场题为"央行的痛苦"的演讲，部分是出于自责，部分是出于自卫。[7]他承认未能控

---

① 这份报告附带的美联储主席对美联储的参众两院监督委员会听证会的证词仍被称为"汉弗莱-霍金斯证词"。

制通胀心理，从而极大地加剧了通胀："如今，商人、农民、银行家、工会领袖、工厂工人和家庭主妇普遍认为，无论经济活动是繁荣还是衰退，通胀都将继续下去。一旦这种心理在一个国家占据主导地位，央行错误加剧通胀的影响可能会持续数年之久。"他还承认，美联储政策制定者和其他许多人一样，对于在不引发通胀压力的情况下推动失业率降至低水平过于乐观。现在回想起来，伯恩斯认为我们现在所说的自然失业率u*并不是他那个时代的传统观点所认为的4%（或更少），而更像是5.5%~6%，这与现在对当时的估计是一致的。他承认，原则上央行通过限制货币供应量的增长，可以"毫不迟延地"阻止通胀，哪怕这种方法会给金融市场和经济带来"压力"。

为什么伯恩斯领导的美联储不这么做呢？伯恩斯说："它没有这样做，是因为美联储也陷入了正在改变美国生活和文化的哲学和政治潮流中。"简而言之，伯恩斯认为，政府实际上承诺充分就业的社会契约使美联储在政治上不可能单独行动，这会造成重大且持久的痛苦，而美联储的这种独立性正是成功抗击通胀所必需的。抗击通胀的行动必须等待新的政治共识，这是由越来越多的人相信通胀是美国最大的经济挑战所推动的，同时也需要等待美联储出现新的视角和观点。那天，在伯恩斯的听众中有个能提供这种新观点的人，他的名字叫保罗·沃尔克。

## 保罗·沃尔克：坚定不移取得胜利

像威廉·麦克切斯尼·马丁一样，沃尔克的职业生涯跨越了公共部门和私营机构这两个阶段。沃尔克在新泽西州出生和长大，他的父亲是蒂内克市政执行官，他在普林斯顿大学度过了本科阶段，主修专业为经济学。他的毕业论文为他后来的政策观点埋下了伏笔，他在文中批评美联储在"二战"后允许通胀短暂飙升。1952—1957年，他的第一份工作是在纽约联邦储备银行担任经济学家。随后，他就职于私营机构大通曼哈顿银行，并最终成为该银行的副总裁。他也在美国财政部担任要职，1969—1974年，他担任财政部负责国际事务的副部长，在尼克松政府决定切断美元与黄金之间剩余的正式联系过程中发挥了作用。①

1975年8月，在伯恩斯的支持下，沃尔克被任命为纽约联邦储备银行行长，这一职位使他在联邦公开市场委员会拥有投票权，并按照传统担任该委员会副主席。纽约联邦储备银行行长对委员会的影响力可以说仅次于主席，是美联储在华尔街的重要"耳目"，负责监管纽约地区的大型银行，并从关键的金融市场和机构参与者那里获取相关情报。沃尔克在金融和财政部的经验为他担任这一角色做好了准备，他在联邦公开市场委员会的位置将使他在困难时期面临着货币政策辩论。沃尔克4年来在这把椅子上沮丧地看着通胀恶化。他主张收紧政策，但受到委员会副主席在最终政策决定上要与主席一致投票这一传统的限制。

1978年3月，在伯恩斯第二任期结束时，卡特总统任命前航空航天机构的高管G.威廉·米勒（G. William Miller）领导美联储。沃尔克曾在这项工作的候选名单上，但被排除在外。[8]米勒和伯恩斯一样不愿解决通胀问题，无论如何，他是一个备受质疑的美联储主席的人选。他不是货币专家，从文化价值观上讲，他与以共识为导向的美联储不太合得来。他不太能像对待商界员工那样对联邦公开市场委员会

---

① 这一幕被称为"关闭黄金窗口"，也是"二战"后布雷顿森林体系解体的最后一步，该体系确立了美元与其他主要货币之间的固定汇率。有些人将20世纪70年代的通胀部分或全部归因于美国放弃了与黄金的象征性联系，但实际上因果关系却是相反的。由于其他货币与美元挂钩，美国的通胀导致了官方汇率与由自由市场体系设定的汇率之间的错位，因此美国的通胀导致了布雷顿森林体系的崩溃和黄金窗口的关闭，而不是相反。

的成员发号施令。(他甚至没能禁止在委员会的会议室内吸烟。在他从房间里拿走烟灰缸以后,委员会里的几个烟瘾很大的成员开始随身带上自己的烟灰缸。)在美联储任职仅17个月后,作为内阁改组的一部分,米勒被卡特总统提名为财政部长。美联储工作人员后来将米勒的调任描述为在短暂的试用期后,一位不成功的美联储主席被"踢到了楼上"。不过,沃尔克告诉一位采访者,卡特认为财政部的立场更重要,并将此次调任视为一次晋升。[9] 无论如何,此次人事变动预示着美联储政策将发生重大转变。

通胀正在上升到更高的水平,随着米勒即将前往财政部,卡特需要尽快找到继任者。在卡特的一些经济顾问(但不是他的政治顾问)的建议下,沃尔克与卡特会面,并告诉总统他认为迫切需要收紧货币政策来对抗通胀。[10] "我会采取比那个家伙更严格的政策。"沃尔克指着当时正在接受采访的米勒说。沃尔克在他的自传中说,他预计这将导致任命失败。但第二天早上,他还躺在床上时就接到了总统的电话,他得到了这份工作。[11]

卡特任命沃尔克是具有决定性意义的。他大概知道沃尔克可能会对通胀发起攻击,因为沃尔克是这么告诉他的。他还必须知道,紧缩货币政策——更高的利率,很可能会导致失业率上升和经济增长放缓,而且即使通胀回落,政治成本也可能会很高。事实上,这就是即将发生的事情。疲软的经济使卡特在1980年竞选连任中失败。正如副总统沃尔特·蒙代尔(Walter Mondale)回忆的那样,"沃尔克的政策最终确实将通胀挤出了经济,但它也把我们挤出了白宫"。[12] 那么,为什么卡特会出现180°大转弯,不同于尼克松的做法,也不同于他自己选择米勒的方式,而选择了鹰派的沃尔克呢?

为了经济利益,即使不一定是为了卡特个人的政治命运,选择沃尔克或沃尔克这样的人是一个合乎逻辑的选择。美联储已经失去了作为通胀斗士的信誉,新主席面临的挑战是如何恢复这种信誉。就像在日常生活中一样，公信力——履行承诺的声誉对于政策制定者来说至关重要，但由于公众的心理作用，可信度在抗击通胀方面可能尤为重要。1979年，在通胀率处于两位数的情况下，任何一位新任美联储主席都会说必须降低通胀，但市场参与者、商业领袖和消费者会相信这种说法吗？如果不信的话，通胀预期将居高不下，这将使击败通胀变得更加困难，并且代价高昂。但如果这位新主席以强硬和厌恶通胀而闻名，那么人们可能更有可能相信一场针对通胀的战争将会持续下去，从而允许通胀预期以及通胀本身更快地降下去。在通胀问题上，可以说沃尔克鹰派的名声比一个明显不那么鹰派的被任命者更具有可信度，更不用说他还有着近2米高的身高和富有磁性的声音了。[13]

这是一个微妙的论点，目前还不清楚卡特是否沿着这些思路来思考。我们知道他是在仓促的情况下决定选择沃尔克的，在与沃尔克接洽之前，几位知名银行的高管拒绝接受考虑。卡特不太了解沃尔克，甚至不确定他属于哪个政党。（他和卡特一样是民主党人。）卡特可能在没有充分考虑后果的情况下做出了他在任期内最重要的决定之一。财政部的米勒反对这一任命。蒙代尔回忆说，他对此感到不安。但另一方面，总统肯定也意识到美国正处于经济危机和金融危机的边缘，而华尔街正需要一个以强硬和政治独立著称的人来执掌美联储，沃尔克正是这个人选。

就沃尔克而言，他明白需要什么。1980年2月，他作为美联储主席在第一次半年一次的国会听证会证词中阐述了他的哲学，这是一套与伯恩斯截然不同的方法论。[14]沃尔克说："过去在经济稳定政策的关键时刻，我们通常更关注经济活动或其他目标短期疲软的可能性，而不是我们的行动对于未来通胀的影响。"他接着抨击了时断时续的政策："财政和货币政策往往过早或过度刺激，或限制不足，其结果就是我们现在长期的通胀问题。政策的总体目标必须是打破这种不祥的模式，这就是为什么应对通胀被恰当地提升到国家高度优先考虑的位置。要取得成功，政策必须始终如一地以此为目标。出于对经济衰退或其他方面的担忧，犹豫不决和拖延将带来严重的风险。始终如一和坚持不懈成了沃尔克的标志。①

尽管沃尔克倾向于鹰派，但他花了一些时间来制定新的政策方针，并说服了联邦公开市场委员会的同僚，其中一些人对他的做法表示怀疑，许多人认为他上任初期的举措是犹豫不决的。1979年秋季，他与财政部长米勒一起前往南斯拉夫参加国际货币基金组织的会议，这坚定了他的决心。沃尔克从欧洲人那里听到了很多抱怨，特别是在德国，他在途中停留在那里，询问他们通胀对全球储备货币——美元的稳定性的影响。他还参加了伯恩斯在国际货币基金组织会议期间所作的"央行的痛苦"演讲。对于沃尔克来说，这听起来更像是绝望的忠告：必须考虑到经济和政治的现实，美联储在应对通胀方面无能为力。新主席则不接受这一结论，返回华盛顿时他决心采取行动。[15]

### 尝试一种新方法

1979年10月6日，联邦公开市场委员会在华盛顿举行了一次罕见的（而且是未经宣布的）周六会议，沃尔克和他的同事们迈出了关键的一步。沃尔克在周四的美联储理事会会议上已经开始审议事项，并在周五与整个委员会的电话会议中继续进行审议。教皇约翰·保罗二世在那个周末对华盛顿进行了访问，这帮助分散了媒体对美联储正在发生的事情的注意力。

这些讨论表面上（也仅仅在表面上）是关于货币政策实施中的技术性问题的。自第二次世界大战以来，美联储历史上的大部分时间

---

① 非常恰如其分的是，威廉·西尔伯所著沃尔克传记的副标题是《坚持不懈的胜利》（*The Triumph of Persistence*）。沃尔克的自传名为《坚定不移》（*Keeping At It*）。

都是如此。沃尔克上任时，美联储的关键货币政策工具是它影响短期利率的能力——主要是联邦基金利率，即银行之间隔夜拆借的利率。美联储当时通过改变银行体系中准备金的数量来管理联邦基金利率，当它想要迫使联邦基金利率上升时，就要使准备金短缺，当它想要压低联邦基金利率时，则反之处理。所以，在沃尔克召集这场决定性会议的时候，实施货币政策的标准方法包括将货币价格（即联邦基金利率）设定在达到预期经济结果所需的水平上。然后，美联储将根据需要调整货币供应，更准确地说是调整银行准备金，这是货币供应的一个重要的决定因素，以此实现目标利率。

在10月6日的会议上，沃尔克提出了颠覆标准方法的建议，并得到了联邦公开市场委员会的支持。沃尔克没有选择联邦基金利率的目标水平，而是根据需要调整银行准备金和货币供应量来执行该利率，他建议设定货币数量增长的目标，并允许联邦基金利率根据需要自由调整，以与货币增长的目标保持一致。这一转变的所谓理论依据是货币主义，这是米尔顿·弗里德曼及其追随者信奉的学说，他们认为货币增长与通胀密切相关。如果货币增长和通胀确实像货币主义者认为的那样紧密相连，那么将货币增长作为政策的重点，应该能够比传统的以利率为目标的做法更精确地控制通胀。在玛格丽特·撒切尔执政期间，类似的想法在英国也产生了影响，当时英国也在与通胀和经济停滞抗争。

更为讽刺的是，新的操作程序的一个可能优势是，对货币增长的关注可能有助于美联储转移对于短期利率行为的政治批评，短期利率很快就会飙升至20%。特别是新的策略打破了小幅调整政策利率的传统做法，事实证明这种做法并不足以遏制通胀。正如资深美联储理事会成员亨利·沃利奇（Henry Wallich）所说："我认为支持美联储策略的主要论点是，它能使我们采取比其他技术手段更强有力的行动。在新的策略中，利率几乎成为更有力地追求货币总量的副产品。"[16]

归根结底，应该说沃尔克的尝试不会对改善货币主义的声誉起到多大作用。尽管货币供应量的增长与通胀长期存在某种联系，但至少在某些情况下，短期内这种联系可能是不稳定的，也是难以预测的，正如联邦公开市场委员会在采用新方法后很快认识到的那样。事实证明，即便是定义货币供应量也颇具挑战性。从原则上看，货币供应量应包括任何可用于日常交易的资产，例如支票账户余额和货币。然而，在实践中某些类型的资产比其他类型的资产更便于交易。其他支付形式在货币供应量中应如何计算，权重是多少？在此期间，正在进行的金融管制放松逐步取消了对银行存款的利率上限，并允许提供新的存款账户类型，这进一步增加了衡量货币供应量的难度。部分原因是由于这些实际的困难，联邦公开市场委员会在仅仅三年后，即1982年10月，就放弃了货币主义框架，回到了以联邦基金利率为目标的传统方法。

尽管向货币主义框架的转变不会持续下去，但1979年10月6日的会议仍然意义重大，因为它公开发出信号表明美联储的做法将被打破，其目的是向华尔街和美国其他地区表明美联储决心战胜通胀。通过调整策略，联邦公开市场委员会在一次紧急会议上告诉世界，现状不再是可接受的。这正是沃尔克想要发出的信号。

为了强调联邦公开市场委员会决定的重要性，沃尔克在委员会会议结束后举行了一场（对于当时的美联储主席来说）罕见的新闻发布会，这对于周六晚上举行的新闻发布会来说是很不寻常的。除了货币政策实施程序发生变化，沃尔克还宣布，美联储将贴现率提高了整整一个百分点，达到12%。此外，美联储理事会和联邦公开市场委员会的其他成员一致支持新政策。有些事情显然已经发生了变化。

### 沃尔克抗击通胀之战

尽管出现了这些戏剧性的信号，但美联储内外对沃尔克抗击通胀之战的支持时起时伏，沃尔克本人也常常心存疑虑。但他坚持了下来，经常顶住强烈的反对意见，并成功地降低了通胀。通胀从1979年和1980年的13%左右下降到1982年的4%左右，在沃尔克任职美联储的其余时间里，通胀稳定了下来。因此，美联储在短短几年内从很大程度上扭转了15年来通胀上升的趋势。

战胜通胀是一项里程碑式的成就，带来了持久的好处，但也伴随着沉重的代价。在1980年短暂的经济衰退和短暂的反弹之后，经济在1981年至1982年深度下滑，失业率在1982年11月至12月达到令人痛苦的10.8%的峰值。传统的菲利普斯曲线曾预测，通胀大幅下降将伴随着失业率的大幅上升，这条曲线如今又卷土重来。

第一次相对较短的经济衰退发生在1980年，这与一次不明智的信贷管制试验有关。[17] 1980年3月，应卡特政府的要求并经其授权，美联储对银行和其他贷款人实施了信贷管制。（沃尔克最初反对这项政策，但后来同意合作。）银行被要求将年贷款增长率保持在7%~9%，并将因为发放某些类型的贷款而受到惩罚。该计划的目的是抑制整体贷款增长，特别是除汽车或住房以外的消费类贷款。这种理论认为，如果能把信贷从所谓的非生产性领域中引导出来，或许可以以对经济影响较小的方式减少支出和通胀。但该计划只提供了一般性的指导，使银行和公众对于什么类型的贷款是允许的感到困惑。人们变得不愿以任何形式借贷，支出放缓速度也比预期的要快。当经济陷入衰退时，政府和美联储很快放弃了这一策略，经济复苏了。

根据美国国民经济研究局的数据，高利率部分是由于政府增加借款以弥补里根政府时期的赤字，但主要是由沃尔克的紧缩货币政策推动的。毫无疑问，这是1981年7月正式开始的第二次更严重的经济衰退的主要原因。例如当年秋天，30年期抵押贷款的利率超过了18%，这对房地产业造成了毁灭性打击。阿瑟·伯恩斯预测抑制通胀将造成重大的经济和金融压力，这一预测并没有错。尚存的一线希望是，在美联储于1982年10月放弃货币目标机制并略微放松货币政策后，强劲的经济复苏随之而来，并在接下来10年的时间里延续了下来。1983年实际（经通胀调整）GDP增长近8%，失业率从1982年12月的10.8%下降到8.3%。里根总统是这一阶段发展的受益人之一，他在1984年轻松实现了连任。到1987年沃尔克任期结束时，失业率已降至约6%。

尽管公众肯定希望政府对通胀有所作为，但高失业率和高利率不可避免成为政治上的有毒组合。沃尔克不得不面对充满争议的国会听证会，以及经常批评美联储的得克萨斯州民主党国会议员亨利·冈萨雷斯（Henry Gonzalez）的弹劾威胁。农民们在华盛顿宪法大道上开着拖拉机抗议高利率，并在美联储总部外集会抗议。房屋建筑商向美联储邮寄了几块木板，上面印着恳求美联储主席救济的字样。当我担任主席时，其中一些木板仍然挂在我的办公室里。它们是美联储历史上一个关键时期的"纪念品"，也提醒人们控制高通胀的代价。

在关键时刻，白宫通常会支持沃尔克，这很有帮助。卡特总统只有一次公开批评过沃尔克的政策，那是在1980年竞选连任的白热化时期。[18]里根总统的支持更加不稳定。尽管里根很少公开批评美联储，但沃尔克与政府高级官员发生了冲突。在回忆录中，沃尔克描述了1984年夏天在白宫举行的一次会议，当时里根的幕僚长詹姆斯·贝克（James Baker）当着总统的面告诉沃尔克不要在选举前加息。沃尔克决心避免再次出现尼克松-伯恩斯式的情况，他没有回答就走了。[19]在1986年2月的一次美联储理事会会议上，当里根任命的人投票否决了沃尔克对降低贴现率的反对意见时，他几乎就要提出辞职了，直到美联储理事会当天晚些时候重新考虑他们的决定后，他才撤回了辞职威胁。[20]尽管如此，里根在很大程度上还是接受了控制通胀对健康经济至关重要的观点。根据沃尔克的说法，里根曾向他解释说，当他在伊利诺伊州一所规模不大的学院求学时，一位教授让他认识到通胀的危险。[21]最终，当事情发生时，里根并没有阻碍沃尔克的前进，在1983年再次任命他为主席。参议院以84票对16票通过了沃尔克的任命，这表明它对沃尔克和他对通胀的斗争充满信心。

除了高利率和失业率飙升，沃尔克对通胀的斗争还产生了其他严重的副作用。美国的高利率吸引了外国投资者的资金，推动美元的外汇价值大幅上升，即使美国利率下降，美元仍然非常强劲。这使得进口商品变得更便宜，从而有助于抑制通胀，但它也导致一些美国出口商被赶出了外国市场。沃尔克早年在财政部的经历包括应对弱势美元，现在他不得不应对强势美元。沃尔克与时任里根政府财政部长的詹姆斯·贝克一起参加了旨在遏制美元升值的国际会议。在1985年与法国、德国、英国和日本达成协议后，该协议后来被称为"广场协议"，以该协议谈判所在的纽约一家酒店命名。美联储和财政部协调一致，在公开市场上抛售美元，这给美元与其他货币的汇率带来了下行压力。高利率和美国经济低迷也加剧了全球金融压力。石油出口国在20世纪70年代从高油价中赚取了巨额利润。其中一些资金最终流入美国各大银行，这些银行又把它们借给了拉丁美洲的新兴市场经济体。许多人希望这个被称为"石油美元回收"的过程可以帮助像墨西哥这样的国家开发它们自己的石油储备。然而强势美元和美国高利率使得这些国家难以偿还（以美元计价的）贷款，即使美国经济疲软，石油和其他大宗商品价格下跌，还是减少了拉丁美洲债务国的收入，其结果是一场国际债务危机。

1982年8月，墨西哥耗尽了国际储备——其官方持有的美元，并处于银行贷款违约的边缘。墨西哥和其他陷入困境的拉美国家的债务占据了美国主要银行资本的很大一部分，因此这些国家潜在的违约也威胁到美国的金融稳定。沃尔克敦促银行向墨西哥提供额外的信贷，直到它可以从国际货币基金组织借钱，国际货币基金组织是在"二战"后成立的机构，其目的就是提供此类贷款。沃尔克巧妙地处理了危机，通过施压和与银行家合作寻找到了解决方案，帮助他巩固了作为一名成就卓著的央行行长的声誉。另外，正如国会批评人士很快指出的那样，在1975—1979年担任纽约联邦储备银行行长期间，他监管过许多向拉美提供贷款的银行。沃尔克辩解说，美联储当时对银行放贷决策的事后评估或要求银行持有更多资本以应对可能损失的监管要求是有限的。

拉美危机之后出现了很多金融问题，这一次发生在国内。1984年，伊利诺伊大陆银行差点破产，该银行既面向发展中国家，也面向国内投机性的石油和天然气项目提供贷款，在这种情况下就出现了资本不足和集中放贷。该银行是美国资产规模排名第七的银行，也是美国最大的商业和工业贷款机构。在面临储户挤兑后，该银行得到美国政府的救助，联邦存款保险公司进行注资，甚至保护了没有保险的债权人。美联储向该银行提供了贴现窗口贷款，并与联邦存款保险公司以及其他监管机构在救助行动中密切合作。[22]这一事件制造出"大而不能倒"一词，用来描述那些破产可能危及金融系统稳定的大型机构。[23]

美国的储贷行业是大通胀和沃尔克美联储政策的另一个金融受害者。该行业机构使用联邦保险的短期存款为长期抵押贷款提供资金。20世纪30年代的相关法律条款对储贷机构和银行可以为其存款支付的利率进行了限制，目的是防止存款机构之间开展被视为破坏性的利率竞争。当美联储与通胀的斗争导致短期利率飙升时，储户将资金撤出，转移到其他地方以寻求更高的回报。1980年的立法逐步取消了对存款的利率管制，允许储贷机构支付留住储户所需的更高利率。但这些存款利率超过了储贷机构在其账面上的旧抵押贷款的收益，而后者是在利率低得多的时候制定的。[24]与此同时，美联储政策造成的较高利率抑制了对新抵押贷款的需求，许多储贷机构实际上已经资不抵债了。

1982年，为了给这些机构更多的喘息空间，国会通过了一项法案，允许储贷机构投资风险更高、回报更高的资产。但对于那些濒临破产的储贷机构来说，它们几乎没有保持谨慎的动机，许多机构为了赎回铤而走险，甚至进行欺诈以希望恢复偿付能力。许多人都没有获得成功。由于他们的存款得到了政府的保险保障，随着时间的推移，他们的损失总计约1 240亿美元，最后都被转嫁给了纳税人。有关货币政策和金融稳定之间关系的辩论通常认为货币宽松和低利率会破坏金融稳定。沃尔克时代表明，紧缩的货币和高利率也可能会产生破坏性的副作用。

**沃尔克与美联储的信誉**

尽管卡特总统任命沃尔克的动机一开始并不完全清楚，但是一个看似合理的理由是，沃尔克作为通胀鹰派的声誉可能有助于恢复美联储的信誉。这种观点认为，如果人们更倾向于相信美联储会坚持抗击通胀，他们可能会调整自己的通胀预期，从而以更低的就业和产出成本更快地降低通胀。沃尔克和联邦公开市场委员会的其他成员当然理解这一点。值得注意的是，沃尔克在1979年10月策划了这场戏剧性的会议和政策程序的改变，以表明美联储战略的决定性转变，希望增强该机构的可信度以打破公众的通胀心理。

回想起来，沃尔克抗击通胀的行动是否真的具备"信誉红利"，使其成本比没有这样做时更低？现有的证据纷繁复杂。一方面，1980年以后通胀确实迅速下降，同时通胀预期也出现了显著下降，至少从对家庭和专业预测者的调查来看是这样的。例如，密歇根大学对消费者的调查发现，未来一年的通胀预期从1980年的约10%降至1982年的不足3%。沃尔克对抗通胀的产出成本也低于一些经济学家的预测。例如，1978年阿瑟·奥肯使用标准的菲利普斯曲线模型估计，通过紧缩货币政策控制通胀将导致与大萧条相似的经济低迷，沃尔克领导时期的实际产出损失比预测的低得多。[25]

然而，20世纪80年代发生的产出和就业损失，尤其是1981—1982年的经济衰退并不算小，直到2020年新冠肺炎大流行时期，失业率才超过1982年的峰值。此外，即使在通胀下降后，长期利率在一段时间内仍居高不下，例如1987年的抵押贷款利率仍高于10%。投资者显然对通胀是否真的被战胜持怀疑态度，并且仍然担心它会再次爆发，从而降低他们对债券和贷款的购买力。因此，他们要求获得持有这些资产的额外补偿。

总体而言，沃尔克控制通胀的承诺至少在竞选初期并不完全可信，这粉碎了在不付出重大代价的情况下结束通胀的任何希望。然而，这些成本必须与未来的可观收益进行权衡。在沃尔克上任后的几十年里，通胀和通胀预期一直保持在低位和稳定的水平，这表明美联储对抗通胀的可信度已经恢复。这种可信度不仅会让控制通胀变得更容易，它还将扩大美联储应对产出和就业下滑的空间，而不必担心暂时放松货币政策可能会破坏通胀预期的稳定。最终，沃尔克对通胀的控制帮助支撑了数十年经济的强劲稳定增长，这段时期被经济学家称为"大稳健"（Great Moderation）。或许更重要的教训是，在货币政策制定中，信誉是一项宝贵的资产，但它主要是通过行动和结果来建立的，而不仅仅是靠口头上的空话。

1990年9月，也就是离开美联储三年后，沃尔克在华盛顿发表了一系列演讲，与10年前阿瑟·伯恩斯在演讲中描述的"央行的痛苦"如出一辙。除了将演讲命名为"央行的胜利？"[26]之外，沃尔克与伯恩斯不同的是他能够说"央行这些日子名声极佳"，他们降低了通胀并顺利应对了由此产生的金融和经济趋势。不出所料，他强调良好的经济表现需要保持低通胀以及在通胀形成势头之前的早期阶段就做好应对通胀的准备，这一点至关重要。他还强调，一个灵活、独立的央行更适合控制通胀。当谈到通胀问题时，他创造了一个短语，称"央行是唯一的选择"（"the only game in town"）。

沃尔克的演讲很好地总结了当时央行行长、经济学家甚至政界人士从大通胀中需要汲取的教训。首先，适度通胀是稳定经济的重要基石。其次，各国央行可以将通胀保持在低水平，前提是它们足够可信、足够持久，能够对抗通胀心理，并将通胀预期锚定在较低水平。最后，央行要想变得可信，就需要有一定的余地来做出货币政策决策，同时要有一定程度的独立性，不受短期政治压力的影响。在卡特和里根的支持下，沃尔克享有的独立性达到了他的前任们所没有的程度。沃尔克的继任者艾伦·格林斯潘接受了这些原则，将把控制通胀和维持沃尔克艰难赢得的反通胀信誉作为其货币策略的核心。

离开美联储后，沃尔克继续从事公共服务。他曾担任一个委员会的主席，帮助大屠杀受害者从瑞士银行追回资产。他的观点影响了2007—2009年全球金融危机后的金融改革，包括采用所谓的"沃尔克法则"（"Volcker rule"），旨在防止银行利用由政府提供保险的存款进行投机。他于2019年去世，享年92岁。

# 第三章

# 格林斯潘和繁荣的20世纪90年代

1987年8月，里根总统任命艾伦·格林斯潘为美联储主席，他将担任这一职务长达18年半，只比威廉·麦克切斯尼·马丁少4个月。

1926年，格林斯潘出生于纽约市的华盛顿高地。"二战"期间，他在高中毕业后前往茱莉亚音乐学院学习单簧管，短暂地做过爵士乐乐手，曾经与萨克斯管演奏家斯坦·盖兹（Stan Getz）等杰出的音乐家们一起演出。在那时，格林斯潘就已经表现出对金钱和金融方面的兴趣，他负责给乐队成员报税。

他离开乐队之后进入了纽约大学，获得经济学本科和硕士学位。他曾担任商业分析师，被哥伦比亚大学录取，师从阿瑟·伯恩斯攻读博士学位。由于工作越来越繁忙，格林斯潘从哥伦比亚大学退学了，但20多年后，51岁的他向纽约大学提交了自己多年以来撰写的文章合集，以此作为毕业论文获得了经济学博士学位。在担任商业顾问的职业生涯中，他大部分时间是在一家名为"陶森-格林斯潘"（"Townsend-Greenspan"）的经济顾问公司度过的，他担任总裁兼首席执行官。在此过程中，他获得了对美国经济细致入微，甚至是独有见地的了解。

作为一名共和党人和"赤字鹰派"，格林斯潘在20世纪70年代中期曾担任杰拉尔德·福特总统的白宫经济顾问委员会主席。在格林斯潘年轻的时候，他曾是自由主义哲学家、《阿特拉斯耸耸肩》（Atlas Shrugged）一书的作者艾茵·兰德（Ayn Rand）的忠实粉丝。因此，当里根任命他为美联储主席时引起了一些"左派"的恐慌。然而，在后来担任美联储主席时，格林斯潘被证明是个非常有政治头脑的实用主义者。作为华盛顿社交圈的常客，他能够同时与两党执政的总统和议员都建立密切的关系。他在美联储通常负责的领域之外的政策问题上的观点也被广泛关注。他愿意参与一系列问题的讨论，特别是财政政策，这有时会给美联储带来政治风险。然而，格林斯潘却在很大程度上有效地应对了这些风险，在他的任期内，美联储的声誉和政策独立性都达到了新的高度。

  作为美联储主席，格林斯潘面临着两个主要的政策挑战。第一，如何在保持强劲经济增长的同时，巩固沃尔克对抗通胀的成果。在这一点上，他是非常成功的。通胀在1990年短暂上升，但这主要是石油价格的暂时飙升造成的，随后通胀便保持在稳定的低位——在格林斯潘长达18年半的任期内平均仅为3%。令人印象深刻的是，与20世纪60年代相比，尽管经济快速增长，但通胀仍保持在相对较低的水平，实际产出在20世纪90年代以每年3.3%的惊人速度增长。20世纪60年代的经济政策制定者曾梦想着能够驯服经济周期，在控制通胀的同时，能够缓和经济从衰退到过热再到衰退的剧烈波动。凭借对经济数据的了解，格林斯潘灵巧地运行着美联储，在他的前任们做不到的事情上取得了成功。他设计了一场难度很高的经济"软着陆"，提出了针对宏观经济风险管理的新思路。他在管理货币政策的10多年中提出结构性技术变革甚至使许多已经被广泛认可的通胀常识都变得过时。20世纪90年代长达10年的经济扩张是美国历史上第二长时段的经济扩张，仅次于全球金融危机后的2009—2020年。

格林斯潘面临的第二个政策挑战是，在金融市场变得更加复杂、互联和国际化的时代，该如何确保金融稳定。20世纪90年代，墨西哥、东南亚和俄罗斯的事态发展引发了一系列海外金融危机。格林斯潘在每一场危机中都发挥了建设性作用，他与财政部和国际货币基金组织密切合作，同时制定货币政策以避免海外的金融危机对美国经济造成附加损害。美国股市在20世纪90年代似乎只朝着一个方向发展，那就是不断上涨，这引发了棘手的问题。一些评论人士对格林斯潘的批评更为尖锐。在一本以他的名字命名、内容全面且广受欢迎的传记《格林斯潘传》(The Man Who Knew: The Life and Times of Alan Greenspan) 中，作者塞巴斯蒂安·马拉比（Sebastian Mallaby）批评道，格林斯潘偷偷地选择仅以消费品和服务价格作为通胀目标，却并没有充分关注资产价格，尤其是股票。[1]在马拉比看来，经济稳定需要"逆风"货币政策，以避免资产市场的过度波动，就像马丁之后的美联储主席们一直针对通胀的风向采取逆势操作一样。

当然，保持金融稳定性是美联储的核心责任。然而，限制系统性金融风险的传统工具是设定规章制度，监管金融机构和市场，以及在危机发生时，由最后贷款人提供流动性。在制定货币政策时，除了追求物价稳定和充分就业以外，是否也应该将金融稳定性纳入考量范畴，这仍然是一个困难且有争议的问题。格林斯潘是一位经验丰富的市场观察者，他至少在一开始对马拉比的观点持开放态度。在任期内他曾多次利用货币政策和个人话语权，试图对他认为可能存在的股票价格泡沫进行压制。然而，格林斯潘越来越感到沮丧，因为他无法做到同时抑制市场过热和促进经济良好地发展。随着时间的推移，他还是将重心更多地放在对消费者物价指数和就业率的关注上。

回想起来，正如格林斯潘所承认的那样，他在金融风险的控制方面确实存在盲点，但这并不是缺乏对资产价格的关注，而是他对市场力量可以约束金融机构和市场从事冒险行为的能力过于自信。这一误判最终将在世界范围内对格林斯潘作为美联储主席的声誉产生重大影响。

## "黑色星期一"和1990—1991年的经济衰退

格林斯潘与股市的亲密接触从他刚开始在美联储任职就开始了。1987年10月，美国股票价格急剧下跌，并在10月19日的"黑色星期一"跌至谷底，仅仅这一天，道琼斯指数就暴跌了令人难以置信的23%。股市的下跌是全球性的，从日本到英国再到墨西哥，股市都出现了严重的下跌。尽管对经济的担忧已经蔓延了几个月，但此次股市崩盘并没有特别明确的原因。一些观察人士将股市这种前所未有的下跌速度归于早期的计算机交易系统，特别是"投资组合保险"程序。只要价格下跌，该程序便会自动发出卖出指令，这会导致不稳定性快速叠加并产生恶性循环。尽管格林斯潘本人也认为市场在崩溃前的几个月已经被严重高估，但和其他人一样，他对下跌的幅度同样感到震惊。[2]

在随后的几年里，交易员们经常提到这个词——"格林斯潘对策"（"Greenspan put"，原意为"格林斯潘看跌期权"），即美联储至少在某些时候会为了保护股市的投资者而降息，而不是为了稳定整体经济而降息。（这个词其实是半开玩笑、戏谑性的。看跌期权是投资者以预定价格卖出股票或其他资产的一种期权，用来对冲价格下跌的风险。）美联储对1987年股市崩盘的应对并不支持进行看跌期权的操作。格林斯潘领导下的美联储其实并没有试图扭转股价下跌或将股价目标设定在某个特定水平，而是专注于缓冲金融和经济系统崩溃所产生的负面影响。

为了控制股市崩盘的后果，格林斯潘和他的团队遵循了央行教科书般的标准操作流程。首先，正如当初创建美联储的目的一样，美联储随时准备充当最后贷款人，以确保不会加剧金融机构的恐慌性撤资。本着这种精神，格林斯潘在股市大跌的第二天早上迅速发布了一则简短而有效的声明："美联储将充分践行作为国家央行的职责，我们在今天再次声明，美联储随时准备提供流动性以支持经济和金融系统的平稳运行。"格林斯潘在他的回忆录中写道，他认为这一声明"就像林肯的葛底斯堡演说一样凝练……虽然可能没那么荡气回肠"[3]。在实际政策上，该声明确认美联储准备通过其贴现窗口出借现金（将贷款和证券作为抵押），以帮助银行履行其短期义务，从而防止由于短期流动性不足（无法获得足够的现金来满足债权人的需求）演变成更加危险的银行违约和破产。

　　传统剧本中解决危机的第二个方式即"道德劝说"（其实就是官方施压的礼貌性说法）——说服主要的金融系统玩家互相合作，而不是彼此对抗。1987年，格林斯潘将大部分道德劝说的重任托付给纽约联邦储备银行行长、脾气暴躁的杰拉尔德·科里根（Gerry Corrigan）。科里根是美联储的资深成员，曾担任沃尔克的特别助理。他向企业施压，要求它们在市场动荡的情况下，继续以惯常的条件与客户进行交易和贷款。美联储的应对有助于阻止股市低迷蔓延到金融体系的其他部分。在崩盘期间抛售股票的投资者遭受了损失，但没有大型金融机构违约，也没有交易所被迫关闭（哪怕是暂时性关闭），金融市场很快便恢复了正常运作。

　　由于预期经济可能放缓，美联储的确在危机发生后的几个月内将联邦基金利率下调了相对温和的0.75个百分点，但其实当时的经济并不需要太多帮助。到1988年初，联邦公开市场委员会便开始逆转降息的趋势。随着经济持续快速增长，道琼斯指数在两天内收复了一半以上的跌幅，并在不到两年的时间里便超过崩盘前的峰值。正如格林斯潘回忆的那样："今天，市场崩溃已经是一个遥远的记忆，因为它对整体经济没有明显的持久影响，所以人们已经对它失去了兴趣。但我们当时并不知道……其实最后令我吃惊的是，危机的影响竟然微乎其微。"[4]格林斯潘的结论是，股市下跌对经济造成的损害很小，因为除了美联储迅速且令人安心的反应外，大多数股票持有者其实并不是通过债务进行融资的。因此，股价下跌并没有迫使股票投资者违约或在市场上抛售其他金融资产。[5]到了1988年的春天，事实证明联邦公开市场委员会并未担心经济放缓，反而开始关注日益增长的通胀压力。除了逆转股市暴跌之后的降息举措，委员会还启动了一系列的额外加息，在接下来的一年内将联邦基金利率提高了约300个基点。

尽管1987年的股市崩盘并没有对美国经济造成损害，但格林斯潘的上任也伴随着美国经济衰退根源的转变。从20世纪50年代到80年代，经济衰退通常发生在美联储因通胀过高而收紧货币政策之后。最明显的例子是紧接着1981—1982年沃尔克抗击通胀之后发生的严重衰退。1970年的经济下滑和1973—1975年的经济深度衰退，在一定程度上也是货币政策制定者试图抑制通胀的结果，哪怕这两次美联储最终其实并没有采取足够的措施来永久性地降低通胀。相比之下，1990年以后，在通胀得到良好控制的情况下，金融业的混乱在经济衰退中扮演的角色也越来越重要。随着金融行业规模和复杂性的增加，不论市场全球化、金融创新和放松管制有什么好处，金融不稳定的风险及其经济后果都会显著提高。

始于1990年7月并持续了8个月的温和衰退，从某种程度上来说是一个过渡性案例，其原因包括货币紧缩和财政压力。1988年的春天，美联储预防性的紧缩政策帮助冷却了经济，而银行贷款的减少，也就是众所周知的信贷紧缩，进一步加剧了经济下滑。信贷紧缩发生在20世纪80年代商业房地产贷款繁荣与萧条周期的高点，这反过来又反映了多种因素，包括房地产税收待遇的变化。[6]20世纪80年代末，当银行持有的房地产损失开始侵蚀其资本时，它们变得不太愿意也没有能力放贷。储贷危机（S&L crisis）的最后阶段进一步减少了信贷供应——在20世纪80年代中期至90年代中期，大约有一半的储贷机构消失了。危机在新英格兰地区尤为严重，那里的银行陷入了高风险的房地产贷款泥潭无法自拔。[7]

值得称赞的是，美联储预见了经济衰退，在1989年2月就业增长放缓时及时结束了紧缩政策，然后于当年6月开启了长时段的降息周期。1989年几乎高达10%的联邦基金利率在1992年9月一路降至3%。尽管经济衰退时间很短，但持续的降息似乎是必要的，因为劳动力市场仍然很不景气。1990年上半年的平均失业率为5.3%，1992年6月达到7.8%的高峰，在经济衰退结束两年多以后的1993年中期，失业率仍停留在7.0%。（当经济活动停止收缩并再次开始增长时，从官方意义上说便可以宣布经济衰退结束。这并不一定要求失业率开始下降或经济状况开始恢复正常。）在随后的经济周期中，衰退后的"失业式复苏"成为一种常见的模式。①

1991年7月，乔治·W.布什总统提名格林斯潘延续第二个任期，为期四年。[8]这绝不是一个没有争议的简单决定。尽管美联储在1987年金融危机后表现很好，但大部分领导层都来自杰拉尔德·科里根和纽约联邦储备银行。1988年大选前，格林斯潘的加息举措激怒了当时的总统候选人布什，布什曾公开警告美联储不要采取可能阻碍经济的行动。[9]1989年布什上任后，美联储的态度发生180°大转弯，它转向降息，这虽然缓解了但却没有阻止1990—1991年的经济衰退和随后到来的"失业式复苏"。

美联储和政府更多的冲突也接踵而至。1990年3月，《洛杉矶时报》曾援引一位匿名人士的消息称，格林斯潘不会连任，因为他在降

---

① 制造业就业份额的下降可能有助于解释就业复苏缓慢的原因。过去，由于工厂闲置而被解雇的工人可以在需求恢复时迅速被召回。而在今天，由于工厂闲置产生的临时性裁员在失业率波动中所占的比例较小。

息方面的迟缓已经让总统"暴跳如雷"[10]。布什在1991年1月的国情咨文中呼吁降低利率，这是一个不寻常的举动："众所周知，我确实认为人们过于悲观了。稳健的银行应该发放稳健的贷款，现在应该降低利率。"[11] 他的讲话赢得了热烈的掌声。

格林斯潘还在货币政策以外的问题上表明了自己的立场。他成功抵制了财政部于1991年提出的建立一个新的"统一联邦银行机构"的计划，该计划将剥夺美联储监管银行的大部分权力。格林斯潘有充分的理由反对该提议。实际上，美联储监管银行的能力有助于促进金融稳定，并充分发挥最后贷款人的作用。银行管理者们提供的信息也有助于美联储更好地了解经济运行的状况。从官僚主义的角度来看，失去银行监管权力将是格林斯潘和美联储的灾难。对其辖区内的银行进行监管是地区联邦储备银行的一项主要职能，如果格林斯潘希望获得地区联邦储备银行行长们在包括货币政策在内的其他事项上的支持，那么他就需要保护这项职能（以及相关的工作岗位）。格林斯潘的游说成功挫败了财政部的计划。

在货币政策之外，格林斯潘在有关财政政策的辩论中也扮演了重要角色，他支持削减赤字。早在进入美联储之前，他就对财政问题非常感兴趣，他曾在1981年担任一个委员会的主席，该委员会建议进行改革以改善社会保障的长期财务状况。然而，对于美联储主席来说，介入本应由国会和政府负责的财政政策领域可能存在政治风险，尤其会被视为他在与两党之中的一方结盟。

格林斯潘显然认为，为了实施他认为必要的政策，冒这个险是值得的。他与白宫内部人士密切合作，制定了削减赤字的法案，并公开主张联邦政府要勒紧裤腰带。与20世纪60年代马丁与约翰逊的顾问进行谈判时的情形相似的是，格林斯潘似乎也愿意以较低的利率来回报那些愿意实施赤字削减的政客。当布什总统在1990年9月30日宣布一项削减赤字计划，打破了他那句著名的"听好了，我绝不加税"①的竞选承诺时，格林斯潘随后便于10月2日说服联邦公开市场委员会的同僚，授权他只要国会通过削减赤字计划，便可以宣布最多两次、每次25个基点的连续降息。尽管当时极不寻常地出现了四票反对票，格林斯潘还是做到了。在国会批准预算案之后，格林斯潘便将联邦基金利率下调了25个基点。[12]如今看来，格林斯潘介入财政事务不仅像是政治上的越界，更像是一次错误的分析，因为最新的实践经验和学术研究表明，在美国这样的发达经济体中，存在适度政府赤字的经济风险很低。[13]

  那么，为什么布什要让格林斯潘进入下一个任期呢？格林斯潘显然很有能力，在华尔街和国会都有许多支持者。他积极讨好两党政客，并且很容易得到参议院的认同。在一个充满了不确定性的时代，美联储主席的连续性将对信心构成支撑。反之，在一旦出现经济形势危急的关键时刻，布什的顾问们也希望美联储主席能够支持共和党的议程。

  然而，让格林斯潘继续留任并不像白宫预期的那样，会对布什的连任竞选起到好的作用。1992年，美联储确实继续降息了，但速度相对缓慢，失业率仍保持在7%以上的高位。面对比尔·克林顿的竞选主题"傻瓜，关键是经济"，布什在包括独立候选人H.罗斯·佩罗（H. Ross Perot）在内的三方总统竞选中最终落败。在1998年接受英国电视台记者大卫·弗罗斯特（David Frost）的采访时，布什对格林斯潘进行了指责，他说道："我认为，如果利率大幅降低，我很可能会再次当选总统……是我让他进入了下一个任期，但他的表现让我失望。"[14]

---

① "听好了，我绝不加税"（"read my lips, no new taxes"）是1988年布什在共和党全国代表大会上接受总统提名时演讲的主题。不加税的承诺成为布什1988年竞选纲领中的一部分，这个口号深深融入公众心中，很多人认为布什以此赢得了1988年的总统竞选。——译者注

民主党总统当选并没有改变格林斯潘的运作风格。他很快与比尔·克林顿建立了私人关系，并再次推动削减赤字。格林斯潘对克林顿财政紧缩计划的公开支持不仅表现为他在国会听证会证词中给出的积极评价，还包含一次更具有象征意义的"认可"——当克林顿在1993年的国情咨文中宣布一项削减赤字的承诺时，格林斯潘就堂而皇之地坐在第一夫人希拉里·克林顿和蒂珀·戈尔（副总统阿尔·戈尔的夫人）之间。

格林斯潘在货币政策之外，尤其是在财政问题上的涉足，遭到国会甚至美联储同僚的猛烈批评。但他认为，他所参与问题的重要性反而证明了他遭遇强烈反对的风险的合理性。而且，尽管他知道自己经常给人以害羞和书呆子气的印象，但他对自己的政治技巧充满信心。最终，格林斯潘与克林顿的亲密关系被证明对美联储和他自己都是有利的。和大多数总统一样，克林顿更倾向于鸽派政策，他任命了一些州长，希望能推动格林斯潘朝着他所期望的方向发展。在逐渐认清美联储主席在华盛顿日益增长的影响力后，民主党人克林顿两次延长了共和党人格林斯潘的任期。

## 1994—1996年，经济软着陆

驯服两位数的通胀需要沃尔克的坚定不移和勇气，但或许并不需要那么多的精妙操作或复杂理论。与他的前任相比，格林斯潘在不破坏经济增长的前提下将通胀引导至可持续的低水平，这在政治上更容易，但在技术上更困难，最后他成功了。1994—1996年，格林斯潘帮助美国经济实现了软着陆，这意味着美联储政策紧缩的程度足以抑制通胀，但却并不导致经济衰退。

软着陆的概念与菲利普斯曲线推理密切相关。根据标准的菲利普斯曲线，当经济陷入衰退、劳动力和产品市场明显疲软时，通胀压力应较低。作为回应，美联储通常会放松货币政策，让闲置的劳动力和资本重新投入市场。但在一个需求强劲、不断扩张的经济体中，工资和物价的上涨往往会更快。为了避免过高的通胀，美联储必须在某个时候结束宽松的货币政策——在正确的时间，以正确的尺度，过快或过度紧缩都可能导致经济复苏夭折。另一方面，紧缩力度过小或过慢，可能会导致通胀反弹，这需要进一步收紧政策，进而导致失业率上升。对政策制定者来说，最理想的情况应该是"金发姑娘"[①]。理想的政策首先是帮助经济复苏，然后使经济放缓到足以稳定增长的程度，进而实现温和、稳定、低通胀下的充分就业。软着陆的原理似乎十分简单，但预测甚至准确衡量当前经济状况的难度，再加上货币政策变化的不确定性以及自然失业率等关键参数的模糊性，都使软着陆在实践中变得十分棘手。

格林斯潘设计软着陆的机会出现在1990—1991年经济衰退后的漫长复苏时期。由于经济复苏最初并未带来多少就业增长，美联储推迟了收紧货币政策。但是到1994年初，应当采取行动的理由越来越充分。当联邦公开市场委员会在1994年2月4日召开会议时，失业率已经从7.8%下降到6.6%。随着经济增长加快，失业率正在明显地持续下降。当时联邦基金利率是相对较低的3%，扣除通胀因素后的实际值大约为零。各地区联邦储备银行行长们也转递了他们所在地区联络人关于物价上涨压力的报告，但经过测算的通胀率稳定保持在2.5%~3%。在这种情况下，美联储应该采取行动吗？

对委员会的大部分参与者来说，答案是肯定的。联邦公开市场委员会的许多成员希望将联邦基金利率上调50个基点。格林斯潘认为，

---

[①] 在经济学里，"金发姑娘"指的是维持适度增长和低通胀的经济，是童话故事般最理想和最美好的情况。——译者注

美联储需要在通胀加速之前采取行动，他还担心有迹象显示通胀预期可能正在上升。然而，由于担心过于突然的加息会对金融市场造成冲击，他说服了委员会同意更为温和的加息25个基点。[15]在当时十分不同寻常的是，格林斯潘发布了一则新闻来宣布这一决定。由于这是五年来的首次加息，他希望确保市场充分接收到这一信息。

为什么要在通胀率仍很低、失业率仍很高的时候就开始加息呢？几周之后，格林斯潘在国会听证会证词中解释了委员会这样做的理由。他说道："货币政策对通胀的影响有着明显的滞后效应。激烈的政策立场可能在一年或更长时间内都不会在物价指数中显现出来。因此，如果美联储要等到实际通胀恶化后才采取对策，那就太久了。在这一点上，适度的纠正措施将不再足够……相反需要采取更严厉的措施，即使这会对短期的经济活动产生不可避免的负面影响。"对于格林斯潘来说，最后一点很重要。在他看来，如果先发制人的压制通胀手段能够避免日后采取更极端的紧缩措施，那么它就不会阻碍经济增长。他说，通过及早行动，美联储希望能够"通过预先阻止未来通胀压力的不稳定累积，来尽量维持和保护目前的经济扩张"[16]。在发生实际通胀之前就将政策紧缩的概念——后来被称为"先发制人"的打击策略，与马丁在20世纪50年代著名的"当聚会渐入佳境时收走大酒杯"的名言相互呼应。

1994年2月的加息只是一个新的紧缩周期的开始。到1995年2月，考虑到通胀压力，委员会将联邦基金利率提高了一倍——从3%提高到6%。这项政策看起来正如预期的那样是在给经济降温，但它有明显的副作用。债券市场对这一政策的转变反应十分强烈，长期利率随着联邦基金利率的提高和未来进一步加息的预期而大幅上升。在1993年底还不到6%的10年期国债收益率，到1994年底却飙升至将近8%。由于债券价格与收益率成反比，包括银行、保险公司和养老基金在内的债券持有人在1994年所谓的"债市大屠杀"中蒙受了巨大损失。①加州奥兰治县就是受害者之一，该县由于在债券相关的衍生品合约上遭受重大损失而最后破产。

美联储的紧缩政策也产生了政治影响。1993年，新上任的克林顿总统同意了格林斯潘支持的一项减少预算赤字的计划，部分原因是他的经济顾问们及格林斯潘承诺，稳定联邦财政前景将增加债券投资者的信心，并降低长期利率。该计划宣布后，长期利率确实下降了。但美联储的行动以及随之而来的"债市大屠杀"正将长期利率推高。民主党政客表达了他们的不满。马里兰州参议员保罗·萨班斯（Paul Sarbanes）将美联储比作"一架飞来袭击农舍的轰炸机"17。然而，格林斯潘和财政部长罗伯特·鲁宾（Robert Rubin）说服克林顿，批评美联储将适得其反，他们认为格林斯潘的政策目的是控制通胀，长期来看，尽管债券收益率在短期内有所上升，但较低的通胀一定会带来较低的利率。（事实上，长期利率在1995年和随后几年确实下降了。）另一方面，如果市场认为总统试图阻碍美联储压制持续通胀的努力，那么长期利率最终可能会进一步上升，而不是下降。克林顿树立了一个重要的先例，拒绝公开向格林斯潘施压或批评，这是美联储政策独立性的新标准。布什和奥巴马都将以克林顿为榜样。

1995年2月，当联邦基金利率达到6%时，格林斯潘认为已经采取了足够的紧缩措施，并在当月晚些时候的国会听证会证词中暗示，进一步加息的可能性不大。随后的1995年7—12月，联邦基金利率降至5.5%。经济反应良好，失业率继续逐步下降，通胀稳定在3%以下。看起来软着陆已经实现，经济扩张还将继续。格林斯潘在他的回忆录中写道，完成这一艰难的壮举是他担任美联储主席生涯中最自豪

---

① 要看到债券价格和收益率成负相关的关系，可以考虑一种每年支付1美元，而交易价格为10美元的债券。这种债券的年收益率为10%（$1/$10）。然而，如果供应减少导致投资者将其价格抬高至20美元，其收益率将跌至5%（$1/$20）。

的时刻。1996年11月，强劲的经济帮助比尔·克林顿再次当选为总统，这是对他的忍耐和宽容的回报。

## 墨西哥比索危机

保罗·沃尔克在1982年提高利率，这在一定程度上引发了墨西哥和其他拉美债务国的金融危机。1994年格林斯潘的紧缩政策同样给墨西哥带来了压力，与1982年一样，这个国家在违约的边缘摇摇欲坠。然而，1994年的这次危机却有所不同，它反映了国际金融体系在过去10年中的重大变化。1982年，墨西哥等拉美国家的债权人一直是美国的大型银行，因此债务危机也有可能成为美国银行体系的危机。然而，由于债权人在1982年吸取了教训，因此在1994年，墨西哥的借款并不再以银行贷款的形式，而是主要以债券的形式出售给分散于世界各地的投资者们。重要的是，就像大多数新兴市场国家在海外出售的债券一样，许多墨西哥债券实际上是以美元计价的，这一措施旨在让债权人避免比索兑美元汇率变动所带来的风险。然而，汇率风险并没有消失。相反，墨西哥政府承担着风险，如果比索贬值，它将被迫以更多的美元偿还债务。此外，大部分与美元挂钩的墨西哥债务被称为"Tesobonos"，这其实是一种短期债券，意味着就像储户陷入困境而导致银行发生挤兑一样，如果贷款人对墨西哥失去信心，他们就会撤资。

墨西哥于1994年与美国签署了《北美自由贸易协定》，并在签订协议的前几年进行了市场化改革，包括提高央行的独立性，并为其确定一个正式的通胀目标。全新改革后的墨西哥前景乐观，这吸引了许多外国资金的流入。

但信心可能是脆弱的。随着美联储收紧货币政策，美元的价值上升，这提高了墨西哥偿还债务的实际成本。除此之外，1994年墨西哥遭受了严重的政治冲击,恰帕斯州发生叛乱,总统候选人也被暗杀。为了应对政治压力,政府在大选前放松了货币和财政政策。这些政策的目的是在短期内加强经济,但同时也让人怀疑该国对改革的长期承诺,特别是在控制预算赤字和通胀方面。这一系列事件刺激了资金外流,迫使墨西哥央行动用其有限的美元储备来支撑比索的价值。① 到了12月,央行没有足够的储备来维持比索与美元的固定汇率,迫使新总统突然宣布比索贬值。外国投资者担心墨西哥无力偿还与美元挂钩的债务,开始以更快的速度撤出资金。如果得不到帮助,墨西哥很快就会无法履行其国际义务。

如果格林斯潘还处于早期自由主义时期,那么他可能会拥抱简单的自由市场解决方案,即任由墨西哥违约,以避免救助产生的道德风险。如果墨西哥及其债权人认为美国政府会始终保护它们免受错误后果的影响,那么它们便会被鼓励承担过度的风险。然而,身为美联储主席,格林斯潘担心墨西哥违约可能会导致投资者对其他新兴市场经济体失去信心,从而引发更多挤兑,进而危及国际金融体系。此外,由于墨西哥是美国的重要贸易伙伴,其经济崩溃可能也会打击美国的经济增长。最后,对格林斯潘这位美联储主席有吸引力的一个论点是,就像一家本来状况良好的银行面临储户挤兑一样,可以说墨西哥的问题更多的是暂时性的流动性不足,而不是根本性的资不抵债。总体来说,美国可以作为墨西哥的"国际上的"最后贷款人,从而避免违约和由此产生的损失。通过确保墨西哥及其投资者在这一过程中付出代价,道德风险问题至少可以在一定程度上得到缓解。

格林斯潘、财政部长鲁宾和副部长拉里·萨默斯(Larry Summers)一致认为,防止墨西哥违约符合美国的最佳利益。他们成功说服了

---

① 投资外流,包括出售如墨西哥股票等以比索计价的资产,会使比索充斥外汇市场。为了支撑货币的价值,央行动用美元储备购买多余的比索。

克林顿总统，但是他们无法说服国会为一项似乎不受欢迎的外国救助计划提供必要的资金。鲁宾、萨默斯、格林斯潘三巨头找到了另一种替代性解决方案。在格林斯潘的支持下，财政部利用外汇稳定基金为墨西哥的一揽子救援计划提供资金。该基金是国会在大萧条时期设立的，目的是让财政部能够在必要时买卖美元，以稳定美元在外汇市场上的价值。然而，由于任何危机都可能对美元产生影响，因此在实际操作中，该基金的使用是相当灵活的。国际货币基金组织和瑞士的国际清算银行（一个帮助协调各国央行活动的多边机构）为墨西哥提供了500亿美元的救助资金，其中200亿来自美国。

墨西哥最终全额偿还了援助，并被要求在国际货币基金组织的监督下进行经济改革，收紧货币和财政政策。虽然墨西哥避免了违约，但它在1995年遭受了严重的经济衰退。但是从道德风险的角度来看，在这场危机中，墨西哥债券投资者的表现反而更好，与美元挂钩的债券持有者基本上得到了补偿。然而，其他外国投资者，包括墨西哥股市和以比索计价的债务的投资者则遭受了重大损失。

格林斯潘在救助墨西哥的行动中扮演的角色提升了他作为金融决策者和政策制定者的声誉，他的影响力超越了制定利率的范畴。这一事件的更大意义在于，它将成为接下来发生的金融危机的前兆。

## "含糊其词和模棱两可"：格林斯潘的沟通风格

央行行长历来都是一群神秘的人。第一批央行，包括已有300年历史的英格兰银行，最初都是私人机构，它们的行长保持着职业银行家所需的谨慎性和保密性。随着时间的推移，央行扮演了更加公开的角色，但多年来盛行的观点认为，保持神秘感（即央行官员知道的比他们透露的更多）对于政策灵活性和最大化央行声明对市场的影响力十分重要。蒙塔古·诺曼（Montagu Norman）是1921—1944年担任英格兰银行行长的古怪人物，据说他的个人座右铭是"绝不解释，绝不辩护"[18]。他经常断然回绝参加议会听证会，认为这是一种冒昧的要求。

在国际上，央行保密制度自20世纪八九十年代开始过时。一个关键的时间是1990年，当时新西兰储备银行在20世纪80年代曾与两位数的通胀做斗争，随后便与政府合作宣布设定0%~2%的正式通胀目标。发达经济体和新兴市场的许多央行都追随新西兰的脚步。[19]除了设定官方目标，其他透明化举措还包括公布更多信息，如央行的经济预测和分析报告。

这种新的开放性背后有两个理由。首先，如果金融市场的参与者能够更好地理解决策者的想法，那么货币政策将会更加有效。毕竟，货币政策在很大程度上是通过影响市场回报和资产价格发挥作用的。更好地理解政策委员会的目标和策略应该有助于金融市场更好地反映决策者的意图。其次，在"大通胀"时代之后，美联储和其他央行面对短期政治压力已经变得更加独立。人们认为"大通胀"的出现至少在一定程度上是由政治对货币政策的影响造成的。如果非民选官员被赋予做出相应货币政策决定的自由裁量权，他们应该会为自己的政策做出充分的解释。这种问责制只有当信息透明时才能充分实现。

在全球央行向更高透明度转变的过程中，格林斯潘是一个过渡性人物。他比较倾向于传统学派。他十分重视话术的灵活性和不可预测性，对于信息保密，正如他上任后不久就开玩笑说的那样："我已经学会了含糊其词和模棱两可。"[20]他的确是个"说废话"的能手。与此同时，他也认识到关于政策的沟通往往是必要的，有时甚至是非常有用的。因此，尽管美联储在信息的透明度方面总体上落后于其他央行——特别是格林斯潘反对设立一个正式的通胀目标，但在他的领导下，美联储推行了许多重要的政策。其中许多步骤都改变了联邦公开市场委员会在决议后发表的声明。

在现代的美联储观察人士看来，这些演变似乎是十分值得注意的，他们致力于详细分析联邦公开市场委员会会后声明的每一个措辞或语气的变化。直到1994年2月，货币政策立场的变化并没有在会议当天宣布，这打破了惯例。①（不过在这个问题上，货币政策的改变也没有在会后立即通过，联邦公开市场委员会给了美联储主席决定具体变化时间的自由裁量权。）相反，财经记者们咨询了那些跟踪短期市场利率走势的华尔街分析师，并就政策是否已经发生变化发表意见。一名财经记者援引分析师的话称，美联储其实已经采取了行动，而实际上却并没有宣布，这并非史上第一次出现这种情况。

然而，1994年2月开启软着陆进程的那次加息是特殊的。它是自1992年9月以来的首次政策调整，也是自1989年以来的首次紧缩。格林斯潘想要确保这一变化在市场上有充分的曝光率，因此只得在联邦公开市场委员会决议会议后再正式宣布这一决定。[21]与此同时，格林斯潘也依然保持着他所珍视的灵活性小步前进。会后的声明是由格林斯潘本人发表的，而不是整个委员会，因为委员会没有机会修改或批准该声明。声明的措辞晦涩且简洁，只是暗示"短期货币市场利率有望小幅上升"，并没有给出具体数字。格林斯潘向联邦公开市场委员会表示，不会在未来的每一次会议之后都发表声明，特别是在没有采取行动的会议上。不过，1994年2月的声明仍是一项具有深远影响的创新。

除了强调做出政策方向改变的个人意愿之外，格林斯潘还有另一个增加信息透明度的动机，那就是来自国会的压力。众议院银行、住

---

① 当理事会更改贴现率时出现了一个例外。由于想要通过贴现窗口借款的银行必须知道利率，因此除了公布利率外别无选择。贴现率的变化经常伴随着联邦基金利率的变化，前者被视为改变货币政策的信号。保罗·沃尔克任职时的美联储在1979年10月的关键会议上宣布了贴现率的变化。贴现率的变化是一个强烈的信号，因此有时被称为"敲响警钟"。

第三章 格林斯潘和繁荣的20世纪90年代 59

房和城市事务委员会主席亨利·冈萨雷斯（得克萨斯州民主党人）曾在一段时间内领导国会要求公开更多联邦公开市场委员会的政策审议情况。作为回应，联邦公开市场委员会于1993年3月同意了这一要求，在随后的会议中开始公布每次会议的纪要，但公布纪要大约有7周的延迟。[22] 由于对此并不满意，冈萨雷斯计划就一项法案举行听证会，该法案要求联邦公开市场委员会在60天内公布每次会议的完整文字记录和录像。他邀请了联邦公开市场委员会所有成员（包括理事会成员和地区联邦储备银行行长在内一共19位）共同出席。在1993年10月19日举行的那次引人注目的听证会上，5位理事会成员和10位地区联邦储备银行行长站在了格林斯潘一边，联邦公开市场委员会的其他参与者也提交了他们的声明。

当格林斯潘透露联邦公开市场委员会的会议已经被录音多年，并被转录成文字以帮助工作人员制作会议纪要时，这场听证会立即变成了媒体的焦点。录音文件被定期删除，但那些未经编辑的转录文字版本仍然存在，甚至可以追溯到17年前。格林斯潘在他的回忆录中写道，联邦公开市场委员会的大部分参与者并不知道这些文字记录，他也只是在准备听证会证词时才知道这些文字记录的存在，但美联储显然处于守势。在最终的妥协中，尽管仍然有所保留，联邦公开市场委员会还是同意了在5年的延迟时间内公布其所有会议的完整但经过简单编辑的文字记录（最终会发布在美联储网站上）。当然，这些材料对历史学家来说是十分有价值的，而且虽然是在很长一段时间之后提交的，但它仍为政策制定者提供了一些问责依据。只不过，公布的文字记录删去了会议上的意见交换内容和自发讨论内容。

这些文字记录保存下来的经验可能使格林斯潘相信，他并不能决定美联储的透明度，允许对幕后进行窥视或许会达到某些政治和政策目的。1994年2月以后，虽然只是多余的，而且一般只在采取行动的会议之后才发表，但这些声明终于开始逐渐对公众发布。随着时间的推移，联邦公开市场委员会提供了关于联邦基金利率目标变化的更明确的信息，首先是其与贴现率之间的关系，然后是（1995年7月）联邦基金利率目标本身。此外，声明还提供了更多有关政策行动的基本原理。事实上，1994年8月的声明包括我们今天熟知的"前瞻性指引"（forward guidance）政策。注意到贴现率提高了50个基点并将"完全体现"到市场利率上，格林斯潘在会后的声明中表示"这些措施至少在一段时间内是足够的"，暗示了加息的暂停。（不过，这一暗示后来被证明是错误的，因为在当年11月，委员会又将利率提高了75个基点。）

在20世纪90年代中后期，有两个问题一直在酝酿中。第一，除了向市场通报当前的行动外，美联储是否要对未来可能的政策方向提供系统性的指引。委员会在一份指令中，已经就利率可能的调整方向向纽约联邦储备银行发出了指示。（纽约联邦储备银行的公开市场部门负责执行货币政策，根据需要买卖国债，以管理银行准备金的供应和联邦基金利率。）这种方向性的指引被称为政策"倾向"（"bias"）。"倾向"可以是上行（意味着利率可能上升）、下行或中性。显然，这种倾向性对市场参与者来说是十分重要的信息，但它却是在之后延迟长达7周的会议纪要中才公布。到那时，信息已经过时了。经过大量讨论，委员会于1998年12月同意在其会后声明中对政策倾向做出重大改变。

反过来，政策"倾向"本身也在逐渐演化。2000年2月，委员会转而使用围绕经济的"风险平衡"概念构建的语言体系。如果经济看起来在走弱，声明会说风险"主要集中在可能导致经济疲软的因素"。如果经济看起来可能过热，那么风险"主要偏向可能导致通胀压力升高的情况"。风险平衡公式隐含了菲利普斯曲线逻辑，即经济冷热和通胀冷热通常会同步。但是也存在另外一种可能性，比如经济活动可能过冷，而同时通胀却过热——就像20世纪70年代的滞胀一样，这种可能性很难用风险平衡来描述。

第二个消息传递问题是该声明的所有权是谁。早期的声明只来自格林斯潘本人，不包含联邦公开市场委员会的任何意见。但很快人们就发现，通过影响市场对未来利率的预期，声明本身就是一种货币政策。随着时间的推移，格林斯潘面临着为声明中增加委员会意见的压力。1995年初，里士满联邦储备银行行长阿尔·布罗德斯（Al Broaddus）曾建议工作人员准备一份替代声明（可能带有不同的政策倾向），并建议联邦公开市场委员会对措辞进行正式投票。格林斯潘承认，这种倾向性确实是影响货币政策制定的一个因素，但他认为在会议期间修改声明是不切实际的，之后此事便不了了之。有一段时间，格林斯潘或他的副手唐·科恩（Don Kohn）只在委员会就货币政策行动进行投票之后，即会议结束时才宣读声明。

随着这份声明影响政策预期的能力变得越来越明显，格林斯潘也改变了立场。联邦公开市场委员会在1999年5月首次宣布，在联邦基金利率不变的情况下改变其倾向（转向紧缩）。市场反应强烈，似乎这就是一份加息的声明，而不仅仅是一种可能性。在1999年12月的会议上，格林斯潘分发了供审议的备选声明，从2000年2月的会议开始，委员会的表决议程不仅仅是货币政策行动，还包括审批该声明本身。

2002年3月，联邦公开市场委员会又向着更高的透明度迈出了一步，会议结束后将会立即公布货币政策行动和声明的投票结果，甚至包括反对意见。尽管部分是出于法律上的考虑（《信息自由法》似乎强制要求选票必须即时公布），但对于货币政策行动的反对者来说，能够在会议声明中提出反对意见本身就是吸引更多人关注他们想法的好工具。

尽管自1994年以来发生了许多变化，但直到2002年，与其他许多国家的央行相比，格林斯潘领导下的美联储的透明度仍然十分有限。但基本经济和政策环境的转变很快也会导致沟通方式发生改变。

## 成为"艺术大师"

1994—1996年的软着陆将经济扩张延长到了第六个年头。美联储是否能够一直好运——维持经济的持续增长,只伴随着低失业率和稳定的通胀?它确实做到了,当代的观察家们把大部分功劳归于格林斯潘。2000年,因报道水门事件而出名的《华盛顿邮报》记者鲍勃·伍德沃德(Bob Woodward)出版了一本关于格林斯潘领导美联储的书,名为《别了,格林斯潘:一个巨人的背影》(*Maestro: Greenspan's Fed and the American Boom*)[23]。"艺术大师"这个别称一直流传下来,标志着格林斯潘的地位甚至上升到像摇滚明星一般炙手可热。在软着陆之后的时代,他确实成功地处理了许多问题,但真实的故事要远比那些过度偶像化的传记中描述的复杂得多。

1996年中期,美联储面临着与1994年相似的情况。经济正以稳定的速度增长——上半年大约为3%,失业率为5.5%,略低于工作人员估计的自然增长率。按照通常的菲利普斯曲线逻辑,通胀应该很快就会成为一个问题。如果按照格林斯潘在1994年倡导的"先发制人"策略,那么应该尽快开始加息进程。联邦公开市场委员会的几位成员完全赞成这一策略。

然而,格林斯潘本人却并不那么肯定,而是更倾向于谨慎行事。他从1994年就知道,在一段利率持平或下降之后,突然开始一系列的加息可能会对市场造成冲击,尤其是债券市场。此外,1996年的情况与两年前有些不同。首先,1996年的货币状况显然没有那么宽松。联邦基金利率当时为5.5%,而不是1994年的3%,这是一个相对正常的水平。更重要的是,在1996年中期几乎没有通胀的迹象。以核心CPI来衡量,通胀稳定在2.7%,地区联邦储备银行的行长们在7月的会议上报告说,他们的商业联络人表示无法在不损失销量的情况下提高价格。工资上涨似乎也很温和,只有零星迹象显示工资的上涨比通胀更快。针对通胀先发制人是可以理解的，然而如果对着并不存在的"敌人"开枪射击，那就需要仔细斟酌了。

由于没有明显的通胀压力，联邦公开市场委员会采取谨慎措施是合理的，但这也提出了一个问题：在经济强劲、失业率不断下降的情况下，为什么通胀没有像标准的菲利普斯曲线推理所预示的那样逐渐走高呢？

格林斯潘提出了一种观点来解释为什么尽管经济在扩张，劳动力市场在如此坚挺的时候，工资和物价却只实行小幅上涨。在他看来，这是技术变革开始加速的时代。到20世纪90年代末，互联网革命引发了有关新经济的讨论，格林斯潘也成为科技的信徒。[①]他认为，新经济对生产率的提高——也就是说，在任何给定的资本和劳动力组合下的产出数量的增加，从两个方面减缓了通胀。首先，像在工厂使用机器人或在办公室使用先进软件这样的技术变革，使工人在工作中感到不那么安全，因为他们知道自己可能更容易被取代。根据格林斯潘的"员工不安全感假说"，尽管失业率很低，但这些发展使工人不太愿意要求加薪。其次，生产率的提高有助于抵消工资增长对商品和服务成本的影响，这反过来也缓解了通胀压力。因此，格林斯潘总结说，尽管经济强劲，但技术和生产率的迅速进步将有助于控制通胀，减少美联储采取"先发制人"策略的必要性。

美联储有影响力的专业人员并不同意格林斯潘的这两种观点，至少一开始是这样。在1995年9月的联邦公开市场委员会会议上，有人提出了"员工不安全感假说"，当时格林斯潘还没有对此加以关注。在

---

[①] 我参加了格林斯潘的一次演讲，他在演讲中盛赞在这一时代，美国国内生产总值的"重量"远低于过去。一开始我感到困惑，但后来便明白了，他是在对比一种老式的、以制造业为基础的经济，这种经济生产的是沉甸甸的物质产品，而另一种则是基于互联网的经济，其价值体现在生产很轻或是完全没有重量的无形产品。格林斯潘并不认为基于重量的衡量方法单纯是一种比喻；美联储工作人员甚至被要求估算出各个行业产品的生产权重。

那次会议上，研究部主任迈克·普雷尔（Mike Prell）告诉委员会，工作人员利用问卷调查数据和失业风险指标来检验这一假设，但并没有得出任何有说服力的结论。尽管如此，各种小道消息和公开媒体报道还是让许多委员会成员接受了格林斯潘关于劳动力市场力量平衡已经发生变化的观点。[24]委员会决定在1996年夏天按兵不动，保持利率不变。

用格林斯潘的话说，1996年7月至9月会议的市场数据"扑朔迷离"。坚挺的劳动力市场进一步趋紧，失业率下降到5.1%。工人们的不安全感显然也有所减轻，因为一些数据显示工资增长在加快，但以CPI衡量的通胀还保持在低位。

格林斯潘仍在犹豫是否加息，他退守到论点的第二部分：即使工资小幅上涨，生产率的提高也会阻止工资增长转化为通胀。在这一点上，格林斯潘再次与持有官方数据的工作人员发生了分歧。根据当时可用的数据，1996年第二季度的每小时工作产出（一个简单的生产率指标）仅比1995年同期增长了0.9%，这并不是一个令人印象特别深刻的增长率，它甚至低于美联储1994年开始加息时的数值。然而，格林斯潘（以及联邦公开市场委员会许多成员）再次受到一些小道消息的影响。据这些来自业务联络人的小道消息称，生产效率实际上已经大幅提高了。格林斯潘指示工作人员进一步挖掘这些传言的可信性。他认为，现有的数据可能低估了实际的生产率增长情况，原因有两个。第一，尽管工资增长了，但企业利润一直很高，这表明效率的提高确实压低了成本。第二，最容易衡量的制造业的生产率增长一直相当强劲，而服务业的生产率增长却低得令人难以置信。在格林斯潘看来，服务业生产率并没有得到精确的衡量。①

---

① 衡量生产力需要对产出进行精确的测量，而制造业的产出可能比服务业更容易获得。例如，衡量一家钢铁厂生产多少吨钢材比确定一家银行能提供多少金融服务要容易得多。

委员会中有相当一部分人一直在推动收紧货币政策,但格林斯潘的论点和个人影响力让他们决定暂缓,以获取更多信息。联邦公开市场委员会并没有在1996年9月开始新一轮的加息周期,而是在那一年余下的时间里保持利率稳定。事实上,经济继续表现良好,通胀没有上升。格林斯潘的预测是正确的,坚持加息的工作人员和鹰派的委员们是错误的。

然而,紧缩政策并没有推迟那么久。到1997年初,尽管经济没有明显的变化,格林斯潘的观点却开始转变。在1997年2月的会议上,他宣布采取行动的时机即将到来。"我们正在接近这个点——3月可能是适当的,那时我们将采取行动,除非有非常明确的证据显示经济扩张正在显著放缓。"[25]委员会确实在3月提高了利率,但它将很快暂停加息,因为另一场国际金融危机(这次是亚洲)即将发生,而整个经济环境的形势都会逆转。

格林斯潘在1996—1997年的表现是否证明他在伍德沃德的书中和其他地方所受到的吹捧名副其实?这些吹捧大多时候的确是合理的。最重要的是经济确实很好。稳定增长和低通胀一直持续。毫无疑问,这段时期展示了格林斯潘的实力,包括他管理委员会的能力,以及他超越标准经济数据的洞察力。他对生产力的见解尤其令人印象深刻。修正后的数据显示,1996—1997年的生产率增长确实正如格林斯潘所预测的那样,明显高于首次测量的水平。[26]

在其他一些方面,格林斯潘的分析就不那么准确了。无论如何,当工资开始上涨时,他放弃了员工不安全感假说。现在回想起来,这个假说并没有很好地站住脚。随后的研究表明,大多数工人认为在这一时期失业的风险低于正常水平,而不是更高。如果硬要比较20世纪90年代的实际工作保障的话,反而比前几十年要高。[27]此外,格林斯潘预见性地指出生产效率的提高可能只是通胀未能回升的一部分原因。艾伦·布林德(Alan Blinder)和珍妮特·耶伦(Janet Yellen)都是著名的经济学家，同时也是当时的美联储理事会成员，后来合著了一本关于美联储和20世纪90年代经济的书，书中淡化了生产率增长在抑制通胀方面的作用。[28]他们认为，回顾过去，那一时期通胀意想不到的疲软可以被其他短期因素解释，比如美元走强、石油价格下跌，或者衡量通胀的方法发生改变。

现在许多证据也表明，当时通胀的基本行为正朝着有利的方向转变。虽然对自然失业率的估计并不精确，但从1980年到90年代中期，自然失业率似乎下降了大约一个百分点。[29]在1999年的一篇论文中，劳动经济学家拉里·卡茨（Larry Katz）和艾伦·克鲁格（Alan Krueger）将这种明显的下降归于几个因素。首先，随着婴儿潮一代逐渐长大，劳动力比20世纪80年代的那一代人更有经验，受教育程度更高，受过更好教育的工人通常失业更少。第二，劳动力市场结构的变化，例如临时工的出现，为失业者提供了另一种找到工作的途径。[30]较低的自然失业率使经济在没有通胀压力的情况下实现了更强的增长和更少的失业。

另一个抑制通胀压力的关键因素是美联储作为通胀斗士的信誉的恢复（主要是在沃尔克的领导下实现的，并在格林斯潘任期继续强化）。随着家庭和企业对美联储关于物价稳定的承诺更有信心，由通胀预期推动的工资-物价螺旋形上升不再是一个严重的问题。因此，由需求快速增长或供应冲击引起的通胀上行压力，可能只会对价格增长率产生短暂的影响，而不再是像20世纪70年代那样产生持久的影响。格林斯潘将他对通胀的预测基于生产率（不可否认这的确有先见之明）而不是其他因素，这可能确实有运气成分，但正如棒球队高管布兰奇·瑞基（Branch Rickey）经常说的那样，运气也是精心设计和规划之后的产物。[31]

最后，格林斯潘对生产率的见解只将货币紧缩推迟了大约6个月，这也许还不足以产生重大影响。但如今我们知道，在1997年3月美联储收紧货币政策时，生产率实际上正在加速上升。也许那一时期的政策效力被夸大了，但却进一步提升了格林斯潘的声誉，使他不仅在美联储，而且在更广泛的经济政策领域都拥有了更大的影响力。

## 亚洲金融危机：管理风险

在格林斯潘娴熟的货币政策管理下，美国经济在20世纪90年代末表现良好，这一状态一直维持到它再次面对来自海外的金融危机压力。这次的"震中"在东南亚，特别是印度尼西亚、韩国、马来西亚、菲律宾和泰国。几十年来，这些国家的经济一直在强劲增长，收入迅速上升，投资率很高，资产价格也不断攀升。因此，有寻求高回报的外国资金大量涌入也就不足为奇了。[32]

然后在1997年7月，出人意料的是泰国政府耗尽了外汇储备，并被迫贬值其货币——泰铢。在接下来的几个月里，其他东南亚经济体的货币纷纷跟随泰铢贬值。正如1994年墨西哥货币贬值时一样，投资者情绪突然改变，银行从亚洲的发展中经济体大量撤资。一种被称为"亚洲金融危机"的恐慌冲击了全球市场，受影响的国家遭受了显著的经济放缓或衰退。

是什么导致了这种逆转？像往常一样，政治和经济因素结合在一起，当我们回顾过去时便更容易看到脆弱性的存在。首先，在许多情况下，当地银行既没有得到很好的管理，也没有很好地被监管，它们只是充当了向东亚提供大量海外贷款的中介。而且，在那个令人兴奋的时代，银行承担了过度的风险。通常情况下，政客们倾向于将贷款引向自己喜欢的公司，这就是所谓的裙带资本主义（crony capitalism）。因此，尽管整个东亚的经济前景看起来很强劲，但大部分从国外流入的资本却没有得到好的投资。

资本流入的形式也很重要。亚洲本地银行严重依赖短期融资，相比长期融资，短期融资成本更低，更容易获得，但也更容易发生挤兑。与墨西哥的情况一样，当地银行从国外借入与美元挂钩的证券，同时以当地货币放贷。只要美元与本国货币之间的汇率保持固定（正如东亚各国政府所承诺的那样），这种货币错配就不一定是问题。但是，一旦外国投资者开始撤资，美元储备有限的政府就会发现要保持汇率稳定是不可能的。亚洲货币的贬值严重损害了当地银行的盈利能力和资本，它们对当地企业的贷款和所持有的资产（主要以本国货币计价）与国际负债（以美元计价）相比就会大幅贬值。在这个恶性循环中，银行倒闭所带来的威胁会导致外国投资者进一步撤资以及本国货币进一步贬值。

格林斯潘和美联储冷静地观望着事态的发展，至少最初是这样。美国经济在1997年似乎很稳定。事实上，联邦公开市场委员会在3月将联邦基金利率上调25个基点时，曾以强劲的需求和不断增长的通胀风险为理由。利率的上调以及未来可能会进一步上调的迹象吸引了资本进入美国，并使美元走强，这可能促成几个月后亚洲金融危机的出现。不过，有一段时间，亚洲的金融动荡似乎与美国没有什么关系。当美国股票价格终于对亚洲日益加剧的动荡做出反应时（最显著的是在10月27日下跌了7%），格林斯潘仍然保持乐观。他指出，由于有助于控制逐渐显现的通胀风险，给他认为过热了的股市降温，亚洲的麻烦甚至在一定程度上起到了联邦公开市场委员会收紧货币政策的作用。[33]

就像三年前墨西哥经济危机时的情况一样，格林斯潘和美联储与财政部长鲁宾和他的副手萨默斯进行了密切合作。像往常一样，在国际债务危机中，他们需要说服贷款方选择继续合作，而不是撤回资金，并要促使债务国与国际货币基金组织达成协议。国际货币基金组织可以向陷入困境的国家提供贷款，条件是这些国家需要实施改革。由于国际货币基金组织的许多要求，比如削减政府预算赤字或实施紧缩的货币政策，都是为达到长期收益而选择在短期内承受巨大的痛苦，因此谈判气氛十分紧张。

　　一个特别棘手的时刻发生在1997年11月，当时人们惊讶地发现，韩国的美元储备比普遍认为的要少得多。当时的韩国是一个具有重要经济影响力的国家，也是美国的主要贸易伙伴，人们担心随着其货币不受控制地大幅贬值，它将拖欠许多以美元计价的债务。这进而可能导致其他国家的银行倒闭（美国银行是主要债权人之一）和股市崩盘，从而传播恐慌。韩国对美国也具有重要的战略意义，因为它与朝鲜接壤，而且在那里建立了大量的美国军事设施。国际货币基金组织与财政部和美联储合作，说服美国银行延长对韩国的短期贷款，通过550亿美元的救助计划化解了这场危机。《时代》杂志在封面上刊登了萨默斯、鲁宾和格林斯潘的画像，标题是"拯救世界委员会"。在杂志封面上，格林斯潘站在中间，鲁宾和萨默斯站在两侧，这充分反映了格林斯潘与克林顿政府的密切关系，以及他在国内货币政策以外的一系列问题上的核心作用。

　　1998年上半年，尽管亚洲经济危机还在继续，但美国经济仍然保持强劲。到了8月，俄罗斯突然爆出债务违约，反映出全球经济放缓，当时石油（这是俄罗斯主要的出口商品）价格也跌至每桶11美元的低点。由于俄罗斯不接受改革条件，国际货币基金组织停止对其贷款，之后就发生了债务违约。俄罗斯的违约震惊了全球市场，甚至动摇了格林斯潘本人对外国金融动荡不会威胁美国经济的信心。

　　格林斯潘在加州大学伯克利分校发表讲话时告诉听众，俄罗斯违约引发了"美联储的重大反思"。[34]他说道："美国不可能像一片绿洲一样，在世界其他地方经济压力大幅增加的情况下依然保持繁荣。"换句话说，为了履行国内使命，美联储还必须考虑世界其他地区的事态发展，特别是那些在国与国之间即时传导的金融事态的发展。这与格林斯潘在亚洲金融危机初期所表现出的漠不关心的态度截然不同。

　　在美国，一家大型对冲基金——长期资本管理公司（LTCM）成为俄罗斯金融动荡中备受瞩目的受害者。长期资本管理公司于1994年由著名的所罗门兄弟投资银行债券交易员约翰·梅里韦瑟（John Meriwether）创立，董事会成员甚至包括两位诺贝尔经济学奖得主迈伦·斯科尔斯（Myron Scholes）和罗伯特·默顿（Robert Merton）。曾在格林斯潘手下工作的美联储前副主席马林斯（David Mullins）也是一位关键的负责人。该公司采用了复杂的量化策略，一开始非常有利可图。它的杠杆率也很高，在1997年底，长期资本管理公司每1美元的资本就对应着30美元的债务。[35]该公司的策略包括充分利用特定资产的价格与其正常水平之间的暂时偏差来获利。它的赌注随着时间的推移和更正常的关系而重新确立，偏差也逐渐消失。然而，俄罗斯违约导致市场波动加剧，价格向意想不到的方向移动，这使得这一战略失效，给长期资本管理公司造成了巨大损失。很明显，这家资本薄弱的公司不太可能生存下去了。

由于长期资本管理公司从多数华尔街的大公司大量借款，美联储开始担心该公司失控倒闭可能会严重扰乱市场，特别是如果它被迫以低价抛售资产的话。格林斯潘同意尝试寻找解决方案。1998年9月23日，16家华尔街大公司的高层官员在纽约联邦储备银行会面，主持会议的是纽约联邦储备银行行长威廉·麦克多诺（William McDonough）。美联储只提供了会议场所（还有三明治和咖啡，就像传闻中的那样）。在麦克多诺的推动下，16家公司中有14家同意向长期资本管理公司注资36亿美元，避免其很快倒闭，从而使长期资本管理公司得以更有序地解散。（拒绝参与的两家公司之一是贝尔斯登。长期资本管理公司是贝尔斯登的客户，而贝尔斯登的追加保证金通知加速了这场危机。更为讽刺的是，10年后贝尔斯登也沦落到需要政府援助的境地。）长期资本管理公司最终在2000年被清算。

当时，美联储因其干预行为可能会激励其他公司不计后果地冒险，引发了道德风险而广受批评，就像政府在墨西哥和亚洲金融危机时进行干预而受到批评一样。在多年后的一次采访中，格林斯潘对美联储的介入表达了一些不安。[36]然而，尽管救助很少受到欢迎，但对长期资本管理公司的救助似乎是合理和可以辩解的。首先，它是基于决策者的判断，即长期资本管理公司不受控制的破产将对更广泛的金融体系，并最终对整个经济构成严重风险。不同的是，美联储在1990年认定当时的金融体系能够处理德崇证券的倒闭，因此选择在其倒闭时不进行干预。其次，此次干预的道德风险可能很小。所有用于防止长期资本管理公司破产的资金都来自其债权人，而不是公共部门。长期资本管理公司的所有者最终损失了大部分投资且名誉受损——这条路几乎没有其他人想去效仿。一种更为合理的批评是，救助是临时性的，这会造成市场的不确定性，并引发人们对公平的担忧。在这方面，对长期资本管理公司的处理方式就像美国政府之前（以及未来）的金融救助一样，对于如何应对系统性且关键的金融机构的潜在破产风险，并没有明确的法律框架，因此困难重重。

在长期资本管理公司事件之间和之前，格林斯潘越来越担心亚洲金融危机和俄罗斯违约危机（并已经蔓延到拉丁美洲）对美国经济的综合影响。在1998年9月21日与联邦公开市场委员会的电话会议上，他说："经济之前一直保持稳定，但现在出现了明显的恶化迹象。"[37]联邦公开市场委员会随后在1998年秋季连续三次降息25个基点。在11月的最后一次降息之后，联邦公开市场委员会在其声明中强烈表示，尽管金融市场持续动荡，但美联储已经做得够多了。联邦公开市场委员会在1999年6月提高利率之前一直按兵不动，并认为随着金融状况变得更加稳定，可以安全地取消1998年的部分宽松政策。

格林斯潘1998年的三次降息暗示了货币政策策略的微妙转变，不仅要更多地考虑经济最可能出现的情况，还要考虑各种可能出现的后果。1998年9月最正确的猜测是，亚洲金融危机带来的连锁反应将减缓美国的经济增长。在1998年10月的一次电话会议上，格林斯潘对委员会表示："如果这种金融环境从出现到最终消退都没有对经济产生任何影响，那几乎是不可能的。"[38]因此，放松货币政策的目的当然就是为了改善经济最有可能的发展轨迹。与此同时，格林斯潘也在思考概率问题。在为首次降息辩护时，他指出经济放缓是有可能的，但其放缓轨迹并不确定。他表示："可以想象，我们最终可能不会把此次行动（降息）视为一系列举措的第一步，而只是视为一种保险。"[39]换句话说，利率的削减幅度会比可能性最高的预测的合理幅度要大一些，额外的宽松政策是为了防范那些虽然不太可能发生，但一旦发生便会引发严重后果的事件。

1998年的"保险性利率削减"与格林斯潘认为的风险管理方法非常吻合，即试图将各种风险的不确定性纳入决策过程。实际上，格林斯潘的风险管理策略包括在必要时调整政策，以对抗经济中最令人担忧但相对不太可能发生的风险，并在人们担心的风险没有发生时将这种保险收回。格林斯潘会把亚洲金融危机事件看作这种做法的起源。他在回忆录中写道，美联储对亚洲和俄罗斯事态发展的反应"反映出美联储正在逐渐进化，并且背离了标准的政策制定的条条框框"。我们并没有把所有的精力和赌注都押在实现一个单一的最佳预测指标上，而是依据一系列可能的情境来制定我们的政策回应。[40]格林斯潘并不是第一个将风险平衡纳入政策分析的美联储主席，但自从他任职以来，政策制定者们变得更加明确地考虑到对经济的核心预测可能会被证明是错误的，以及一旦这种情况发生，政策如何才能为此做好准备。

## 非理性繁荣：格林斯潘和股票市场

1987年的股市崩盘是格林斯潘担任主席后的第一次考验。美联储迅速做出了反应，帮助限制了此次崩盘对整体经济的影响。但在

20世纪90年代，股市仍是经济发展的中心。

随着经济年复一年地增长，通胀保持在低位，股票价格已是十年前的三倍多。当时的经济学家对股市上涨是否预示着风险存在分歧。与芝加哥大学关系最为密切的有效市场学说否认了股票市场被高估或低估的观点。相反，它认为股票和其他金融资产的价格汇集了数以百万计投资者的观点，恰当地反映了经济在任意特定的时间点上的所有可用信息，尽管这些信息不可避免是不完美的。根据这一学说，股市繁荣是对经济更加乐观、利率较低（这使得股票相对于债券更具吸引力）或其他基本因素的理性反应。如果市场是有效的（尽管市场有时肯定会出错），那么政策制定者不应该试图取代市场的判断。

从整体来说，格林斯潘有着自由主义的根基并对市场有着坚定的信念，但他并不是一个有效市场理论原教旨主义者。在联邦公开市场委员会的会议上，他经常就股票市场价值的合理性发表看法。此外，至少在他任职美联储的最初几年里，他准备利用货币政策来对抗他认为不合理的市场情绪波动，理由是这种大幅波动以及经常会发生的情绪逆转都可能危及整个经济体。

一个重要的例子是1994年2月，他终于决定开始加息，在这次货币紧缩周期中，利率最终上升了300个基点。加息的主要目标是对通胀实行先发制人打击，引导经济软着陆。但格林斯潘也在考虑股市。他在2月4日的联邦公开市场委员会会议上表示："我认为，现在让市场对我们上调利率抱有预期可能会非常有帮助，因为这将抑制股市的投机行为……如果我们有能力将'达摩克利斯之剑'悬于市场之上，我们就可以防止其失控。"[41]两个多星期后，在一次电话会议上，格林斯潘认为早期的努力是成功的："回顾我们的行动，令我感到震惊的是，我们的影响力比预期要强大得多。我认为我们在一定程度上打击了正在兴起的股市投机活动。"关于债券泡沫，他还观察到："我们也戳破了它。"[42]

然而，格林斯潘宣布胜利还为时过早。加息是否戳破了不可持续的债券泡沫，还是说只是债券交易员改变了他们对经济基本面和政策前景的看法，目前尚不清楚。无论如何，就算存在债券泡沫，它的收缩也是剧烈的而不是温和的，这是一场对金融稳定产生副作用的债券市场"大屠杀"。此外，一旦紧缩政策结束，债券收益率的上升趋势将逆转。至于股票市场，道琼斯平均指数在1994年仅上涨了2%，这与政策收紧的抑制效应以及由此导致的长期利率急剧上升是一致的。但股市上涨缓慢是暂时的。1995年，随着政策的适度放松，股市再度飙升，涨幅超过33%。货币政策在控制通胀和引导经济增长方面似乎非常成功，但事实证明，在管理反复无常的长期债券收益率和股票价格方面，它的精确度要低得多。

1996年，格林斯潘荣获"艺术大师"称誉的那段历史展示了一种不同的市场运行方式。格林斯潘推迟了紧缩政策，理由是更强劲的生产率增长将缓解通胀压力。从逻辑上讲，更强劲的生产率增长也将证明股市强劲上涨是合理的，但支持提前加息的联邦公开市场委员会成员不仅提到了通胀风险，还提到了股价可能超过其基本价值的风险。格林斯潘认为，过早地提高利率而使市场降温会不必要地减缓经济增长，于是他尝试了一种限制股市上涨的新策略——强烈呼吁。但是，他能仅靠呼吁就做到让股价下跌吗？

1996年12月，格林斯潘和委员会听取了两位著名的金融经济学家罗伯特·席勒（Robert Shiller，诺贝尔奖得主）和约翰·坎贝尔（John Campbell）的报告，他们认为股票价格与股息的高比率表明股票市场被严重高估了。[43]此后不久，在保守派智库美国企业研究所（American Enterprise Institute）的一次演讲中，格林斯潘公开表达了他对市场的担忧，他问道："我们该如何判断非理性繁荣过度推高资产价值，然后导致这些资产突然崩塌的时间点？日本在过去10年发生的事情就是前车之鉴。"他告诉听众，对美联储官员来说，只有在

第三章　格林斯潘和繁荣的20世纪90年代

资产泡沫可能危害经济的情况下才会被关注，尽管如此，"面对资本市场和经济相互作用的复杂性，我们绝不能低估泡沫的破坏性或者是过度自满。"[44]道琼斯指数在第二天早上开盘后的30分钟内下跌超过2%，这也许是因为交易员认为格林斯潘在释放即将加息的信号。但这种影响是短暂的，市场很快便开始重新上涨。

事后看来，在格林斯潘当时演讲的时候，股价可能并没有被严重高估。一些传统的指标，比如股票风险溢价、股票和安全的政府债券之间的预期回报差，都在历史正常范围内。事实上，如果你在1996年底，即格林斯潘担忧"非理性繁荣"的时候购买了一篮子有代表性的股票，并于2002年底，即股票市场处于互联网泡沫破灭之后的谷底时卖出，你仍将获得高达32%的收益，包含股息再投资的名义收益。[45]直到20世纪末，随着互联网繁荣的到来，泡沫的迹象才变得清晰和明显。[46]

格林斯潘在控制股市方面又进一步采取了行动。联邦公开市场委员会在1997年3月的加息标志着"艺术大师"时期的结束，其主要目的是防止任何通胀压力。但格林斯潘后来写道，3月的紧缩政策也是出于他对"股市泡沫可能导致通胀不稳定"的担忧。[47]他回忆说，在1997年2月的会议上，他"告诉委员会，我们可能需要提高利率，来尝试遏制牛市"。但无论是加息还是随后发生的亚洲金融危机和俄罗斯危机，都没有对股价造成太大影响。

在接下来的三年里，受益于互联网热潮的推动，股市持续上涨。1999年3月29日，道琼斯指数首次收于10 000点以上。正如格林斯潘在他的回忆录中所写的那样："繁荣在年底达到顶峰……大多数投资股票的人都感觉未来会更加繁荣，而且有充分的理由。这给美联储带来了一个有趣的难题：如何在健康的、令人兴奋的经济繁荣和由负面的人性驱动、充满了放纵与投机的股市泡沫之间划清界限？正如我向众议院银行委员会直截了当地指出的那样，这个问题非常复杂，因为这两者其实是可以共存的。"[48]

与认同金融市场是有效和理性的观点不同，在20世纪90年代，格林斯潘对股票估值是否合理有着强烈的负面看法。他通过加息和强烈呼吁等手段，多次努力减缓他认为不可持续的股市繁荣。不过，他充其量只是暂时取得了成功。随着时间的推移，他对自己区分股市繁荣"好"与"坏"的能力，以及预测股价将如何回应美联储的政策干预，都变得不那么自信了。无论干预的理论依据是什么，这些不确定性都会在实践中造成巨大的困难。

尽管一些地区联邦储备银行行长表达了对市场的担心，但联邦公开市场委员会并没有在1999年初提高利率。然而，出于对不断上升的通胀的忧虑，美联储确实在当年晚些时候开始大幅收紧货币政策。讽刺的是，虽然压制股市并不是紧缩政策的既定目标，但是加息无疑也为从2000年春季开始的股价暴跌加了一把火。

# 第二部分
## 21世纪货币政策

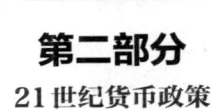

# 全球金融危机和大衰退

# 第四章

# 新世纪与新挑战

随着新千年的临近，美联储官员（和许多其他人）担心，世界上的计算机无法适应2000年（Y2K, Year 2000的缩写）的日期变化，从而使新的数字化全球经济陷入混乱。最终这只是一场虚惊。无论是由于准备充分，还是仅仅是好运气，千年虫的到来和离去几乎没有造成任何影响。

但2000年确实预示着重大的变化正在发生：经济似乎已经失去了20世纪90年代的活力，与"二战"后的大部分时期形成鲜明对比的是，过低的通胀和超低的利率成为央行官员的主要担忧。当一场全球金融危机（至少是20世纪30年代以来最严重，甚至可能是史上最严重的一场经济危机）将经济推入深度衰退时，过低的利率对货币政策的限制作用将显得尤为突出。

## 互联网泡沫和2001年的经济衰退

真正的千年虫冲击发生在股市。在20世纪90年代的大部分时间里，格林斯潘和联邦公开市场委员会的许多成员都对"非理性繁荣"深感担忧——这个年代伴随着市场多次成功摆脱国际金融危机，"先发制人"打击通胀的货币政策，以及格林斯潘本人对股市过热的"强烈呼吁"。但是回顾过去，在这10年的大部分时间里，经济持续增长，通胀和利率都维持低位，因此股票价格可能并没有像格林斯潘和他的联邦公开市场委员会的同僚所担心的那样疯狂上涨。那时的经济势头强劲，通胀温和；而且，考虑到90年代海外金融危机频发，投资美国股市的回报率比投资海外更安全。

20世纪90年代的最后几年出现了明显的不健康投机热潮迹象。互联网创造了一个"新经济"的愿景，这种愿景有时甚至连格林斯潘本人都为之倾倒。无论潜在的商业模式多么脆弱，似乎每一家网络公司都炙手可热。人们放弃工作，成为日间交易员，使用家用电脑买卖股票。有一段时间，赔钱似乎是完全不可能的。正如一位研究金融泡沫的心理学专家罗伯特·席勒观察到的那样，流行的故事在市场和整体经济中都具有巨大的影响力。[1]泡沫最明显的迹象是，每个人都相信股价的大幅上涨将永远持续下去而没有尽头。2000年初，以科技股为主导的纳斯达克指数已经是1997年底的3倍。

正如格林斯潘指出的那样，股市的繁荣可以同时是理性的和非理性的。20世纪90年代末，人们对互联网经济潜力的狂热并没有错，只是来得太早了。科技公司是当今经济中规模最大、最具活力的公司之一，互联网和其他新技术的印记在许多行业都很明显，从零售到通信再到金融。但就像20年代的繁荣一样，对建立在汽车和收音机等技术基础上的"新经济"的期望也推动了市场的繁荣，市场过度扩张了。在世纪之交，许多网络公司很明显在很长一段时间内都赚不到钱，甚至永远也赚不到。2000年3月，《巴伦周刊》的一篇封面文章警告称，由于收入远低于他们的乐观预测，许多互联网公司正面临现金枯竭。[2]与此同时，由于担心经济过热会加剧通胀，美联储开始提高利率。1999年下半年，美联储收回了在俄罗斯违约事件之后做出的75个基点的"保险性"利率削减，然后在2000年上半年采取了三次行动，将利率提高了一个百分点，达到6.5%，这是近10年来最高的联邦基金利率设定。

伴随着对互联网公司前景的预期转变，1999—2000年的货币紧缩政策触发了之前10年无论政策制定者如何绞尽脑汁、格林斯潘如何强烈呼吁都未能做到的事，那便是股市的大崩溃。纳斯达克指数在2000年3月见顶后，到年底下跌了47%。它在2002年10月触底，比峰值下降了72%。整体股指虽然相比起来跌幅较小，但也难以幸免。例如，在同期的两年半时间里，反映美国最大的500家公司价值的标准普尔500指数下跌了近一半。

1987年10月的股市崩盘已经证明，即使股市大幅下跌也可能只会对经济产生轻微影响，但前提是杠杆率不能过高，信贷市场大范围的混乱不能发生。总的来说，这一经验在2001年得到了再次证明。尽管股票价格大幅下跌，并且遭受了"9·11"恐怖袭击的巨大冲击，但从2001年3月到11月，美国经济只经历了8个月的温和衰退。[①]由于股市市值的蒸发和市场情绪的恶化，消费者支出活动也随之降温。[3]科技领域的投资急剧下降，诸如硅谷的办公室建设项目和光纤网络安装等相关活动的投资也大幅减少。

联邦公开市场委员会很快便逆转了早些时候的紧缩政策，这也起到了很大的帮助。在2001年1月3日的电话会议之后，委员会决定降息50个基点，从6.5%降至6%。随后又进一步降息，在"9·11"袭击前降至3.5%，然后在2001年底降至1.75%。包括恐怖袭击在内的2001年第三季度，美国经济出现萎缩，但随后又恢复增长。因此，泡沫破裂对经济的直接影响是有限的。但有些事情还是发生了变化，21世纪初的国民情绪与20世纪90年代的乐观截然不同。虽然2001年的经济衰退不是特别严重，也不是特别长，但就像从1990—1991年

---

[①] 当时，我作为一名学者，在美国国民经济研究局工作，负责研判经济衰退。

的经济衰退中复苏一样，这次经济的恢复也十分缓慢。

情绪上的变化部分是由"9·11"事件引起的。"9·11"事件震惊了整个国家，并使许多人相信：更多的恐怖袭击甚至中东地区的全面战争是不可避免的。针对美国的攻击以一种前所未有的方式考验着美联储，它也必须直面挑战。副主席罗杰·弗格森（Roger Ferguson）是当天唯一在华盛顿的美联储理事会成员，五角大楼被袭击之后，从他的办公室窗口清晰可见现场的滚滚浓烟。弗格森必须与美联储的所有工作人员以及纽约联邦储备银行（距离被撞击的世贸中心大楼仅仅几个街区）的同僚一起，坚强地承担起恢复美国金融系统运行的重任。[4]（9月11日，格林斯潘与纽约联邦储备银行行长比尔·麦克多诺正在从瑞士开完会回国的路上。）弗格森采取的第一步措施便是发表声明，这让人联想起1987年股市崩盘之后的那次声明中说道，"美联储是持续运作的，并且会保持开放。贴现窗口可以满足流动性需求"。在美联储的帮助下，尽管世贸中心发生了惨重的人员伤亡，电信网络等基础设施遭到了广泛破坏，但是绝大部分最关键的金融业务仍在持续运行。股市在不到一周的时间内便重新开盘。

21世纪初，除了股票下跌和新的恐怖主义威胁（这影响了从航空旅行到保险等行业），其他几个因素也增加了不确定性，并抑制了商业信心。首先是一系列的公司丑闻（安然、世通、安达信）——作为对这些丑闻的回应，《萨班斯-奥克斯利法》（Sarbanes-Oxley Act）加强了对上市公司的会计和审计要求；其次，美国入侵伊拉克的可能性越来越大，并在2003年3月成真。（在2003年3月的声明中，联邦公开市场委员会不寻常地承认，鉴于地缘政治的不确定性程度，它无法有效地描述经济面临的风险平衡程度。）在高度不确定性和经济增长缓慢的大环境下，商业投资不温不火。尤其令人担忧的是，即使产出恢复增长，就业市场依然十分疲软。"失业式复苏"再一次流行起来。2001年11月经济衰退结束时，失业率为5.5%，但在2003年6月继续上升，达到了6.3%。

财政政策可以支撑疲软的经济，就像老布什政府和克林顿政府所做的那样，格林斯潘也参与了即将上任的小布什总统的政策制定过程。20世纪90年代强劲的经济增长和股票市场的资本收益提高了税收，并罕见地产生了联邦预算盈余。美联储的工作人员甚至考虑过，如果持续的盈余导致联邦政府还清了债务，那么该如何实施货币政策。（如果政府没有未清偿的债务，那么美联储将不再能够通过买卖国债来调整银行准备金，从而以惯常的方式调整利率。）在竞选期间，布什曾承诺减税1.6万亿美元，考虑到预算盈余的前景，尽管格林斯潘更喜欢保守的财政政策，但他还是倾向于支持这一计划。格林斯潘在国会听证时含糊其词。他一如既往地关心联邦政府的长期财政前景，提议在减税法案中增加"触发"条款，即如果盈余下降到某一个阈值，便立即停止减税。但他这个总体来说很不错的建议却被解释成是对布什减税计划的无条件支持。多年以来，许多民主党人对此表示十分不满。[1] 2001年6月，布什正式签署了这个1.35万亿美元（并持续了10年）的减税法案。

事实证明，预计的联邦盈余只是昙花一现。经济衰退、股价下跌（这减少了资本利得税的收入）以及减税措施共同作用，使预算再次陷入赤字。格林斯潘对布什政府2003年通过的第二次减税计划（10年达3 500亿美元）持反对态度。尽管如此，他仍与政府保持着密切的关系。2003年4月，距格林斯潘主席任期到期还有一年多的时间，布什就表示还会继续任命他进入第五个任期。

当然格林斯潘主要关注的是货币政策，而缓慢的经济复苏和2001年之后事态的发展普遍引发了新的担忧。许多经济学家和投资

---

[1] 在我早期担任美联储主席的时候，参议院民主党领袖哈里·里德曾以格林斯潘对布什减税政策的支持为例，警告我不要干预财政政策。

者已经开始担心，在经济恢复增长之后，利率和通胀仍持续处于出人意料的低水平，这可能是新常态的一部分，而并非一种暂时的反常现象。为了应对经济衰退，美联储在2001年迅速降低了联邦基金利率，为了应对缓慢的经济复苏和不断下降的通胀，它将在2003年进一步将联邦基金利率降低至1%。此外，在20世纪90年代，似乎处于休眠状态的菲利普斯曲线再次显示出工作的迹象——这次是下行方向，劳动力市场的持续疲软减缓了物价和工资的增长。

出于技术上的原因，为了监测通胀，美联储在这个时候不再过度关注CPI，而是更多地关注通胀的另一种衡量方法：个人消费支出（PCE）价格指数。[1]到2003年年中，核心个人消费支出通胀（不包括食品和能源价格）约为1%。美联储工作人员预计未来一年，核心个人消费支出通胀将进一步下降。根据模型预测，甚至有25%的概率出现通缩（物价下降）。对于成长于20世纪七八十年代的央行家们（基本上包含所有的决策者）来说，在那个时候，极低的利率和极低通胀的组合让他们感到十分迷茫。从马丁到伯恩斯再到沃尔克，令各国央行行长头痛的祸根高通胀真的可以"太低"吗？答案将在未来几年变得清晰：是的，它可以。

## 利率和通胀的长期下降

短期内，央行可以对利率施加相当大的控制，特别是像联邦基金利率这样的短期利率。然而在较长的时期内，其他结构性经济因素决

---

[1] 个人消费支出价格指数是由经济分析局作为其GDP计算的一部分编制的。美联储这一转变的一个原因是，个人消费支出通胀能够更好地考虑到消费者购买的商品和服务组合的持续变化，而CPI则假设主要商品和服务的支出份额是固定的（权重只会周期性调整）。从历史上看，通过个人消费支出衡量的通胀比CPI低零点几个百分点，尽管这两个指数走势密切相关。

定了利率的"一般"或"正常"水平。遵循19世纪末瑞典经济学家克努特·威克塞尔（Knut Wicksell）的观点，经济学家们定义了"中性利率"（"R-star"，缩写为R*）——这是当经济处于充分就业且通胀稳定时的利率。[①][5]和自然失业率u*一样，中性利率可以随时间变化。事实上，自20世纪80年代初以来，尽管美联储已经经历了多次收紧和放松、提高和降低短期利率的过程，但无论是在美国还是在其他发达经济体，利率的总体趋势一直是下行的。如图4.1所示，10年期国债收益率在沃尔克任职初期达到15%以上的峰值，但此后一直稳步下降，在2020年新冠肺炎大流行之前降至不到2%。这种长期的利率下降持续出现于经济衰退和扩张过程中，明确地表明如今的中性利率比几十年前低得多。

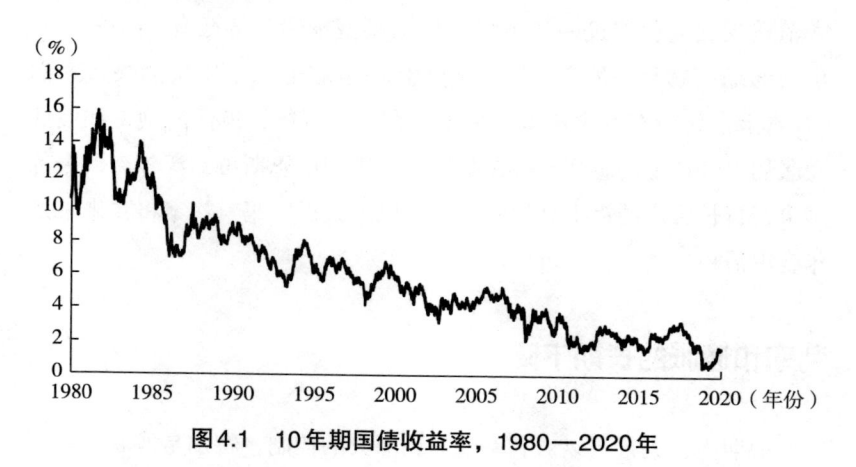

**图4.1　10年期国债收益率，1980—2020年**

尽管美联储为了实现其宏观经济目标而提高或降低联邦基金利率，但自20世纪80年代以来，市场利率的长期趋势一直是下降的。
资料来源：美联储经济数据库，圣路易斯联邦储备银行。

---

① 我用R*（大写）来代表市场中性利率或名义中性利率。实际中性利率，即名义中性利率减去通胀，通常用r*（小写）表示。在本书中，我通常用R*指代短期中性利率，但短期和长期中性利率走势通常密切相关。

为什么R*的平均数值在过去40年里下降了这么多？为什么这一点很重要？沃尔克和格林斯潘对通胀的征服是中性利率下降的一个重要原因。正如20世纪初经济学家欧文·费雪观察到的，储户关心的是他们投资回报的购买力，而不是他们得到的美元的数字。[6]为了保持收益购买力，粗略地说，预期通胀每增加一个百分点，他们就会要求额外增加一个百分点的利息，这一经验法则就是所谓的费雪原理。根据费雪原理，过去40年通胀的持续下降（1975—1980年核心个人消费支出通胀平均接近7%，2015—2020年仅略高于1.5%）可以在很大程度上解释中性利率的下降趋势。

然而，通胀下降只是问题的一部分，因为在过去40年里，利率的下降幅度甚至超过了通胀下降的速度。换句话说，美国国债和其他投资的实际利率，或者说经通胀调整后的利率（减去通胀的利率）也下降了，而且在很多时候甚至下降了很多。[①][7]这究竟是怎么回事呢？

两篇相关而又互补的论文试图解释实际利率的长期下降。经济学家拉里·萨默斯推广了他所谓的"长期停滞"（Secular Stagnation）假说。[8]在上一章中，我们曾讨论萨默斯在20世纪90年代抗击国际金融危机中的作用，他后来在克林顿总统时期担任美国财政部长。这个假说由哈佛大学著名经济学家阿尔文·汉森（Alvin Hansen）在1938年首次提出。[9]汉森担心，人口增长放缓和技术创新速度下降等因素会使经济即使在大萧条结束后也陷入停滞。当然，这并没有发生——大萧条和第二次世界大战之后随之而来的反而是经济繁荣，但萨默斯

---

① 根据美联储经济学家托马斯·劳巴赫（Thomas Laubach）和约翰·威廉姆斯（John Williams，现任纽约联邦储备银行行长）于2003年制定的方法，美国的实际中性利率从1985年的超过3.5%逐步降低到今天的不到0.5%，在2007—2009年金融危机后下降得尤其明显。得出这个结论的作者与凯瑟琳·霍尔斯顿（Kathryn Holston）在2017年发表的一篇论文中提出，其他发达经济体也出现了类似的结果。

第四章 新世纪与新挑战　　87

在汉森的观点中看到了新的意义。

在萨默斯对汉森假设的更新中，现代美国经济正遭受着持续的拖累，包括人口老龄化带来的劳动力增长放缓。与早期相比，重大科技进步的缺乏以及发展最快的行业都不需要那么多的实物资本（相比20世纪50年代的通用汽车，想想脸书，后者对设备和建筑的需求相对温和）。根据萨默斯更新版的"长期停滞"假说，这些因素综合在一起，共同导致对新的生产资料的需求疲软以及整体经济增长的疲软。缓慢的经济增长和有限的生产性资本投资机会反过来抑制了对可投资资金的需求，这降低了中性利率。更重要的是，长期停滞意味着近几十年经济复苏的缓慢主要不是由诸如互联网科技泡沫破裂、"9·11"事件或公司丑闻等一次性因素造成的。相反，缓慢增长和低利率是基本面因素作用的结果，而且这些因素将会长期存在。

有解决长期停滞的办法吗？公共政策可以影响人口结构和生产率增长的趋势，但通常需要很长一段时间。从原则上看，公共投资，例如新建高速公路、机场和桥梁，可以替代落后的私人投资，而萨默斯曾经强烈主张积极的财政政策来帮助抵消长期经济停滞。事实上，世界各地巨大的财政赤字已经存在了相当长一段时间，甚至在新冠肺炎大流行期间，即情况严重恶化之前就已经如此。然而，萨默斯与卢卡斯·雷切尔（Łukasz Rachel）合作得出的结论是，如果没有持续的财政赤字，实际中性利率会更低，甚至很可能是一个相当大的负数。[10]

对实际利率下降的第二种补充解释是一种被称为"全球储蓄过剩"（Global Savings Glut）的假设。在担任美联储理事会成员期间，我在2005年的一次演讲中介绍了这个概念。[11]其基本观点是，在"二战"以后大部分时期的实际利率水平上，今天的全球储蓄总量大大超过了全球对新资本投资的需求，而新资本投资需求和政府赤字是储蓄的主要用途。由于储蓄的供给超过对投资基金的需求，因此储蓄的回报率比过去要低。那么这么多额外的储蓄从何而来？在2005年的演讲中，我重点关注了中国和其他快速增长的东亚国家的高储蓄倾向，以及诸如沙特阿拉伯等高收入产油国的储蓄。最近全球储蓄的最大来源也包括欧洲，尤其是德国。

但更为根本的是，全球储蓄的增长是由全球收入增长和人口结构的变化共同推动的。近几十年来，世界各地数十亿人的收入显著增加，使他们有更大的能力积累财富。与此同时，新兴市场经济体和大多数发达经济体的人的寿命都在延长，导致预期退休时间延长，这反过来又要求人们增加储蓄。随着储蓄能力和储蓄需求的大幅增加，工作适龄人口和生产率的缓慢增长却限制了投资机会。不仅在美国，而且在全球范围内，（经通胀调整的）实际回报率都在下降。

长期停滞和全球储蓄过剩两种假说在侧重点上有所不同。长期停滞的论点至少在一开始主要聚焦于美国，而全球储蓄过剩的论点注意力则集中在全球性的储蓄和投资流动，以及促进这些流动的日益一体化的全球资本市场。长期停滞强调了对可投资资金的需求（可投资资金的目的是为企业资本形成政府赤字融资），而全球储蓄过剩假说则更多地关注资金供应。然而，这两者是相辅相成的。两种假说都认为，由于人口结构、经济和技术等各种原因，全球储蓄的供应日益超过对资金的需求。这种失衡一直在压低实际利率，即使在经济处于充分就业状态、货币政策没有扩张的情况下也是如此。

也有其他的理论不断被提出，以解释R*的长期下降。一些经济学家认为，近几十年来，全球长期缺乏安全资产，即在经济危机期间也可以保值的证券。[12]安全资产的普遍短缺有助于解释为什么像美国国债等证券的收益率下降得特别厉害，因为在经济不确定时期，美国国债的需求往往特别高。① 最近也有人认为，财富不平等的加剧可以

---

① 根据这一理论，新冠肺炎大流行时期的联邦赤字增加了国债的供应，这应该有助于缓解安全资产的短缺，并随着时间的推移推高国债收益率。

用来解释中性利率的下降,因为最富有的人往往会把更多的收入存起来。[13](然而,尽管不平等在美国和其他一些发达经济体内有所加剧,但近几十年来在全球范围内并没有加剧。)虽然经济学家对中性利率长期下降的原因并未达成一致,但在过去40年时间里,中性利率的显著下降是无可争议的。

那么为什么中性利率R*的长期下降是一个很重要的问题?这显然是因为涉及储蓄者和投资者,他们的回报率更低。此外,借款人——包括政府、房主和公司债券发行人,在其他条件相同的情况下,会从较低的利率中获益。

较低的中性利率水平对美联储(以及其他央行)很重要,因为这可能限制货币政策的施展空间。在20世纪八九十年代,只要降低联邦基金利率,就可以实现大幅度的货币宽松。在2008年全球金融危机之前一次典型的经济衰退中,美联储可以通过降低5到6个百分点的联邦基金利率来刺激经济。然而,当中性利率——即在充分就业时的利率——已经很低了,比如只有2%或3%,那么当经济衰退来袭时,货币政策制定者降息的空间就更小了,因此刺激增长的力量也会变弱。

货币政策制定者愿意(或能够)设定其短期政策利率的最低水平被称为有效下限(ELB)。在2007—2009年的金融危机之前,由于政策制定者担心零利率会干扰金融体系的运转,大多数国家的有效下限被假定为零,或者略高于零。[①]危机过后,一些央行下调了它们对有效下限的估计,将政策利率设定为零,或者正如我们看到的,甚至是适度的负值。(负的政策利率可以通过要求银行为其在央行的准备金支付费用来实施。)关键的一点是,当中性利率处于低位时,政策利

---

① 例如,向零售储户和投资者承诺最低回报为零的银行和货币市场共同基金,如果它们的短期投资回报也是零,那么将很难获得盈利。

率的有效下限（通常接近于零）限制了央行行长依赖传统短期降息手段进行操作的空间。

由于有效下限的存在，货币政策无法提供足够的刺激，这种可能性已经令人十分担忧，但恶性循环会使问题变得更糟。如果有效下限阻止货币政策提供足够的刺激，那么随着时间的推移，失业率将会更高，而（由于经济疲软加剧）通胀将低于货币政策制定者的预期。根据费雪原理，通胀的下降会降低中性利率。但中性利率的降低会进一步缩小货币政策刺激经济的空间，从而完成恶性循环。这种情况被称为"日本陷阱"（Japan Trap），因为它描述了日本近几十年来的经历：在此期间，通胀和利率一直徘徊在零附近，而货币政策的效果十分有限。

## 2003年通缩恐慌：前瞻性指引成为重中之重

2001年经济衰退后的低利率和通胀下降增加了美国落入"日本陷阱"的可能性。鉴于一旦发生极低的通胀或通缩，摆脱困境便极其困难，大多数联邦公开市场委员会参与者都同意必须不惜一切代价避免出现这种情况。正如格林斯潘后来写的那样，到2003年年中，预防通缩的出现已经成为委员会讨论的"头等大事"[14]。

怎样才能避免美国陷入持续的低通胀和低利率的组合之中呢？2003年，在联邦基金利率已经非常低的情况下，问题变成除了进一步的短期降息之外，是否还有其他工具能帮助萎靡不振的经济。经济学家研究了可能的替代方案，这与日本对通缩的长期斗争有关。[15] 1999年10月，美联储在佛蒙特州的伍德斯托克召开了一次关于"有效下限"政策的研究会议，当时我还是一名教授。2002年11月，刚刚以理事会成员身份加入美联储的我做了一场名为"通货紧缩——确保它不会在这里发生"的演讲，讨论了其他货币工具的可能性，并与美联储工作人员发表了有关这一主题的研究报告。[16]然而在2003年之前，联邦公开市场委员会从未系统地研究过如果经济需要货币刺激，但进一步降低联邦基金利率不可行或不可取时，它将如何应对。

格林斯潘指示工作人员向委员会提出该如何处理有效下限问题的方案。几年之后，当有效下限带来的问题不再只是一种假设之时，既往的大量工作将派上用场。委员会评估的一些选项，比如购买大量美国国债以压低长期利率，这看起来相当奇特，在2003年看来既非必要也不可取。（然而，这并没有阻止债券市场上的一些投机行为，仍有人认为这种购买行为可能会发生。）委员会转而选择依靠与公众进行沟通来实现其目标。

为什么选择与公众沟通这个方案？仅仅靠谈论政策就能起到作用吗？格林斯潘时代委员会会后声明的演变表明，市场不仅会对当前的政策行动做出反应，也会对委员会关于未来政策方向的暗示做出反应，这就是这样做的原因。美联储最直接控制的利率——联邦基金利率，本身并不是很重要。它只适用于非常短的期限（隔夜或周末）和一个相对较小的市场（银行之间的准备金贷款）。联邦基金利率的变化主要通过对其他资产价格和收益率的影响来刺激经济，包括房屋抵押贷款利率和企业债券利率等长期利率。

联邦基金利率之所以可以与这些更重要的利率挂钩，原因是某种程度上长期利率取决于市场对未来短期利率的预期。例如，如果投资者开始相信美联储将把短期利率维持在高于之前预期的水平，那么长期利率也趋于走高。如果长期利率不上升，投资者将通过投资短期证券（到期时将其展期）来获得比持有长期债券更高的收益。同样，如果投资者开始相信美联储计划在一段时间内将短期利率维持在低位，那么长期利率也应该会下降。简而言之，通过塑造市场对未来联邦基金利率设定的预期，联邦公开市场委员会或许能够影响当前对经济影响最大的长期利率。根据类似的逻辑，市场对联邦基金利率的预期也会影响其他重要资产的价格，如股票价格和美元汇率，而这两者也会对经济产生影响。

尽管联邦公开市场委员会主席和其他参与者通过多种方式传达政策意图，但到目前为止，会后声明最好地反映了联邦公开市场委员会的集体观点，并受到市场的密切关注。委员会决定充分利用这一事实。在2003年5月的会议上，联邦公开市场委员会首次表示，它担心通胀可能会降得过低。委员会的声明中包含了这样一段话（诚然颇令人费解）："通胀不受欢迎的大幅下降的可能性虽然很小，但超过了通胀从已经很低的水平回升的可能性。"如果政策制定者担心通胀降得过低，这意味着政策将保持宽松。事实上，委员会在当年6月确实坚持将联邦基金利率降至1%，这是1958年以来的最低水平。

然而，暗示的力度还不够。到8月的会议上，市场已经对美联储试图传达的隐晦信息不以为然，并开始预期不久将转向收紧货币政策。委员会成员再次关注如何更好地使市场对联邦基金利率的预期与他们自己的目标保持一致。格林斯潘建议在声明中对未来的政策方向提供更加明确的指导，联邦公开市场委员会也表示赞同。8月的会后声明重申了委员会的担忧："通胀如果大幅下降是令人十分不快的……尤其是考虑到目前已经很低了。"但声明随后补充道："在这种情况下，委员会认为政策宽松可以维持在相当长的一段时期内。"

2003年5月到8月，美联储的声明画风突变，这在几个方面都具有重要意义。从5月开始，美联储就提到了"不受欢迎的"通胀下降，这与美联储此前几十年的政策形成了鲜明对比。在过去，低通胀或不断下降的通胀一直被视为是令人向往的。实际上，美联储已经公开承认它确实有一个大于0的通胀目标，尽管它还不愿意给出一个精确的数字。此外，根据5月的声明，低通胀可能是委员会"在近期最主要的关注事项"。

8月的声明还解释了委员会打算如何应对"不受欢迎的"通胀下

第四章　新世纪与新挑战

降，它计划在"相当长的一段时期"保持宽松政策。这一措辞并不十分具体，但它确实表明市场对近期收紧货币政策的预期是杞人忧天。这一次的信号响亮而又清晰，在随后的几周内，长期利率急剧下降。格林斯潘在12月的会议上说："很明显，我们传达（政策宽松）信息的努力取得了成功。"[17] 2003年8月的声明是我们现在所熟知的"前瞻性指引"政策的一个例子，即货币政策制定者就可能的政策路线方向与公众进行沟通。通过前瞻性指引来管理政策预期，从而影响更广泛的金融状况。这一举措接下来变得越来越重要，尤其是当联邦基金利率接近有效下限时。

在2004年1月之前，委员会一直维持其"相当长的一段时期"的措辞。2004年1月，委员会进行了一个温和的转向，表示它可以"对取消宽松政策十分有耐心"。通过这种方式，联邦公开市场委员会发出信号，表明它正在寻求收紧政策，但一定会很谨慎。经过一段时间的强劲增长和劳动力市场的改善（失业率在接近一年的时间内稳步下降），2004年6月正式开始加息，这也意味着货币政策转为收紧。同时美联储给出指导，宽松政策的退出将"以可以计量的速度"慎重而缓慢地进行。随后的加息进程的确如此。每一次的行动都没有超过25个基点。但是到2006年6月，加息已经连续进行了17次。当这次加息周期结束时，联邦基金利率目标回到了历史上看起来正常的5.25%，失业率降至5%以下，核心通胀接近2%。至少从这些指标来看，美联储的政策似乎是成功的。

2005年8月，美联储在怀俄明州的杰克逊霍尔召开了年度会议，自1982年堪萨斯城联邦储备银行在雄伟的大提顿山脉首次举办年会以来，每次会议都一如既往地吸引来自世界各国央行、媒体和学术界的杰出参与者蜂拥而至。格林斯潘——距离美联储主席任期结束还有最后几个月——受到了热烈欢迎，他的前任副主席，也是其偶尔的批评者艾伦·布林德，称他"有资格成为有史以来最伟大的央行行长"[18]。

## 房地产泡沫

尽管人们对格林斯潘赞誉有加,但危险正在暗中酝酿。自20世纪90年代末以来,房价一直在快速上涨。在格林斯潘任期即将结束时,增长尤其迅速,2004—2005年的增幅都超过了13%。[19]再加上不断降低的抵押贷款标准为房价上涨火上浇油,这个最终被事实证明的巨大房价泡沫成为一根导火索,引爆了20世纪大萧条以来最严重的金融危机。

是什么导致了房地产泡沫?一些人认为宽松的货币政策刺激了房价,但这种观点的证据并不充分,经济学家也很少支持这种观点。[①] [20]和其他利率一样,自20世纪80年代以来,30年期抵押贷款利率一直在缓慢下降,但在2004—2005年房价大涨时,它们一直保持在6%左右(或经通胀调整后的4%~5%),这个数字并非特别低。一项回顾性研究发现,实际利率的变化(并不完全是由货币政策造成的)只能解释1996—2006年大约1/5的房价上涨。[21]另一项研究证实,尽管低利率确实倾向于推高房价,但两者之间的关系与利率变动的历史规律一致,这对2000年初的房地产泡沫最多也只是适度贡献而已。[22]此外,其他国家的房价也在同一时间急剧上涨,比如实行比美国更严格的货币政策的英国。[23]

如果不是利率或货币政策,那还会是什么原因呢?大多数关于泡沫起源的研究都集中在三个因素上:从众心理、降低谨慎放贷动机的

---

① 2017年,全球市场倡议(Initiative on Global Markets,芝加哥大学布斯商学院的一个研究中心)对美国和欧洲的经济专家进行了问卷调查,让他们选择导致2008年全球金融危机的主要因素。问卷上有12个选项,有缺陷的金融监管排在首位,其次是低估新金融工具和不良房贷风险,宽松的货币政策排在倒数第二位。

金融创新、对借贷行为和风险承担的监管普遍不足。

从众心理支持了把买房当作投资的普遍且日益增长的乐观情绪。20世纪90年代末至21世纪初的房价快速上涨,尤其是在几个主要城市暴涨,这让许多人相信房价将不可避免地继续上涨。这种信念在社交媒体(我姐夫炒房发财了!)和传统媒体的宣传下得到了强化。罗伯特·席勒的流行叙事理论——即简单的故事构建人们对经济事件的认知,并在公众意识中"像病毒一样传播"——似乎就很适合这个时期发生的一切。[24] 席勒指出,美国的房价在1998年开始加速上涨,他将房地产市场的这种繁荣归于人们过度乐观的情绪,这与导致互联网科技泡沫的情绪如出一辙。

金融创新,加上全球储蓄过剩和人们认为的安全资产短缺,也助长了房地产泡沫。2000年初期的全球储户都在争先恐后地寻找既能获得适度回报,又具有安全性和流动性的投资品。其中就包括高储蓄率的中国,那时它越来越融入全球贸易和资本市场中。随着过剩的储蓄占据上风,这类资产的供应日益短缺。特别是联邦政府向赤字缩小甚至盈余的转变,限制了最令人垂涎的安全资产——美国国债的供应。

为了满足人们对(假定的)安全资产的强大需求,华尔街的金融工程师们开始设计和销售将各种各样的抵押贷款(通常还有其他类型的私人信贷)打包在一起的复杂证券。由于人们认为通过多样化合并许多不同的信贷资产可以降低证券的总体风险,而且由此产生的证券可以分成风险更高和风险更低的部分,因此这一过程创造了全新的、看起来似乎很明显的安全资产,用来出售给全球投资者。由于对这些信贷支持证券原材料(即原始信贷)的巨大需求,反过来又鼓励抵押贷款发放机构大幅降低标准,以产生更多贷款。毕竟,如果抵押贷款出现问题,那不是打包者的问题,而是抵押贷款支持证券最终购买者的问题。宽松的信贷标准反过来又增加了住房的有效需求,对泡沫的膨胀火上浇油。

最终，监管机构未能阻止耍花招式和欺骗式的抵押贷款的泛滥。在某些情况下，借款人被允许每月支付特别少的利息，以至于他们的本金余额会随着时间的推移上升，而不是下降。监管机构也没有坚持要求贷款机构在放贷之前要求借款人提供足够的文件，以确保其信誉。其中一个结果就是臭名昭著的"忍者贷款"——没有收入，没有工作，没有资产，出借方仅仅核实借款人的信用评级。

监管失败来源于很多因素，不仅是监管机构的懒惰以及缺乏想象力。最重要的是，由于历史和政治原因，美国金融监管的设计不佳，未能充分反映现代金融体系不断演变的本质属性。监管结构既存在巨大的空白（例如，许多非银行贷款机构和抵押贷款投资者仅受到非常有限的监管），也存在重叠（多个监管机构的业务相互冲突，有时甚至还为争夺"客户"而竞争）。2007年3月，次级贷款机构美国国家金融服务公司改变其了所拥有的存款机构的章程，用财政部的储蓄管理局取代了美联储作为主要监管机构，这是因为美国国家金融服务公司认为前者的管理更宽松。[25]监管空白，尤其是传统银行系统以外的监管缺失尤为严重，大大削弱了监管机构针对贷款趋势进行检测和做出反应的能力。例如在2005年，只有大约20%的次级贷款（向信用记录较差的借款人发放的抵押贷款）是由联邦直接监管的放贷机构发放的，而大约50%的次级贷款是由州一级的监管机构管理的放贷机构发放的，这些机构的资源和效能良莠不齐。[①26]

同样重要的是，在危机爆发前夕，政治风向倾向于更宽松而不是更严格的抵押贷款标准。许多立法者和监管机构不愿被视为是在阻

---

① 剩余的30%是由银行控股公司持有的非银行贷款机构发放的，银行控股公司理论上由美联储监管。然而，在后来被称为"美联储精简版"法案——1999年《金融服务法现代化法案》（又称《格雷姆–里奇–比利雷法》）中，作为银行控股公司监管者的美联储将服从于银行控股公司子公司的主要监管者（通常是州一级监管者）。

碍少数族裔和其他传统上被拒之门外的群体拥有住房，尽管这种住房的需求已经过度扩张。如果为了那些低收入的群体能够拥有自己的房子，而必须采取非传统的贷款模式来包容更差的信用记录，那么至少在当时的普遍观点中，冒风险也是值得的。[①]更不幸的是，当抵押贷款危机到来时，这些财务状况不佳的购房者将受到最大的打击。

在谈论以上三点，即从众心理、华尔街金融创新和有缺陷的监管体系导致了美国房地产泡沫时，我并没有为美联储开罪，并且在2002年8月之后，我个人也卷入其中。支离破碎的金融监管（特别是没有任何一个机构负责整个金融体系的稳定），以及对扩大住房拥有率的政治支持，将阻碍美联储或其他监管机构在试图减缓或扭转住房和抵押贷款市场中逐渐累积的风险时所做的任何努力。然而，回顾过去，我们至少可以分析美联储和其他监管机构本可以采取但并未采取的措施。例如格林斯潘和其他机构的负责人本可以更积极地利用他们的"美国第一讲坛"[②]，指出日益增长的风险或监管体系的缺陷。虽然这可能并不会导致根本性的变化。格林斯潘多年来经常批评联邦抵押贷款机构房利美和房地美资本不足，以及存在风险操作行为，但这基本上没有效果，而强烈呼吁至少可以提升国会和公众的危机意识。美联储本可以敦促银行持有更多用于弥补亏损的资本，并更好地衡量和管理它们所承担的风险。它本可以更充分地利用自己的权力，取缔那些被视为"不公平或欺诈性"的贷款行为，或是更多地使用"灵活处理权"来检查银行控股公司拥有的非银行机构，再或者更系统地评估金融体系的风险。[27]

---

① 当时的监管机构和政界人士对次级贷款和掠夺性贷款进行了严格区分。前者旨在帮助信用评分较低的人拥有自己的房子，这是受到支持的；后者则涉及不公平或欺诈性行为，旨在利用不成熟的借款人，应予以禁止。
② "美国第一讲坛"（Bully Pulpit）是罗斯福总统发明的概念，指代在白宫这种舆论高地发表声明。——译者注

在当时的情况下，格林斯潘是否应该意识到需要更严格的监管？对此我很难做出判断，这是由于他的任期并未包含危机全程，而且他本人也没有预料到危机的发生。虽然个人意见不一定正确，但是我相信格林斯潘的盲点并非是对潜在风险的忽视。在担任主席的最后几年里，他表达了对房地产市场的"泡沫"（尽管他认为泡沫主要局限于特定区域）和金融市场冒险行为的日益增长的担忧。[28] 尽管他本质上秉持自由主义，但是大体上他也不反对金融监管。他的错误在于过于相信市场力量，包括银行高管和董事会的利己主义，他认为这些因素会自动限制不良贷款和过度冒险行为的发生。此外，在大多数情况下，他对政府的银行审查员能够有效地预测银行决策的能力表示悲观。他认为尽管审查员的意图是好的，但他们的人数和可使用的工具都远远不及国际银行的数千名高薪专业雇员。因此回想起来，即使是在美联储的授权下，他也对干预金融系统，哪怕只是干预其中的一部分显得过于被动。格林斯潘承认了这一点。2008年10月在国会听证时，他表示自己"震惊到不敢相信"——市场力量和银行家的利己主义竟然未能更有效地阻止不良贷款行为，进而导致了危机的发生。[29]

格林斯潘思维中的这一"缺陷"（他自己这么表述），在前金融危机时代的许多经济学家和政策制定者身上也都存在。20世纪八九十年代是许多行业大幅度放松管制的时期，因为政策制定者越来越容易接受自由市场的观点。特别是储贷危机，它被认为部分是由于对储贷利率和贷款活动的过度监管造成的，这次危机促进了金融放松管制和创新，反过来又为冒险创造了更大的空间。更普遍的教训可能是，美联储主席和其他领导人应该谨慎对待传统智慧。和其他人一样，我批评阿瑟·伯恩斯在20世纪70年代放任通胀失控，但伯恩斯的货币政策其实与当时许多经济学家和政治家的观点是一致的。沃尔克全心全意地抗击通胀，他是一个特立独行的人。需要听取广泛的观点，是央行保持政策透明、开放，并且与外界交流的另一个重要理由。

无论房地产泡沫的源头是什么，一旦形成，货币政策制定者就面临着一个艰难的抉择。如果像一些人（包括格林斯潘）所猜想的那样，房价上涨是不可持续的，那么问题就在于该如何应对。在相对较早的时候，比如在2002年或2003年，为减缓房价上涨而大幅收紧货币政策似乎是行不通的。在2001年经济衰退之后的几年里，支持缓慢的经济复苏和避免通缩发生的短期必要性，为实施更宽松而不是更紧缩的政策提供了充分的理由。此外，在2002年或2003年，房价处于不可持续泡沫中的观点并未被普遍接受。

联邦公开市场委员会的解决方案是在相对较短的时间内保持低利率——从2003年中期到2004年中期，联邦基金利率仅在一年左右的时间内维持在1%的最低点，一旦复苏迹象明确，就开始逐步但长期的政策紧缩。如果房地产泡沫中的空气能被慢慢地释放出来，或许整个经济就能滑向软着陆。这种方法在2006—2007年初看起来很有前景，当时尽管房价下跌，次级抵押贷款违约率上升，但经济仍在继续增长。然而，这一战略并没有充分认识到长达10年的不良贷款已经造成金融体系严重的脆弱性。

# 第五章

# 全球金融危机

2006年2月，我成为美联储主席，肩负着追随传奇人物格林斯潘的艰难任务。在2002年加入美联储担任理事会成员之前，我已经在学术界做了20多年研究。1979年我开始在斯坦福大学商学院任教，1985年搬到普林斯顿，我和妻子安娜在那里养育了我们的两个孩子。作为一名研究员和教师，我的职业生涯很有意义，主要是研究货币政策、金融市场和经济史。我对大萧条的研究支持了一个逐渐达成的共识，即20世纪30年代的经济崩溃是由国际金本位失灵和当局未能遏制全球金融危机造成的。[1]

2002年初，我应邀与美国总统乔治·W.布什面谈，考虑担任美联储理事会成员一职。这似乎是一个将我在研究和写作中学到的东西付诸实践的理想机会。我同意被提名，参议院毫无争议地通过了我的提名，我于2002年8月开始了政策制定生涯。我发现美联储的环境令人兴奋，而且很有学院气息（我以前的一些研究生也在美联储工作）。我参加了关于通缩风险的辩论，并支持实施2003年的降息和前瞻性指引策略。我还公开谈论了对我来说很重要的问题，包括倡导美联储引入一个数字通胀目标，以此作为迈向更有效、更透明决策的重要一步。

2005年6月,我来到白宫,在之后的7个月里担任布什总统的经济顾问委员会主席。领导顾问委员会是一项令人着迷但压力很大的工作。我和我的同事们必须立即掌握从医疗保健到移民等一系列问题的专业知识。当卡特里娜飓风袭击新奥尔良时,我们致力于解决如何改变汽油运输路线以供应受灾地区等问题。我经常向总统和副总统介绍经济方面的情况,以此建立的个人关系在金融危机期间起到了作用。

毫无疑问,我与总统较为熟识是布什提名我接替格林斯潘的一个重要原因。参议院再次毫无异议地批准了我的任命。我承诺延续"艺术大师"的政策,而我的目标至少在一开始就是兑现这一承诺。我与联邦公开市场委员会通力合作,延续了从2004年格林斯潘任内开始的25个基点的加息,并于2006年6月结束。到那个时候,经济似乎终于从2001年的衰退和随后的失业浪潮中完全复苏,从2006年秋季到2007年春季,失业率在4.5%左右窄幅波动。核心通胀的小幅上升消除了人们对通缩的担忧,似乎经济将会实现另一次软着陆。

当我适应新职位时,我面临最大的不确定性是住房和抵押贷款市场。美联储政策利率的持续上升可能导致了自2006年夏季开始的房价下跌,当时我刚刚就任美联储主席不久。尽管联邦公开市场委员会收紧了政策,但抵押贷款利率却出人意料地只上涨了一点点。[2]正如迈克尔·刘易斯的作品《大空头》以及同名电影中戏剧性描述的那样,到了这个时候,一些金融市场参与者已经对房地产和抵押贷款热潮变得越来越怀疑,而新开发的与次级抵押贷款价值挂钩的衍生金融工具使怀疑者更容易监控和做空次级抵押贷款市场。[3]无论如何,联邦公开市场委员会都会密切关注住房和抵押贷款市场的发展。我们特别关注低收入抵押贷款借款人拖欠贷款的比率不断上升,以及随之而来的止赎权的增长。

我们希望如果房价继续以温和的速度下跌(事实证明这些都是重

要的"如果"），以及拖欠次级抵押贷款和违约率上升（通常在抵押贷款和信贷中占比相对较小）并没有影响到更为广泛的金融市场，那么就会出现一个相对良性的结果。2007年3月，在国会听证时，我说根据我们目前看到的情况，次贷问题"很可能得到控制"[4]。这既是一种预言，也是一种希望，但它在当时似乎是一个合理的评估。我相信通过在2006年年中停止加息（尽管遭到联邦公开市场委员会中一些鹰派人士的反对），我们避免了过度紧缩。如果通胀一如预期保持温和，那么收紧政策的结束应该会给经济带来喘息空间，以吸收房地产市场降温带来的影响。事实上，尽管房价持续下跌，经济仍然继续稳步增长，2007年剩余三个季度的年增长率约为2.5%。

我们对经济保持谨慎的乐观态度，并不意味着我们打算忽视住房和抵押贷款的发展。在公共论坛上，我提出一种有针对性的方法：在监管者的鼓励下，银行和其他贷款机构应该清理抵押贷款市场中已经很明显的问题。我认为在许多情况下银行和其他抵押贷款持有者与其取消拖欠贷款人的赎回权，还不如与借款人重新谈判以降低月供，同时让他们保住自己的房子，贷款条款修改显然对借款人是有利的。但我认为贷款机构和更广大的经济也应该从中受益，因为止赎屋往往是空置的，而空置房屋往往被忽视，在压低其所在社区的房价的同时，自身也会贬值。

美联储鼓励受其监管的银行参与一项自愿贷款修改计划——"即时希望"（Hope Now）合作计划。该计划由布什总统的财政部长汉克·保尔森（Hank Paulson）和住房与城市发展部部长阿方索·杰克逊（Alphonso Jackson）牵头。各地区联邦储备银行组织了地方性活动，以促进和推动贷款修改计划，但该计划的好处是有限的。银行家们说得非常好听，但对于重新谈判问题抵押贷款是否有利可图时，他们仍持怀疑态度，特别是如果这样做会鼓励一些没有违约的借款人进行"战略性违约"，拒不偿还贷款以期获得更为有利的条件。此外，许多被包装成复杂证券的抵押贷款，如果没有得到分散在世界各地的投资者的许可，在法律上是无法重新谈判的。而抵押贷款服务机构——那些不得不执行贷款修改的公司或银行部门，对于处理激增的修改或违约毫无准备，这个问题将困扰随后清理抵押贷款烂摊子的所有努力。

## 金融大恐慌

因此，美联储在2006—2007年走上了两条道路：使用货币政策试图保持经济健康，以及部署监管工具（包括道德劝说）来应对不断恶化的抵押贷款状况。但在2007年夏，我们看到了次贷问题威胁到更广泛金融体系的早期证据。

2007年8月，法国巴黎银行突然宣布，已停止投资者赎回旗下三只持有美国次级抵押贷款支持证券的基金。该行表示，在目前的市场条件下，它无法再对这些证券进行估值。换句话说，到2007年夏，投资者已经开始不信任次级抵押贷款证券，以至于他们不愿以任何价格购买它们。这一消息被许多人视为一记警钟，在世界各地引发了一波恐慌性抛售。为什么投资者突然这么害怕？在房价只涨不跌的那些年里，借款人和贷款人都认为次级贷款的风险相对较低。他们的理由是，如果借款人不能按月支付贷款，他们就可以卖掉房子还清抵押贷款（使贷款人全身而退），同时还能从房屋的资本收益中获得利润，这样就实现了双赢。这一策略在房价开始下跌时不再奏效。当价格开始下滑时，无力偿还的次级贷借款人面临着违约和被驱逐，而次级贷款人和投资者持有的抵押贷款很可能被证明是一文不值的。

尽管如此，当时美国未偿还的抵押贷款中，只有不到8%是利率可调的次级贷款，这类贷款在2004—2006年美联储加息期间受到的影响最大。[5]事实上，美联储的工作人员在2007年初计算出，每一笔次级抵押贷款（包括可调整利率和固定利率，占所有抵押贷款的13%）立即违约，给放贷机构和投资者造成的总损失小于全球股市一个糟糕交易日所造成的损失。其他大多数抵押贷款，包括向信用良好的借款人发放的优质抵押贷款以及向信用中等的借款人发放的所谓"Alt-A"抵押贷款，在2007年仍然表现良好。此外，银行的财务状况似乎很好，在过去两年半中只有一家有联邦保险的银行倒闭，银行在吸引存款和其他短期资金方面也没有什么困难。[①]至少以当时的监管标准衡量，有了足够的资本水平，银行似乎能够吸收预期的抵押贷款损失。这些考虑促使我在3月发表了"可能会被遏制"的评论，但它们只是虚假的安慰。尽管次级抵押贷款的实际和预期损失本身并不是特别大，但次贷危机被证明具有巨大的破坏性，因为它引发了一场老式的金融恐慌，哪怕这只是一种不常见的形式。恐慌始于次级抵押贷款，但最终迅速发展为几乎所有形式的家庭和企业信用的信心丧失，这几乎摧毁了金融体系，进而拖垮整个经济。

作为一名经济历史学家，我对金融恐慌有所了解，它可以追溯到几百年前甚至几千年前（罗马皇帝提比略在公元33年通过提供无息贷款阻止了一场危机）。[6]大多数恐慌都遵循类似的顺序。一般情况下，恐慌发生在银行或其他金融机构大量扩大投机性贷款或投资之后，而这些资金主要是通过举债，特别是短期债务融资而形成的。由于借款人和贷款人的乐观情绪助长了信贷繁荣，情况在一段时期内进展顺利。甚至可能会有关于旧规则不再适用"新时代"的讨论。有时乐观被证明是有道理的，但有时一些投资的坏消息也可能是真的。虚假谣言会引发恐慌，这会突然改变投资者的态度，但是能逃出去的人就逃出去了。向金融机构提供短期资金的人最容易被挤兑，他们可以

---

① 例如，在两年半的时间里只有一家银行倒闭，这与1984—1992年储贷危机以及信贷紧缩期间每年100多家储蓄机构倒闭形成了鲜明对比。

很容易地撤回资金，而且这样做几乎没有什么损失。就像谚语中所说的，观众在拥挤的剧院里大喊"着火了！"（不管是真还是假），尽管有序退出最有利于集体利益，但成为第一批离开的人符合每个人的利益。

关键金融机构的短期债务遭到挤兑，进而导致它们无法为自己的投资提供资金。而这些投资通常是长期且流动性较差的，不容易以全价迅速卖出。如果这些机构无法弥补损失的资金，它们可能别无选择，只能以能得到的任何价格出售它们的资产——无论资产好坏。普遍急于贱卖，也即大减价会导致资产价格暴跌，将金融机构推向破产的边缘，并放大恐慌效应。不用说，没有人会在恐慌期间发放新贷款。为什么在旧贷款可以以极低的价格买到时还要发放新贷款呢？新的信贷的缺乏、资产价格下跌和信心暴跌会进一步拖累整个经济。

正如我们看到的，19世纪破坏性的金融恐慌促使国会同意让美联储充当最后贷款人的角色，而一波又一波的银行倒闭潮极大地激化了大萧条。但是在2007年夏天，金融恐慌似乎已成为历史，至少在美国是这样。[①]国会在1933年建立了联邦存款保险制度，这在很大程度上结束了普通储户对银行的挤兑，因为他们知道即使银行倒闭，他们也会受到保护。在这以及其他新政改革之后的70年左右，被金融历史学家加里·戈顿（Gary Gorton）称为美国金融业的"静默期"，在此期间发生了无数次金融动荡，包括外国金融危机以及储贷崩溃，但没有出现严重的恐慌，也没有出现严重威胁到整体经济的国内危机。[7]然而，在这段漫长的时间里，新的复杂的脆弱性正在形成，这将为一场史无前例的全球金融危机奠定基础。其中最重要的就是影子

---

[①] 20世纪90年代发生在墨西哥、东南亚和俄罗斯的危机本质上就是恐慌，是由于投资者撤出短期资金而推动的。但许多经济学家认为，这些新兴市场国家金融体系不发达，而且金融监管不足。20世纪八九十年代日本和北欧国家的危机也常常被认为是这些国家的独特内因导致的。

银行、批发融资和证券化的快速增长。

**影子银行和批发融资**

影子银行是指在美国与传统商业银行系统一起发展起来的非银行金融机构和市场，它提供了许多与银行相同的服务，包括企业和家庭贷款以及为投资者提供流动性的短期资产。在危机爆发前的几年里，影子银行体系由一系列监管较为宽松的公司组成，比如主要向家庭放贷的抵押贷款公司和消费金融公司，以及主要在证券市场运营的投资银行和对冲基金等机构。影子银行体系的另一个关键组成部分是货币市场共同基金，它们投资于相对安全的短期资产，并向股东承诺按需提供流动性，为银行存款提供了一种接近的替代品。影子银行既是传统银行体系的竞争对手，又是传统银行体系的补充。例如，大银行通常拥有影子银行公司，如抵押贷款经纪人或证券交易商，或赞助影子银行活动，如各种表外投资工具。

所有的信贷提供者都需要资金来源，影子银行也不例外。联邦保险的存款只适用于商业银行和储蓄协会。因此，影子银行通常依赖于各种类型的无保险短期融资，统称为批发融资，以区别于零售融资，比如个人在商业银行的存款。批发融资的主要例子包括商业票据和回购协议。

商业票据是一种非常古老的企业融资形式，是一种短期债务。传统上非金融公司使用它来为存货或其他短期需求融资。从历史上看，商业票据通常是无担保的，这意味着它是借款公司的一般义务，没有具体的抵押品作为担保，如果借款人破产，它就将面临损失。然而，在危机爆发前的几年里，一些金融机构开始对商业票据进行重新利用，用它为所谓的特殊目的载体融资。特殊目的载体是一种只为持有各种贷款和证券而设立的法律实体。特殊目的载体在法律上与创建它们的银行或其他金融机构分开，成为影子银行体系中持有资产和为资产融资的重要手段。根据管理特殊目的载体的规则，在违约的情况下，该机构的出资人对设立该机构的机构没有索赔权，而只能获得该机构资产的一部分。为特殊目的载体融资而发行的商业票据因此被称为资产支持商业票据。资产支持商业票据在危机前迅速增长，反映出特殊目的载体的增长，到2007年夏天达到1.2万亿美元之多。[8]

回购是批发融资的第二大主要类型，实际上是短期贷款，通常是隔夜抵押贷款。[①]每笔回购贷款都受到特定抵押品的保护，这些抵押品以借款人提供的金融资产形式存在。如果借款人未能偿还贷款，贷款人就可以获得抵押品，而不必通过正式的破产程序。回购贷款机构要求的抵押品数量取决于抵押品资产的风险性和市场性。例如，对于每1美元（高安全性和流动性）的美国国债作为抵押品，借款人能够获得99美分的贷款，而1美元的次级抵押贷款可能只会获得60美分的贷款。在这个例子中，国债的估值折扣（其市值与可借抵押贷款的差额）是1%，而次级抵押贷款的估值折扣是40%。估值折扣会因市场状况而异，在波动较大的情况下，只有大幅的估值折扣（如果有的话），高风险或非流动性抵押品才会被贷款人接受。

利用批发融资以及企业债券和股票等长期融资来源，影子银行体系能够履行标准的银行职能，如发放新贷款、持有现有贷款和证券、将贷款和证券打包出售给其他投资者。事实上，到金融危机爆发时，影子银行部门比传统银行部门为美国企业和家庭提供了更多的信贷。[9]

为什么在危机爆发前的几十年里，尽管无法获得由联邦保险的存款，影子银行却仍在扩张和繁荣？一个重要的优势是考虑到美国的监管安排，构成影子银行体系的机构可以避免许多适用于传统商业银行的监

---

① 在实践中，回购并不是法律上的贷款结构。在典型的回购交易中，需要资金的机构，例如对冲基金或经纪自营商，会将证券（例如国债）出售给资金供应商，例如货币市场共同基金。根据合同，证券卖家在第二天以略高的价格回购它，因此被称为回购协议或回购。从经济角度上讲，这种安排相当于隔夜抵押贷款。

管，如最低资本要求以及对其活动的限制。宽松的监管允许影子银行更加灵活和创新，例如在提供新产品方面，但这也意味着对它们的借贷或冒险行为几乎没有什么限制。因此对传统银行来说，风险太大的投资往往转移到影子银行部门，这就超出了银行监管机构的权限范围。[①]

此外，尽管没有政府保险，但对批发融资的依赖可以说促进了影子银行业的快速增长，而不是限制了它。批发融资提供者，如货币市场共同基金、养老基金、保险公司以及企业财务主管，他们喜欢将资金投入批发市场可能带来的更高回报和更低的交易成本。在任何情况下，政府的保险只涵盖每个账户限额相对较低的存款，而大部分批发融资（如回购贷款）则由特定抵押品全额担保。批发融资机构并不希望遭受损失，即使他们向破产的影子银行放贷也不会赔钱，如果他们得不到偿还，他们还可以申请抵押品。事实上，许多商业银行也开始依赖批发融资以及零售存款。到2006年底，也就是危机前夕，美国政府保险的银行存款总额为4.1万亿美元，而金融机构的无保险批发融资总额为5.6万亿美元。批发融资的使用使金融公司可以扩大贷款和投资，也使他们更容易受到挤兑的影响。[10]

简而言之，快速增长的影子银行体系的整体运作与任何银行体系都很相似，从投资者那里吸引短期资金，将这些资金贷给家庭和企业，或者将这些贷款出售给投资者，又或者将其作为自己的投资组合而持有。许多影子银行也积极在金融市场中进行对冲或投机活动。由于影子银行不受传统银行监管体制（包括美联储和其他银行监管机构）的监管，这让它拥有了广阔的空间，包括承担更大风险和持有更

---

① 大多数影子银行即使受到联邦监管，也是由美国证券交易委员会（SEC）监管的。从历史上看，美国证券交易委员会的作用是保护投资者不受错误信息或欺诈的影响，并确保市场的完整性，比如通过监督防止内幕交易，而不是监督受监管公司的杠杆或冒险行为。相比之下，银行监管机构（包括美联储）更加关注公司的"安全和稳健"，例如要求银行持有与其风险承担相对应的资本。

少资本的能力。至关重要的是，影子银行在非常规抵押贷款的开发和营销中发挥了重要作用，正是这些贷款加剧了金融危机，而该行业将出现不成比例的亏损和财务困境。从理论上讲，影子银行的身份也有不利之处，主要是无法使用有保险的存款，而且也无法从美联储的贴现窗口获得短期贷款，而在正常情况下，只有传统商业银行才能获得这种贷款。然而，当金融危机威胁到整个体系时，影子银行最终还是会发现自己受到政府安全网的保护。

**证券化**

证券化——将不同类型的贷款捆绑成复杂的证券——在概念上是独立于影子银行的，但在实践中又与影子银行密切相关，因为像影子银行一样，它为传统银行提供了另一种选择。我们看到以金融手段设计的证券的发展如何削弱抵押贷款标准，从而助长房地产泡沫。这种做法的快速增长会加剧金融恐慌，从而造成进一步的伤害，因此我们将在这里更仔细地研究它。

抵押贷款行业本身就说明了证券化的动机。抵押贷款一度主要是一种零售业务。当地银行或储贷机构中的抵押贷款业务员认识很多潜在的借款人，或者至少对每个申请人都做了仔细的功课。如果抵押贷款延期，由于资金是来自银行的存款，银行将抵押贷款保留在自己的账簿上。这一体系有一些明确的优势：它运用了当地的信息，而且由于银行持有它们所做的抵押贷款，并会遭受任何可能发生的损失，所以就有动力去仔细审查潜在的借款人。这个制度也有缺点，贷款审批可能会很慢，而且效率低下，还受制于贷款人员的个人偏见。缺乏多样化也是一个问题，因为当地银行容易受到当地房地产价格下跌的影响。银行发放贷款的能力往往取决于存款的可获得性。例如，当储贷机构在20世纪80年代看到存款外流时，它们发放新的抵押贷款的能力就下降了。

多年以来，技术变革和金融创新解决了传统贷款的一些弱点。计算机化的信用记录和标准化的信用评分使抵押贷款更有效率、更具竞争力、主观性更低。具有技术优势和规模经济的全国性贷款机构取代了许多地方银行。[1]更重要的是，银行和其他抵押贷款机构不再受到它们可以筹集的存款数量的限制。取而代之的是，贷款人可以将所承做的抵押贷款出售给第三方，包括政府资助机构房利美和房地美。[2]这些第三方反过来将抵押贷款打包——证券化，并且要么在自己的账簿上持有这些新创建的证券，要么将它们出售给全球投资者。证券化使抵押贷款机构（即使是没有存款基础或没有能力开展批发融资的小型贷款机构）能够从世界各地获得巨大的资金池。

抵押贷款的借款人和贷款人都很喜欢这个新模式，投资者亦如此。例如，新的抵押贷款支持证券可以通过将全国不同地区的抵押贷款进行组合来降低风险，这样就可以防止区域性的房屋价格下跌。这些证券也可以分成若干部分，称作"分层"（tranches）[3]，每一个部分都可以单独出售，至少原则上允许投资者选择他们喜欢的风险水平。随着证券化越来越受欢迎，证券中包括的资产组合扩大到许多类型的私人和公共信贷，而不仅仅是抵押贷款，资产组合和融资组合越来越复杂。这些组合通常会被汇集起来，再证券化为另一层复杂的证券。投资银行等影子银行往往牵头创建和营销这些所谓的资产支持证券（ABS），并将它们纳入自己的投资组合。

---

[1] 1994年的《里格尔－尼尔法案》（Riegle-Neal Act）允许商业银行不受限制地跨州设立分支机构，为创建真正的全国性银行机构打开了大门。
[2] 房利美和房地美分别是联邦全国抵押贷款协会和联邦住房贷款抵押公司的别名。虽然这两家公司都是政府资助企业，拥有国会立法规定的特殊权利和责任，但它们在金融危机之前都是公开交易的。在努力建立全国抵押贷款市场的过程中，这两家企业协助创造了证券化的实践。
[3] 这个单词意为"切片"或"部分"。投资界用它来描述可以被分割并卖给投资者的小额证券。——译者注

从理论上看，这些证券的设计是为了匹配不同投资者的风险和流动性偏好，但最终证券化资产变得如此复杂和不透明，以至于即使是老练的投资者也无法可靠地对其进行评估。相反，它们依赖于穆迪和标准普尔等信用评级机构对每种证券及其分级部分进行的评级。然而，依赖评级机构本身也存在问题，因为评级机构收取的评级费是由发行者支付的，因此存在潜在的利益冲突。现在回想起来，事实证明这些机构过于轻信金融工程师将不良贷款转化为优质证券的能力。尽管存在这些缺点，但全球储蓄供应的不断增长导致对标准化、流动性和高回报资产的巨大需求。证券化满足了这一需求，至少人们是这么认为的。证券化的一个后果是，美国次级抵押贷款实际上变成了一种全球资产，由德国储蓄银行和日本养老基金等各种实体以及美国投资者持有。

**不同阶段的恐慌**

2007年夏秋两季，美联储和其他监管机构面临的难题是，为何相对较少的问题抵押贷款与金融体系中如此严重的破坏有关。答案是次级抵押贷款和其他风险信贷产品通过证券化和再证券化转化为资产支持证券，放大了它们造成的损害。当次级抵押贷款开始表现不佳时，复杂资产支持证券的投资者应该做什么呢？理想情况下，他们会评估构成这些证券的资产的基本价值，并接受这些资产现在已经贬值的事实。但这些证券的复杂性使确定它们的基本价值变得困难且代价高昂，评级机构也失去了信誉。最简单的选择是将这些证券抛向市场——不仅包括潜伏在其中的次级抵押贷款，也包括与这些证券纠缠在一起的所有其他信贷工具。其结果是，从信用卡债务到汽车贷款以及次级抵押贷款，所有私人信贷资产实际上都会被大甩卖。

批发融资提供商甚至更不相信证券化资产。就像在联邦存款保险公司成立之前，银行储户纷纷从发放问题贷款的银行取出存款一样，提供短期资金的投资者也陷入恐慌，纷纷逃离持有证券化信贷的特殊目的工具、投资银行和其他机构。例如，在法国巴黎银行发布公告后，未偿付的资产支持商业票据开始急剧下降。由于资金提供者在续签贷款方面变得越来越犹豫，2007年8月至2008年8月，资产支持商业票据的余额下降了1/3，对它们融资所依托的特殊目的载体形成了挤压。[11]

值得注意的是，2007年8月之后，就连回购贷款的提供者也显示出了恐慌的迹象。请记住，回购贷款是有全额担保的，通常期限很短。

正如经济学家加里·戈顿和安德鲁·米特里克（Andrew Metrick）记录的那样，回购市场的挤兑并不一定是以投资者完全拒绝发放回购贷款的形式出现的。[12]相反，贷款人需要更多的抵押品（更大的估值折扣）作为贷款的风控保障。例如，如果在危机之前，价值1美元的证券足以作为95美分贷款的抵押品，随着回购挤兑的恶化，贷款人可能只能为同样的抵押品提供70美分的贷款。随着更大幅度的估值折扣以及某些类型的资产不再以任何价格被接受作为抵押品，在回购市场获得充足的资金也变得越来越难。

恐慌从一开始就蔓延到证券化资产之外，从而给大型金融机构带来较大压力。这些机构直接暴露在次级抵押贷款和资产支持证券的损失风险之中，而这些证券正是它们自己的投资组合中所持有的，但它们也以一种自身和监管机构都没有充分认识到的间接方式受到了影响。例如，一家银行可能不仅直接持有次级贷，还拥有衍生品工具，而这些工具的价值又以复杂方式取决于抵押贷款的实际表现。正如我们注意到的，一些机构出资的持有抵押贷款和其他资产组合的特殊目的载体与这些机构在法律上是分开的，但这些出资机构可能仍会受到这些载体的间接影响。例如通过预先约定的承诺来弥补损失的资金，或通过声誉激励来支持这些载体或者弥补投资者的损失。伴随资产减值而来的是寻找充足资金的难度增加，迫使主要金融机构，尤其是四面楚歌的投行，在市场上抛售风险更高、流动性较差的资产，不管它们能够带来什么。由于没有人急于持有表现相当好的贷款，如汽车和信用卡贷款，与信贷相关的资产价格暴跌，迫使许多金融机构濒临破产或进入破产境地。

随着政策制定者的回应以及投资者对风险的反复评估，市场恐慌情绪起伏不定。2008年3月，美联储和财政部合作，通过安排大型商业银行摩根大通收购贝尔斯登，避免了这家投资银行的破产。这一举措似乎在一段时间内平息了狂热，经济和市场在接下来的几个月里显示出了改善的迹象。但这场酝酿已久的危机还是在2008年9月爆发了。该月伊始，政府接管了房利美和房地美这两家规模庞大的政府资助企业，两家公司因为持有或担保的数万亿美元抵押贷款而倒闭，其中包括它们收购的次级抵押贷款支持证券或其他低质量抵押贷款支持证券。然后是9月决定命运的那一周，投资银行雷曼兄弟宣布破产。美联储利用其紧急贷款权力，救助了全球最大的保险公司美国国际集团，该公司也因抵押贷款风险敞口陷入绝境。美国银行收购了投资银行美林，避免了另一次可能的破产。此前被视为安全的货币市场共同基金也开始遭到挤兑，哪怕它们没有联邦保险的保障。这些打击以及随之而来的更多打击，让投资者相信除了美国国债，再没有其他的安全避风港了。恐慌变得白热化，将金融体系推向崩溃的边缘。

总体来说，这场危机遵循了典型金融恐慌的一贯顺序：高风险贷款出现累积；随后投资者对这些贷款的可靠性失去信心；短期资金提供者对贷款机构发生挤兑；被迫贱卖不良资产，导致资产价格大幅下跌；贷款人和借款人出现破产，进而延续螺旋式下降的趋势。但在现实情况中，至少从一开始，全球金融体系的复杂性和不透明性就掩盖了2007—2009年危机与过去的金融恐慌之间的相似性。美联储和其他地方的监管机构尤其低估了批发融资出现挤兑的可能性，因为他们认为大部分贷款的抵押可以让投资者放心。但批发融资机构并不急于用抵押品代替还款，因为它们不确定自己能否在混乱动荡的市场中迅速出售抵押品资产，它们只想要回自己的钱。

关键的是，从美联储政策制定者的角度来看，恐慌的冲击远远超出了华尔街。随着信贷变得难以获得，资产价格急剧下跌，受到恐慌冲击的企业和家庭停止消费，转而尽可能囤积现金，经济活动急剧减速。崩盘的规模和速度令人震惊。可以肯定的是，从2006年开始的房价和建筑业下滑在一定程度上减缓了经济增长，同样令苦苦挣扎的抵押贷款借款人所承受的压力越来越大，他们为避免违约和止赎权所做的努力导致他们削减了其他支出。美国国民经济研究局将此次衰退的起始日期定为2007年12月，也就是在法国巴黎银行做出重大声明的4个月后。但2008年9月和随后几个月的恐慌升级，标志着经济低迷进入了一个新的阶段。

仅举一项关键指标为例，美国的就业人数在2006—2007年初出现了增长，在2007年8月次贷危机爆发到2008年3月贝尔斯登被救助期间基本保持稳定，然后相对温和地下跌，直到雷曼兄弟破产为止，整个时期房价出现下跌，抵押贷款市场不断恶化。与此形成对比的是，在2008年的最后四个月，随着金融体系陷入恐慌的最严重阶段，有240万个工作岗位消失，2009年上半年又有380万个工作岗位消失了。2008年8—12月，经通胀调整的消费者支出按年率计算下降了4.2%，企业资本投资的降幅更大。金融危机的加剧迫使银行、家庭和公司采取守势，因为担心金融崩溃而不敢轻举妄动，这又导致随之而来的大萧条更为严重。[13]

## 美联储的回应：最后贷款人

美联储在应对金融危机时，沿着两条不同的轨道做出反应，在实践中这两条轨道有时是重叠的。我们试图通过货币政策来缓冲危机的经济影响，首先是通过下调标准利率，随后又出台越来越多的新政策。

在第一条轨道，我们平息恐慌以及恢复金融稳定的努力在当时都达到了前所未有的规模和范围，反映了席卷整个金融体系的危机的严重性，以及现代金融的规模、复杂性和全球互联性特征。不过从根本上说，150年前的央行行长们会认识到我们的策略。1873年，英国记者兼经济学家沃尔特·白芝浩（Walter Bagehot）在他的短篇著作《伦巴第街：货币市场记述》中，为面临恐慌的央行开出了经典的药方。[14]为了结束恐慌，白芝浩建议央行尽早、自由地以"惩罚性利率"向有良好抵押品的有偿债能力的公司放贷，这一原则被称为"白芝浩原则"①。1987年10月股市崩盘后，格林斯潘领导的美联储在其简短的声明中提到央行行使的最后贷款人角色，明确表示愿意向面临流动性紧张的银行提供短期贷款。罗杰·弗格森在"9·11"袭击后也发表了类似的声明。本着白芝浩原则的精神，在法国巴黎银行宣布声明后，我们开始寻找方法成为金融公司和市场的有效最后贷款人，提供流动性支持以弥补其损失，并减少破坏稳定的抛售需求。更普遍地说，我们动用了权限范围内的所有权力，与立法机构、金融高管以及其他方面合作，试图恢复人们对于金融体系的信心。[15]

自成立以来，美联储最基本的最后贷款人工具一直是贴现窗口，美联储通过贴现窗口向银行提供短期资金，以银行的贷款和其他资产作为抵押品。尽管在法国巴黎银行发表声明后，我们大幅放宽了贴现窗口的贷款条件，并鼓励银行贷款，但很快人们就意识到仅仅这样做

---

① 白芝浩主张银行以较高的（惩罚）利率放贷以保护其黄金储备，这并不是2007—2009年的考虑因素。然而我们确实遵循了这一建议，通常将贷款利率设定在高于正常（非危机）利率的水平，这鼓励了金融公司和市场在情况稳定时回到私人资金来源。

是不够的。在危机爆发前的几年里，由于需要流动性的银行有大量的替代性选择，而且美联储负责贷款的官员传统上也并不赞成常规的贴现窗口贷款，因此贴现窗口实际上已经被废弃了。①银行开始担心通过贴现窗口贷款（如果这种方式被公开的话）将表明它们已经陷入财务困境。通过贴现窗口贷款的"污名"意味着，即使是最急需现金的银行也不愿使用它。

我们克服这一污名障碍的第一个努力是说服几家大银行在贴现窗口贷款，希望这能为其他银行树立榜样。然而这一努力却失败了，因为有问题的银行尽管利用了这一窗口，但却极力宣传它们真的不需要这笔钱，它们的贷款只是具有象征性意义的。我们最终解决了这个问题，建立了一个新的工具——定期拍卖工具（TAF），以定期拍卖形式分配贴现窗口贷款，而美联储贷款的利率则由银行通过竞价来确定。因为拍卖导致了这个贷款的低成本，又因为贷款的分配有两天的延迟（这表明参与的公司并不需要立即获得现金），定期拍卖工具并没有沾染传统贴现窗口的"污名"，所以银行可以自由地使用这个工具。

除了"污名化"之外，贴现窗口的另一个显著缺点是，因为美联储是在银行主导金融体系格局的时候建立的，所以在所有的金融机构中，只有银行才有合法的资格去使用它。但2007—2009年的金融危机集中在影子银行体系，从定义上讲，影子银行体系只包括非银行

---

① 地区联邦储备银行贴现窗口的官员不鼓励常规的窗口贷款，因为直到2003年，贴现率一直低于市场水平（低于联邦基金利率），他们不希望银行利用这个窗口作为常规的廉价资金来源。因此要想从窗口贷款，银行必须证明它已经无法在市场上借到钱了。20世纪60年代中期，贴现率降至联邦基金利率以下，因为根据美联储工作人员的说法，通过提高联邦基金利率来收紧货币政策比提高贴现率更容易（这在1994年之前一直没有公布），而提升贴现率必须向银行公布。2003年1月，在审查贷款程序后，基本贴现率（对财务状况良好的银行）提高到联邦基金利率以上，美联储和其他银行监管机构开始鼓励银行在需要资金时使用贴现窗口贷款。

机构。为了控制恐慌，我们需要充当众多这类公司和市场的最后贷款人。为了做到这一点，我们援引《联邦储备法》第13条第3款，该条款允许美联储在"异常和紧急的情况下"，也就是正常信贷渠道受阻时，向银行系统外的机构放贷。自大萧条以来，美联储从未发放过符合第13条第3款的贷款，但从2008年开始，我们积极使用这个条款，向影子银行（如投资银行）发放贷款，支持批发融资市场并提供流动性支持，为防止具有系统重要性的公司崩溃做出一点来自政府方面的努力。

因为金融市场是国际性的，也由于包括美国资产在内的证券化资产由美国境外的投资者广泛持有，而且许多国家都经历了自身的房地产兴衰过程，所以金融危机是全球性的。欧洲央行和英格兰银行等主要央行作为最后贷款人加入了行列，根据各自管辖范围内的金融机构的需要提供欧元或英镑。然而外国央行不容易做到的是向本国的金融机构提供美元，美元是许多国际银行在业务中使用的全球储备货币。国际上美元的短缺反过来又迫使外国银行试图在美国市场上收购美元，这进一步加大了美国公司可用资金的压力。为了解决这个问题，我们与14家外国央行达成了货币互换额度，其中包括四个主要新兴市场经济体的央行。[1] 外国央行可以将这些美元借给本国的金融机构，从而缓解全球美元市场的压力。通过货币互换额度，我们实际上充当了全世界的最后贷款人，尽管我们的出发动机是为了捍卫美元和美国经济的稳定。在其鼎盛时期，互换额度涉及数千亿美元，然而美国纳税人从未面临风险。贷款给外国机构的所有信用风险都由外国央行承担。传统的最后贷款旨在抵消挤兑以确保金融机构有足够的流动性，

---

[1] 货币互换额度在美联储的正常权力范围内——自1994年《北美自由贸易协定》生效以来，我们与加拿大和墨西哥的货币互换额度一直都很小，而且这不需要依据《联邦储备法》第13条第3款的权限。

避免贱卖资产的同时保障持续经营。但这场危机导致了关键信贷市场和金融机构的崩溃。事态的发展以及它给经济带来的风险促使我们直接向非金融公司放贷，并采取行动支持更为广泛的信贷流动，也就是说，我们也成为非金融借款人的最后贷款人。例如，当商业票据市场发生冻结时，即使评级很高的公司也无法获得所需的短期融资，我们就设立了商业票据融资工具，向这些公司提供短期贷款。我们还通过一项名为定期资产支持证券贷款工具（TALF）的计划向购买信贷支持证券化产品的投资者放贷，以帮助恢复关键信贷市场的流动性，开启这两个程序都需要我们依据《联邦储备法》第13条第3款所授予的权限。

在对金融危机期间美联储贷款计划进行的大量研究中，大多时候都得出这样的结论：这些计划使需求方有效地获得了资金，帮助稳定了目标市场，或者说至少防止了更大的损失。[16]我们的贷款并没有结束这场危机。回过头来看，尽管美联储的计划规模和范围都是空前的，但显然还不够早，也不够大，并不足以完全防止资金短缺和抛售。我们在法国巴黎银行发表声明之前对风险的认识是不足的，我们既不想被视为反应过度或救助缺乏远见的投资者，也不想被认为在动用过往很少使用的紧急贷款权限方面犹豫不决（在任何情况下，紧急贷款权限的使用都会受到法律上的限制，只能在早期不明显的情形下使用），这导致在危机最初的几个月我们并没有采取足够有力的行动。即使美联储提供了足够的资金，一些机构也迟迟不愿接受这些贷款，因为它们担心这样做会使它们陷入财务困境，这又是一个污名化问题。一些不良资产的持有者，如特殊目的载体，甚至连美联储扩充的救助工具都无法使用。从净值上看，我们的贷款在很大程度上弥补了资金损失（但不是全部损失），减少了恐慌（但并没有结束恐慌）。

此外，要想让最后的贷款发挥作用，借款人必须具备偿付能力。如果不是这样（比如它们的资产价值低于它们的负债），那么央行的贷款可以展期，但不能防止失败。（事实上，法律要求接受美联储贷款的公司能够以足够的抵押品为其贷款提供担保。）对于投资者突然对抵押贷款和资产支持证券的反感，政策制定者无能为力。其结果是，严重暴露于低质量抵押贷款和其他风险资产的风险中以及资本缓冲较低的金融公司，很快就被推到破产的边缘，或者说是已经越过破产的边缘。

随着流动性不足走向破产，我们与财政部、联邦存款保险公司、国会和金融业合作，试图恢复信心。我们的工具包括道德劝导、监督权力，还包括在某些情况下《联邦储备法》第13条第3款赋予的权限。就像拉丁美洲债务危机期间沃尔克领导下的美联储，或者1987年股市崩盘期间格林斯潘领导下的美联储一样，我们的目标是帮助相关各方共同努力，避免集体性灾难。

因为主要的金融公司相互关联程度如此之高，有着广泛的客户、债权人和交易对手网络，我们很早就认识到放任一家大公司倒闭会扩大不确定性和恐慌。正是出于这种担忧，美联储和财政部才在2008年3月协调了摩根大通对贝尔斯登的收购。在投资者拒绝向贝尔斯登提供短期（回购）融资后，贝尔斯登几近崩溃，即使它有最高质量的美国国债和政府资助企业发行的证券作为担保。为了说服摩根大通首席执行官杰米·戴蒙（Jaime Dimon）继续推动这笔收购，美联储同意为贝尔斯登约300亿美元的高风险贷款和证券投资组合提供资金（并为此承担潜在损失），这是一个颇具争议的举措。我们判断这些资产最终将有足够的价值偿还美联储的贷款，事实上它们确实这样做了（甚至提供了利润）。摩根大通同意承担贝尔斯登投资组合第一笔高达10亿美元的损失，这进一步保护了美联储在这笔非正统交易中的利益。我们还支持财政部在2008年夏天向国会游说，希望获得接管房利美和房地美的权力，财政部曾经希望不需要用到这种权力，但却不得不在9月使用这份权力。为了保持抵押贷款市场的正常运转，房利美和房地美获准继续运营，但要受到政府的严格控制。

然而，我们与财政部和其他监管机构的特殊努力最终在雷曼兄弟的问题上失败了。与贝尔斯登一样，雷曼兄弟是一家规模更大的投资银行，其极端的冒险行为使其遭受了严重的损失。雷曼兄弟的资金也遭到挤兑，客户和交易对手迅速退出，使其离破产只有数步之遥。与贝尔斯登一样，财政部和美联储的战略是安排一家更强大的公司收购该公司，为其债务提供担保，并稳定其业务。在纽约联邦储备银行的一次重要会议上，两个潜在买家——美国银行和英国巴克莱银行，以及华尔街其他大公司的领导者齐聚一堂。美国财政部长保尔森和纽约联邦储备银行行长盖特纳主持了会议，在仔细审查了雷曼兄弟的资产负债表后，与会的华尔街专家判断该公司已严重资不抵债，不再具有正常经营能力，除非有偿债能力的公司收购它。美国银行最终拒绝在没有政府大笔注资的情况下收购雷曼兄弟，而财政部在那个阶段并没有权力提供这些资金。与此同时，英国监管机构担心要对雷曼兄弟的不良资产负责，实际上禁止了巴克莱银行收购该机构。

即使有美联储的贷款，雷曼兄弟也无法脱困，而且由于没有救世主般的公司为其债务提供担保，雷曼兄弟于2008年9月15日宣布破产。然而第二天，美联储和财政部就拯救了世界上最大的保险公司美国国际集团，该公司因在次级贷款上押注失误而面临巨额偿付。与雷曼兄弟的不同之处在于，根据我们当时看到的情况，救助美国国际集团从根本上是可行的，而且它有足够的抵押品，以盈利的保险子公司为表现形式，这可以证明从美联储获得足够多的贷款足以履行公司的即期债务。

雷曼兄弟破产后，市场恐慌加剧，许多金融市场几乎完全停止运转。尽管雷曼兄弟的规模只有最大的商业银行的1/3左右，但它与其他金融机构盘根错节的相互联系很快就变得令人痛苦起来。重要的是，著名的货币市场共同基金——主要储备基金（Reserve Primary

Fund）持有的雷曼兄弟公司商业票据蒙受了损失，这意味着它不能再兑现其默认承诺，即按1美元兑1美元的方式兑现投资者赎回的承诺。用华尔街的行话来说，主要储备基金"跌破1美元"。对其他基金可能跌破1美元的担忧引发了对货币基金的大规模挤兑。由于货币市场共同基金的许多投资者是普通美国人，挤兑潮将危机传导至普通民众身上。

财政部迅速行动，动用外汇稳定基金（1994年向墨西哥提供贷款的基金），创建了一个保险计划（类似联邦存款保险公司的存款保险），以保护货币基金的投资者。美联储还通过一项刺激银行购买货币基金资产的计划，间接向货币基金提供流动性。政府的应对措施结束了挤兑，但在此之前，市场信心已经受到很大损害，更具体地说是对批发融资市场（货币基金是批发融资市场的重要组成部分）造成了严重损害。

雷曼兄弟破产后，恐慌情绪大大加剧这一事实又引发两个问题。[17]首先，雷曼兄弟能被拯救吗？其次，拯救雷曼兄弟（如果这在某种程度上可行的话）能最终避免2008年秋季危机的加速吗？我相信答案是否定的。

在9月那个周末，检查了雷曼兄弟公司账簿的所有专家证实该公司已经资不抵债，而且是早在会计违规行为曝光之前，这表明该公司的状况比任何人想象的还要糟糕。因此，美联储无法在满足雷曼贷款必须有足够抵押品担保要求的同时，为雷曼提供偿还债务所需的现金。但即使雷曼濒临破产，根据当时所有可用的证据，如果没有一家更强大的公司来收购它并为其债务提供担保，它的业务也无法继续下去。如果没有与其有业务往来的人的信任，比如金融公司，特别是那些像雷曼兄弟一样高度杠杆化和不透明的公司就无法实现盈利。在雷曼兄弟破产前的日子里，传统贷款人拒绝为其提供隔夜融资，即便是以包括美国国债在内的它所能提供的最好的抵押品为抵押。与此同时，客户将它们的资产从公司的托管机构中撤出，而债权人（例如衍生品交易的对手方）则试图尽快收回欠它们的债务。由于投资者、客户和交易对手对雷曼的信任如此之少，即使美联储的一笔贷款将其技术故障推迟了几天，雷曼也不可能作为一个独立的公司而长期运营。此外，在那个时候，美联储和财政部都没有向雷曼兄弟提供新的资金的权力，任何私人投资者也不会这么做，哪怕政府在努力说服它们提供资金。拯救雷曼唯一可行的选择就是像2007年3月拯救贝尔斯登一样，让一家或多家有偿付能力的金融公司去收购它，但事实证明这是不可能的。

在拯救雷曼兄弟（如果可行的话）是否能阻止恐慌的问题上，2008年9月中旬，不仅雷曼兄弟，许多公司都濒临破产，房利美和房地美刚刚被政府接管。在有关雷曼兄弟的谈判期间，美国国际集团的情况在我们的风险雷达监控屏幕上格外醒目，我们对它的干预发生在雷曼兄弟破产后的第二天。美国银行对美林（后来它试图扭转）的收购阻止了美林在当周崩溃。其他大型金融公司很快就需要这样或那样的干预，包括摩根士丹利、高盛、美联银行、华盛顿互惠银行、花旗银行，然后是美国银行本身。所有这些公司都因持有抵押贷款和其他形式的私人贷款而遭受巨大损失。在这种情况下，单靠美联储是不可能恢复稳定的。最后贷款人的行动只能帮助那些暂时缺乏流动性但实质有偿付能力的公司。我们需要并最终得到的应是美国政府对金融体系进行资本重组的重大财政承诺。

然而，在确信没有可行的替代方案之前，国会不会同意这样一个政治上令人反感的方案步骤。[①]事实上，尽管雷曼兄弟破产后带来了混乱不堪的后果，但第一次投入7 000亿美元的资本重组法案［即不

---

① 2007年夏天，财政部长保尔森和我曾讨论过国会为此类突发事件提供资金的可能性。我们被告知，如果可能的话，获得这类的授权将是一个费力且漫长的过程。

第五章　全球金融危机

良资产救助计划（TARP）］的努力还是以失败告终。我们面临着两难境地：如果没有证据表明需要迫切干预，国会就不会采取行动。如果美联储和财政部以某种方式拯救了雷曼兄弟，大概是通过安排一家实力更强的公司进行收购，那么在另一家可能性更大、更具关联性的公司倒闭之前，就不会有不良资产救助计划。考虑到华尔街救助计划普遍不受欢迎，国会的拖延在政治上是可以理解的，但在经济上的代价非常高昂。然而其他一些主要国家的政治制度却比我们灵活。例如，英国在首相戈登·布朗的领导下主动采取行动，确保几家陷入困境的英国金融公司没有一家在混乱中倒闭，尽管有几家不得不得到政府的支持。

随着9月雷曼兄弟破产后经济和金融状况急剧恶化，国会终于采取了强有力的措施来应对这场危机。最重要的是，财政部长保尔森提出的7 000亿美元的不良资产救助计划在第二次尝试中获得了国会的批准。不良资产救助计划最初被标榜为从银行购买不良资产的基金。但很快就变得明显的是，这种方法过于复杂并且耗时太长。考虑到金融体系中存在的大量不良资产，该计划的动力将会有所不足。因此，保尔森改变了计划的方向，直接向美国银行和其他金融机构注资，这一举措有助于恢复金融系统的偿付能力，事实证明这对控制恐慌至关重要。不良资产救助计划的资金还被用来救助汽车公司，并向那些"跌入水面以下"（也就是说它们的抵押贷款债务超过了房屋贬值后的价值）的房主提供救济。

## 美联储的回应：货币政策

在我们努力稳定金融体系的同时，我们也使用货币政策来试图消除金融危机对经济的影响。[18]最初，为了更好地向国会和公众解释我们的行动，我们试图在应对危机的政策（如最后贷款人的行动）和普通货币政策之间保持概念上的区别。在实践中，货币政策和应对危机工具之间的界限常常是模糊的。货币宽松政策通过直接降低融资成本和间接促进更好的经济前景推动了市场的发展。反过来，应对危机的措施促进了经济发展，例如通过改善信贷供应、提高资产价格和提振信心。在2007年夏天出现最初的危机迹象后，我们集中精力采取安抚市场的措施，比如紧急贷款计划、与外国央行的货币互换额度等。尽管面临金融压力，经济起初仍保持着相当良好的增长面，因此似乎没有必要大幅降息。此外，由于劳动力市场相对紧张以及能源价格快速上涨，我们不能完全忽视通胀的压力。然而，由于金融市场持续动荡，联邦公开市场委员会成员更加担心其对整体经济的影响，联邦公开市场委员会在2007年底将联邦基金利率下调了一个百分点至4.25%。

尽管美联储做出了努力，但金融和经济状况在2008年初都恶化了。股市在2008年前三周下跌了约10%，经济也越来越不稳定。我们担心银行和其他金融机构不愿放贷将否定降息带来的好处，金融体系和经济之间可能正在形成一个反馈循环，即不断恶化的金融状况导致经济放缓，而不断恶化的经济前景反过来又拖累了市场情绪。由于担心局势可能会失控，在1月马丁·路德·金纪念日的一次临时会议（电话会议）上，联邦公开市场委员会在我的敦促下，将联邦基金利率下调0.75个百分点。一周之后，在1月的例会上，我提出建议并得到委员会的批准，额外再下调0.5个百分点。更多的下调随之而来。尽管在3月对贝尔斯登的收购一定程度上平息了市场，但我们在3月底和4月分别降息0.75个百分点和0.25个百分点，将联邦基金利率降至2%。其他主要央行也在降息，只不过美联储的反应是最快的。

在那之后，我们保持了观望和等待，整个春夏两季都没有采取任何行动。在救助贝尔斯登之后，金融市场状况有所改善，经济状况似乎比人们担心的要好。2008年8月联邦公开市场委员会会议的工作人员简报材料中所反映的同期数据显示，当年上半年经济增长速度接近2%。另一个令人担忧的通胀回升也引起人们的注意。油价出现飙升，当年6月，每桶石油的价格达到135美元的历史新高，使当年夏天的整体通胀上升近4%，而核心通胀指标超过了2%。我们预计这些通胀压力最终会消退，但我们在会后声明中承认了我们对通胀前景的不确定性。

大约在这个时候，我们开始面临控制联邦基金利率的问题。按照传统方法，美联储通过改变银行准备金的供应来间接管理联邦基金利率。然而，作为最后贷款人，我们向金融体系注入了数千亿美元。随着借款人将贷款收益存入银行，银行又将这些资金重新存入它们的美联储账户，银行准备金随之膨胀。有了充足的准备金，联邦基金利率（银行间拆借准备金的利率）经常低于联邦公开市场委员会2%的政策目标。简而言之，我们作为最后贷款人提供的流动性正在干扰我们实施货币政策的能力。

为了帮助恢复对政策利率的控制，我们出售国债并采取了其他措施来吸收一些额外的储备，这一过程被称为"冲销"。更为重要的是，国会给了我们一个新工具。[19]国会两年前通过一项法案，赋予美联储为银行持有的准备金支付利息的能力。这项授权原定到2011年10月才生效，但我们成功游说将生效日期变更到2008年10月。为准备金支付利息给我们提供了一种新的方法来为联邦基金利率设定下限。我们认为银行之间的拆借利率大概不会低于它们在美联储持有准备金所能获得的利率，因此通过改变准备金的利率，我们应该也能够控制联邦基金利率。从长期来看，为准备金支付利息的能力将成为一项重要工作，但在2008年末，如何阻止联邦基金利率下降的问题很快就变得毫无意义。

虽然我们与财政部和其他机构密切合作以控制恐慌，但在形势迅速变得前所未见的情况下，管理货币政策完全是出于我们的责任，这与美联储的政策独立性是一致的。回顾过去，我们最初低估了恐慌加剧可能造成的经济损失，部分原因是指导我们进行分析的预测模型没有充分考虑信贷市场全面崩溃的可能性。[20]在2008年9月的联邦公开市场委员会会议上，也就是雷曼倒闭后的第二天，美联储工作人员仍预计在当年剩余的时间里经济将勉强维持一点增长。而且由于聚焦于对美国国际集团的救助，以及对最新事件的经济影响的不确定，我们在会议上没有下调目标利率。现在回过头来看，这显然是一个错误。几周时间过去，信贷市场继续恶化，显然需要更多的货币宽松政策。

虽然我们最关心的是美国经济的走势，但我们也密切关注着全球经济的发展。最严重的金融压力出现在美国和西欧。鉴于这两个地区在金融和经济方面的重要性，危机的影响迅速蔓延至整个拉丁美洲和亚洲，包括日本和中国。我经常通过电话和国际会议与世界各地的央行行长交谈。2008年10月，为了向市场表明世界各国央行正在合作，我主张美联储、英格兰银行、欧洲央行和其他主要央行同时宣布联合降息。联合降息还将为欧洲央行逆转当年夏季不明智的加息提供一个借口，以应对油价大幅上涨，油价飙升暂时将通胀推高至欧洲央行的目标之上。在与英格兰银行行长默文·金和欧洲央行行长让-克洛德·特里谢（Jean-Claude Trichet）讨论后，我们采取了这一史无前例的举措。

降息是一场比较复杂的大戏。在不同时区有不同会议日程的货币政策委员会必须达成一致，同时还要避免泄露信息。最终在10月8日上午7点，在纽约和华盛顿，美联储、欧洲央行、英格兰银行、加拿大银行、瑞士国家银行和瑞典央行分别宣布降息0.5个百分点。日本银行（日本的央行）在利率已经接近于零的情况下表达了强有力的支持。我们没有与中国人民银行协商，但中国央行当天早上也降息了。

尽管联合降息取得了表面意义上的成功，但事实证明并没有特别有效。宣布这一消息后市场大幅上涨，当天股市收盘下跌。或许市场参与者认为此举不够充分，又或许它们从其不寻常的性质推断出前景比它们担心的还要糟糕。这一事件带来的一个教训是，任何政策行动的背景和沟通可能与行动本身一样重要。

  10月的降息使联邦基金利率降至1.5%，但我们没有看到太多证据表明我们的货币宽松政策正在帮助经济。美联储的经济学家当时预测，经济衰退将持续到2009年年中。事实证明，他们的时机判断是准确的，但工作人员和联邦公开市场委员会都没有意识到经济低迷会有多严重。我们现在知道，美国经济在2008年第四季度以8.5%的速度大幅萎缩，在2009年第一季度虽然慢了一些，但仍然相当严重，以4.6%的速度萎缩。与此同时，通胀迅速下降，反映出油价大幅下跌以及消费者和企业需求急剧下降。

  在10月底的会议上，也就是协调降息三周后，联邦公开市场委员会一致投票决定将联邦基金利率再下调0.5个百分点至1%，与2003年的低点持平。与2003年一样，联邦基金利率正向实际上更低的水平下降，这使我们几乎没有常规的货币政策弹药来应对仍然失控的危机。委员会在是否进一步下调联邦基金利率的问题上仍存在分歧，一些参与者担心即使利率更低也可能会破坏稳定。例如，通过增加货币市场基金赚取如此低回报的风险可能会使其"跌破1美元"，进而引发新一轮的挤兑。但原地踏步并不是一个可行的选择，经济损失与日俱增，越来越多的人失去了工作和家园。随着经济发展前景进一步黯淡，我们显然需要发挥更多创造性。

# 第六章

# 新的货币制度：从QE1到QE2

雷曼兄弟破产后事态发展非常迅速，随之而来的金融混乱加剧了经济的崩溃。美联储通过各种贷款计划和货币互换协议向金融体系注入了大量流动性，联邦公开市场委员会延续了始于2007年的一系列减息举措，不良资产救助计划法案的通过启动了对摇摇欲坠的美国金融体系的资本重组。显然，鉴于此次冲击的规模和已经造成的经济损失，我们需要更多的支持来恢复市场稳定以及确保经济复苏。因此从2008年末开始，美联储转向了新的实验性货币政策工具。

在担任普林斯顿大学经济系主任期间，我以一种深思熟虑、建立共识的方式进行领导，我试图将这种方式引入美联储。但随着市场陷入混乱，每一个经济指标都在下降，这种方法就被搁置了，至少在一段时间内如此。2008年11月25日，在定期召开的联邦公开市场委员会会议间隙，未经委员会的正式批准，美联储在我的指示下宣布了一项新工具——大规模购买长期证券，在当时的情况下就是政府担保的抵押贷款支持证券。通过各种形式，这一工具在未来几年成为我们的货币策略的核心。在美联储内部，我们称之为"LSAPs"，即大规模资产购买的简称。其他人则叫它"QE"，是量化宽松的简称。

新计划的近期目标是迅速稳定经济不断恶化的住房和抵押贷款

市场。在雷曼兄弟破产的一周半之前，两家政府资助企业房利美和房地美已经成为联邦政府的监护对象。包括两家公司发行的数万亿美元抵押贷款支持证券在内，两家公司的证券投资者长期以来一直认为，尽管没有任何正式担保，但如果两家公司陷入困境，美国政府将为它们提供保护。随着财政部的接管，两家政府资助企业现在完全得到了政府的支持，这种隐性担保变得明确了。但这两家政府资助企业发行证券的传统买家，尤其是包括外国政府在内的许多人，对两家公司恶化的程度和政府出人意料的干预深感震惊。由于不确定这些公司的未来，这些证券持有人现在担心他们的投资并不像他们原先认为的那样牢靠。他们在市场上抛售这些政府资助机构发行的抵押贷款支持证券，压低了它们的价格，推高了它们的收益率。新抵押贷款的利率——即使是在可用的地方，也会因同情而上升，可能会扼杀房地产市场的剩余部分。

我希望美联储大规模购买政府资助企业的证券，我们承诺在未来几个季度购买 5 000 亿美元的抵押贷款支持证券和 1 000 亿美元的其他政府资助企业发行的债券，这将支持投资者对抵押贷款的需求，为压力重重的市场增加流动性，并发出更强烈的信号，表明政府承诺将更大力度地保护政府资助企业和抵押贷款市场。现在除了充当金融和非金融公司的最后贷款人之外，美联储还将充当抵押贷款支持证券的最后买家，我们已经远远超越了白芝浩原则。

该计划实现了目标，帮助稳定了动荡的抵押贷款市场，并提供了美联储购买证券可能缓解整体金融市场状况的初步验证。虽然我们在一段时间内不会开始购买，但该计划的宣布本身就产生了强大的影响。房利美和房地美抵押贷款支持证券的收益率与长期国债收益率之间的利差，已经成为投资者对政府资助企业证券风险感知的一个敏感指标，在我们发布新闻稿后的几分钟内，这个指标显著下跌了 0.65 个百分点。30 年期抵押贷款利率在 12 月又下降了约 1 个百分点。

这有望让摇摇欲坠的房地产市场以及抵押贷款支持证券的个人和机构投资者松一口气。受到鼓舞的是，我于12月1日在得克萨斯州奥斯汀的一次演讲中表示，联邦公开市场委员会可以考虑将证券购买作为一种政策工具进行更为广泛的使用，包括购买国债。[1]

虽然公布抵押贷款支持证券购买计划取得了预期的效果，但随之而来的问题是：谁来决定？作为主席，我批准了购买政府资助企业的证券，而不是联邦公开市场委员会。我曾在一系列电话会议中与许多联邦公开市场委员会成员讨论过这一倡议，但没有遵循延长讨论、建立共识和正式批准的惯例。相反，为了应对眼前的紧急情况，我依据的是联邦公开市场委员会的一项规则，该规则允许主席根据两次会议期间的经济或金融发展形势独立下令证券购买，目的是增加银行系统的准备金并调整联邦基金利率。但即使这符合法律规定，我单方面做出的大规模购买抵押贷款相关证券的决定也超出了联邦公开市场委员会的预期。它可能成为先例，为美国货币政策树立起一个关键的标杆。

在听取了不满的各地区联邦储备银行行长们的意见后，我意识到他们关心的不是购买计划的实质，大多数人对此反而很满意。他们甚至都不是冲着法律上的问题，而是冲着其中的程序与合法性。在联邦公开市场委员会评估政策选项时，越来越清楚的是随着联邦基金利率接近有效下限。其他措施，包括大规模证券购买，很可能成为货币政策不可或缺的一部分。如果是这样的话，联邦公开市场委员会作为货币政策的官方监督者，对其行使权力是有意义的。在购买抵押贷款支持证券之前，我要求联邦公开市场委员会正式批准该计划，并在2008年12月的会议上批准了该计划。在2009年1月的会议上，我曾说今后我将恪守这样一条原则：当我对某项行动是否属于货币政策的一部分有疑问时，我会让联邦公开市场委员会充分参与进来。

第六章　新的货币制度：从QE1到QE2

## 货币政策的有效下限

尽管政府资助企业证券购买计划出现了一些小问题，但在2008年12月的会议上，我们都认识到所处的情况。工作人员上调了失业率预测，预计到2009年底失业率将超过8%。这似乎是一个可怕的预测，但事实证明这也过于乐观了。根据对联邦公开市场委员会如何应对以往衰退的分析，这些工作人员还预测联邦公开市场委员会的联邦基金利率目标将很快降至零，并将一直维持到2013年（这意味着需要再延续5年），这一迹象明确表明他们预计经济低迷将有多么严重。

所有人都同意，尽管联邦基金利率目前已接近有效下限，限制了传统降息的范围，但我们还是需要提供更多的刺激政策。工作人员为会议准备或更新了21份关于非标准政策选择的备忘录。总体来说，这些备忘录很多是建立在工作人员对2003年通缩恐慌的研究基础上的，对替代战略的潜在成本和收益进行了详尽的分析。在会议结束时，联邦公开市场委员会就以下几点达成了一致意见。首先，它将联邦基金利率目标从1%下调至0%~0.25%。其次，它已经批准我在11月宣布的政府资助企业证券购买计划，并进一步表示"如果条件允许"，将随时准备扩大购买规模。再次，与我12月1日在奥斯汀的讲话一致，联邦公开市场委员会强烈暗示了未来的行动，称它还在"评估购买长期国债的潜在好处"。最后，委员会表示，预计接近于零的联邦基金利率目标区间将会持续"一段时间"。

从经济前景来看，将基金利率目标降至接近于零是合理的，但也要承认，通过向金融体系注入大量银行准备金，我们的紧急贷款已经迫使联邦基金利率接近于零。我们原以为向银行准备金支付利息的新授权将有助于我们将联邦基金利率保持在目标水平，但迄今为止并没有做到这一点。从原则上看，银行在美联储赚取准备金利息的能力本应为联邦基金利率设定一个下限，因为它们没有动力以低于它们在美联储所能赚取的利率向其他银行放贷。但至少在最初阶段，这一下限被证明漏洞百出，联邦基金利率经常滑落到远低于准备金利率的水平。其中的问题在于，我们为准备金支付利息的授权排除了联邦基金市场中的少数非银行机构，最重要的就是政府资助企业，它们因此有动机以较低的利率出借它们持有的任何额外现金。[①]

我们在2007年12月下调了目标利率，结果只是验证了我们在市场上已经看到的东西。同样，我们将联邦基金利率从一个点位目标转向一个目标区间，承认了我们在严格控制利率方面遇到的困难。重新获得对联邦基金利率的更严格控制将是以后的任务，但在2008年底，经济形势需要政策利率接近于零。

除了降息，我们在2008年12月会议上采取的措施预示着当短期利率不能再降低时，联邦公开市场委员会将采取两种主要的放松政策的方法：前瞻性指引和大规模的证券购买。

格林斯潘领导下的联邦公开市场委员会曾使用远期利率引导，总体来说其结果是积极的。为了应对2003年的通缩恐慌，格林斯潘领导下的美联储宣布利率将在"相当长的一段时期"保持在低位，从而影响了市场预期，而其他国家的央行甚至走得更远。自20世纪90年代中期以来，日本银行就一直在与通缩做斗争，并且比其他央行都更早地面对通缩的下限。日本银行率先推出了"零利率政策"，即ZIRP。具体来说，在1999年4月，日本银行承诺将短期利率维持在零水平，直到"消除通缩的担忧"。日本银行的例子是将远期利率引导与经济状况联系起来，将其与通胀联系起来将是美联储随后采取的

---

[①] 从原则上看，银行本应有动机为我们解决这个问题，以略低于联邦基金利率的利率从政府资助企业借款，然后将所得资金存入美联储，赚取准备金利率，将差额收入囊中。准备金利率被设定在联邦基金利率目标区间的上限。但在当时混乱的金融状况下，银行并没有兴趣利用有限的资产负债表空间来赚取这一活动所带来的微薄回报。

一个创新举措。①

在2008年末,我们还没有准备好长期承诺零利率或接近零利率,但我们担心一些市场预测在未来两个季度会上调联邦基金利率。在美联储内部,与美联储工作人员的悲观预测一致,大多数联邦公开市场委员会的参与者认为,利率可能会在更长时间内保持在非常低的水平。我们同意在声明中使用"相当长的一段时期"的措辞,以试图说服市场我们不急于收紧货币政策。

然而,12月会后声明中最重要的措辞是委员会正式将大规模证券购买作为一种政策工具。这将如何运作,这种购买将如何帮助委员会实现其目标?

从机制上看,这个过程很简单。如果按照联邦公开市场委员会的指令,纽约联邦储备银行从这些证券的交易商手中购买了价值10亿美元的国债,那么美联储的资产当然会增加10亿美元。为了支付这些购买的证券,美联储会把钱存入卖家的银行账户,所付款项最终会变成商业银行在美联储的准备金。由于银行准备金是美联储的负债,美联储资产负债表的负债部分也将增加10亿美元,使美联储的净值保持不变,但其资产负债表的两端都增加了10亿美元。简而言之,我们的计划是从私营机构购买长期证券,通过在商业银行建立等量的准备金来支付。顺便说一句,尽管央行的资产购买有时被称为"印钞",但这样的购买实际上对流通中的货币数量并没有直接影响。②

尽管机制是明确的,而且纽约联邦储备银行在公开市场上买卖

---

① 回顾过去,日本银行其实在2000年8月上调了政策利率,尽管通缩仍在持续,而且此前做出过承诺,但事后人们普遍认为这是错误的。日本经济随后又陷入衰退。或许更糟糕的是,由于未能兑现承诺,日本银行损害了其信誉,从而损害了其未来使用远期引导的能力。

② 流通中的货币是由公众的选择决定的,而不是由美联储的政策决定。例如,当人们从他们的支票账户中提取现金进行圣诞购物时,流通中的货币数量就会自动增加。

证券方面有着长期的经验，但对于我们的大规模购买将如何影响金融市场和经济，仍然存在着广泛分歧。联邦公开市场委员会的一些参与者，如里士满联邦储备银行行长杰夫·拉克尔（Jeff Lacker）认为，扩大银行准备金本身就是大规模购买的主要好处，银行用来结算彼此债务的银行准备金包含在国家货币供应（所谓的基础货币）的最狭义的指标中。而且如果银行选择借出准备金，将多余的流动性投入流通，更广泛的货币供应指标最终可能也会增加。这些参与者认为，遵循那些影响保罗·沃尔克的货币主义思想，货币供应的扩张本身最终将直接导致更高的产出和通胀。

事实上，货币主义者的观点帮助定义了最近的一次央行大规模购买资产案例——日本。2001年，在短期利率接近于零以及日本处于温和通缩的情况下，日本银行开始购买一系列金融资产，试图刺激经济。而且，它主要通过对银行准备金的影响来衡量和评估其计划。由于其重点是增加货币数量（包括银行准备金），日本银行将其计划称为"量化宽松"，这个名字随后将应用于其他央行的购买计划，包括我们的计划。

然而，联邦公开市场委员会中的大多数人（包括我在内）都对日本模式、以银行准备金为重点的量化宽松持怀疑态度。"我认为这个决定……是相当负面的。"我在12月的会议上说。[2] 为了让基于准备金的量化宽松发挥作用，银行不得不从新准备金中贷出大量资金，为有利可图的项目和新的支出提供资金。但在经济不景气的情况下，由于放贷的风险很高，银行没有什么动力去增加放贷，而且乐于把准备金留在美联储。我们大多数人认为，单靠扩大银行准备金来刺激经济，无异于谚语所说的"推绳子效应"（pushing on a string）。简而言之，尽管证券购买会增加银行准备金，但除非银行将这些准备金投入使用，否则这些准备金的增加本身不会自动转化为贷款和经济活动的增长。因此，美联储通过银行准备金渠道购买证券可能只会产生微乎

第六章　新的货币制度：从QE1到QE2　　　　　135

其微的影响。[3]

这种逻辑无法阻止一些外部批评人士，他们警告说美联储大规模购买导致银行准备金大规模扩张，这可能会引发恶性通胀、美元暴跌和其他灾难。这种批评源于一种极端形式的货币主义理论，该理论认为货币存量和价格水平不仅是相关的，就像一些委员会成员确实认为的那样，而且从长远来看是严格成比例的。该理论还认为，银行准备金的十倍增长（比方说）最终必然转化为广义货币供应（例如包括支票账户和储蓄存款）的类似增长，进而转化为商品和服务价格的增长。由于我们的量化宽松政策将使银行准备金增加许多倍，从极端的货币主义者立场预测将出现失控的通胀。

货币主义创始人米尔顿·弗里德曼在2006年去世，享年94岁。他那时否认了这些观点。（事实上他曾主张在日本实行量化宽松。）在他的著作中，弗里德曼认识到有许多因素影响货币供应和价格之间的关系，并认识到特别是当利率非常低和贷款机会稀缺时，银行可能会简单地持有大部分额外准备金，这抵消了银行准备金创造信用对更广泛的货币供应和通胀的影响。我在2009年1月伦敦政治经济学院的一次演讲中解释了这一原理。[4]我运用菲利普斯曲线分析，在一个充斥着失业工人和未利用资本的经济体中，如果没有重大的供应冲击，通胀压力不太可能会很大。我本可以补充一句，在保罗·沃尔克被任命为美联储主席的30年里，美联储获得了极高的信誉，锚定了通胀预期，结束了通胀上升导致20世纪70年代那种工资－物价螺旋形上升的趋势。但关于我们购买资产将引发恶性通胀或以其他方式使美元"贬值"的指责持续存在，尤其是关于政治右翼的指责。然而，事实是在量化宽松期间，通胀普遍过低而不是过高，这符合大多数联邦公开市场委员会成员（以及工作人员）的预期。

如果我们的购买行为不会通过增加银行准备金来影响经济，那么我们怎么能产生预期的刺激效果呢？联邦公开市场委员会的多数意见始于这样的观察：实际下限限制了短期利率，而不是长期利率。2008年底的长期利率仍远高于零。（10年期国债的收益率在10月底高达4%，年底时仍在2.25%左右。）可以想象，购买长期国债可能会通过压低这些证券的收益率来刺激经济。随着我们将长期国债从市场上撤出，对长期国债有强烈偏好的投资者，如养老基金和保险公司，将争夺剩余的市场供应，推高它们的价格，（相当于）压低了它们的收益率。正如我们能够通过购买大量的抵押贷款支持证券来降低抵押贷款利率一样，我们认为还可以通过购买和持有长期国债来降低长期国债利率。

我们的最终目标是影响私营部门的决策，这些决策通常不直接依赖于国债收益率。但我们预计国债市场收益率的下降将导致其他市场收益率的下降，例如，住宅和商业抵押贷款以及公司债券的收益率。国债收益率被用作其他市场收益率的基准，向美联储出售长期国债的投资者可能会用这些收益购买其他类型的长期资产，从而压低这些资产的收益率。较低的长期私人部门利率应该会刺激企业投资和消费者购买新车和住房。较低的长期利率还会推高股票等其他金融资产的价格并削弱美元，从而在更大的范围内缓解金融状况。如果普通货币政策的目的是改变短期利率，间接影响较长期利率和其他资产价格，那么这种新方法的目标将是直接影响尚未受到下限限制的较长期利率。从这个角度来看，这种实施货币政策的替代手段毕竟不会出现如此激进的变化。

由于日本银行将其以银行准备金为重点的购买计划称为"量化宽松"，我试图通过将其称为"信贷宽松"来区分我们的做法，这反映出我们强调降低家庭和企业支付的长期利率。但美联储工作人员所提出的"LSAP"这个名字从来没有流行起来，流行起来的反而是量化宽松。

尽管我们总体上对日本银行的做法持怀疑态度，但其项目中的一个方面特别具有启发性。正如我在2004年与两位美联储经济学家文森特·莱因哈特（Vincent Reinhart）和布赖恩·萨克（Brian Sack）共同撰写的一篇论文中指出的那样，也正如美联储工作人员介绍中所解释的，日本银行从2001年开始实施的量化宽松似乎强化了市场的信心，即日本银行将在很长一段时期内将其短期政策利率维持在零水平。[5] 换句话说，量化宽松这一相对新颖和戏剧性的举措，是日本银行更广泛政策意图的一个信号。通过传达政策制定者保持宽松政策的承诺，日本的量化宽松政策作为一种前瞻性指引，似乎至少在一段时间内发挥了作用。不幸的是，日本银行的官员有时也在传递这样的信息，他们对量化宽松的有效性表示怀疑，或暗示量化宽松以及其他非常规措施的有效期将尽可能缩短。我们从中得到的教训是，谈论新政策工具的方式可能非常重要。

我们有一个如何运作量化宽松的理论，但我们还有很多不知道的地方。我们并不确切地知道购买规模到底有多大，才能实现给定的长期利率下降。美联储的工作人员估计，购买500亿美元的国债（略低于当时公众持有国债的1%）将使较长期利率降低0.02~0.10个百分点。这种范围较大的估计主要来自研究论文（包括我与莱因哈特和萨克的论文），这些研究观察了当财政部改变不同期限债券的相对供应时，国债利率是如何变化的。一个引人注目的例子是：在2001年10月财政部宣布将停止发行30年期国债后，由于投资者争相购买突然减少的国债，现有的30年期国债的收益率下降了。

这一经验以及其他类似的经验表明我们的方法基本是合理的，但很难准确衡量它的威力到底有多大。我们的购买规模将超过财政部通常做出的发行变动，这将发生在高度混乱的市场中，也可能会发出有关未来意图的信息。我们的主要结论是，要对金融状况和经济产生明显影响，购买规模就必须很大。同样重要的是，财政部不会通过较低的利率增加发行新的长期债券来抵消我们购买长期国债的影响。（被奥巴马总统任命为财政部长的蒂姆·盖特纳后来向我保证，财政部将遵循之前宣布的发行计划，财政部后来确实这么做了。）

我们既不确定购买的有效性，也不确定可能产生的副作用。美联储的购买行动会不会通过引入一个新的大买家来排挤私人买家，从而损害而不是帮助国债和抵押贷款支持证券市场的运转呢？（我们试图通过限制每次发行债券的购买比例来避免这种情况。）流动性的泛滥是否会像银行准备金扩大所反映的那样给金融稳定带来新的风险？如果利率意外上升，导致我们购买的证券价值低于我们支付的价格，美联储是否会通过多次扩大其资产负债表来使自己面临未来的资本损失？当时机成熟时，我们如何停止购买证券并回归正常的货币程序？我们将在未来的联邦公开市场委员会会议上详细讨论这些问题以及其他更多相关问题。不过，我们大多数人并不担心大规模的证券购买可能会引发过度通胀或美元崩溃。与之相反，我们主要担心的是我们的购买只会产生轻微的影响，远不足以抵消海量的坏消息给美国和全球经济带来的冲击。

## 第一轮量化宽松（QE1）

贝拉克·奥巴马于2009年1月就职。我和妻子在一个寒冷的日子参加了他在华盛顿的就职典礼。在美联储，我们继续与前总统布什、财政部长汉克·保尔森和他们的团队在任期的最后几周合作，而奥巴马则明智地留守幕后。如果没有蒂姆·盖特纳的知识和经验，我们就会应对严峻的挑战，比如对花旗银行和美国银行实施救助。在奥巴马宣布他将提名蒂姆领导财政部后，蒂姆不得不辞去他在纽约联邦储备银行的职务。

作为财政部长，盖特纳接管了不良资产救助计划救助基金的管理工作，保尔森开始利用这些资金对摇摇欲坠的美国银行体系进行资本重组。(众所周知，2008年哥伦布日那天，保尔森曾将9家大型银行的首席执行官召集到自己的会议室，说服他们同意接受总计1 250亿美元的政府注资。)盖特纳延续了保尔森的工作并与美联储合作，研究设计了一项重要的创新：对由美联储和其他银行监管机构监管的19家最大银行进行全面压力测试。压力测试（自那以后成为美国和各国的常规银行监管核心内容）的目的是估计接受测试的银行需要多少资本才能挺过假设的经济衰退，这个衰退比美国正在经历的情况还要严重，同时金融市场也进一步显著恶化。根据盖特纳的计划，没有足够资本来承受最坏的假设情况并继续放贷的银行，将有6个月的时间在私人市场筹集资本。如果做不到，它们将被要求以苛刻的条件接受不良资产救助计划的资金。我们希望，不管怎样测试都可以证明银行是可行的，同时也恢复人们对它们的信心。

新政府还迅速制订了一揽子财政计划以支持家庭和企业。2009年2月17日，奥巴马总统上任不到一个月就签署了《美国复苏与再投资法案》(American Recovery and Reinvestment Act)。这项7 870亿美元的计划包括减税——特别是暂时降低社会保障工资税，以及对州和地方政府的援助。其余的则分散在联邦支出计划中，包括延长失业救济金和基础设施投资。未来几年的额外财政措施，如延长工资税减免和失业救济金，补充了最初的一揽子计划。[6]

尽管银行和财政措施很有希望，但当联邦公开市场委员会在2009年3月18日召开会议时，它们的成功还远未得到保证。离完成银行压力测试还有两个月的时间，我们担心测试结果要么过于乐观而令人难以置信，要么相反，测试结果显示的损失太大，以至于无法由不良资产救助计划的剩余资金填补。美联储内部也有人怀疑，与问题的规模相比，奥巴马政府的财政计划规模是否足够大，或者实施速度是否足够快。

因此，就在联邦公开市场委员会开会时，危机的转折点仍然令人难以捉摸。经济在过去两个季度迅速萎缩，失业率超过8%，而且还在上升，银行体系的稳定性仍然存在相当大的疑问，股市在过去18个月里下跌了一半。据报道，2月就业人数减少了65.1万人（后来修正为74.3万人）。国外的情况也在迅速恶化，发达经济体和新兴市场国家都是如此。

美联储的经济学家已将其对失业率峰值的预估上调至9.5%（接近但仍低于实际峰值10%），并预测由于失业人数众多，核心通胀将降至接近于零的水平。他们估计，在一个没有有效下限的假设世界里，联邦公开市场委员会将不得不将联邦基金利率降至–6.5%以重振经济。[7]当然下限确实存在，因此必须通过其他方式找到重大的额外刺激措施。

那年3月会议上的讨论是我作为美联储主席听到过的最为黑暗的讨论，无论是之前还是之后。地区联邦储备银行行长们通过与自己辖区内的联络人交流趣事和谈话，传达出一种日益增长和普遍存在的恐慌。达拉斯联邦储备银行的理查德·费希尔（Richard Fisher）报告说，他的一位联络人问他是否想听一些好消息。当费希尔同意的时候，联络人说："打电话给别人。"那是会议上为数不多的笑点之一。[8]芝加哥联邦储备银行行长查尔斯·埃文斯（Charles Evans）总结了联邦公开市场委员会的意义："我认为，重要的是我们要做大事。"[9]

大多数联邦公开市场委员会参与者支持大幅扩大我们的证券购买规模，这一举措曾被视为激进之举。但到那时，更多的证据表明购买可能会起作用。一份美联储工作人员的备忘录研究了市场对最近几起事件的反应，包括11月宣布的抵押贷款证券购买计划。我在12月1日的演讲中表示，我们将考虑购买国债。联邦公开市场委员会在12月会议后发表的声明中确认了购买国债的可能性，以及2010年1月会议后的声明，由于没有宣布新的购买计划，这份声明令市场感到失望。随着市场参与者重新评估了美联储新的证券购买计划的可能性和规模，每一天的利率变动方向和幅度表明一个大型计划可能会大幅降低长期收益率，从而提振经济。

我们现在也有了一个新的国际榜样。2009年3月5日，英格兰银行将政策利率降至0.5%，并宣布将在未来三个月购买750亿英镑（主要是）长期英国政府债券，即所谓的金边债券，约占公众持有的政府债券的10%。它还承诺购买数量较少的私营部门债务，包括公司债券和商业票据。在接下来的两天，10年期英国政府债券的收益率下降了超过0.5个百分点，其他类型的债券的收益率也随之下降。英格兰银行在来年将其购买计划延长三次。

委员会工作人员提出了可供联邦公开市场委员会考虑的备选政策方案：一种侧重于购买抵押贷款支持证券，另一种侧重于购买长期国债。委员会决定两者兼顾。除了已经承诺的购买5 000亿美元抵押贷款支持证券之外，我们还计划再购买7 500亿美元。我们将购买政府资助企业发行债券的承诺从1 000亿美元提高到2 000亿美元，使我们计划购买的政府资助企业发行证券总额达到1.45万亿美元。此外，我们首次表示，将在未来6个月购买最多3 000亿美元的美国国债，将总资产购买承诺提高到1.75万亿美元。在一次会议上，我们决定将美联储的资产负债表规模扩大近一倍。

我们还加强了前瞻性指引。我们说我们看到联邦基金利率在"相当长的一段时期"而不是"一段时期内"处于"异常低的水平"。我们宣布了定期资产支持证券贷款工具，旨在改善由家庭和企业贷款所支撑的证券市场。在那个阶段，我们非常不确定我们的新工具将如何工作，但我们至少已经竭尽所能去解决这个问题，正如声明所指出的，联邦公开市场委员会准备使用"所有可用的工具"，委员会投票一致通过。而且令人鼓舞的是，市场反响是巨大的。10年期国债收益率在当天下降了约0.5个百分点，与英国的影响类似。毕竟看起来购买证券可能是有效的，但这还为时过早。

在接下来的几个月里，情况略有好转。股市在3月触底，开始了一轮漫长的牛市。从3月的会议到年底，道琼斯指数的涨幅超过40%。

量化宽松举措表明我们并没有弹尽粮绝。但长期债券收益率在声明发布后最初下跌，后来开始上升。持怀疑态度的人认为，这意味着购买行动的影响只是暂时的，甚至适得其反。但是，正如我在6月的一次电话会议上告诉委员会的那样，较高的收益率伴随着更高的股价和信贷市场状况好转，更有可能反映出人们对全球经济增长的乐观情绪增强，通胀预期略有上升，以及对美国国债作为避险资产的需求减少。另一个好的迹象是，随着私营部门信贷变得更容易获得，对美联储紧急贷款的需求减弱。最为重要的是，我们在经济数据中看到了改善的初步迹象，或者至少是企稳的迹象。在4月的联邦公开市场委员会会议上，我们谈到了市场和经济中的"萌芽"，这催生了许多与园艺相关的类比。在萌芽领域里，美联储国际金融部主任内森·希尔斯（Nathan Sheets）说："我们的预测更像是一株小型盆栽植物或脆弱的芦笋园，而不是一棵大的绿叶树。"[10]但在接下来的几个月里，至少会出现更多的萌芽。

5月公布的银行压力测试结果也会帮助恢复信心。[11]美联储理事会和其他银行监管机构决定公开详细的结果，尽管财政部甚至我们的一些内部人士不太情愿，他们担心史无前例的银行内部数据公布将使他们在未来更难以分享机密信息。我们的希望是完全透明将使市场对结果更相信。这就像一场赌博，因为意外疲弱的披露可能会进一步削弱信心，甚至可能给银行的短期融资带来新的压力。幸运的是，我们得到了回报。外部分析师一致认为压力测试严格可信，测试结果与独立评估一致。另外，非常明显的是，部分由于经济和金融状况的改善，大银行估计的资本需求是可以应付的，如有必要可以由剩余的不良资产救助计划资金支付。事实证明，大多数银行能够在没有政府援助的情况下，在私人市场上募集更多的资本。只有通用汽车金融服务公司（GMAC）除外。根据压力测试的结果，通用汽车的金融部门需要不良资产救助计划的资金。随着对大规模破产或政府接管的担忧在减轻，银行系统似乎正在转危为安。主要银行的股价在2009年大幅上涨，贷款也开始复苏。

政府的减税和增加开支也开始有所帮助。正如包括美联储的许多成员以及奥巴马总统的经济顾问委员会主席克里斯蒂娜·罗默在内的一些经济学家担心的那样，该计划的规模比经济实际所需的要小一些。在通过该计划时，人们并未充分认识到经济下滑的严重性，国会以赤字担忧为由，抵制了一项更大规模的计划。另一个问题是，几乎所有州和地方政府都要遵守平衡预算的要求，它们的预算承受经济衰退的严重压力，因此提高了税收并削减开支。州和地方层面的紧缩政策意味着总的来说财政刺激的力度没有想象得那样大。尽管如此，新货币政策的发力、成功的压力测试以及联邦财政计划三者结合，帮助稳定了摇摇欲坠的金融市场，重启了经济增长。美国国民经济研究局最终宣布将2009年6月定为经济衰退的终点。失业率居高不下，产出远低于潜力水平，但至少经济再次开始增长。

与此同时，随着金融状况的改善，紧急贷款项目的使用在逐渐减少，我们开始逐步取消这些项目。偿还紧急贷款意味着美联储资产负债表上的资产部分，现在主要由我们持有的国债和政府资助企业证券主导，我们继续按照承诺的时间表购买这些证券，在2010年3月结束了QE1的购买。

## 2009年3月以后的货币政策：一段静默期

在2008年11月和2009年3月，我们戏剧性地宣布了最终被称为QE1的计划后，开始履行承诺的购买计划，将联邦基金利率保持在0%~0.25%，并继续预测联邦基金利率将"在相当长的一段时期内"

处于"极低的"水平。然而，随着新的财政措施、稳定的市场以及银行体系已经渡过难关，我们在接下来的一年半时间里没有采取新的货币措施。联邦公开市场委员会被引向两个方向：一方面，经济已经改善得足够好，以至于激进（和有争议的）新政策措施似乎没有实施的正当理由，至少目前是这样；另一方面，前景仍然非常黯淡，以至于撤回已经做的事情也不是一个好的选择。

在观察和等待的广泛共识中，观点会有所不同。联邦公开市场委员会的一些成员则表现得更为鹰派，他们担心长期通胀风险，也更顾虑新政策的潜在副作用，因此倾向于发出未来收紧政策的信号。另一些人则更为鸽派，他们关注的是高失业率，担心经济复苏面临阻力，因此倾向于保持宽松政策，或者让政策更加宽松。

内部的争论还在继续。鹰派人士有：地区联邦储备银行行长查尔斯·普洛瑟（Charles Plosser，费城）、杰夫·拉克尔（里士满）、托马斯·霍尼格（Thomas Hoenig，堪萨斯城）和理查德·费希尔（达拉斯），将人们的注意力吸引到危机最低点以来的经济和金融改善上面。在2009年9月的会议上，美联储工作人员大幅上调了对GDP增长的预测，预计2009年下半年的增长率为2.75%，2010年为3.5%。期货市场交易商预计，联邦基金利率将在2010年底前达到2%，这表明他们认为很快就会有理由收紧政策。一些鹰派人士提出了一个问题，即"延长期"的前瞻性指引何时可以缩减或放弃。

联邦公开市场委员会中的鸽派人士，包括地区联邦储备银行行长珍妮特·耶伦（旧金山）、埃里克·罗森格伦（Eric Rosengren，波士顿）、查尔斯·埃文斯（芝加哥）和理事会成员丹尼尔·塔鲁洛（Daniel Tarullo）承认经济已经改善，但强调经济仍处于深渊之中，包括越来越多的长期失业，失业率预计将保持在一个异常高的水平。美联储工作人员还预测，到2010年第四季度，失业率只会下降到9.6%。

鸽派人士认为，尽管预测经济复苏太慢，无法让许多失业人员重返工作岗位，但美联储工作人员的预测可能还是过于乐观了。他们指出这些预测是基于经济复苏的历史经验，并不包括我们所经历的这场规模如此之大的金融危机。这场危机可能会对经济行为产生挥之不去的影响，从而进一步拖累经济增长，包括贷款机构收紧信贷标准，家庭增加储蓄以试图重新积累损失的财富，从而防范新的冲击。卡门·莱因哈特（Carmen Reinhart）和肯尼斯·罗格夫（Kenneth Rogoff）的一本书支持了这种更为悲观的观点，这本书颇具影响力（而且出版恰逢其时）。[12]他们认为基于历史案例研究，金融危机之后的经济衰退，尤其是与房价暴跌相关的危机，比其他衰退更为严重，复苏也更为缓慢。

尽管鸽派主张保持宽松政策，但在2009—2010年初，他们在很大程度上并没有大力推动新的证券购买或其他新的措施。包括我在内的大多数委员会成员仍然左右为难，许多问题我们都没有确切的答案。QE1之所以有效，主要是因为它帮助平息了高度动荡的金融市场吗？如果是这样，在金融市场更加正常、长期利率已经相当低的情况下，证券购买还会有用吗？考虑到强劲的逆风形势，比如信贷紧缩和危机前繁荣时期遗留下来的房地产市场过剩，温和降低利率会对刺激新的经济活动和就业起到作用吗？

如果新的证券购买的好处是不确定的，那么风险也是不确定的。尽管我们委员会中的大多数人都不相信银行准备金的大规模扩张会引发严重的通胀，但媒体、国会和市场中的其他人却相信。对通胀的担忧（即使没有很好的理由），是否会与激进的货币行动增强信心背道而驰呢？这种可能性并非不存在。2009年美联储工作人员在多次会议上强调了金融市场出现的通胀恐慌迹象，包括流入投资于通胀保值证券的共同基金的资金增加、金价走高以及美元贬值。不断上升的联邦预算赤字似乎也加剧了人们对通胀的担忧。没有一项市场通胀指标达到令人不安的水平，一些指标在当年晚些时候出现逆转，但联邦公开市场委员会的鹰派人士认为，新的购买计划降低信心的效果将超过其带来的好处。其他人则提到了金融稳定面临的风险。在经济前景和工具的不确定性如此普遍的情况下，尽管我们之间存在重大的哲学分歧，联邦公开市场委员会还是无异议地同意从2009年3月到年底基本保持政策不变，只是对购买时机进行了适度微调。

　　作为美联储主席，我帮助大家达成了共识。与委员会中的鸽派一样，我对经济的发展也感到不满。我尤其担心就业市场复苏缓慢以及它给许多人带来的困难。根据我对大萧条的学术研究，我强调了银行倒闭造成的损害，我同意鸽派的观点，即信贷市场的混乱可能会对经济产生持久的影响。但我也认为追加证券购买的效果具有一定的不确定性，并担心任何负面的作用会盖过不确定带来的好处。所以，我同意继续等待。

　　考虑到我们现在对资产购买的好处和风险的了解，我当时的判断过于谨慎了。事实证明经济复苏非常缓慢，而且一直低于我们的预期。其中一些疲软反映了货币政策大多无法控制的因素，包括危机后几年出人意料的生产率低迷，以及在2009年2月通过最初的一揽子计划后转向扩张性较低的财政政策。回过头来看，我们本可以在复苏的早期阶段通过购买更多证券来进一步降低长期利率，从而提供更多帮助。我们的前瞻性指引还可以更有力地反驳市场的看法，即利率将在一年左右的时间内开始上调。

　　然而，面对联邦公开市场委员会成员之间越来越大的分歧，我没有在量化宽松政策结束时向联邦公开市场委员会施压，要求其实施新的措施，而是寻求确保我们保持行动的灵活性。我特别想确定的是，如果经济复苏步履蹒跚，我们将保留加大购买证券规模的选项。我也避免发出任何有关我们计划在近期收紧政策的公开信号。有点自相矛盾的是，我试图维持购买新证券的选项的方法之一，是要求工作人员和委员会为最终退出我们的新政策做好计划。

第六章　新的货币制度：从QE1到QE2

我当然不认为退出是迫在眉睫的，我的大多数同事也不这么认为。但当我们推出大规模的购买证券计划时，对时机到来时如何逆转这些计划只有一般的想法。对最终退出的计划只是谨慎的，事实上，国会议员、市场参与者、媒体和其他人要求我们解释如何扭转不寻常的政策。但最重要的是，我知道如果确实需要更多的购买，如果委员会成员对我们的退出计划有信心，他们将更有可能批准这些购买。

我们知道，最终的退出将带来挑战。在某个时候，收紧货币政策将包括提高接近于零的联邦基金利率。但假设资产负债表规模依然庞大，而银行体系仍充斥着大量准备金，那么危机前提高联邦基金利率的方法——适度出售公开市场证券以减少准备金数量，将不会奏效。我们有权向银行支付准备金利息，这似乎有可能在更正常的金融环境下为联邦基金利率提供一个有效下限，尽管在雷曼兄弟破产后，这种做法并没有发挥那么大的作用。但在2009—2010年初，我们也考虑过提高利率的其他选择。一种最终会付诸实施的可能性是，通过创造银行准备金以外的方式为我们持有的部分证券提供资金。我们可以通过向银行以外的机构投资者（例如货币市场共同基金）借入短期资金参与后来被称作"逆回购"的操作来实现这一点。通过向非银行投资者借款来为我们持有的部分资产提供资金，将减少银行准备金的必要积累，使我们更容易在时机成熟时提高资金利率。

当然，一个明显可行的收紧政策的方法是，通过逆转量化宽松政策，出售我们购买的证券，以此开始减少银行准备金。如果准备金率降至历史上更为正常的水平，那么就可以通过危机前管理银行准备金供应的标准方法来提高联邦基金利率。然而，包括我在内的大多数人都对这种做法感到不适。如果以经验为依据，那么最终的货币政策收紧将必须比之前的宽松政策更加循序渐进、更加精确地校准。（想想始于2004年的一长串加息25个基点，与之形成鲜明对比的是2001年的大幅降息。）我们不确定是否能够通过抛售证券来精确地管理政策刺激措施的退出，也无法预测如果我们宣布抛售证券，市场会如何反应。

因此，大多数联邦公开市场委员会成员同意推迟证券购买。相反，我们将通过停止新的购买并采取其他措施（除了出售证券）来减少银行准备金，包括在资产负债表上的证券到期时不再更换它们，从而开始最终的退出。然后，我们将开始提高联邦基金利率，使用超额准备金利率和其他可能的工具，如逆回购。一旦联邦基金利率果断升至零以上，我们就会尝试有序、可预测地解除剩余的量化宽松购买，仅在必要时卖出证券。[13]

2009年8月，奥巴马总统告诉我，他将任命我从2010年2月开始担任第二个四年任期的美联储主席。参议院以70票对30票通过了任命，与第一次任命我担任主席时一致通过的投票相比，这是一次相当大的倒退。共和党人反对我们激进的货币政策，两党都不喜欢金融危机期间的救助计划，这解释了大多数"反对票"的原因。奥巴马总统一贯支持美联储及其独立性。然而，我们与国会的关系经常是不稳定的，而且仍将充满困难。

## 前景发生变化

经济复苏在2009—2010年初显示出更多加速的迹象，尽管劳动力市场在遵循既定的无就业复苏模式后继续滞后。通胀低于我们的预期，但对于非常低和非常高的通胀的担忧开始消散（美联储的外部批评人士仍在喋喋不休地谈论通胀风险）。按照计划，QE1的购买将逐渐放缓并于2010年3月结束，随着我们所持有的资产将继续减少投资者可获得的长期证券净供应量，我们预计我们扩大后的资产负债表仍会给长期利率带来下行压力，从而支撑经济增长。市场初步出现好转的迹象，联邦公开市场委员会的鹰派人士开始更多地谈论让市场为退出做好准备。2010年1月，堪萨斯城联邦储备银行行长霍尼格持不同意见，其理由是"延长期限"的措辞不再合适。但我更倾向于保持我们的政策不变，并监督正在复苏的经济进一步发展。

然而，在这段相对平静期之后，2010年夏季出现了新的金融波动，主要来自西欧。欧洲主权债务危机是2007—2009年危机的余波，不仅威胁着欧洲自身的缓慢复苏，也威胁着美国和全球的复苏。

1999年，作为推动更大程度的政治经济一体化的一部分，欧盟28个国家中的11个，包括德国、法国、西班牙和意大利（但明显的是不包括英国），同意采用共同货币欧元，由新成立的欧洲央行管理。随着马克、法郎、比塞塔和里拉等国家货币的消失，成员国的央行不再能够实施独立的货币政策。相反，它们成为欧元体系的一部分，扮演着类似美联储地区联邦储备银行的角色。①加上促进资本、商品和劳动力自由流动的规则，采用欧元的目的是在欧洲创建一个规模类似美国的新的自由贸易区。使用单一货币，跨国做生意将变得更加容易。对于意大利或希腊等有着通胀历史和货币贬值历史的国家来说，新货币带来潜在的好处，即可以立即建立起抗通胀信誉，只要以德国联邦银行为蓝本的欧洲央行像其设计者希望的那样，切实致力于低通胀。而且，除了经济上的益处，欧元（希望如此）还将促进欧洲大陆的政治合作，而欧洲大陆在20世纪曾是两次毁灭性世界大战的中心。

然而，欧元区在2010年还是一个仍在建设中的项目，全球金融危机将暴露出其脆弱性。[14]首先，有了单一货币，欧元区就只能有一

---

① 各国央行的行长就像美国各地区联邦储备银行的行长一样，监测当地的经济金融市场情况，并加入欧元区制定货币政策的委员会。与地区联邦储备银行一样，欧洲各国央行也保留了一些银行监管职责。

种单一的、共同的货币政策，当不同国家需要不同程度的货币宽松或紧缩时，就会产生问题。其次，尽管欧元统一了货币政策，但财政政策并未如此。每个国家都保留了对本国政府预算的控制权。如果没有共同的预算，欧元区的任何集体财政行动都需要成员国之间进行复杂且充满政治色彩的谈判，每个成员国都担心自己的纳税人最终会为其他国家的错误和挥霍无度买单。最后，欧洲的银行体系和银行监管没有整合。没有类似美国联邦存款保险公司、可以覆盖整个欧元区的存款保险制度，也没有集中的政策和资源来处理陷入困境的银行，这仍然是一个国家的责任。这种协调的缺乏加剧了欧洲的危机，并使应对危机的努力不断复杂化。

2007—2009年的危机对欧洲造成了沉重打击，部分原因是与美国金融机构一样，欧洲金融机构也在大肆购买有问题的证券。许多国家遭受了严重的银行问题，随之而来的产出和就业损失与美国相当。此外，欧洲的货币和财政对策也不如美国或英国有效。这在很大程度上归结于德国的保守主义以及与之志同道合的北欧国家。也许是因为对20世纪20年代灾难性恶性通胀的文化记忆，德国人赞成紧缩政府预算，反对量化宽松政策，他们认为这是央行向政府提供的非法融资。由于担心大量购买政府债券的法律和政治障碍，欧洲央行要到2015年才会启动美国式量化宽松计划。各国政府的干预避免了任何大型金融公司的失控倒闭，欧洲没有雷曼兄弟这样体量的公司，但几家大型公司，如荷兰银行、德国商业银行和瑞士瑞银集团，不得不被置于政府的临时控制之下。重要的是，缺乏一体化的财政和银行政策同时在某些情况下缺乏政治意愿，阻止了欧元区像美国那样对受损的银行体系进行资本重组，从而使其变得虚弱，更容易受到后续危机的影响，放贷能力也会更差。

更为糟糕的是，在全球金融危机爆发前的几年里，几个欧元区国家的私人和公共债务已经达到当全球经济衰退冲击欧洲经济和银行体系时无法维持的水平。2009年10月，希腊新任总理乔治·帕潘德里欧（George Papandreou）宣布了一个令人震惊的消息，称希腊政府的预算赤字接近国民产出的13%，远远高于欧元区成员国应该达到的3%的上限。投资者第一次考虑了希腊债务违约甚至放弃欧元的可能性。如果希腊违约，投资者会对其他负债累累的国家——葡萄牙失去信心吗？西班牙、意大利、爱尔兰呢？如果公共和私人部门的违约激增，欧洲银行体系会发生什么？这是一场事关欧元生死存亡的危机。

就在欧洲领导人讨论该怎么做的时候，没有单一财政当局的后果变得显而易见了。拟议中对希腊和其他国家的纾困，不仅需要足够强大以平息市场担忧，而且必须被视为由成员国来分担，否则选民就会抗议。由法国前财长、欧洲央行未来行长克里斯蒂娜·拉加德（Christine Lagarde）领导的国际货币基金组织也参与了进来。讨论拖延了几个月。2010年5月2日宣布了对希腊的救助，但人们普遍认为这是不够的，市场波动持续加剧，其他陷入困境的欧洲国家的债务利率也是如此。在雷曼兄弟破产引发一场全球恐慌仅仅一年半之后，有关全球金融体系稳定性的根本性问题再次抬头。整个国家违约的影响能否得到遏制？随着投资者对一个又一个国家失去信心，脾气暴躁的欧洲人有能力对可能被证明是一系列危机的局面做出一致的反应吗？欧洲安然度过了一场金融危机，结果却又进入了另一场危机。

至少在一开始，第二波欧洲危机似乎对美国没有什么影响。2009年第四季度美国经济表现强劲，2010年上半年，美国经济继续以联邦公开市场委员会所称的温和步伐复苏。私人支出（家庭消费和企业投资）正在回升。失业率过高，仍接近10%，通胀也过低。但在2010年初，工作人员和联邦公开市场委员会参与者继续预测，这两者都将朝着正确的方向前进。我们继续解除紧急贷款计划，货币政策保持不变，联邦基金利率目标接近于零，但没有新的证券购买计划。

然而到了2010年夏天，欧洲人未能解决债务危机，危机开始对美国市场和商业信心造成影响。6月联邦公开市场委员会会议上的一份工作人员备忘录警告称，来自欧洲的金融冲击可能会将美国推入新的经济衰退之中。[15] 2010年8月，美联储工作人员注意到就业和生产放缓，大幅下调了增长预测，上调了失业率预测。根据使用不完整和初级数据进行政策制定难度较大这一客观教训，我们从最新修订的数据中了解到经济衰退会更加严重，复苏比最初估计的要弱。随着前景的恶化和下行风险的增加，美联储的平静期即将结束。

## 第二轮量化宽松（QE2）

随着我们对复苏的担忧逐渐加剧，联邦公开市场委员会采取了一项技术性行动，这也是一个重要的政策信号。2010年8月，我们宣布将通过新的证券购买来取代资产负债表上到期的（已偿还）证券，从而避免任何净减持以及任何被动的政策收紧。通过采取这一步骤，我们希望强调我们对继续刺激经济的承诺。

不久之后，我发出了另一个更为明确的信号。8月底，在怀俄明州杰克逊霍尔举行的美联储年度研讨会上，我谈到了"劳动力市场极其缓慢的复苏"，并表示委员会准备在必要时通过非常规措施（即量化宽松和前瞻性指引）提供额外的货币宽松政策。[16]联邦公开市场委员会在2010年9月会议后的声明中呼应了我的观点，称"准备在必要时提供额外的宽松政策"。在美联储话语体系中，"有准备的"一词意味着即将采取行动，除非经济前景在近期会出现重大改善。在内部，我一直在努力争取对新证券购买的支持，并相信委员会将支持这些措施。然而，反对者虽然是少数，但他们大多提出了严重的担忧，即证券购买不会有效，反而会给通胀或金融稳定带来风险，或者会给我们带来政治问题。

尽管如此，采取新行动的理由非常充分，2010年11月3日，联邦公开市场委员会批准了新一轮购买计划，被市场和媒体称为QE2。具体来说，我们将要购买6 000亿美元的长期国债，以每月750亿美元的速度购买到2011年6月，这将使资产负债表规模提高到2.9万亿美元左右。只有来自堪萨斯城的托马斯·霍尼格投了一张反对票。按照美联储达成共识的传统，正式的异议就是对反对声音的强烈声明，而其他对量化宽松持怀疑态度的人，只要他们认为自己的观点会在将来的会议上得到考虑，就还没有准备好迈出这一步。

与QE1不同，市场参与者几乎完美地预测到第二轮量化宽松，因此我们的声明并没有改变市场。与之相反，市场在过去几周和几个月里已经感受到了影响，因为委员会发出的信号和不断走弱的前景，将新购买的可能性从可能提高到几乎确定无疑。①事实上，我们对一级交易商的定期调查显示，在2010年6月至11月，预计会有新购买的一级交易商比例从40%上升到接近100%。他们预期的联邦基金利率首次上调的日期从2011年6月移至2012年10月，这段插曲再一次展示了央行沟通的力量。

## 政治反弹

正如一些鹰派人士警告的那样，新一轮的量化宽松政策确实引发了政治反弹。令我特别不安的是，11月17日，也就是QE2宣布两周后，国会中的四名共和党人士破天荒给我写了一封信。众议院的约翰·博纳（John Boehner）和埃里克·坎托（Eric Cantor），以及参议院的米奇·麦康奈尔（Mitch McConnell）和乔恩·凯尔（Jon Kyl）写道，我们的购买可能"导致难以控制的长期通胀，并可能会产生人为

---

① 从我在杰克逊霍尔会议的演讲到宣布第二轮量化宽松政策，道琼斯工业平均指数上涨了12%。

的资产泡沫"[17]。11月15日发表在《华尔街日报》上的一封来自保守派经济学家、评论员和资产管理人士的公开信也表达了类似的担忧，信中认为我们的购买应该重新考虑并停止。[18] 2011年，四位共和党领袖在第二封信中呼吁我们"抵制对经济的进一步过度干预"[19]。印第安纳州众议员迈克·彭斯（Mike Pence）和田纳西州参议员鲍勃·考克（Bob Corker）都是共和党人，他们提出了一项立法，要将充分就业从美联储的双重使命中剔除。这要求我们只关注通胀，尽管在当时通胀相当低的情况下，向单一授权的转变可能不会在短期内对我们的政策造成太大的改变。

外国政府也予以回击。新兴市场国家的政策制定者担心我们购买证券会进一步降低美国的长期利率（正如我们的意图一样），这反过来可能会随着投资者寻求更高的回报而导致过多的资本流入其经济体。而且通过美元贬值，美国利率下降可能会导致某种形式的"货币战争"（巴西财政部长吉多·曼特加所说），从而有利于美国产品出口。[20]这些通常都是政客针对国内受众提出的观点，忽视了美国经济走强会增加我们对出口产品的需求，同时改善全球金融状况，从而使贸易伙伴受益。本着合作的精神，外国央行行长通常不像财政部长那样公开反对QE2，但在2010年10月二十国集团（G20）央行行长的闭门会议上，我在韩国回答了许多具有挑战性的问题。[21] 11月奥巴马总统在首尔出席二十国集团峰会时，也听到了对于我们政策的批评，他不得不向持怀疑态度的听众解释，美联储是独立于政府运作的。

对QE2的政治反弹，是自危机爆发以来形成的一轮更广泛的反美联储情绪的一部分。在2009年7月的盖洛普民意测验中，只有30%的受访者认为美联储做得不错。美联储在9个联邦机构中排名最后，甚至落后于国税局（40%）和国会（32%）。政治光谱的两端都很愤怒，右翼是2009年声名鹊起的茶党，左翼是粉色代码组织和后来的占领华尔街运动。许多右翼人士将美联储的货币实验视为带来危险和通胀,而左翼和右翼的许多人士都没有原谅我们在危机中支持濒临倒闭的华尔街公司的行动。示威者聚集在地区联邦储备银行前扰乱秩序,甚至还找到我家里来。这些抗议活动让人想起沃尔克抗击通胀期间的抗议活动,将公众更多的注意力集中在美联储及其政策上。

美联储的目标是独立于短期政治压力做出政策决定,我们已经这样做了,但我们确实担心反美联储浪潮可能会产生长期后果。2010年,国会和政府在财政部长盖特纳、参议院银行委员会主席克里斯托弗·多德(Christopher Dodd,康涅狄格州民主党人)和众议院金融服务委员会主席巴尼·弗兰克(Barney Frank,马萨诸塞州民主党人)的领导下,专注于金融监管改革。最终实现的改革以及一系列国际协议解决了导致金融危机的许多(尽管肯定不是全部)短板。[22]后来的《多德-弗兰克华尔街改革和消费者保护法案》(简称《多德-弗兰克法案》)加强了对银行的资本和流动性要求(包括要求定期进行压力测试),提高了金融衍生品市场的透明度,创建了一个新的消费者保护机构,更重要的是,考虑到雷曼兄弟和其他公司的经验教训,为那些即将倒闭、对金融稳定构成严重风险的金融公司建立了清盘程序。

然而,在国会考虑这些改革时,美联储却在立法问题上花了很多时间。特别是参议员多德,他认识到很多人已经非常愤怒,作为为他所提的法案建立两党共识的一种手段,他提议剥夺美联储几乎所有的监管权力,将其限制在货币政策上。国会还认真考虑了左翼参议员伯尼·桑德斯(Bernie Sanders,佛蒙特州民主党人)和右翼众议员罗恩·保罗(Ron Paul,肯塔基州共和党人)提出的"审计美联储"提案,这将使美联储每天的货币政策决策受到直接的政治监督。桑德斯-保罗审计美联储的提案,就像后来保罗的儿子——参议员兰德·保罗(Rand Paul,肯塔基州共和党人)提出的那些提案一样,与金融审计没有任何关系(美联储的账目是定期和公开审计的)。相反，这些提案允许美国联邦问责局（GAO）向国会报告每一项货币政策决定，这为立法者提供了一个新的工具来进行事后猜测，并向联邦公开市场委员会施压。在其早期蜕变阶段，金融改革立法对美联储来说就像一场噩梦。

我抵制这些意见的主要理由，与1991年艾伦·格林斯潘反对将银行监管整合到一个新机构的努力一致。美联储监管银行体系的权力对于我们作为有效的最后贷款人以及对金融体系和经济的监督来说至关重要，不受短期政治压力影响的货币政策能够更好地服务于经济的长期利益。

最终，一系列政治力量扭转了局面。地区联邦储备银行行长是一个重要因素，他们在当地有许多人脉，比如由当地知名人士组成的董事会。由于银行监管是地区联邦储备银行的主要职责之一，所以行长们的积极性很高。我们的立场也得到了财政部长盖特纳、社区银行和一些关键的共和党参议员的关键支持，其中包括得克萨斯州的凯·贝利·哈奇森（Kay Bailey Hutchison）和新罕布什尔州的贾德·格雷格（Judd Gregg）。《多德-弗兰克法案》也在一定程度上限制了美联储、财政部和联邦存款保险公司在危机期间用来稳定金融系统的紧急权力。但美联储保留了它的监管和监督权力——除了消费者保护监管之外，消费者金融保护局负责这项监管。它也没有失去货币独立，"审计美联储"失败了。我认为这些结果对美国来说是正确的，但这一插曲生动地表明美联储不能忽视政治因素。

为什么国会中的反美联储言论如此激烈？有一种解释引起了我的共鸣，那就是萨拉·宾德（Sarah Binder）和马克·斯宾德（Mark Spindel）提出的"替罪羊"假说。[23]在他们看来，国会赋予了美联储一定程度的独立性，这样美联储就可以采取必要但不受欢迎的行动，而国会出于政治原因不愿自己采取这些行动。这种情况在金融危机期间表现得很明显，当时美联储采取了许多措施来稳定金融体系，其中包括帮助防止几家主要金融机构倒闭。我相信这些紧急援助对于保护金融体系和经济是必要的，但是它们也是非常不受欢迎的，这当然是可以理解的。这些被看作是让那些一开始帮助制造危机的人受益，而与此同时许多普通民众却没有得到保护。[①]与宾德和斯宾德的观点一致，我从一些私下谈话中得知，许多国会议员认为救助计划令人不快，但对于保护经济是必要的。然而在公开场合，许多人呼应了公众的愤怒，让美联储、布什和奥巴马政府承担了政治压力。

政治上对我们的货币政策的反对，尤其是来自国内的反对声音，让我觉得更加难以解释。实际上，正如共和党国会领袖在写给联邦公开市场委员会的信中所反映的那样，反对证券购买的论点是骗子的骗术。例如，证券购买将导致通胀失控或美元崩溃的风险非常低，主流分析或美国和英国最初实施量化宽松的经验都不支持这种风险。当时的经济极度萧条，意味着工资和物价几乎没有上涨的压力。[②]事实上，有关通胀预期的市场指标显示，当投资者被迫付诸行动时，他们完全预期通胀将保持在低位，甚至过低。我们关注了低利率可能导致金融不稳定的风险，但在2010年，投资者为经济健康发展所承担的风险是太少，而不是太多。

反对非传统货币措施的大部分人似乎不是基于原则性的担忧，而是激烈的右翼党派之争，反对在民主党入主白宫后可能改善经济的政策。金融危机时代的反美联储言论将蔓延到共和党总统候选人提名的早期竞选活动中。得克萨斯州州长里克·佩里（Rick Perry）称我

---

[①] 公众愤怒的一个特殊原因是，没有一家接受救助的公司的首席执行官入狱。刑事起诉是司法部而不是美联储的责任。在很大程度上，美国司法部认为它无法对个人提起诉讼，在大多数情况下过度冒险并不违法，取而代之的是重点对采取可疑做法的公司处以巨额罚款。

[②] 如果政府财政正在崩溃，那么在不景气的经济中出现高通胀是有可能的。但美国政府在2010年还远未达到这个目标，因为全球对其证券的需求巨大。

们支持经济的努力"几乎是叛国行为"。前众议院议长纽特·金里奇（Newt Gingrich）说，"如果我当选，他就会解雇我，称我在美联储的历史上是'最具通胀性、最危险、最以权力为中心的主席'"。[24]

政治上的愤怒确实促使我们改变了沟通策略。在危机前的十几年里，美联储显然变得更加开放，但在很大程度上继续将沟通的重点狭隘地放在影响金融市场参与者的政策预期上。随着美联储现在成为媒体和政治聚光灯下的焦点，我们需要向更广泛的公众阐述我们的理由。从2009年3月在哥伦比亚广播公司电视台的《60分钟》节目中露面开始（作为美联储主席，这在当时实属少见），我发挥了在公众场合解释政策的带头作用。[25]在那次采访之后，我又去了其他媒体以及市政厅，并在2012年春天在乔治华盛顿大学做了一系列讲座，这些讲座后来成为一部短篇著作的基础。[26]

2011年4月，经过大量的讨论和计划，在联邦公开市场委员会的支持下，我开始每季度召开一次会后新闻发布会。尽管新闻发布会在许多央行都很常见，但美联储主席很少举行新闻发布会。它们将成为美联储向公众提供信息和引导市场的核心。更普遍地说，事实证明，向更广泛的受众转变沟通策略是一种持久而有建设性的变化。抛开其他不说，这使美联储能够更好地理解其行动对普通美国人的影响（以及公众的看法）。

# 第七章

# 货币政策的演化：QE3和缩减恐慌

　　2011年4月27日，我召开了会后的第一场新闻发布会。8个月前，我曾在杰克逊霍尔会议上首次暗示将推出QE2。在此期间，金融状况已经显著缓解，股价上涨了25%，这表明乐观情绪日益高涨。在第二轮量化宽松之前，长期国债收益率曾因新购买的可能性上升而下降，但随着投资者对未来经济增长的信心增强和对通胀下降的担忧减轻，长期国债收益率随后反弹。这种模式与我们在2009年推出QE1后看到的情况十分类似。

　　反过来，宽松的金融环境似乎也对经济有所帮助。失业率从2010年11月宣布第二轮量化宽松政策时的9.8%下降到2011年3月的9.0%，虽然情况有所好转，但仍然过高。我在新闻发布会上告诉记者，我们预计经济复苏将以温和的步伐继续，失业率将缓慢下降。但我也警告说，一些事态的发展——尤其是3月11日袭击日本的灾难性地震和海啸，可能会暂时减缓经济增长（例如，日本制造的汽车零部件对美国组装厂的运输可能会因此而中断）。由于全球石油和食品价格的上涨，通胀最近也有所抬头。然而，由于核心通胀和通胀预期都保持稳定，我们相信总体通胀的上升将会被证明只是暂时性的。

我们对通胀的预测是正确的，它很快就消退了。尽管年初出现了积极的迹象，但2011年将再次令人失望。在最初的下降之后，失业率在一年的大部分时间里停滞，到12月仅下降到8.5%。产出增长在2%左右波动，这可能接近经济的长期潜在增速，但这还不够快。为了使失业率真正下降，并使未充分利用的资源重新投入使用，产出增长必须超过（而不仅仅是等于）正常的长期增长率。在联邦公开市场委员会会议上，我们讨论了经济明显无法达到"逃逸速度"的原因，只有达到这个速度，经济才能够走到一条可以自我维持的健康增长路径上。讨论的重点集中在假定的"逆风"因素上，这些不利因素使经济复苏的速度比我们预期的要慢。

持续的欧债危机是最突出的不利因素。面对一个或多个欧元区国家可能违约或退出欧元区的持续风险，金融市场仍然动荡不安，过早地转向财政紧缩——将财政平衡置于经济复苏之上，进一步减缓了欧洲的经济增长。美国的财政政策也成了不利因素。2009年大型联邦经济刺激计划的效果正在消退，州政府和地方政府纷纷削减开支和工作岗位，以应对税收收入的下降。

2011年8月，国会直到最后一刻才接受提高联邦债务上限，这对经济复苏造成了无端且自作自受式的打击。如果不提高债务上限，联邦政府就无法支付账单，在某些情况下，甚至连国债的利息都无法偿还。美联储正是负责处理政府支付的许多款项（包括利息支付）的机构，尽管我和美联储的其他人都恳请国会避免这场不必要的灾难，但预想到可能发生的最坏情况，我们还是就如何应对政府违约进行了兵棋推演。不可想象的美国政府债券几近违约加剧了金融市场的不安情绪，并导致标准普尔评级机构下调了美国的信用评级。作为对全球经济放缓和财政政策失当的回应，道琼斯指数在7月底至10月初下跌了约16%。

其他不利因素似乎是危机事件本身的后遗症，这与卡门·莱因哈特和肯尼斯·罗格夫的观察一致，即金融危机之后往往会出现深度经济衰退和缓慢复苏。[1]尽管在压力测试之后银行系统进行了资本重组，但信贷仍然相对紧张，尤其是对抵押贷款借款人而言，因为贷方和监管机构都实行了更严格的标准。较富裕的家庭将重点放在偿还债务和重建财富上，而不是新的借贷和支出，不那么富裕的家庭只能勉强维持现状。房地产泡沫破裂留下了许多后遗症，那便是大量无法售出的和被取消赎回权的房屋。2011年，建筑商仅开工建设了约60万套新住房，与之相比，2005年开工建设的新住房超过200万套。

危机可能还导致生产率增长出人意料地疲软，再加上婴儿潮一代退休和移民放缓，劳动力增长更加缓慢，这进一步拖累了经济增长。一些研究发现，生产率放缓可能在危机爆发前的2005年左右便已经开始，而且放缓的原因主要是由于技术进步及其商业应用正常的消退，并非经济危机本身。[2]或许确实是这样，但从直觉来看，金融危机会抑制生产率增长，这也说得通。这场危机减缓了研发、初创企业的步伐，以及对新资本设备的商业投资，还抑制了消费者需求。预计所有这些不利因素都将减缓新产品和更高效的新生产方式的推出。

由于前景明显一般，国会也没有提出任何新举措，货币政策成了对抗失业的"唯一手段"，这是沃尔克在对抗通胀时创造的说法。但短期利率的有效下限仍然是一个问题。接近于零的短期利率、价值数万亿美元的证券购买以及前瞻性指引，三管齐下共同帮助经济恢复增长，但并未使其完全恢复。又一次，是时候来点"新花样"了。从2011年到2013年，我们重新考虑了我们的政策工具、沟通方式，甚至总体政策框架。并非所有举措都进展顺利，2013年的债券市场"恐慌"就是例证。然而，这些变化最终帮助改善了经济和劳动力市场，并对货币政策的实施留下了持久的影响。

## 增强前瞻性指引

在格林斯潘和我担任美联储主席期间,联邦公开市场委员会越来越雄心勃勃地将前瞻性指引作为一种政策工具。2009年3月,在宣布第一轮量化宽松政策时,委员会曾表示"联邦基金利率将在相当长的一段时期内维持在极低水平",以此试图引导市场预期。两年多以后,这句话仍然保留在会后声明中。

以美联储的传统标准来看,这是强硬的措辞,但是并未达到预期的强度。首先它很模糊,没有具体说明"相当长"可能有多长,也没有就提高利率的条件提供指导。其次,该指导意见并不是一个高调的承诺,它只是表示委员会预计利率将维持在低位。事实上,一些批评人士,尤其是我在普林斯顿大学的前同事迈克尔·伍德福德(Michael Woodford)指出,"相当长的一段时期"的措辞可以被解读为联邦公开市场委员会只是说它对经济前景感到悲观,而没有对未来政策做出任何明确承诺。[3] 如果这样解读,我们的前瞻性指引会压抑家庭和商业情绪,其效果可能会适得其反。

我认为,我们的指导意见尽管并未表述为一个坚定的承诺形式,但确实造成了一种假设,即我们将保持耐心,在一段时间内将利率保持在接近于零的水平。此外,正在进行的证券购买和其他沟通方式——包括演讲和国会听证,也都强化了我们计划保持宽松政策的信号。不过,我还是同意伍德福德的观点,即更具体、更有力的指导会更好一些。

随着时间的推移,这种"相当长的一段时期"的表述力度明显不足。在2009—2010年,尽管工作人员分析已经得出结论(并且得到了联邦公开市场委员会内部很多成员的认可),联邦基金利率很有可能需要在好几年内都维持在接近于零的水平,然而期货市场(其中投资者们对联邦基金利率的走势进行押注)还是预期第一次加息不会

第七章 货币政策的演化:QE3和缩减恐慌

超过几个季度。因此，在许多市场参与者看来，"相当长的一段时期"并没有委员会大多数成员所希望的那么长。市场很有可能将美联储早些时候的政策周期作为参考点，在这些周期中，从宽松到紧缩的典型时间较短。我们需要采取更多行动，让市场相信我们在一段时间内不会提高目标利率。

在 2011 年 8 月 9 日的会议上，我们迈出了下一步。在指出当年经济增长令人失望之后，我们的声明提供了更明确的前瞻性指引。它表示我们预计"超低的联邦基金利率至少会持续到'2013 年年中'（并加以强调）"，也就是说还会持续近两年。声明还说，委员会正在讨论"一系列政策工具"，这表明可能很快会有进一步的政策创新。三位地区联邦储备银行行长对此持有不同意见，他们是达拉斯的理查德·费希尔、费城的查尔斯·普洛瑟和明尼阿波利斯的纳拉亚纳·柯薛拉科塔（Narayana Kocherlakota）。三人都认为新的货币刺激措施是不必要的，并倾向于保持声明中的指引性话语不变。对美联储的货币政策决议来说，三张反对票已经够多了，这表明人们对结果其实相当不满。

普洛瑟和其他几个人还认为，如果我们要对利率做出新的承诺，我们应该将其与特定的经济状况联系起来，而不是给出一个简单的日期。联邦公开市场委员会在 2011 年 8 月的声明中做出了一个"时间依赖性"的承诺，只将联邦基金利率的未来走向与某一个时间点相关联。普洛瑟认为，如果我们要做出承诺，它应该是"状态依赖性"的，即应该具体说明在什么样的经济状态下，美联储才会调高利率。

至少在原则上，"状态依赖性"的承诺对未来经济事件的反应会更加灵活和敏捷。普洛瑟和那些赞同他观点的人担心，如果经济状况改善得比我们预期得更快，我们做出的"时间依赖性"的承诺将迫使我们将联邦基金利率维持在较低的水平并比理想情况下维持更长的时间。与之相反，一项"状态依赖性"的承诺，比如将利率与失业率情况挂钩，会给我们更快收紧货币政策的灵活性。当然，"状态依赖性"的承诺也可以在另一个方向发挥作用,如果经济情况出乎意料地恶化,那么我们也可以有效地延长承诺期限。"时间依赖性"的承诺就没有这种良好的自我调节特性。事实上,由于对经济前景的持续失望,2012年1月,我们同意将承诺延长一年半,即"至少到2014年底",然后在2012年9月再次延长"到2015年年中"。值得注意的是,后两项承诺的期限都超过了我作为美联储主席预期的任期,令人鼓舞的是,在美联储做出后两次承诺时,只有一个人持反对意见——里士满联邦储备银行行长拉克尔。

普洛瑟提出了一个有效的概念性观点,尽管他的经济预测被证明过于乐观。事实上,联邦公开市场委员会后来确实使用了"状态依赖性"的政策指引来传达其关于短期利率和证券购买的计划。然而,2011年8月,我认为基于时间的指导是最佳选择。鉴于市场对政策的预期与我们自己的预期之间存在分歧,我们需要采取一些戏剧性的举措来引起市场的注意。由于政策制定者永远无法充分说明触发政策变化的条件,因此"状态依赖性"指导存在着模糊性和被误解的风险。相比之下,直接给出日期简单而直接,直接的方式在当时似乎是最好的。

经验表明,正确的指引形式取决于具体情况。事实上,基于时间点和基于经济状态的这两种政策指引方式都仍在使用。例如,日本银行在2016年承诺,只要还需要"以稳定的方式"将通胀提高到2%的目标上,就会继续其高度扩张性的政策(这是一种状态依赖性政策指引),而欧洲央行近年来曾数次承诺,至少在某个特定日期之前都会将其政策利率维持在低点(这是一种时间依赖性政策指引)。无论如何,我们2011年8月的政策指引看起来都是有效的。利率确实下降了,并且调查发现,作为前瞻性指引的结果,金融市场参与者希望我们在提高利率方面表现出更大的耐心。[4]

尽管新的指导意见增强了刺激力度,但我们并不认为它本身会改变游戏规则。接下来的几次会议对其他可能的选项进行了深入探讨，包括改变基本货币政策框架的可能性。

## 期限延长计划（MEP）

2011年秋，我和许多同事认为，货币政策不仅必须做得更多，而且必须找到新的方式。探索各种选择并达成共识需要时间。然而，经济需要尽快得到额外的支持。作为一项临时措施，2011年9月，我们决定在2012年6月底之前购买4 000亿美元的更长期限的国债（6~30年期）。

我们预计新一轮的证券购买会像前几轮一样，增加对长期证券的需求，从而压低其收益率，更普遍地缓解金融状况。但是，我们没有像QE1和QE2那样通过新的银行准备金来筹措资金，而是决定通过出售等量的、期限为3年或更短的短期国债来达到这一目的。其结果是，尽管这次购买行为大幅延长了美联储所持证券的平均到期日，但资产负债表的总体规模并未发生变化。

这一长期证券购买计划与以下观点一致，即我们的购买主要通过减少长期证券的净供应量，从而提高其价格、降低其收益率，而不是通过增加银行准备金或货币供应来起作用。我们希望它至少能像早期的证券购买一样有效，同时或许能安抚内部和外部的批评人士，他们担心增加银行准备金可能导致更高的通胀或金融不稳定。

我们的新方法也有缺点。首先，它的规模受到我们持有的3年或更短期限证券数量的限制。一旦我们卖掉它们，我们就不得不重新通过建立银行准备金来为购买融资。其次，转向长期证券将使我们更难在时机成熟时从庞大的资产负债表中退出，因为我们所持债券平均需要更长的时间才能到期。不过，这似乎是一个有用的过渡手段。工作人员估计，这将提供有意义的额外刺激，同时使委员会有时间讨论更全面的战略方案。

我们称这个新项目为"期限延长计划"。像往常一样,市场和媒体没有理会其官方名称,而是将其命名为"扭曲操作"(Operation Twist)。这来源于美联储在20世纪60年代推出的一个项目。在最初的"扭曲操作"中,在主席马丁的领导下,美联储购买长期债券、出售短期债券,目的是为了"扭曲"收益率曲线,也就是说,降低长期利率(经济刺激支出),提高短期利率(目的是为了保护美元汇率)。后来的分析人士认为,早期该行动影响不大,可能是因为其规模小,而且是暂时的。[5] 与20世纪60年代的前身相比,期限延长计划的规模更大,持续时间也更长。与最初的"扭曲操作"一样,该计划旨在降低长期利率,但我们并不认为短期利率会上升,因为体系中已经存在的高水平银行准备金使短期利率接近于零。

## 增加透明度:通胀目标和《经济预测摘要》

尽管存在有效下限的限制,但关于如何使货币政策更有效的辩论,引发了对我们的政策框架的更广泛讨论。如果我们要提供有用的指导,以及对货币政策计划进行具有连贯性的解释,那么能够更具体地说明我们的目标、展望和对适当政策的看法会大有帮助。对我和大多数联邦公开市场委员会参与者来说,这意味着更清楚地了解指导我们行动的框架。委员会花了许多时间来考虑各种可能性。

经过这些审议,委员会在2012年1月批准了货币政策的一份原则性声明,这在美联储历史上是首次。在这份报告中,我们宣布了一个正式的通胀目标——每年2%,由个人消费支出价格指数衡量。我们的发言强调,通过这一目标并不意味着我们不再对促进充分就业感兴趣。相反,我们将采取一种"平衡的方式",对国会规定的美联储的两个目标,即维持物价稳定和促进充分就业给予大致相同的权重。

设定通胀目标的想法并不新鲜。事实上，到2012年，它已逐渐成为国际标准。从1990年新西兰储备银行开始，许多央行都宣布了通胀目标（有时是通胀目标范围）。在发达经济体中，这些银行包括英格兰银行、欧洲央行、瑞典央行、澳大利亚储备银行和加拿大银行。制定通胀目标的中等收入国家包括巴西、墨西哥、智利、以色列和南非。

为什么要设定通胀目标？其基本原理并非把控制通胀作为货币政策的唯一目标。在实践中，所有实行通胀目标制的央行，其通胀目标其实都是"灵活的"，这意味着它们保留了追求多个目标的空间，包括就业和经济增长，只要这样做与随着时间的推移实现通胀目标一致即可。出于对就业和其他目的的关注，没有一家央行选择把通胀为零，即字面上的价格稳定作为目标。通过降低债券交易者的通胀预期，将平均通胀设定为零，这将意味着极低的名义利率。低中性利率反过来又会增加这样一种风险，即有效下限的存在将阻止货币政策制定者对衰退做出有力回应。因此，美联储2%的通胀目标旨在平衡我们双重任务的两个部分——这个数字低到足以确保物价的稳定，但同时又高到足以保持我们追求充分就业的能力，可以提供降低利率的空间，而不触及有效下限。

作为一名学者，我曾对通胀目标的研究做出过贡献——主要是与哥伦比亚大学的弗雷德里克·米什金（Frederic Mishkin）合作，他在金融危机期间担任美联储理事会成员。[6]我认为通胀目标是一个更透明、更系统的框架的关键要素，它将使市场和公众更容易理解和预测政策。正如米什金和我的研究证明的那样，为了充分享受通胀目标带来的好处，央行所做的远远不只是简单地宣布一个数字那么简单。他们还提供了更多关于预测、风险评估和预期政策反应的信息，包括在某些情况下对政策利率的预测。米什金和我认为这种透明度会使前瞻性指引更加有效、减少不确定性，因为外部人士可以更深入地了解推动政策的考虑因素。高透明度还可以更好地支持央行的独立性，因为这有助于政治家和公众更好地理解政策规则的基本原理，从而缓和民主监督和央行行长（并非通过民主选举当选）之间的紧张关系。

关于通胀目标的争论与另一个长期存在的争论有重叠之处，即货币政策应按规则运行还是应该酌情决定。政策应该按照规则运行的支持者，如经济学家约翰·泰勒（John Tyler）在1993年提出的数学公式规则，认为决策者应该根据一个简单的数学公式来设定短期利率，在这个公式中只包括当前的失业和通胀水平。[7]如果能够严格遵循某条政策规则，确实会使政策变化易于预测，并能防止政策制定者过分偏离既定标准，例如，对通胀上升的反应与以往大不相同。问题在于，严格的政策规则没有留给人们根据规定之外的信息做出判断的空间，因此无法轻易适应特殊情况，比如2008年的金融恐慌或2020年的新冠肺炎大流行。诸如失业与通胀之间的关系或利率对支出的影响都会随着经济结构的不断变化而变化，同样也给固定规则模式带来了问题。

相比之下，如果政策是酌情处理，那么利率决定是通过一次又一次会议，利用所有可获得的信息做出的。自由裁量的方式更能将特殊因素或结构性变化考虑在内，高度重视灵活性的政策制定者更喜欢这种方式。但对于市场参与者来说，纯粹的酌情处理的政策更难理解或预测，对存在风险或从未尝试过的政策提供的保障更少，总体上的可问责性也更低。酌情处理的方法也限制了前瞻性指引作为政策工具的使用，这是由于政策制定者对未来的政策行为无法提供保证。

米什金和我认为，通胀目标制是严格的政策规则和完全不受限制的自由裁量权之间的合理妥协，允许决策者拥有我们所称的"有限制的自由裁量权"。在受到限制的自由裁量权下，决策者可以判断特殊情况并权衡多项政策目标。但是，他们必须受到以下条件的限制：第一，要能够随着时间的推移实现通胀目标水平；第二，要公开解释他们的决定。这些要求提高了可预测性和可问责性。此外，一个可靠的通胀目标制往往会稳定人们的通胀预期。20世纪70年代，阿瑟·伯恩斯试图控制通胀的努力一直受到通胀预期控制不力的困扰，这导致具有破坏性的工资–物价螺旋形上升。公开宣布通胀目标，更重要的是要持续地实现它，这有助于避免上述情况。如果通胀目标是可信的，人们应该关注通胀的暂时变化，比如食品和能源价格的冲击，而不是将这些短期因素纳入自己的长期预期以及工资和价格制定行为中。

鉴于公开设定通胀目标已经是国际大势，联邦公开市场委员会讨论这个话题并不令人惊讶。早在1989年，克利夫兰联邦储备银行行长李·霍斯金斯（Lee Hoskins）就曾提出，设定通胀目标将增强联邦公开市场委员会政策制定的前后一致性。[8]在联邦公开市场委员会会议上，格林斯潘多次允许对这一想法进行深入讨论，包括1995年时任美联储理事会成员的珍妮特·耶伦与里士满联邦储备银行行长阿尔·布罗德斯之间的一场正式辩论。在那场辩论中，耶伦反对仅以通胀为政策目标，但她随后成为应当设定官方通胀目标的坚定支持者，她认为这个目标要足够灵活，可以将美联储的就业目标与通胀目标结合在一起。1996年7月，委员会支持以2%的"非正式"通胀目标为基础来实施货币政策。格林斯潘同意了，但前提是不对此目标进行公开讨论或承诺，这一附带条件消除了设立目标的许多好处。[9]

联邦公开市场委员会在2003年承认通胀可能过低也可能过高，这表明美联储的确有一个隐藏的目标，因此关于通胀目标的话题再次被摆上台面。2005年2月，格林斯潘允许联邦公开市场委员会对通胀目标进行另一次广泛讨论。但他持续反对一个正式的、公开的目标，因此这个想法没有进一步发展。格林斯潘十分重视自由裁量权，他担心通胀目标可能会不必要地限制货币政策。他也有政治顾虑，如果美联储单方面宣布一个通胀目标，国会是否会认为自己设定货币政策目标的特权已被剥夺，并通过限制美联储的运作独立性来做出回应？

当我在2002年被任命为美联储理事会成员时，媒体猜测我和格林斯潘会在设定通胀目标这一问题上发生冲突。我确实公开谈论过这个问题。我在一次演讲中指出，美国媒体将设定通胀目标制视为如同"公制"一样，是一种"外来的、难以理解的、略具颠覆性的东西"，然而我却不这样认为，并致力于继续推动这一改革。[10]格林斯潘从未公开反对过。我们进行了几次友好的讨论，但我对于说服他不抱任何幻想。

当我在2006年成为美联储主席时，我只是向着设定官方通胀目标走出了谨慎的一小步。我仍然认为这是一条正确的路，但我认识到还需要对联邦公开市场委员会做大量的工作。我在新职位上也更好地理解了格林斯潘提出的政治难题。在加拿大、英国等一些国家，包括通胀目标在内的货币政策体系是由政府和央行共同决定的。在其他一些区域，包括欧元区在内，是央行来确定与其职责相一致的数字通胀目标以及发布预测等支持性指标。我认为在美国最有能力确定通胀目标并制定框架，以实现国会赋予的稳定物价使命的机构非美联储莫属。但与政府和国会协商并争取到它们的支持似乎是明智的。

我没有试图立即引入一个正式的通胀目标，而是扩展了我们提供的有关经济和政策前景的信息，这些步骤将支持最终采用正式的通胀目标框架。自1979年以来，联邦公开市场委员会每年发布两次经济预测，作为其向国会提交的《货币政策报告》的一部分，但很少受到关注。在2007年9月的会议上，也就是我担任主席的第二年，联邦公开市场委员会批准了我的计划，即每季度发布经济预测，而不是每半年发布一次，预测期限由两年改为三年。预测是由联邦公开市场委员会参与者单独做出的，而不是由委员会集体做出的，由此产生的文件被称为《经济预测摘要》。我们提交了四个变量的预测：产出增长、失业率、总体通胀和核心通胀，然后在不归属于个人的前提下发布了这些变量，这样做的目的是更明确地表明委员会如何看待经济前景的演变。

随着时间的推移，我们扩展了《经济预测摘要》。2009年1月，我们在"适当的货币政策"的假设下，对通胀、失业和"较长期"的经济增长（定义为大约3～5年）进行了预测。这些长期估计为委员会的想法提供了重要的见解。特别是在适当的货币政策下，长期通胀预测是联邦公开市场委员会给出有效通胀目标范围的一种间接方式。大多数参与者倾向于2%左右或略低于2%的目标。失业率的长期预测值可以被解释为委员会对自然失业率u*的估计。

与此同时，我继续在美联储内外就正式采用通胀目标的问题征询意见。大多数联邦公开市场委员会参与者其实愿意接受［或者正如美联储理事会成员贝特西·杜克（Betsy Duke）所说，大家只是厌倦了在我们的会议上持续讨论这个问题］。我见了奥巴马的顾问，然后见了奥巴马本人，他告诉我政府并不反对。然而，众议院金融服务委员会主席、马萨诸塞州民主党人巴尼·弗兰克对此感到不安。就业率和生产率正在崩溃，他认为这是一个错误的心理时刻，即使是错误的，也给人一种美联储主要关心通胀的印象。因此，在某种程度上，2009年1月《经济预测摘要》中增加的长期通胀预测其实是针对弗兰克反对意见的一种迂回的解决方案。这比官方宣布一个目标要低调得多，但它至少隐含了一个目标区间。而且由于《经济预测摘要》中也对长期失业率进行了预测，因此我相信人们不会认为美联储把通胀的重要性置于就业之上。

当联邦公开市场委员会在2011年重新考虑其框架时，我请最近接替唐·科恩出任美联储副主席的珍妮特·耶伦领导一个小组委员会来研究这个问题。珍妮特的小组委员会建议我们正式采用2%的通胀目标，但我们也强调追求物价稳定和充分就业的平衡的方法。"平衡的方法"反映了（菲利普斯曲线所暗示的）现实，即货币政策有时可能会面临通胀和失业目标之间的短期权衡——尽管在2011年并非如此，当时高失业率和低通胀都是需要进行更多刺激措施的原因。在平衡的方法下，当目标相互冲突时，政策制定者会选择一条中间路径，既要同时反映两个目标的重要性，又要对那个偏离理想水平最远的目标进行额外的支持。

这些政策原则提出了一个显而易见的问题：为什么我们没有像对通胀那样对失业率设定一个数字目标？区别在于，从长期来看，货币政策而非失业率是通胀的主要决定因素。货币政策制定者可以为通胀设定一个目标，并期望至少在几年内达到这个目标，除非出现类似有效下限这样的复杂情况。值得注意的是，并没有所谓的"自然通胀"。从长期来看，通胀其实是货币政策（和财政政策）制定者行动的反映。

相反，虽然货币政策在短期内确实会影响失业率，但如果把时间拉长，在健康的经济中，失业率会倾向于接近自然失业率，而自然失业率主要由货币政策控制之外的因素决定。这些因素包括人口结构、劳动力技能、企业的需求和战略（例如，对自动化的依赖程度），以及劳动力市场中雇员和雇主的匹配效率。此外，自然速率既不能被直接观察到，也不可能随着时间的推移保持稳定，因此不能指望货币政策制定者将失业率无限期地固定在一个武断的长期目标上。尽管设定并期望达到固定的失业率目标是不可行的，但联邦公开市场委员会对长期并可持续的失业率水平的估计（这个数字会在季度《经济预测摘要》中发布），还是可以被视为对失业率设置的临时目标——哪怕这个目标充满了不确定性并且经常变化。在这种解释中，潜在的、平衡的方法的对称性变得更加明显。

2012年1月，当我们采纳并宣布新的政策原则时，我已经说服了巴尼·弗兰克。在金融危机及其余波期间，我们建立了相互信任关系。更重要的是，他现在明白了我们方法的平衡性本质。在通胀低于目标的情况下，新的政策框架与巴尼支持的货币宽松政策完全一致，这并没有什么坏处。包括官方通胀目标在内的政策原则的宣布进展顺利，没有遭到国会或政府的反对。

《经济预测摘要》也在继续演化。2012年1月的《经济预测摘要》与我们的原则声明同时发布，这是历史上第一个包含对联邦基金利率未来路径的预测（由联邦公开市场委员会参与者单独做出）。美联储观察人士把这幅显示利率预测的图表称为"点阵图"（Dot Plot）。委员会还开始发布一份条形图，总结参与者对联邦基金利率首次提高的年份的预测。

　　通胀目标和《经济预测摘要》已被广泛接受为美联储沟通的基本要素。点阵图则更有争议。简单地将其理解为联邦公开市场委员会每个参与者当前观点的汇总，它提供了有关这些参与者希望看到政策如何演变的有用信息，比提供个人演讲和采访的方式更加系统化。在许多情况下，点阵图提供了政策可能走向的线索，至少在给定当前信息的情况下是这样的，市场也会对重大变化做出相应的反应。例如，在我担任美联储主席期间，利率预测强化了持续宽松的信息——与之形成鲜明对比的是2009—2010年，当时市场错误地认为美联储将在不久的将来使利率"正常化"。另外，点阵图是对适当政策的个人观点的集合，它基于每个人对外部因素（比如油价或财政政策等）的假设，而不是集体观点或整个委员会的官方前瞻性指引。[①]点阵图预测是匿名的，因此也不能反映委员会领导层，尤其是主席在政策决策中的更大影响力。因此，每个季度后公布的《经济预测摘要》利率预测并不总是与委员会会后声明中的利率指引完全一致。这些差异有可能使政策信息变得混乱，并增加主席在新闻发布会上澄清委员会集体意图的负担。然而综合来看，通胀目标、《经济预测摘要》（包括点阵图）、新闻发布会以及更明确的前瞻性指引的使用，使货币政策明显变得更加透明。

---

① 我们试图开发属于整个委员会的经济和利率预测，就像其他一些央行（例如英格兰银行）所做的那样，但我们的经验让我们相信，联邦公开市场委员会太大、太多样化，而且地理位置太分散，这么做是不现实的。

# 第三轮量化宽松（QE3）：开放式资产购买

尽管2012年经济有所增长，但复苏的步伐，尤其是在就业市场，仍然令人失望——到目前为止，这是一种熟悉的、令人沮丧的话题。到夏末我们参加杰克逊霍尔年度会议时，失业率仍高达8.2%，大约40%的失业者已经失业6个月或更长时间。联邦公开市场委员会6月发布的预测反映了日益增长的悲观情绪。他们认为，到2014年年底，失业率仍保持在7%以上，而2014年已是两年之后，到那时经济复苏应该已经5年多了，他们还大幅下调了2012年和2013年的经济增长预期。预计通胀也将保持在我们新设定的目标之下。

联邦财政政策曾在危机后的头几年提振了经济，但现在却在拖累经济增长。联邦政府正走向"财政悬崖"——2012年底三个重要的财政截止日期将会同时到来。除非国会采取行动，否则联邦政府将在12月31日达到举债上限，布什时代的减税政策将到期，强制性支出削减（sequestration指"扣押"机制，即大幅削减政府开支）即将开始。幸运的是，国会避免了最糟糕的结果，但随之实施的增税（包括工资税临时降低2个百分点的措施终结）和削减开支在复苏仍不温不火之际对经济造成了打击。无党派的国会预算办公室估计，财政紧缩将使2013年的经济增长减少1.5个百分点。[11]由于担心美联储的独立性，我一般都会主动避免格林斯潘参与财政政策审议的做法，但当我认为财政政策的方向会危及美联储实现其既定目标时，不得不做出例外的举动。2009年，我支持财政刺激；2012年，我在听证和演讲中反驳认为适得其反的紧缩政策。在一个党派色彩和意识形态日益浓厚的国会中，我的评论几乎没有产生什么效果。

欧洲也仍然令人担忧。2011年11月，马里奥·德拉吉（Mario Draghi）接替让-克洛德·特里谢担任欧洲央行行长。德拉吉此前曾担任意大利央行行长，以及颇具影响力的国际监管机构——金融稳定委员会主席。他在麻省理工学院获得了经济学博士学位，和我一样，他也师从斯坦利·费希尔。德拉吉带领欧洲央行迅速转向鸽派，扭转了2011年的两次加息。更重要的是，2012年7月德拉吉在伦敦的一次演讲中承诺要"不惜一切代价保护欧元"，这一承诺帮助平息了意大利、西班牙和其他国家债务市场不断升级的危机。[12]但是，面对德国及其盟国的反对，德拉吉领导的欧洲央行在大规模证券购买方面落后于其他主要央行，同时欧洲的财政支持也很有限。背负沉重债务负担的政府被迫采取紧缩措施（削减预算和增加税收），而有支出空间的政府也通常选择不去花钱。其结果是，欧洲经济依然疲弱，出现全面通缩的风险越来越大。欧元区经济的疲软也外溢至包括美国在内的贸易伙伴。

截至2012年年中的经济前景为采取更多的货币刺激提供了强有力的理由——假设我们拥有实施货币政策的工具。我们已经把期限延长计划的截止日期从2012年6月延长到了年底。这使我们承诺在未来六个月内每月购买450亿美元的长期国债，资金来自出售剩余的短期国库券。这似乎还不够。在宣布延长期限延长计划的同一份声明中，联邦公开市场委员会表示"准备在适当时采取进一步行动"。8月31日在杰克逊霍尔会议上，我再次强调了这一信号，称疲弱的就业数据"令人严重关切"，并表示我们将"根据需要，提供额外的宽松政策，以促进……劳动力市场状况的持续改善"。[13]

在我进行铺垫之后，毫无疑问，联邦公开市场委员会将会持续跟进。当年9月，美联储批准了一项新的证券购买计划，后来很自然地被称为第三轮量化宽松（QE3）。为了向房地产市场提供更多帮助，我们首先在延长的期限延长计划下，在每月450亿美元持续购买长期国债的基础上，新增加每月购买400亿美元政府资助企业担保的抵押贷款支持证券，从而使我们每月的采购总额达到850亿美元。在同一次会议上，我们还延长了前瞻性指引，承诺低利率"至少持续到2015年年中",要知道2015年离当时还有将近三年之远。2012年12月,为了取代即将到期的期限延长计划,委员会同意继续每月购买450亿美元的国债(由增加银行准备金来提供资金来源),从而保持每月购买总额为850亿美元不变——其中450亿美元为国债,400亿美元为抵押贷款支持证券。按照这个速度(每年接近1万亿美元),QE3很快就会让QE2相形见绌。

更为关键的是,与之前的证券购买计划不同,QE3是开放式的,没有购买总额或结束日期。相反,联邦公开市场委员会表示,"如果就业市场的前景没有大幅改善",那么购买将继续,直到出现改善。换句话说,购买的持续时间和规模不是预先确定的,而是取决于我们对劳动力市场的评估。这是一种状态依赖性承诺,而不是一种时间依赖性承诺。我希望开放式的承诺能够给市场吃下定心丸,如同德拉吉"不惜一切代价"的承诺,美联储将在需要时一直守护——有始有终,不离不弃。

尽管只有一票反对QE3——来自里士满联邦储备银行的杰夫·拉克尔,他一贯反对宽松政策——但QE3的政策在委员会内部仍存在争议,而且随着时间的推移变得越来越激烈。不幸的是,这种分歧将使我们的沟通变得复杂,并在联邦公开市场委员会内部和市场中都产生不确定性,即我们将继续购买证券多长时间,以及在什么条件下才会结束购买。

委员会内部的疑虑类似于对前几轮量化宽松的担忧,但由于第三轮量化宽松的开放性,疑虑更为强烈。大体而言,这些保留意见分为两类:对QE3有效性的怀疑,以及对其潜在成本和风险的担忧。在有效性方面,内部经济学家提出的分析表明,新的证券购买将通过压低长期利率来帮助加速复苏,但几名联邦公开市场委员会的参与者对此表示怀疑,认为预期的收益大到不切实际。他们正确地指出,尽管之前进行了几轮购买,但经济复苏仍然令人失望,对这个相对未经测试的工具的影响进行估计，充其量是高度不确定的。如果购买计划实际上不是很有效，那么无限期地承诺在情况好转之前会持续购买，可能只会导致美联储的资产负债表不断膨胀，使最终退出该计划的过程复杂化，而不会在就业或经济增长方面带来多少好处。［美联储理事会成员杰里米·斯坦（Jeremy Stein）将此称为"土拨鼠日"发生的场景：持续购买，结果令人失望，从而迫使玩家购买更多，无限循环。］实际上，怀疑论者认为，实施一项无效的计划可能比什么都不做更糟糕，因为这将削弱公众信心，损害美联储在金融市场上的信誉。

关于成本和风险方面的担忧，一些联邦公开市场委员会的参与者认为，长期的低利率可能会导致金融不稳定，就算不立即发生，也是迟早的事。例如，持续的低收益率可能会导致投资者冒不合理的风险来获得更高的回报（"逐利行为"），或者过度借贷，使他们在未来的冲击面前变得脆弱。另一个担忧是，如果长期利率出人意料地上升，美联储持有债券的市场价值可能会大幅下跌，导致我们的投资组合出现巨额账面亏损。[1] 与此相关的是，当时机成熟时，我们提高短期利率的计划是向银行在美联储的准备金支付利息。由增加银行准备金资助的新证券购买计划，将增加我们未来必须向银行支付的总利息，从而减少我们上缴国库的利润。正如圣路易斯联邦储备银行行长吉姆·布拉德（Jim Bullard）等人指出的那样，我们投资组合的亏损以及定期向财政部支付的款项的减少或停止（这些钱转而流向银行），都可能会为国会山众多的批评者提供有力的弹药。

在2012年12月的会议上，我们宣布QE3将会是开放式的，在此之前，我们对联邦公开市场委员会的参与者进行了一次内部调查，大

---

[1] 根据美联储的会计程序，任何损失只有在证券售出后才会被正式确认，这只是一个小小的安慰。

家认为"金融不稳定"和"美联储投资组合上的损失可能性"是他们最担心的两个风险。除了可能难以从历史上规模巨大的资产负债表中退出，其他担忧还包括证券市场功能受损的风险，以及对一些鹰派成员而言，一连串的货币刺激措施可能在某个时候引发通胀飙升。一些受访者提到了可能存在"意料之外"或"完全未知"的副作用，这反映了对此政策的不确定性相当普遍。我认为好消息是联邦公开市场委员会的参与者对这些风险的评级都不超过"中等"，这表明大多数人认为新购买计划的潜在负面影响是可以忍受的。

就个人而言，我越来越相信新的证券购买计划将帮助美国经济，美国经济也非常需要它，并且开放式的计划可能会比之前的固定规模计划更有力，更能激发信心。我还在12月告诉委员会，基于我们的经验，到目前为止，大部分对成本和风险的担忧并不足以阻止我们前进，尽管我也承认还有许多我们不大明白的内容，尤其是货币政策和金融稳定之间的联系。但是正如珍妮特·耶伦在会议上所说的那样，鉴于我们对经济的悲观展望，什么都不做也有重大风险。

然而在了解了委员会的关切之后，我同意关于大规模购买证券的效力和成本，我们还需要了解更多，而且我们了解到的情况可能会影响我们对继续购买证券的看法。因此，虽然我认为现在是尝试一种开放式、状态依赖性手段的时候，但我并没有敦促委员会将结束证券购买计划与一个具体的指标，例如失业率水平挂钩。相反，为了保持一定的灵活性，我支持使用更加定性的措辞，即在结束QE3之前，需要"大幅改善劳动力市场前景"。

在获得了广泛赞同的情况下，我还建议在决定未来购买的速度时，我们应当说"适当考虑（它们）可能的效力和成本……"，这是一条免责条款。它留下了一种结束购买证券的可能性——不是因为我们的经济目标已经完全实现，而是因为已经确定该计划没有发挥作用或成本过高。我们希望不必援引免责条款，因为这将是对政策失败的承认。而且，项目成本超过收益也很难确定并随后向公众传达。但这条表述安抚了那些担心美联储最终会陷入"土拨鼠日"无限循环且无法自拔的联邦公开市场委员会的参与者们。

除了宣布延长QE3以重申我们保持低利率的承诺外，2012年12月，我们还改变了对联邦基金利率的前瞻性指引。与QE3证券购买同步，我们根据经济运行结果制定利率指引，基于我们对政策利率变化的更深入理解和操作经验，我们可以很轻松地量化额外开支。通过采用芝加哥联邦储备银行主席查尔斯·埃文斯倡导的一种方案，取代"到2015年年中为止保持低利率"的承诺，我们预计联邦基金利率将保持在低水平，前提是：第一，失业率保持在6.5%以上；第二，我们对未来一到两年通胀的预测保持在或低于2.5%。也就是说，按照我们在年初宣布的"平衡方法"，如果能够降低失业率，我们愿意支持适度超出新通胀目标作为代价。[1]重要的是，这些新的、更明确的条件只是门槛，而不是触发因素，投资者和外部评论人士有时似乎忽略了这一区别。我们并没有说当失业率降到6.5%时一定会提高利率，我们只是说在失业率降至6.5%之前，我们对加息完全不考虑。事实上，正如所发生的那样，在失业率降至5%之前，联邦公开市场委员会都不会提高联邦基金利率。这表明，回顾过去，我们的指导意见本可以更加有力。

总的来说，从2011年8月我们推出更强有力的时间依赖性政策，一直到2012年12月我们确认了在第三轮量化宽松政策下850亿美元的无限制购买步伐，以及前瞻性的、状态依赖性的指导政策，我们已经大幅放松了货币政策。这些新措施反映了我们对经济发展的持续失望。就个人而言，我还看到，通过四年的经验，我们对自己的新政策

---

[1] 会议上公布的《经济预测摘要》显示，失业率在2015年底会接近6.5%，因此，正如联邦公开市场委员会在其声明中指出的那样，新的指导意见与它所取代的时间依赖性指导意见是一致的。

工具的理解有所改善（尽管仍不完美），这将使成本–收益的平衡向有利于行动的方向倾斜。

## 缩减恐慌

不幸的是，在我看来，许多联邦公开市场委员会参与者对QE3的耐心比我预期的要少，尽管在2013年的大部分时间里，QE3的延续多次得到11：1的投票支持，只有堪萨斯城联邦储备银行行长埃丝特·乔治（Esther George）表示反对。（当年年初，投票成员的名册发生了变化，之前一直反对货币宽松政策的杰夫·拉克尔没有参加投票。）但是随着美联储资产负债表规模的逐渐膨胀，与当初QE3刚推出的时候相比，其他联邦公开市场委员会参与者试探性地表现出的保留态度越来越明显。

在2013年3月的会议上，美联储工作人员提交了新的研究报告，并再次辩称证券购买将降低长期利率，帮助经济发展，潜在成本仍处于适度和可控范围。但是QE3仅仅启动了几个月，联邦公开市场委员会中的许多人似乎已经开始重新考虑。4月10日公布的3月会议纪要显示，许多参与者认为，"从未来几次会议的某个时候开始，可能有理由放慢购买步伐"。[14]

作为一名学者，我曾批评日本银行在20世纪90年代末对其创新性货币政策的承诺三心二意，认为日本银行的矛盾态度限制了这些政策对市场参与者预期的作用，从而也对经济产生了影响。[15]我担心联邦公开市场委员会内部持续不断的分歧会产生同样的效果。相反，一个不同的问题出现了。即使有影响力的联邦公开市场委员会成员公开主张证券购买计划是有限度的，我们在3月的会议记录报告中也明确说道，一些联邦公开市场委员会参与者支持在2013年底甚至更早放缓QE3的资产购买，但是我们的市场联系人和一系列调查表明，许多投资者认为QE3会以当前的速度持续更长的时间——可能一直到2014年，我对这种脱节十分担心。

作为主席，我肩负着向外界传达联邦公开市场委员会的决定和计划的任务，这一任务的操作难度日益增加。一方面，我想传达美联储对支持经济复苏和创造就业的持续承诺，特别是在财政政策变得弊大于利的情况下。另一方面，经济开始出现一些改善迹象。失业率从2012年9月宣布第3轮量化宽松之前的8.1%降至2013年4月的7.5%。而且，由于委员会对QE3可能产生的副作用越来越担心，我需要解释购买步伐放缓的时间可能会比市场上一些人预期的更早。由于持续QE3的条件是定性的和主观的，因此存在很大的误解空间。

2013年5月22日，在国会联合经济委员会听证时，我第一次尝试在资产购买问题上争取一些灵活性。我指出，总的来说，我们购买证券的速度将取决于经济的发展。我还重申了5月联邦公开市场委员会声明中增加的指导意见，其中强调，即使在购买行动停止后，联邦公开市场委员会也不会急于提高其基金利率目标。

在问答环节，议员们试图让我说出何时结束QE3。面对压力，我专注于该计划的目标，那就是劳动力市场前景的显著改善，并说道："如果我们看到持续改善并且有信心将它持续下去，那么我们可以在接下来的某次会议中放慢我们的采购步伐。"我提供了一个限制条件："……如果我们这样做，这并不意味着我们会自动地朝着完全结束购买的目标前进。相反，除此之外，我们会观察经济如何发展，并根据情况提高或降低我们的购买速度。"[16]

新闻报道抓住了我关于"在接下来的某次会议上"可能会"降低"购买速度的评论。同一天晚些时候，联邦公开市场委员会公布了4月会议的纪要，显示出委员会内部出现了紧张局势。会议纪要显示，一方面，尽管"大多数"联邦公开市场委员会参与者认为，自推出QE3以来，劳动力市场取得了进展，但"许多"参与者希望在放慢购买步伐之前看到更多进展。另一方面,根据新的会议纪要,"非常多"的参与者表示,如果改善的迹象足够强劲,他们愿意"最早在6月会议上"——也就是下个月,就开始减少购买。[17]总体而言,美联储的声明暗示,2013年晚些时候可能会开始放缓购买,但真正这样做的前提条件仍然十分模糊。市场将这一信息解读为鹰派立场。标准普尔500指数在5月22日至6月5日之间小幅下跌约3.5%。10年期美国国债收益率的变动更为显著,从4月30日到5月1日的会议再到6月的会议,变动幅度约为0.5个百分点。

6月的联邦公开市场委员会会议至关重要,会上发布了新的经济预测,我随后召开了新闻发布会。经济方面的消息还算是令人鼓舞,在《经济预测摘要》中,联邦公开市场委员会的参与者降低了他们对未来两年失业率的预测。委员会的普遍看法是,到2014年年中,失业率将降至7%;到2015年初,失业率将达到6.5%,而委员会曾表示,6.5%正是考虑加息的门槛。在这次会议上,委员会开始关注7%的失业率,这一水平被认为是劳动力市场相比于QE3开始时的大幅改善。工作人员还报告称,其对一级交易商的调查显示,针对QE3可能的持续时间,市场预期与我们自己的预期之间的明显脱节似乎已经缩小,这或许既是对我的公开评论的反应,也说明市场前景有了一些改善。交易商告诉我们,他们预计美联储会从2013年12月开始"缩减购买"(尽管2013年9月也有可能),QE3将在2014年的某个时候完全结束。考虑到我们的经济预测,这些结果大致与2014年中期停止购买证券的计划相吻合,届时预计失业率将降至7%。

经过一场有争议且无结果的讨论后,联邦公开市场委员会决定保持其声明不变,并要求我在会后的新闻发布会上解释我们的计划。我的任务是在经济如预期那样好转的前提下,勾勒出放缓证券购买的情景。委员会成员一致认为,7%的失业率可以作为我们需要看到的劳动力市场改善程度的指标之一,但由于失业率以外的因素也与评估劳动力市场情况有关，因此我们购买的结束日期并不会完全与7%挂钩。

在新闻发布会上，我回顾了联邦公开市场委员会的季度预测，然后解释了我们的计划，强调这是依情况而定的，取决于经济的发展。"如果即将公布的数据与预测大体一致，"我说，"委员会目前预计，今年晚些时候将放缓月度证券购买步伐的计划是合适的。""如果接下来的数据与我们目前对经济的预期持续保持一致，我们将在2014年上半年继续分步放缓采购计划，并在年中左右结束购买。在这种情况下，当资产购买最终结束时，失业率可能会在7%附近……与委员会宣布证券购买计划时普遍存在的8.1%的失业率相比，这将会是一个实质性的改善。"我再次强调："任何考虑通过提高短期利率来踩刹车的必要性仍然还很微小。"[18]

当回到办公室时，我认为这次记者招待会已经完成了我们的主要目标。我已经制订了减缓然后结束QE3的计划，根据我们的调查结果，这个计划与我们认为的市场预期非常吻合。事实上，与最近联邦公开市场委员会会议纪要中显示的观点相反，许多人支持在年底前就停止购买，而我却暗示购买很可能会持续到2014年。我已经重申，放缓购买并不意味着我们计划进行完全反向的操作，即很快提高联邦基金利率。

然而，市场反应很消极。10年期国债收益率上升了0.1至0.2个百分点，股票当天下跌了约2%。长期走势更令人担忧：从我5月在联合经济委员会提供听证会证词到9月，10年期国债收益率上升了整整一个百分点，从大约2%上升到3%，这导致了货币环境的显著紧缩。这一事件与1994年的债市"大屠杀"十分相似，被称为"缩减恐慌"（Taper Tantrum）。他们的反应令我困惑：我曾预料到讨论放缓购买会引发一些反应，但我也认为，由于我提出的计划接近市场预期，这应该会限制人们的反应幅度才对。

回想起来，一级交易商的调查似乎并没有涵盖所有债券持有人的观点。一些交易员显然认为购买会持续更长时间，他们的口号是"无限量化宽松"。当这些交易员意识到QE3有限时,他们争相抛售长期国债。这一意外的抛售给市场带来了冲击。另一个未能传达成功的消息是,在新闻发布会后,市场开始对联邦基金利率相对短期的上涨进行定价,由此推断一旦美联储收紧证券购买计划,它很快就会提高短期利率——尽管我们已经为考虑加息设定了条件。

在接下来的一个月里,我和联邦公开市场委员会的同事们四处奔走,试图纠正这些错误观念。我们传达的信息是,货币政策过去是、将来也将是高度宽松的;如果经济放缓,减少购买的步伐将会放缓,甚至推迟;即便是在新的购买行动停止之后,美联储持有的大量证券也将继续压低长期利率。而且,重要的是,我重复了在5月听证会证词和6月新闻发布会上的信息,即在QE3结束后,短期利率仍将在很长一段时间内保持在低位。这一信息最终得到了传达,金融市场开始平静下来。

到了9月,市场普遍预期联邦公开市场委员会将宣布放慢购买步伐。不过我们推迟了公布结果,以确保政策依然足够宽松,以支持劳动力市场的持续复苏,这给了市场一个温和的惊喜。我们还担心联邦政府可能会关闭,事实上,这已经从10月1日开始发生。最后在2013年12月,我们宣布了逐步退出QE3的第一步,将每月购买额从850亿美元减少到750亿美元。正如我在6月指出的那样,逐渐减少购买一直持续到2014年,最终在10月结束。与此同时,为了使利率政策与证券购买计划分开,我们加强了2012年12月的前瞻性指引,承诺在失业率即便下降到6.5%以下的"相当长的一段时期"后,尤其是如果通胀继续低于2%的目标的话,我们仍将保持低利率。

幸运的是,"缩减恐慌"并未对美国经济复苏造成明显损害。我们曾预计,到2014年中期QE3结束时,失业率将降至7%。但实际情况比预计的要好。2013年12月,当我们宣布放缓购买时,失业率已经降至6.7%。到2014年10月购买结束时,失业率已达到5.7%,比宣布第三轮量化宽松政策时的水平低了大约2.5个百分点。此外,尽管

第七章 货币政策的演化:QE3和缩减恐慌

面临增税和削减开支的财政政策阻力，2013年美国经济仍以相对强劲的2.5%的速度增长。以任何标准衡量，劳动力市场的前景和整个经济的前景都有了实质性的改善。尽管沟通出现了障碍，但几乎可以肯定，货币政策对这种改善起到了促进作用。

"缩减恐慌"对一些新兴市场经济体的负面影响要大得多。当美联储压低美国利率时，一些投资者会被新兴市场国家通常能获得的较高收益率吸引。这些资金的流入使新兴市场国家的货币走强，提高了它们的股票和其他资产的价格，并增加了银行贷款，有时会导致经济繁荣。相反，当美联储提高美国利率——或者市场预期会这样做，比如缩减恐慌——这个过程就会逆转。正如我们在20世纪90年代墨西哥金融危机和亚洲金融危机中看到的那样，在美国紧缩政策之后，大量"热钱"，即短期投资会从新兴市场流出，这导致其货币大幅贬值（提高了其国内通胀），同时股价下跌，银行贷款减少。那些依赖外资为其巨额贸易或预算赤字融资的国家，或者金融监管体制不发达的国家，尤其容易受到冲击。在2013年的缩减恐慌动荡中，受打击最严重的国家是所谓的"脆弱五国"：巴西、印度、印度尼西亚、南非和土耳其。

就印度而言，曾任芝加哥大学教授、国际货币基金组织首席经济学家拉古拉姆·拉詹（Raghuram Rajan）出任印度央行行长后，情况平稳了下来。他为印度的货币政策增加了可信度，并实施了金融改革。拉詹经常雄辩地批评发达经济体（尤其是美国）的货币政策，他认为这些政策对新兴市场的金融溢出效应关注不足。拉詹并不否认美联储有时需要为了美国经济的利益采取强有力的措施，但他主张采取谨慎和可预测的方法来最大限度地减少溢出效应。在我看来，美国货币政策的潜在溢出效应是美联储提高透明度的另一个有力依据。

我从缩减恐慌吸取到了不少教训。回过头来看，理想的情况是，我们应该从减缓和停止证券购买的一开始就提供更精确的标准，以及更多关于我们如何对证券购买和短期利率调整进行排序的信息。不幸的是，我们对采取更多量化宽松政策的收益和成本的不确定性以及内部存在的分歧，使各方难以就更具体的指导意见达成一致。此外，在2013年，不充分的市场情报误导我们，使我们认为自己的预期和市场预期是一致的。从那以后，美联储扩大了调查范围和信息来源，以降低这种误解的风险。

然而"缩减恐慌"的根源在于，美国经济在2012年需要美联储提供的与联邦公开市场委员会大多数成员愿意给予的存在矛盾。我认为开放式的量化宽松政策是正确的，尽管存在沟通问题，但它确实有助于经济和劳动力市场的发展。然而，为了达到最好的效果，该计划需要"不惜一切代价"的心态，而我无法说服委员会的参与者采纳这种心态。"缩减恐慌"是以下两种情绪相互脱节的结果：一种是"不惜一切代价"的逻辑，这种逻辑推动了开放式的QE3证券购买计划，是市场参与者普遍理解的；然而第二种却是美联储内部对此犹豫不决的态度。

我们现在有相当多的证据证明证券购买的有效性，也更有信心认为其成本虽然不是零，但总体上是可控的。正如美联储和其他央行对2020年大流行危机的反应所表明的那样，如今的货币政策制定者更愿意"不惜一切代价"来应对重大的经济风险，从而降低（虽然不能完全消除）政策制定者与市场之间脱节的风险。

## 不断变化的机构

我担任主席主持的最后一次会议是在2014年1月。当然，这场国际金融危机及其余波几乎占据了我8年的任期。但是，正如我在任期即将结束时向美国经济协会发表的演讲中表述的那样，我留下的很大一部分遗产是对美联储这个机构的改革，尤其体现在以下三个方面。[19]

第一，透明度和沟通性。在我的任期内，美联储提供了更多关于其目标、前景和政策计划的公开信息。关键的变化包括通胀目标的引入，政策原则的正式声明，大幅扩充《经济预测摘要》，包括对经济变量和政策利率本身的更长期预测，以及会后新闻发布会。更普遍地说，美联储现在更努力地向更广泛意义上的美国人（而不仅仅是金融市场参与者）解释其行动。

第二，对金融稳定面临的威胁给予更系统的关注。2007—2009年的危机清楚地表明，应对金融不稳定风险才是美联储和其他央行的核心任务，而非逐案处理偶尔发生的问题。与危机前相比，美联储现在以一种更加有组织的方式来监控金融体系。2010年，我在美联储成立了金融稳定办公室，负责监督美联储内部及其与其他机构的监督和协调工作。资深经济学家梁内利（Nellie Liang）是该办公室的第一任主任。该办公室现在是一个单独的部门，这意味着它的地位与负责货币政策分析、经济研究和预测以及银行监管的部门相当。该部门向理事会和联邦公开市场委员会汇报情况。在主席杰罗姆·鲍威尔的领导下，理事会开始定期发布评估金融不稳定风险的公开报告。

第三，主要是出于必要性，我在美联储任职期间开发和扩展了一套新的政策工具，包括美联储首次大规模证券购买和采用更明确的前瞻性指引。此外，在金融危机期间，我们引入以及扩大了我们的贷款工具，其中一些是基于我们的第13条第3款紧急权限——上次使用还是在大萧条时期。这些工具使美联储不仅可以向银行放贷，还可以向其他类型的金融机构放贷，甚至可以向非金融企业放贷。尽管这些工具对美联储在经济中扮演的角色及其独立性的最终影响仍存在争议，但有一点是可以确定的，那就是不论好坏，当代的美联储都拥有比过去强大得多的武器库。

## 第三部分
### 21世纪货币政策

## 从加息周期到新冠肺炎大流行

# 第八章

# 进入加息周期

2014年2月3日，被奥巴马总统选中接替我担任美联储主席的珍妮特·耶伦宣誓就职，她成为美联储第一位女性领导人。作为美联储的一名资深人员，珍妮特在金融危机期间及其余波中一直与我保持密切合作，我很高兴她被选中了。

耶伦上任前积累的相关经验比任何一位前任都多，这或许表明在经济政策制定过程中，女性要想获得领导地位会面临众多阻碍。1974年夏，她以访问经济学家的身份首次接触美联储。1977—1978年，她以专职经济学家的身份加入美联储，这从另一个方面改变了她的生活：她在美联储的自助餐厅里遇到了乔治·阿克洛夫（George Akerlof），他是她未来的丈夫，也是经常合作的论文作者。[①]不过，和我一样，在耶伦早期的职业生涯中，她大多时候都是经济学教授的身份。她先是在哈佛大学任教，然后去了伦敦政治经济学院，再后来去了加州大学伯克利分校。

耶伦曾为美联储理事会成员（1994—1997年），并于1997—1999

---

[①] 阿克洛夫后来因研究不完全信息如何阻碍市场正常运转而获得2001年的诺贝尔经济学奖。

年在克林顿总统任内担任总统经济顾问委员会主席。她还担任旧金山联邦储备银行行长（2004—2010年），这让她在整个关键时期都在联邦公开市场委员会占有一席之地。她于2010年担任美联储副主席。在这一岗位上，她参与制定了政策，并牵头努力改善我们的对外沟通，包括在2012年通过了正式的通胀目标。耶伦后来担任拜登总统的财政部长，这使她光鲜的履历上再添了浓墨重彩的一笔。

耶伦晋升之后，副主席一职空了出来。耶伦想要一个具有国际经验和声誉的强有力的"二号人物"，她向总统提议任命我以前的导师斯坦利·费希尔。费希尔和耶伦一样，也是凯恩斯主义经济学现代化的主要贡献者。在美联储以往任命的人中，他有一点与众不同之处，那就是他的政策经验是在美国以外的地方获得的——他曾于2005至2013年担任以色列央行行长。

基于耶伦的生活经历、学术研究和过往制定的政策，美联储观察人士有理由预计耶伦担任主席时将采取鸽派立场，并优先考虑美联储双重使命中的"充分就业"。她出生于1946年8月，在布鲁克林的湾脊工人社区长大，她的医生父亲在那里为码头工人和其他蓝领工人及其家人提供医疗服务。她在耶鲁大学研究生院的导师詹姆斯·托宾（1981年诺贝尔经济学奖得主）是一位杰出的自由主义经济学家。托宾是肯尼迪总统智囊团中的一员，他说服肯尼迪总统采取促进就业的凯恩斯主义政策。秉承托宾的学术研究精神，耶伦也支持政府应该大力对抗经济衰退的观点。在金融危机期间以及之后，耶伦都是美联储持续货币宽松政策中十分坚定的支持者之一，其目标是尽快恢复健康的劳动力市场。

有人认为耶伦非常关心降低失业率，这种看法当然是正确的，但作为美联储主席，她面临着一项复杂的平衡工作。她发现自己的处境与艾伦·格林斯潘差不多。在格林斯潘的前任保罗·沃尔克的领导下，必要的政策方向已然明朗：收紧货币以控制通胀。随着通胀成功得到控制，代价是带来一场严重的经济衰退。格林斯潘上任后，他所面临的更微妙且仍然艰巨的任务，就是巩固沃尔克时代的成果——在保持低通胀的同时促进经济增长和稳定。我与保罗·沃尔克一样，在担任美联储主席的大部分时间里，政策方向一直很明确——走向宽松，利用所有可用的工具来降低失业率，并提振过低的通胀。而耶伦则和格林斯潘相近，耶伦的主要任务是保持和扩大已经取得的进展，同时为最终回归到更正常的经济和货币状况做准备，使失业率较低，通胀达2%左右，短期利率高于零。

要实现经济复苏，需要在选择何时以及以多快的速度退出危机后的非常规货币政策方面做出谨慎的判断。许多国家的央行曾将短期利率推至零（或更低），但在耶伦上任时，没有一家央行能够成功逆转零利率政策。这在很大程度上取决于操作是否正确——过早或过快加息可能会扼杀经济复苏，迫使利率回落至有效下限，而过晚加息则可能引发通胀或金融稳定风险。

危机时代的政策退出从2013年12月开始，彼时我已接近任期的尾声，当时我们决定开始放缓QE3的购买，等待劳动力市场的持续改善。美联储上一次购买是在2014年10月，当时耶伦担任美联储主席。这标志着危机后美联储资产负债表的快速增长结束了，至少在一段时间内是这样。当时的资产负债表为4.5万亿美元，而2007年8月为8 750亿美元。随着美联储继续用新的证券替换即将到期的证券，资产负债表大致能够保持在2014年10月的水平。

未来的任务最终是在不破坏经济复苏的情况下，减少美联储的证券持有量，并提高联邦基金利率。政策收紧的这两个方面的推进速度都将慢于预期。这一延迟在一定程度上反映出全球事态发展给美国的前景蒙上了一层阴影，也反映了美联储正在对美国经济重新进行评估，比如政策制定者认识到中性利率延续了长期下降的趋势，经济变得更有能力在不刺激通胀的情况下维持极低的失业率水平，通胀行为本身实际上正在发生根本性的变化。当耶伦和她的同事们开始应对"新常态"时，他们发现，现有的货币政策并不像他们想象得那样具有扩张性，劳动力市场也不像他们想象得那样紧张。

## 为加息周期做准备

在新任美联储主席的任务中，相对简单的部分是监督QE3证券购买计划的持续放缓。而需要更加谨慎关注的部分，是委员会关于联邦基金利率未来的可能性走向的前瞻性指引。在我上次召开联邦公开市场委员会会议时，指引（最初是在2012年12月发布的）中宣布了购买QE3国债，且仍然将6.5%的失业率作为委员会可能考虑加息的门槛。我们当时还附加了一个条件，即首次加息很可能会在跨过失业率门槛"很久之后"才会发生。到2014年初，看起来可能很快就会达到6.5%的门槛，这增加了近期收紧货币政策的可能性。事实上，截至2014年3月，耶伦担任美联储主席召开首次例会时，失业率已经达到6.7%，而且大多数联邦公开市场委员会的参与者预计，利率到年底将降至6.1%~6.3%，这将低于指引所提出的利率。

正如我指出的，我们一直希望将6.5%的失业率作为一个门槛，而不是一个触发点。换句话说，失业率达到6.5%并不一定会导致利率上升，是否收紧货币政策的实际决定，将取决于联邦公开市场委员会对经济复苏持久性和通胀前景的评估。耶伦担心，门槛和触发点之间的区别可能会被误解。现有的指引意见可能会导致市场提前紧缩价格，而不是采取适当的措施。她知道，在任何情况下，从零开始都可能是棘手的，这对市场和仍然脆弱的经济都会产生不确定的影响。在3月的联邦公开市场委员会会议上，她强调了耐心的必要性："我希望每个人都对经济中呈现出的无数虚假曙光保持警惕。"[1]

2014年3月的会后声明不出所料：宣布再次放缓证券购买的步

伐，并重申可能会继续以"有节制的步骤"减少购买。更重要的是，耶伦改变了联邦基金利率目标的前瞻性指引。委员会下调了6.5%的失业率门槛，并表示在证券购买计划结束后"相当长的一段时期"内，将利率维持在接近零的水平，特别是如果预期通胀继续低于委员会设定的2%的长期目标。鉴于证券购买被认为可能在2014年秋季结束，该指导意见的目的是将首次加息的预期推迟到2015年。声明还首次暗示一旦开始加息，加息的步伐将是缓慢的，联邦基金利率将在一段时间内保持在中性利率以下，中性利率是正常政策利率的基准。

在会后的记者招待会上，耶伦对"相当长的一段时期"的定义是"大约6个月，或者类似的时间"。[2]这将使第一次加息发生在2015年初，显然比许多市场人士预期的要早。对一个记者提问的即兴回应将被证明是一次罕有的失误，因为她一直是一位小心谨慎的沟通者。市场开始出现抛售现象，尽管这只是暂时的。但现在流传的一种观点是，2015年是自2006年以来美联储可能提高政策利率的第一年。

自2008年开始实行接近零利率和量化宽松的证券购买政策以来，我们经常讨论美联储的退出策略，目的是让市场以及我们自己相信能够及时回到更正常的政策立场。在2011年6月的会议记录中，委员会公布了一套指导最终退出的原则。耶伦领导下的美联储对该计划进行了完善和澄清。2014年9月，随着一项声明证实QE3购买计划即将结束，以及加息的可能性也开始出现，联邦公开市场委员会发布了一份题为《货币政策正常化原则和计划》（"Policy Normalization Principles and Plans"）的文件。[3]

该文件确认，随着货币政策回归正常，联邦基金利率将重新发挥其作为主要政策工具的作用，而资产负债表变化至多起到辅助的作用。

美联储有几十年运作联邦基金利率的经验，市场参与者知道如何解读联邦公开市场委员会关于利率的信号。当联邦基金利率在2008年触及有效下限时，我们别无选择，只能转向量化宽松。但量化宽松是一种生硬的工具，其有效性和潜在的副作用甚至在2014年仍然存在争议。联邦公开市场委员会急于回归通过联邦基金利率而不是资产负债表来管理货币政策。

与2011年制定的基本方针一致，委员会同意首先提高联邦基金利率，其路径是通过提高支付给银行在美联储的准备金的利率。一旦联邦基金利率上升到足以为必要时的降息创造一些空间，那么资产负债表就有可能下降。从原理上看，这将通过结束用新证券取代到期证券的做法来实现。

随着到期证券的减少，资产负债表将会收缩，而美联储则不必直接出售证券。新的退出原则没有具体规定资产负债表的最终规模。但为了向批评量化宽松的人表示赞同，这些原则认为，从长远来看，美联储持有的证券不会超过有效执行货币政策所需的规模。这句话的确切含义将由委员会辩论一段时间。联邦公开市场委员会还表示，美联储持有的证券最终将以美国国债为主。至少在正常时期，将尽量减少抵押贷款支持证券的持仓，避免以牺牲其他行业利益为代价，过分地偏袒住房建设及销售。

## 加息周期：延迟与启动

经济在整个2014年都处于持续复苏状态。当委员会在2015年3月开会时，失业率已经降至5.4%，与大多数联邦公开市场委员会参与者之前对自然失业率5%~5.2%的估计值相差不远。充分就业似乎指日可待。

由于货币政策的实施具有一定的滞后性，而且又因为接近于零的联邦基金利率仍远未达到中性水平。2015年3月，大多数联邦公开市场委员会的参与者估计失业率在3.5%~3.75%，委员会中的大多数人认为很快就需要加息了。正如当时的旧金山联邦储备银行行长约翰·威廉姆斯后来所说："当你在停靠一艘船的时候……你不要把它快速地冲向岸边。希望你以后能使劲把引擎倒换过来……取而代之的是，入坞的基本原则是：接近码头的速度永远不要超过你愿意撞上它的速度。"[4]这一论点让人联想起美联储主席马丁、沃尔克和格林斯潘等人对通胀采取的先发制人的打击，引起了大多数委员会成员的共鸣。2015年3月的点阵图中值显示，预计2015年将2次加息25个基点，2016年将再加息4次。

在2015年3月的声明中，联邦公开市场委员会相应地暗示，人们期待已久的联邦基金利率上调虽然不是迫在眉睫，但可能很快就会到来。事实证明，美联储并没有在2015年2次和2016年4次提高联邦基金利率的目标，而是在2015年和2016年分别上调一次目标区间。利率不再是零，但历史上更为正常的情况似乎比预期中相差得更远。

发生了什么呢？事实证明，耶伦的"虚假曙光"警告是有先见之明的。首先，国际事态发展在美国引起反响并推迟了加息周期的开始。但即便是在国际不利因素逐渐减弱的情况下，美联储政策制定者发现自己在重新评估他们对危机后美国经济正常状况的一些基本假设。

**人民币贬值**

第一个冲击来自中国，中国相对平稳地度过了全球金融危机。在全球经济衰退期间，中国的经济增长依然令人印象深刻，这得益于大规模财政刺激计划和银行放贷激增。更为根本的是，在过去的30年里，中国受益于政府宏观调控和分散市场相结合的发展战略。就像几十年前苏联的计划经济模式一样，中国向重工业和公共基础设施进行了大量投资，具有优势的国有企业发挥了主要作用。同时私人消费受到抑制，导致了高国民储蓄率，数以百万计的农民工迁移到城市从事制造业和建筑业工作。但与苏联不同的是，中国的模式包含了市场力量的作用。随着时间的推移，它越来越多地允许价格由供求决定，并允许国内私营企业和（有限制的）外国公司与国有企业共同竞争中国巨大的国内市场。

中国还间接利用市场规律来引导关键行业转向出口，特别是在2002年加入世界贸易组织之后。与日本和韩国等其他亚洲国家一样，中国开始出口廉价制成品。但正如中国公司从全球市场竞争中学到的那样，随着中国日益融入全球供应链，中国开始出口范围更广的高附加值商品，并成为世界贸易中日益占主导地位的参与者。

中国的汇率政策支持了出口战略。中国一直严格控制人民币的汇率——首先是盯住美元，在2005年7月之后只允许人民币逐步调整汇率。更重要的是，在中国经济快速增长的大部分时间里，人民币相对于其他货币一直保持着较低的汇率，这让中国出口的产品具备了价格优势。这种情况在金融危机后发生了变化，当时中国逐渐允许人民币升值。这种转变的原因包括来自中国贸易伙伴的外交压力，中国希望让人民币成为主要的全球货币（这要求人民币的币值要对市场情况做出反应），以及它决定减少通过出口推动经济增长，更多地依靠扩大内需。[5]到了2015年，一些经济学家认为人民币升值过猛，以至于损害了中国的出口。与此同时，美联储推高美国利率的意图吸引了资本并使美元走强，这让中国的人民币高估问题雪上加霜。尽管人民币不再严格盯住美元，但仍与美元挂钩，因此当美元对欧元和日元升值时，人民币也会随之走强。

2013年3月，新一届中国国家领导人产生，中国政府承诺进行广泛的改革，并设定了经济目标。经过多年的经济过热增长，经济体系失衡问题仍然存在，政府长期重视促进国内消费和投资。自2008年以来，信贷激增导致重工业产能过剩和房地产行业建设过度。随后中国为经济降温和控制信贷高速增长的努力取得了巨大成功。中国股市

第八章　进入加息周期　　　　　　　　　　　　　　197

从2015年6月开始下滑，上证综指在三周内暴跌30%。随着经济增长率从2013年的7.8%下滑至2015年的6.9%（仍然很高），外国和中国的投资者开始将资金转移出中国，给人民币带来下行压力。

2015年8月11日，中国人民银行在一份两句话的声明中宣布，人民币汇率形成机制将发生变化，人民币贬值了1.9%。次日，人民币又贬值了1%。这一跌幅尽管绝对值很小，但引发了人们对更大幅度贬值即将到来的担忧。更严重的是，人民币贬值加上官方解释的缺失，导致投资者担心中国经济放缓可能比之前认为得更严重，并将损害全球其他地区的经济，全球股票价格随之大幅下跌。

这对美国经济和美联储政策的影响是不确定的。在令人意外的贬值之前，人们一直预期联邦公开市场委员会在2015年9月会上调接近于零的联邦基金利率，但现在就不那么清楚了。美联储领导人之间出现了不同寻常的公开分歧。8月26日，纽约联邦储备银行行长比尔·杜德利（Bill Dudley）在新闻发布会上表示："在我看来，9月联邦公开市场委员会会议开始正常化进程的决定，似乎不如几周前那么有说服力了。"[6]在他发表上述言论之前，道琼斯指数在此前5个交易日下跌了逾10%。在杜德利发表上述言论后，股市在接下来的两天里反弹了6%以上。但后来在杰克逊霍尔接受CNBC（美国消费者新闻与商业频道）的史蒂夫·利斯曼采访时，美联储副主席斯坦利·费希尔说："我不想现在就决定理由是什么，是更有说服力，还是不那么有说服力等。"他补充说，"9月加息有相当充分的理由，尽管还没有做最终决定。"[7]由于纽约联邦储备银行行长和美联储副主席通常被视为联邦公开市场委员会中仅次于主席的最有影响力的成员，他们的公开评论表明委员会正在为自己的决定而苦苦挣扎。

事实证明，委员会在9月的会议上维持联邦基金利率不变。它在声明中指出，正在"监测国外的事态发展"，这指的就是中国。然而，17名参与者中有13名继续预计年底前加息。在新闻发布会上，耶伦解释了委员会为何没有行动。她指出，人民币贬值之后，包括股票价格下跌和美元进一步升值在内的金融环境收紧可能会使美国经济减缓。但很显然，委员会和市场参与者一样，都想知道人民币贬值是否预示着中国经济会进一步疲软，从而对发展中经济体和其他依赖向中国出售产品的国家造成影响。由于几乎没有人预计美国在任何情况下都会迅速收紧货币政策，因此稍等片刻似乎是值得的。

到了12月的会议，情况变得更加明朗起来。对中国的担忧已经平息，美国的经济前景有所改善，金融市场也出现了反弹。联邦公开市场委员会近10年来首次将联邦基金利率目标上调至0.25%~0.5%。在新闻发布会上，耶伦指出，委员会设定的加息标准——劳动力市场的显著改善，以及通胀向2%回落的合理信心已经达到。2015年11月，美国的失业率为5%，这是大衰退后峰值的一半。她承认，许多参与者认为通胀在两年多后的2018年才会达到美联储的目标，但这一解释呼应了格林斯潘的先发制人打击策略。她说："如果联邦公开市场委员会将政策正常化的开始推迟太久，我们最终可能不得不在某个时候相对突然地收紧政策，以防止经济过热和通胀大幅超过我们的目标。如此突然的紧缩可能会增加经济陷入衰退的风险。"[8]换句话说，实现和维持充分就业的最佳途径就是确保通胀得到控制。

与此逻辑一致的是，联邦公开市场委员会参与者继续预测缓慢但稳定的加息——2016年内加息4次，每次25个基点，2017年再加息4次。如果这些加息会发生，联邦基金利率将突破2%，这仍然很低，但至少走上了摆脱零下限引力的轨道。这一预测将再次被证明过于雄心勃勃。

**小型衰退与英国脱欧**

在第一次加息后，有几个事态的发展阻止了美联储的行动。首先，尽管联邦基金利率保持在非常低的水平，但联邦公开市场委员会通过演讲和利率预测，已经传达出至少还需要两年的紧缩政策。市场和经济都做出了糟糕的反应，这再次证明，在货币政策方面言辞和行动可能一样重要。对于仍在复苏的经济来说，美联储的紧缩计划似乎有点儿多余。

在《纽约时报》2018年9月的一篇专栏文章中，尼尔·欧文考虑了2015年12月加息的后果，将其称为"2015—2016年的小型衰退"。在美联储采取行动后的几周内，欧文写道："全球市场正在传递一个信息：不要那么快。美元持续走强，大宗商品价格持续下跌，标准普尔500指数在1月底和2月初的三周时间里下跌了约9%。债券收益率暴跌，表明美国面临经济衰退的风险。"[9]尽管经济在2016年初继续增长，失业率持续下降，但这场小型衰退表现为商业投资、能源和农业（随着石油和大宗商品价格下跌）以及制造业（美元走强阻碍了出口）的放缓。联邦公开市场委员会注意到金融市场状况收紧和增长有所放缓，在2016年1月的会议上维持了联邦基金利率不变的政策。

事实证明，这场小型衰退及其伴随而来的金融恐慌是短暂的，这在很大程度上是由于随后的两个事态的发展。首先，2月底在上海举行的G20财长和央行行长会议两天之后，中国采取措施以支持其经济提振，通过降低商业银行现金和准备金在其资产中的比例来鼓励放贷，还澄清了未来将如何进行人民币管理，从而平息了人们对人民币进一步贬值的担忧。其次，联邦公开市场委员会在3月不仅像1月那样维持联邦基金利率不变，而且还重新调整为更加温和的立场。政策制定者将2016年预期的加息次数从四次减少到两次。美联储更为谨慎的做法以及美元走强将进一步拖累美国出口可能性的降低，这令市场松了一口气。

1985年，时任美联储主席的保罗·沃尔克帮助谈判了《广场协议》，该协议旨在削弱被认为高估了的美元。虽然该协议是正式和公开的，但市场观察人士从2016年开始猜测，G20会议上达成了一项名为"上海协议"的非正式秘密协议。正如《广场协议》所设想的那样，其目标是降低美元的汇率。该观点认为，美元走弱将降低与美元挂钩的人民币被高估的程度，从而对中国有利。反过来，美国将为其疲软的制造业提供帮助，并随着大宗商品价格的上涨，为其农民和能源生产商提供帮助。随着这种猜测的深入，美联储已同意采取更宽松的政策立场，以换取中国澄清不会让人民币进一步贬值。日本和欧洲也被认为是该协议的参与者，同意不让本国货币对美元贬值。

耶伦在接受欧文采访时承认，美国和中国的官员在上海广泛讨论了全球经济问题，这是国际会议的标准做法。但是她说并没有秘密协议，没有承诺，也没有明确的协议。我参加过许多类似的会议，我确信这是真实的。没有哪位美联储主席会达成这样的协议，因为这将不合时宜地抢占联邦公开市场委员会和国会的监督职责。耶伦无法保证联邦公开市场委员会会同意一项协议，也无法保证个别参与者的利率预测会与之一致。无论如何，抛开阴谋论不谈，中国和美国的政策在2016年初确实转向了扩张。

英国"脱欧"——英国提议退出欧盟，进一步推迟了2016年春季美国货币政策的正常化。定于6月23日举行的全民公投似乎即将结束，而对投票赞成将对金融市场和全球经济意味着什么的担忧，则给了联邦公开市场委员会维持利率不变的理由。事实证明，在公投通过后的金融动荡，导致耶伦取消了参加欧洲央行在葡萄牙举行的年度论坛（相当于欧洲央行的杰克逊霍尔会议）的行程。关于英国"脱欧"的不确定性——将在何时以何种形式发生，以及它将对经济产生什么影响，在未来几年仍将是一个令人担忧的问题。

## 评估"新常态"

到2016年年中，在担任美联储主席两年半后，耶伦只主持了一次联邦基金利率的上调，远低于包括耶伦本人在内的联邦公开市场委员会许多成员的预期。这种缓慢的步伐可以解释为合理的谨慎和意想不到的国外事态发展的结果。然而，这次小规模的经济衰退暗示了另一种解释，即紧缩政策的计划从一开始就过于雄心勃勃，美国经济的结构性变化需要一种更加谨慎的方法。在耶伦和她的继任者杰罗姆·鲍威尔的领导下，联邦公开市场委员会的参与者将逐渐转向这一观点。

《华盛顿邮报》的伊兰梅在2016年7月的一篇文章《为什么美联储正在重新思考一切》中强调了美联储的一些不断演变的观点。[10]正如她所描述的，在我任期内以及耶伦任期初期，美联储经常对从大衰退中复苏的相对缓慢的步伐合理化，这是"逆风"的结果，包括限制性的财政政策、仍然紧缩的信贷，以及房地产泡沫破裂后积压的未售房屋。这一论断隐含着这样一种观点：当逆风减弱时，经济增长将会加快。然而随着时间的推移，经济增长仍然较为缓慢，美联储官员开始更加重视这种可能性，这与拉里·萨默斯的长期停滞假说一致，即美国经济的长期增长潜力实际上已经下降。

从长期来看，两种因素决定了一个经济体的生产潜力：劳动力的规模和每个工人能够生产的商品和服务的数量（劳动生产率）。在大衰退后的复苏过程中，两者的增长率都有所放缓。劳动力增长放缓在很大程度上是人口变化的结果，比如婴儿潮一代逐渐老龄化，这在人们的意料之中。相比之下，生产率的下降则出人意料。联邦公开市场委员会的许多人，包括我在内，都将生产率的疲软部分视为危机的后遗症。

我们曾希望，随着危机的消退，生产率增长会恢复。但另一些人开始认为，这种放缓将更为持久。例如，罗伯特·J.戈登（Robert J. Gordon）在2016年出版的一本颇具影响力的著作《美国增长的起落》（*The Rise and Fall of American Growth*）中认为，美国的生产率在"二战"后几十年里的快速增长在历史上是非同寻常的，这是从喷气式飞机到电视等大量新技术商业应用的结果，而这些新技术的民用化因经济萧条和战争而放缓。[11]因此，戈登认为，近年来生产率增长放缓并不是一种反常现象，只是回到了更具历史意义的正常水平。戈登当然是正确的，尽管有互联网炒作，但过去几十年的新技术并没有像20世纪中期的技术那样给我们的日常生活带来巨大的变革。考虑到人工智能、生物科学和其他领域有前景的创新，这种情况在10年或20年后是否还会持续就不好预测了。

在任何情况下，无论其来源如何，危机后10年的潜在增长放缓意味着新资本投资的回报较低，这与全球储蓄增加和温和通胀等其他因素一起，可以解释中性利率R*的明显下降。当然，美联储官员认识到，中性利率自20世纪80年代以来已经大幅下降。这就是为什么利率的有效下限会成为一个挑战。新出现的一个情况是，人们越来越意识到，在金融危机之后中性利率可能会进一步下降。

从联邦公开市场委员会的角度来看，对中性利率较低的估计支持了政策收紧步伐的放缓。从定义上讲，中性利率是将利率恢复到道德水平的过程的终点，较低的R*意味着实现美联储的就业和通胀目标水平需要较少的紧缩政策。此外，给定政策利率的效果可以通过该利率在多大程度上低于中性水平来衡量。在中性利率较低的情况下，将联邦基金利率设定在接近于零的水平，尽管绝对值较低，但可能不会像联邦公开市场委员会假设的那样具有刺激作用。因此，正如耶伦在演讲和新闻发布会上开始指出的那样，低中性利率是循序渐进收紧政策的另一个原因。经济面临低利率的"新常态"，即政策回归到中性水平可能看起来与过去截然不同，这一观点成为美联储沟通中反复出现的主题。

重新评估自然失业率u*，将证明对政策同样重要。与中性利率一样，自然失业率也是政策制定的一个关键因素。每个联邦公开市场委员会成员都知道大通胀的历史，以及政策制定者试图将失业率降至4%或以下所发挥的作用，这远低于经济学家现在认为的当时的自然失业率。这一经验警告说，过快地将失业率降至非常低的水平，最终

第八章　进入加息周期

可能会引发通胀并破坏经济稳定。

2016年的自然失业率是多少？一方面，一些经济学家担心大衰退的严重程度加剧了工人的技能和公司需求之间的不匹配性，增加了经济的不确定性，可能会提高自然失业率（至少是暂时提高）。[12]另一方面，劳动力老龄化（年龄更大、更有经验的工人往往失业率更低）以及公司和工人之间更好的匹配（例如通过求职网站）等因素应该会推动自然失业率的下降。由于自然失业率不能被直接观察到，而且受许多因素的影响，一段时间以来经济学家们一直认识到现有的对u*的估计会不可避免地很不精确。[13]

根据她作为劳动经济学家的经验，耶伦经常认为，失业率不应该是衡量劳动力市场疲软的唯一标准，尤其是在严重压力或结构性变化时期。在公开讲话中，她提供了一系列替代性劳动力市场指标，如劳动力参与率、愿意从事全职工作的兼职人员人数，以及自愿辞职率（工人对自己找到新工作的能力的信心指标）。[14]美联储的观察家开始定期更新耶伦的劳动力市场仪表盘，以便更好地理解美联储对劳动力市场状况的看法。[15]

到2016年年中，失业率已降至5%以下，而且还在继续走低。尽管失业率持续下降，但通胀依然温和，实际上相对于通胀目标水平来说太低了。美联储工作人员和联邦公开市场委员会参与者开始下调他们对自然失业率的估计。较低的自然失业率意味着经济可以在不引发通胀的情况下继续升温，因此，与较低的中性利率一样，它意味着随着经济的复苏，收紧政策的必要性会降低。相反，联邦公开市场委员会可以保持耐心，允许劳动力市场走强而不用担心通胀。

联邦公开市场委员会对这两个关键变量的重新评估可以在季度《经济预测摘要》中看到，其中包括参与者对长期联邦基金利率（一种衡量中性利率的指标）和长期可持续失业率的估计，这可以解释为对自然失业率的估计。表8.1显示了2012—2021年这些估计值的演变。[16]

表8.1 联邦公开市场委员会对长期失业率和利率的估计

| 年份 | 自然失业率（%） | 中性利率（%） |
| --- | --- | --- |
| 2012 | 5.2～6.0 | 4.25 |
| 2013 | 5.2～6.0 | 4.0 |
| 2014 | 5.2～5.5 | 3.75 |
| 2015 | 5.0～5.2 | 3.75 |
| 2016 | 4.7～5.0 | 3.0 |
| 2017 | 4.5～4.8 | 3.0 |
| 2018 | 4.3～4.6 | 2.9 |
| 2019 | 4.0～4.4 | 2.5 |
| 2020 | 4.0～4.3 | 2.5 |
| 2021 | 3.8～4.3 | 2.5 |

资料来源：每年6月的《经济预测摘要》。自然失业率预计的是长期失业率（中心趋势最高的三个和最低的三个预测都下降了）。中性利率预计的是长期联邦基金利率（中值）。

联邦公开市场委员会对自然失业率和中性利率的估计在此期间都有所下降。考虑到这些重新评估，耶伦任期头三年加息的缓慢步伐就变得更容易理解了。委员会正在实时了解经济需要以及能够容忍的紧缩程度。[17]

## 菲利普斯曲线失效了吗

耶伦时代的政策思考超越了中性利率和自然失业率，而且研究了一个更广泛的问题：作为美联储自20世纪60年代以来的通胀基本模型，菲利普斯曲线是否仍然有效？或者，正如许多评论人士所提出的那样：菲利普斯曲线已经死亡了吗？

回想一下，菲利普斯曲线描述了通胀（根据工资或消费者价格）

与失业率等疲软指标之间的关系。它捕捉到了这样一种直觉，即当劳动力和产品市场紧张时，工资和价格往往会上涨得更快，这意味着失业和通胀之间存在着此消彼长的关系。

传统的菲利普斯曲线似乎可以解释20世纪60年代末美国通胀的上升。然而，正如第一章详细描述的那样，20世纪70年代更高的通胀导致经济学家对原始曲线进行了两次修正。首先，传统的菲利普斯曲线隐含地基于这样一种假设，即经济主要受到需求的冲击，而需求冲击将价格和就业推向了同一个方向。供给冲击也会出现，比如油价大幅上涨。供给冲击可能会推高价格，但就业率会下降，从而导致滞胀（高通胀和高失业率的结合）。其次，传统的菲利普斯曲线也忽略了通胀预期的变化。但如果人们通过经验来预期高通胀，就像他们在20世纪70年代所做的那样，随着工人要求更高的工资以维持他们的购买力，以及企业提高价格以弥补更高的成本，这些预期可能会变得实现自我证实。

传统的菲利普斯曲线关系在20世纪80年代初期重新强势确立，当时沃尔克领导的美联储为降低高通胀而采取的紧缩政策导致失业率急剧上升。然而，经济学家一致认为，在1990年前后或者更早一点的时候，通胀行为和菲利普斯曲线本身的性质发生了重大变化。与20世纪60年代一样，20世纪90年代经济增长强劲，失业率也较低，但与60年代不同的是，通胀保持在低水平和稳定状态。这其中的一部分原因可能是艾伦·格林斯潘娴熟管理的结果，另一部分原因是当时没有充分意识到的自然失业率的下降。但是，回过头来看，这些证据有力地表明，通胀行为本身也在发生变化，至少表现在两个不同的方面。

首先，大约在1990年以后，通胀对失业率的短期变化（或其他衡量经济疲软的指标）的反应开始不如以前。菲利普斯曲线——通胀和失业率之间的短期关系似乎已经"趋平"。[18]通胀对劳动力市场疲软的微弱反应持续了整个大衰退和随后的复苏期，如果说有什么不同的话，那就是在2008年以后变得更加微弱了。我在担任美联储主席期间，尽管清楚地意识到过去20年通胀行为的变化，然而，虽然失业率上升至10%，但通胀在金融危机之后的温和下降还是使美联储的预测工作者和联邦公开市场委员会参与者感到惊讶。[19]在耶伦任期内，随着美联储准备收紧政策，通胀之谜重新浮出水面，但方向正好相反。尽管劳动力市场有所改善，但通胀仍低于目标，也低于美联储的预测值。向下修正的估计自然失业率，加上各种特殊因素，例如医疗保险报销率或手机套餐费用带来的生活成本的一次性变化，帮助解释了一些预测失误的原因，但在许多人看来，传统的菲利普斯曲线关系已经消失了。

通胀行为的第二个重要变化是，在大约1990年之后，通胀似乎一年比一年稳定得多。尽管经济冲击，比如油价的大幅变化，仍可能推动整体通胀暂时上升或下降，但通胀往往会迅速恢复到预先设定的水平，而不是像20世纪70年代那样螺旋式上升到一个新的水平。[20]由于"正常化"政策需要将通胀提高到2%的目标水平，耶伦领导的美联储以及经济研究人员的重点是试图理解通胀动态变化的方式和原因。[21]

从经验上看，对通胀和失业之间短期关系的最新研究得出结论称，菲利普斯曲线仍然存在。例如，对许多国家以及美国各州和大都市地区数据的分析显示，通胀继续对疲软的措施做出反应，尽管不像过去那么强烈。[22]然而，对于失业与通胀之间的关系为何似乎有所减弱，人们的看法却不那么一致。一些研究将菲利普斯曲线的扁平化与经济结构的变化联系起来。例如，一些经济学家认为，全球化愈演愈烈使菲利普斯曲线变得平坦，因为在许多国家销售产品并面临外国公司竞争的公司，即使在国内也不太可能只根据国内经济状况来提高价格。[23]另一个看似合理的论点认为，如今通胀对疲软的反应变小了，因为消费者现在更多花费在几乎不受市场力量影响的商品和服务上，比

第八章　进入加息周期　　207

如医疗保健，现在这些商品和服务的价格往往由政府的政策决定。[24]

还有一种可能性是，由于劳动力市场的长期变化，例如更多的工作要求弹性工作时间，以及社会对家庭内部劳动分工的期望不那么僵化，当经济条件发生变化时，人们可以更自由地进出劳动力市场。也就是说，劳动力供给更具有弹性，因此需求的变化引起的工资变化比过去要小。

尽管通胀对失业短期反应较弱的完整解释仍然令人难以捉摸，但我们对通胀行为的另一个重要变化有了更好的理解，即在没有重大供给冲击的情况下，通胀倾向于随着时间的推移保持稳定。对这一变化最令人信服的解释是货币政策本身，具体来说，就是20世纪80年代沃尔克反通胀之后恢复了美联储的信誉。沃尔克对通胀取得了代价高昂的胜利，随后的30年里，美联储将通胀保持在低水平和稳定水平，这有助于将公众的通胀预期锚定在较低的水平。当货币政策可信时，人们往往对通胀的短期变化反应较少，他们以自我确认的方式预期通胀最终会逆转。[25]

通胀动态的这些变化，更平坦的菲利普斯曲线和更稳定的通胀预期，对货币政策和经济有什么影响呢？从积极的方面来看，随着通胀更加稳定，对失业率变化做出反应的可能性会降低，货币政策制定者有更多空间放松政策以应对经济衰退。出于同样的原因，当衰退发生时，也不太可能将通胀降低到不受欢迎的水平。良好的通胀预期让货币政策制定者有更多的空间来"审视"暂时的供给冲击，比如油价上涨，而不必担心通胀预期上升会导致整体通胀持续上升，就像他们在20世纪70年代所做的那样。（伴随着2020—2021年新冠肺炎疫情后的经济重新开放，普遍和长期的供给冲击构成了更为严峻的挑战。）总体而言，近几十年来通胀行为的变化应能让政策制定者实现平均而言更稳定的通胀和更健康的劳动力市场。这些结果是沃尔克在20世纪80年代恢复美联储反通胀信誉的最重要回报。

然而这也有不利的一面，平坦的菲利普斯曲线意味着通胀是经济过热的一个不可靠的指标。如果通胀过高，就失业率而言，将通胀回落至目标水平的成本可能会高于过去。尽管美联储的抗通胀信誉度使其在短期内有了更大的放松政策的回旋余地，但从长期来看，这种可信度就像一项资本资产，如果不能维持下去，它就会贬值。美联储仍然必须确保通胀不会偏离目标太远或太久，而且在被一些冲击取代后，它会随着时间的推移可靠地返回既定目标。设定一个正式的通胀目标，建立一个政策框架，阐明如何在一段时间内实现通胀目标；仔细监测通胀预期，最重要的是兑现维持物价稳定的承诺，所有这些都有助于美联储维持其通胀信誉。

## 恢复加息

到2016年年中，随着失业率持续下降，小型衰退结束，委员会内部要求采取行动的压力越来越大。就在英国脱欧公投之前，联邦公开市场委员会在6月投票决定继续维持利率不变。但在7月的会议上，堪萨斯城联邦储备银行的埃丝特·乔治对维持稳定的决定持异议。在9月的会议上，克利夫兰联邦储备银行的洛蕾塔·梅斯特（Loretta Mester）和波士顿联邦储备银行的埃里克·罗森格伦也加入了她的队伍。根据联邦公开市场委员会的标准，7比3的投票结果（有两个美联储理事会成员的席位空缺）决定维持利率不变。

尽管委员会在9月维持利率不变，但其声明指出，劳动力市场正在改善，经济增长更快，并强烈暗示危机后的第二次加息并不遥远："委员会认为，提高联邦基金利率的理由已经加强，但决定暂时等待进一步的证据，以证明其朝着目标继续取得进展。"事实上，17名联邦公开市场委员会参与者中有14人预计，美联储到2016年年底将至少加息25个基点。

如果再次加息的可能性如此之大，为什么联邦公开市场委员会没有在9月加息？耶伦早些时候曾引用艾伦·格林斯潘的先发制人打击通胀的理念。她现在微妙地转向了格林斯潘的风险管理方法，同时由于接近有效下限而产生了一个转折。她在新闻发布会上称，由于联邦基金利率接近于零，风险是不对称的。如果事实证明经济强于预期，给通胀带来初期的上行压力，美联储总是可以通过加息来弥补这一点。但如果事实证明它弱于预期，那么联邦基金利率已经接近有效下限的事实将使美联储很难做出回应，至少从传统方法来看是这样的。她认为这种不对称性加强了谨慎的理由。她的论点隐含着这样一种假设：即使通胀真的出现，也将是缓慢出现的，不需要通过一系列快速加息来控制通胀。这一假设被证明是正确的，因为核心通胀继续在2%的目标以下波动。

当委员会最终在12月14日采取行动时，失业率已经下降到4.7%，接近联邦公开市场委员会当时估计的自然失业率（委员会参与者估计值的中值为4.8%）。投票结果一致同意将联邦基金利率提高0.25个百分点，即0.5%~0.75%。然而，会后声明的基调仍然是鸽派。美联储表示进一步加息可能会是循序渐进的，并重申"联邦基金利率可能会在一段时间内保持在预期的较长期水平之下"，即低于中性利率。

不过，联邦基金利率的预测中值没有那么温和，《经济预测摘要》预计2017年将有三次加息。这一次，点阵图将被证明是正确的。联邦公开市场委员会分别在3月、6月和12月将联邦基金利率上调了25个基点。12月，年底的目标区间为1.25%~1.5%。经济经受住了紧缩，失业率到2017年12月降至4.1%。

2017年，美联储的资产负债表终于开始收缩。当年6月，联邦公开市场委员会在其早先的原则声明的基础上，公布了有关其将如何推进后续工作的更多细节。从10月开始，即QE3结束整整三年后，它只将到期证券收益的一部分再投资于新证券。资产负债表的每月减少额有上限，但允许的减少额将随着时间的推移逐渐增加。正如之前宣布的那样，美联储不会出售未到期的证券。这种被动的、可预见的方法，就像费城联邦储备银行行长帕特里克·哈克（Patrick Harker）所说"看着油漆干"一样令人兴奋，其目的在于将市场的不确定性降至最低水平。[26]政策制定者希望市场参与者不要像他们在缩减恐慌期间所做的那样，对联邦基金利率的可能走向做出不必要的推断。

但该计划仍然没有任何关于资产负债表何时停止收缩的明确指导。这将取决于几个未知数。最重要的是，委员会需要就如何最好地控制短期利率做出技术性决定，这些决定会对资产负债表的规模产生影响。

联邦公开市场委员会的"油漆干燥"方法意味着，这一过程将是缓慢的，实际上，直到杰罗姆·鲍威尔2018年开始任期的头两年，资产负债表上的大部分缩减才发生。

## 政治：国会关系和特朗普的连任决定

在我担任主席期间，美联储一直受到政治上的持续抨击，尤其是来自国会的抨击，原因是它在危机前的监管失误，危机期间对濒临倒闭的金融公司的救助和其他特殊行动，以及它使用量化宽松和其他新的货币工具。它与国会的不稳定关系一直延续到了耶伦的任期。正如我的经历一样，国会中的共和党人仍然是最热情的批评者，尽管民主党人经常尖锐地批评美联储的监管政策过于有利于银行。2014年2月11日，也就是耶伦宣誓就职8天后，她见识到了即将发生的一切。这一事件是美联储主席向美联储参众两院监督委员会提交的半年度《货币政策报告》听证会证词。美联储主席的证词通常被限制在三个小时左右。然而，众议院金融服务委员会主席、来自得克萨斯州的共和党人杰布·亨萨林（Jeb Hensarling）迫使耶伦接受了一场令人精疲力竭的长达6个小时的听证会,其间大多是充满敌意的提问,给人的感觉就像是一场欺凌大会。

耶伦任期内与国会的许多争执都围绕着一些无关紧要的问题,至少是与美联储关于如何以及何时收紧货币政策的关键决定有关。例如,众议院共和党人抨击耶伦在2014年10月发表了一次关于收入不平等的演讲,共和党人认为那次演讲支持自由派政策。(耶伦回答说,她的演讲中没有任何政策建议。)亨萨林还向耶伦施压,制造有关美联储的负面新闻,频繁地公开要求提供有关2012年10月联邦公开市场委员会机密信息泄露的相关信息,当时我还在担任美联储主席。麦德利全球顾问公司(Medley Global Advisors)出版的一份投资者通讯中就包含了有关联邦公开市场委员会审议QE3的非公开信息。我下令进行内部调查,但没有找到泄密的源头。但美国商品期货交易委员会发起了一起内幕交易案,最终将此事提交给美国检察官办公室,后者开始了刑事调查,但最后并没有提起任何指控。2017年4月4日,里士满联邦储备银行行长杰夫·拉克尔突然辞职,他承认曾与通讯报告的作者就机密审议内容进行过交谈。[27]

尽管与国会的关系紧张,但美联储在耶伦任期内没有进行重大的立法改革。参议员兰德·保罗继续推动审计美联储法案,该法案将使美联储的货币政策决定受到国会的审查。两名参议员——伊丽莎白·沃伦(Elizabeth Warren,马萨诸塞州民主党人)和大卫·维特(David Vitter,路易斯安那州共和党人)在2015年提议进一步限制美联储在金融危机中充当最后贷款人的能力。[28](他们认为美联储放贷是以牺牲普通民众利益为代价的,对金融利益进行不公平的救助,但他们并不认为普通民众的健康取决于一个运转正常的金融体系。)最后这两项提案都没有通过。

2016年9月,亨萨林引入了《金融选择法案》。该法案的修订版于2017年6月在共和党占多数的众议院获得通过。其主要目标是推翻

2010年《多德-弗兰克法案》中的某些改革内容。此外它还纳入了保罗审计美联储的法案内容。最激进的是，该法案将要求联邦公开市场委员会宣布一项带有数学化特征的政策规则，以证明其利率选择的合理性，并且要在每次会议后向美联储参众两院监督委员会和美国政府问责局报告。默认政策规则是约翰·泰勒提出的简单规则，该规则只将联邦基金利率的变化与当前的通胀和失业率水平联系起来。联邦公开市场委员会被要求根据规则设定利率，或者为任何偏离提供理由。

亨萨林的提议再次引发了货币政策是应按规则运行还是应按自由裁量权运行的问题。正如我所指出的，政策规则的支持者认为，政策规则将提高美联储利率决定的可预测性和问责性。反对者则反驳说，使用这一规则将使政策制定者在应对不寻常情况（如金融恐慌或经济结构变化方面）时几乎或根本没有回旋的余地。2017年1月，耶伦在斯坦福大学的一次会议上有力地提出了反对该规则的理由，该规则的主要倡导者约翰·泰勒出席了此次会议。[29]她承认，简单的政策规则"有助于提供更广泛的指导"，但机械地遵循这些规则可能会产生非常糟糕的结果。她指出，考虑到当时的失业率和通胀，依据标准的泰勒规则而形成的联邦基金利率，将远远高于联邦公开市场委员会认为合理的水平，并解释了为什么联邦公开市场委员会会做出不同的选择。此外，泰勒规则只隐含了联邦基金利率的具体值。它并没有考虑到短期利率的有效下限，也没有考虑到量化宽松等替代工具的潜在使用性。

《金融选择法案》并未通过立法。但耶伦和亨萨林在规则问题上多少达成了和解。美联储开始定期在其半年度的《货币政策报告》中发表一篇文章，讨论简单规则在美联储政策过程中的作用（本质上，它们被用作基准和参照系），并将联邦公开市场委员会的政策决定与五项替代规则的预测进行了比较。在2017年7月的一次听证会上，亨萨林表示自己对新材料感到"非常振奋"，尽管他敦促美联储对为何

第八章　进入加息周期

偏离其所描述的规则要做出更完整的解释。[30]

就像2012年共和党总统候选人抨击美联储和我个人一样，2016年的总统竞选也对耶伦发起了攻击。候选人唐纳德·特朗普批评耶伦是一个"非常政治化的人"，并说她保持低利率是为了取悦奥巴马总统，她应该为自己创造了一个虚假的股票市场而感到羞愧。[31]在选举前几天，他为一个被认为充满反犹太主义色彩的电视广告做了旁白。除了特朗普的对手希拉里·克林顿以外，还有三个金融界人士（都是犹太人）：高盛的劳埃德·布兰克费恩（Lloyd Blankfein）、美籍匈牙利裔投资者乔治·索罗斯和耶伦。当耶伦的照片在屏幕上闪现时，令人不安的音乐响起来，特朗普吟诵了几个字"全球特殊利益集团"。[32]

当选之后，特朗普有一段时间对美联储置之不理。2017年2月7日，在宣誓就职18天后，他在椭圆形办公室与耶伦进行了短暂会晤。《华尔街日报》援引一位匿名消息人士的话说，在那次会面中，特朗普对耶伦说，她的工作做得很好，和他自己一样，她是一个"低利率的人"。[33]而且，可能是受到国家经济委员会首任主任加里·科恩（Gary Cohn）的影响，特朗普在任期的前半段没有发推文谈论美联储或货币政策。在卸任后接受采访时，耶伦表示，特朗普在她任期内没有试图影响美联储的决定，无论是公开的还是私下的。[34]

耶伦的四年任期一直持续到2018年1月。尽管特朗普在竞选期间对她提出了严厉的批评，但他似乎有可能再次任命她这个"低利率的人"。因为过往有很多先例可循，保罗·沃尔克、艾伦·格林斯潘和我都是被最初提名我们的总统任命，之后又被反对党总统再次任命。据报道，特朗普的主席人选有四名候选人：耶伦、约翰·泰勒、前美联储理事会成员凯文·沃什（Kevin Warsh）和现任美联储理事会成员杰罗姆·鲍威尔。他们在政府中都有支持者，但财政部长史蒂文·姆努钦（Steven Mnuchin）力推鲍威尔。

特朗普在2017年11月2日宣布，他将提名鲍威尔在2018年2月担任美联储主席，这一点也忠于他的竞选声明，即他可能会用共和党人取代耶伦。与惯例不同，耶伦没有获邀参加在玫瑰花园举行的提名仪式。据媒体报道，鲍威尔的政策倾向被政府视为与耶伦（和特朗普）的鸽派货币政策倾向同步，但可能更同情政府的放松监管哲学。相比之下，耶伦曾于2017年8月在杰克逊霍尔发表演讲，赞扬了后危机时代的金融改革，并呼吁让危机的教训"记忆犹新"。[35]

# 第九章

# 鲍威尔和特朗普

在三届主席都是经济学博士之后,杰罗姆·鲍威尔给这个职位带来了一些不同的背景。鲍威尔出生在华盛顿特区,毕业于普林斯顿大学和乔治敦大学法学院,曾担任法律评论编辑。后来他去了投资银行德威公司(Dillon, Read & Company)工作,在那里他成为该公司董事长尼古拉斯·布雷迪(Nicholas Brady)的部下。当布雷迪被老布什总统任命为财政部长时,鲍威尔跟随他来到华盛顿担任高级职位。在财政部,鲍威尔负责监督对所罗门兄弟公司(Salomon Brothers)的调查和制裁,这是由于此前该公司的一名交易员在新发行的国债拍卖中提交了虚假报价。1997—2005年,鲍威尔是位于华盛顿的私募股权公司凯雷集团(The Carlyle Group)的合伙人。在凯雷集团之后,鲍威尔成为华盛顿两党政策中心(Bipartisan Policy Center)的访问学者,2011年国会就债务上限问题争论不休时,他在幕后工作,向议员们宣传国债违约的风险。

奥巴马总统于2012年5月任命鲍威尔为美联储理事会成员。奥巴马将共和党人鲍威尔的提名与哈佛大学教授、民主党人杰里米·斯坦的提名配对,以增加斯坦成功的概率。当时还是美联储主席的我对任命十分满意。两位新任理事会成员都很有能力,并渴望做出贡献。我经常在我的办公室与他们会面,并在周六上午半定期地开会,一起讨论货币政策和经济形势。

2012年正式宣布QE3时,我说服了斯坦和鲍威尔对此进行支持,尽管他们各自都有所保留。与理事会成员贝茜·杜克和其他几位地区联邦储备银行行长一样,斯坦和鲍威尔对QE3的有效性和潜在的金融稳定性风险表示担忧。联邦公开市场委员会上的分歧导致了对开放式量化宽松的承诺不够充分,这让我们的沟通变得混乱,并引发2013年的缩减恐慌。然而鲍威尔不是空想家,随着经济持续复苏,并没有出现新的金融危机或其他严重的副作用,他改变了自己的看法。鲍威尔在2015年2月(那时他仍是理事会成员)的一次演讲中表示:"我本人也曾对进一步购买资产的效力和风险表示怀疑。但让我们用数据说话吧:迄今为止的证据清楚地表明,这些政策带来了巨大的好处,而风险并未成为现实。"[1]

在担任美联储理事会成员五年多的时间里,鲍威尔证明了自己的效率和忠诚。他专注于货币政策,但同时研究不那么吸引人且技术含量较高的问题,比如金融监管和金融"通道"(这是交易得以执行和记录的关键基础设施)等。因此,他对新的职位做好了充足的准备。在得到特朗普总统的美联储主席提名后,鲍威尔在参议院以84:13的压倒性票数获得两党的一致通过。在2018年2月5日的宣誓就职仪式上,鲍威尔指出了美联储独立性的重要性——它具有"长期的无党派传统,仅根据现有的最佳证据来做出客观的决定"。[2]

鲍威尔并不是美联储领导层中唯一的新成员。2017年7月,特朗普提名资深政策制定者、投资者兰德尔·夸尔斯(Randal Quarles)担任监管副主席(这是一个依据《多德–弗兰克法案》设立的新职位)。2018年4月,特朗普提名哥伦比亚大学著名经济学家理查德·克拉利达(Richard Clarida)担任理事会副主席。2018年6月,比尔·杜德利退休卸任纽约联邦储备银行行长一职,旧金山联邦储备银行行长约翰·威廉姆斯(John Williams)接替他的职位。威廉姆斯长期担任美联储和旧金山联邦储备银行的货币经济学家。

正如上一章所指出的，从政府的角度来看，鲍威尔支持耶伦的大部分理由是因为前者对总统的放松管制议程持开放态度。然而，在监管问题上，鲍威尔基本上坚持了中间路线。他将与夸尔斯合作，寻求减轻监管负担的方法，并使美联储的规则和监督更有效率，包括对除大型银行以外的所有银行的资本和压力测试要求进行简化。莱尔·布雷纳德是最后一位由奥巴马任命并且还在任的理事会成员，她反对鲍威尔任期内提出的许多监管改革，认为这些改革在削弱必要的保护方面走得太远。显然，鲍威尔比耶伦（或布雷纳德）更倾向于放松监管，在他的任期内不会施行重大监管举措。然而，鲍威尔也没有兴趣废除金融危机之后的《多德–弗兰克法案》和国际协议所建立的加强版监管框架。他说道："整个想法是保存重要的改革核心部分。"[3]

## 政策"正常化"的新努力

在货币政策方面，鲍威尔很快明确表示，尽管总统偏好宽松，但他计划继续逐步转向更中性的或"正常的"政策立场。2018年3月，在他担任主席后的首次会议上，联邦公开市场委员会一致投票同意将联邦基金利率目标区间再提高25个基点，即1.5%～1.75%。15位会议参与者中有12位预计2018年将再加息两三次，每次0.25%，2019年将进一步加息。鲍威尔在新闻发布会上表示："货币政策逐步缩减的过程已经且应该继续很好地为经济服务。"[4]他指出，耶伦任期内从10月开始的资产负债表缩减计划也将继续。

联邦公开市场委员会参与者预计，经济增长将继续高于趋势且失业率也将保持在较低水平，这在一定程度上反映了特朗普在前一年12月签署的企业和个人减税政策推动经济增长的作用，从而为继续收紧政策提供了理由。特朗普贸易战的一些初步火力——2018年1月对进口洗衣机和太阳能电池板征收关税，3月对进口钢铁和铝征收关税，已经带来了风险，但鲍威尔表示，到目前为止，这些关税并未影响更广泛的经济前景。当年6月，委员会将联邦基金利率的目标区间再上调0.25个百分点，至1.75%~2%。

特朗普总统在宣布提名鲍威尔时赞扬道："他强大、尽责又聪明。"在鲍威尔任职的头5个半月里，特朗普一直对货币政策保持沉默。这段蜜月期于2018年7月19日结束，当时特朗普在接受CNBC采访时表示，对美联储加息"兴奋不起来"。一天后，特朗普在推文中叹息道："美国正在加息，美元日复一日地变得越来越强——这抹去了我们与中国和欧盟竞争的巨大优势。"[5]他对美联储政策决议的公开批评将继续，这与尼克松之后的惯例（尽管有极少数的例外情况）大相径庭。特朗普的抱怨也与他在竞选期间的言论完全相反，当时他说货币宽松政策创造了一个"虚假"的股市。

鲍威尔对付特朗普的策略是多种多样的。正如他在就职典礼上以及早些时候被提名时所说的那样，他经常公开强调，独立性可以让美联储只根据客观数据和分析，做出不需要考虑短期政治因素、符合公众利益的决定。为了帮助人们更好地理解美联储在做什么以及背后的原因，他致力于"用简明的语言"来解释美联储的政策决定。他还宣布，从2019年1月开始，他将在每次联邦公开市场委员会会议后都召开新闻发布会，也就是每年8次，而不是像耶伦和我那样每季度一次。他还坚定地避免对美联储管辖范围以外的政策发表评论，甚至连给经济带来风险并广受经济学家批评的总统的贸易战也不予置评。他一直拒绝直接回应特朗普或其他政界人士的批评。最后，至关重要的是，鲍威尔努力通过与国会发展良好的关系和争取国会对美联储政策的支持来制衡总统的攻击。他在接受采访时说："我在大厅里来回穿梭和议员们见面，国会山里的地毯都被我磨破了。"[6]耶伦和我也花了相当多的时间与议员们通电话，并进行一对一的会谈，解释我们的战略并回答问题，但鲍威尔将这些努力提升到了一个新高度。努力的回报是显著的，他与国会两党之间的关系都得以大大改善。

2018年8月，鲍威尔在他担任主席后的第一次杰克逊霍尔会议上发表演讲，阐述了他的货币政策方针。他在演讲中强调，政策制定者必须始终对经济结构中普遍存在的不确定性保持警觉。[7] 联邦公开市场委员会对中性利率（R*）和自然失业率（u*）不断变化的估计就是不确定性的一种表现。他认为，鉴于我们目前的认知水平，优秀的决策者必须保持谦逊和灵活。因此，他将耶伦领导下的美联储修正主义又向前推进了一步——从重新评估对关键变量（例如R*和u*）的估计，到强调政策制定者必须始终保持开放心态，以面对市场传来的最新数据，即使是（或特别是）数据似乎与经济模型显示的不一致。

鲍威尔在演讲中以天文导航为主题，讨论了R*和u*（"R-star"和"u-star"）这两个指标。他说："凭星象导航听起来很简单，然而在实践中，这一操作最近相当具有挑战性，因为我们对恒星位置的精确估计一直在发生显著变化……星星有时离我们所预测的位置很远。"鲍威尔以20世纪70年代的政策制定者为例，指出他们对自然失业率的估计过于自信，进而导致了大通胀——这正是一个过分看重"星星"的估计位置而落入陷阱的例子。他认为，相比之下，格林斯潘以数据驱动的风险管理方法（这种方法将决策者对经济的不确定性置于首要和中心位置），帮助美联储在20世纪90年代实现了无通胀的强劲经济增长。我对当时演讲的感觉是，鲍威尔正在发出信号，要从模型驱动的预测和政策分析中退后一步，转而采用一种更加不可知的方法，更多地依赖格林斯潘采用的方式，对经济数据和来自商业联络人以及真正"接地气"的人士的小道消息进行深入研究。①

---

① 联邦公开市场委员会长期以来一直参考从个人联络交流中收集的市场信息，这种信息的摘要会在每次会议之前发布在名为《褐皮书》（*Beige Book*）的刊物中。因此，鲍威尔对定性信息更多的强调是建立在现有战略的基础上的，而不是要设定一个全新的方向。

这一切对短期政策决策意味着什么？考虑到通胀数年来一直低于美联储菲利普斯曲线模型的预测（尽管许多人试图对模型进行修补），鲍威尔可能已经将模型本身和"恒星"位置的不确定性视为停止或减缓货币紧缩的理由。然而正如他在演讲中明确表示的那样，他并没有得出确定的结论。相反，他认为，鉴于不可避免的不确定性，过快或过慢的紧缩都存在风险。因此他总结道，最好的政策是延续耶伦的渐进加息，密切关注经济发展，并愿意随时灵活调整。正如鲍威尔在演讲中预示的那样，联邦公开市场委员会在9月再次上调了联邦基金利率的目标区间，即2%~2.25%。

2018年9月的会议是新任美联储副主席理查德·克拉利达（Richard Clarida）的首次会议。他的宣誓就职标志着持续了近9个月理事会成员严重空缺的局面终于结束。在这段时期里，理事会7个席位中只有3个被填补——鲍威尔、夸尔斯和布雷纳德。米歇尔·鲍曼（Michelle Bowman）于11月加入理事会，使成员人数增至5人。鲍曼曾担任堪萨斯州的银行事务专员，并担任她的家族社区银行的副总裁。她满足了《多德-弗兰克法案》的要求，即美联储理事会其中一名成员必须拥有在社区银行工作或监管的经验。

除了夸尔斯、克拉利达和鲍曼，特朗普还提名了另外两名资历较深的备选理事会成员：卡内基-梅隆大学经济学教授、前里士满联邦储备银行经济学家马文·古德弗兰德（Marvin Goodfriend）和前美联储金融稳定部门主任、经济学家梁内利。在参议院民主党人和兰德·保罗（共和党人）的反对下，古德弗兰德的提名最终失败。（他于2019年12月因癌症病逝。）面对银行业游说者和参议院共和党人的反对，梁内利于2019年1月退出了评审。她后来成为拜登团队中的一员——在财政部长耶伦的手下担任副部长，主管国内财政事务。

2018年12月19日，鲍威尔担任美联储主席的第一年即将结束，

第九章　鲍威尔和特朗普

联邦公开市场委员会将联邦基金利率目标上调至2.25%~2.5%。这是自3年前耶伦开始实施紧缩政策以来第9次加息25个基点，也是鲍威尔担任美联储主席以来的第4次加息。表决再次获得一致通过。事实上，这也被证明是联邦基金利率的一个"高水位"，哪怕委员会并没有改变之前指导意见中的话语，即"进一步提高联邦基金利率的目标区间，与美联储的就业和通胀目标相一致"。

市场在那年秋天剧烈波动，道琼斯指数在12月声明公布前的两周内下跌了8.3%。毫无疑问，考虑到市场的反应，鲍威尔在新闻发布会上试图对联邦公开市场委员会的加息和对进一步加息的预测进行一些鸽派的修饰。他表示："我们已经看到一些事态的发展，与几个月前的预期相比，形势可能有所缓和。"他指出，自9月的会议以来，"出现了一些相反的趋势"，包括全球经济增长放缓，金融市场波动性加剧，特朗普减税的刺激性减弱，以及整体金融状况趋紧。他还强烈暗示，委员会退出进一步加息计划的门槛很低。他指出，最近的一次加息已经使联邦基金利率达到"处于委员会提供的长期正常利率估计区间的下限"。[8]这与他在10月初接受美国公共广播电视公司（PBS）朱迪·伍德拉夫（Judy Woodruff）采访时的言论形成了鲜明对比，那是在上一次加息一周后，当时他的话语——"目前我们可能远未达到中性水平"曾经令市场动荡不安。[9]另一方面，鲍威尔暗示美联储的资产负债表缺乏灵活性，表示缩减计划并没有人去主动调整，只是在"自动运行"。[10]

尽管鲍威尔努力缓和，但市场显然想起了耶伦那时的小型经济衰退，认为美联储的紧缩政策如同那次一样走得太远、太快。2018年加息4次，2019年承诺会加息更多，以及正在进行的资产负债表缩减——交易者们称之为"量化紧缩"，所有这些因素加在一起，构成了一个显著的紧缩预期。这与鲍威尔在杰克逊霍尔会议上表述的不可知论立场或他在新闻发布会上对经济趋势的说法相反，因此鲍威尔试图缓和紧张气氛的辩解似乎很难自圆其说。道琼斯指数在决议公告和新闻发布会的当天也下跌了1.5%。市场在12月的会议后继续下跌，这不仅是对美联储政策的反应，也是对全球经济增长放缓、美中贸易紧张、企业盈利低迷，以及特朗普和国会的民主党人在美墨边境墙拨款问题上陷入预算僵局的担忧。12月22日，由于特朗普和民主党都拒绝让步，联邦政府史上最长的停摆（35天）开始了。

此前一天，12月21日，彭博新闻社报道称特朗普曾讨论解雇鲍威尔，这一举措的合法性令人怀疑，因为理事会成员只能"根据法定事由"被解雇，即因为违法，而不是因为政策分歧。特朗普的工作人员急忙收回了那份报告，但总统明显还是不满的。12月24日，在一场持续的股市暴跌中，他在推特上写道："美联储就像一个强大的高尔夫球手，却无法得分，因为他没有触球能力——他根本不会推杆。"

## 政策转向

年末的股市暴跌——这是自1931年以来股市最糟糕的一个12月，促使鲍威尔和他的同事们相信，2018年的4次加息，虽然有更多的承诺，但对于一个正面临增长放缓和贸易紧张局势恶化的经济体来说，已经太过了。他需要发出政策转变的信号，他正巧被安排与珍妮特·耶伦和我一起出席2019年1月4日在亚特兰大举行的美国经济协会（American Economic Association）年会。作为经济学家专业协会的新任主席，我安排《纽约时报》的尼尔·欧文（Neil Irwin）在台上采访我们三人。

欧文问鲍威尔的第一个问题是："你对2019年以及未来的展望是什么？"鲍威尔看了看他手写的笔记，承认劳动力市场最近有所改善，但他指出："金融市场一直在发出不同的、对以下情况的担忧信号，包含经济下行风险、全球（尤其是与中国相关的）增长放缓、正在进行的贸易谈判，以及从华盛顿释放的各种政策的不确定性……"[11]

鲍威尔表示，货币政策在很大程度上是关于风险管理的，这与他在2018年8月杰克逊霍尔会议上的讲话相呼应。然后他补充说，"特别是在看到通胀数据温和的情况下，我们将耐心观察经济的发展"。他回忆起2016年，当时委员会的预测中值是4次加息，但面对小型衰退，委员会只上调了一次联邦基金利率目标。他说，"没有人知道今年是否会像2016年一样，但我知道的是，我们将准备迅速灵活地调整政策，并在合适的情况下使用我们所有的工具来支持经济……"。传递给所有人的结论是政策会保持耐心，在可预见的未来不会再加息。市场松了一口气，道琼斯指数当天上涨了3.3%。在紧接着的2019年1月30日会议上，联邦公开市场委员会保持联邦基金利率目标不变，并在声明中重申了鲍威尔的信息，"委员会将决定未来如何调整联邦基金利率的合适的目标区间，在此之前会保持耐心……"。在这次会议上，委员会并没有公布经济预测，但在下一次的3月会议中，预测的中值是2019年不会加息，2020年只有一次加息。委员会还在另一份声明中明确表示，资产负债表的缩减，即一直令市场担忧的"量化紧缩"并不像鲍威尔在12月表示的那样处于"自动运行"状态。相反，如果经济或金融环境允许，联邦公开市场委员会准备停止收缩资产负债表。为回应市场信号和不断变化的经济前景，政策转向非常尖锐，但也与鲍威尔一直强调的"灵活的"和"数据响应式的"政策制定策略一致。

然而，当时的政治环境让所有的政策都令人担忧。在一月的新闻发布会上，《洛杉矶时报》的吉姆·普赞格拉（Jim Puzzanghera）问道，美联储在转向更宽松的政策时，是否只是"屈服于总统的要求"。鲍威尔回答说："我们永远只会做我们认为正确的事情。我们绝不会考虑政治因素或者将其作为我们工作的一部分进行讨论。你知道，我们也是人，会犯错，但我们不会犯品行或是诚信方面的错误。"[12]

## 特朗普、贸易战和保险性降息

2019年，鲍威尔和联邦公开市场委员会其他成员顶住了来自总统的持续压力。他们必须一方面避免"屈服"于特朗普提出的要求，另一方面也不能让展示美联储独立性的愿望扭曲他们的决定。

继2018年12月的传言称特朗普正在考虑解雇鲍威尔之后，总统顾问开始安排两人会面。自2017年11月鲍威尔被提名以来，特朗普和鲍威尔一直没有进行过实质性的讨论。2019年2月4日，应总统邀请，鲍威尔和副主席克拉利达在白宫与特朗普和财政部长姆努钦共进晚餐。

自从尼克松-伯恩斯事件之后，美联储领导人通常都试图与白宫保持谨慎的距离。与政府的沟通主要通过财政部长和其他高级经济官员进行。不过，美联储主席与总统之间确实也会举行非正式会议。作为主席，我每年都要和布什总统共进几次午餐，我在白宫为他工作过。我也偶尔与奥巴马总统会面，通常讨论经济前景或监管问题。但考虑到特朗普总统持续不断地公开批评，以及市场怀疑他影响了美联储的政策转向，这场晚宴可能会给公众留下总统对美联储造成不合适且过度发挥影响力的印象。

为了防止公众误解，以及防止来自总统的任何误导性推文，美联储在晚宴后立即发布了一份新闻稿。稿件中说，"鲍威尔主席（在晚餐上）的评论……与他上周在新闻发布会上的言论一致。他没有讨论自己对货币政策的预期，只是强调政策路径将完全取决于最新的经济信息以及这对经济前景的影响"。新闻稿重申，联邦公开市场委员会将"完全基于谨慎、客观和非政治性的分析"来做出决定。[13]

具有讽刺意味的是，总统对美联储的明显不满为鲍威尔反复强调美联储的决策是"独立的"和"非政治性的"提供了依据，尽管美联储转向了鸽派政策。特朗普在采访和推特上的言论变得更加尖锐和具体，政府官员偶尔也会加入进来。3月29日，美国国家经济委员会主席拉里·库德洛（Larry Kudlow）呼吁美联储立即降息0.5个百分点。4月5日，总统对记者表示，美联储应该降息。4月30日，他在推特上表示，如果美联储将基准利率下调整整1个百分点，美国经济将"像火箭一样飙升"。"他们（美联储官员）一无所知"，6月11日他在推特上写道。此前，鲍威尔分别于3月8日和4月11日接到了特朗普的电话。他将于11月在白宫再次与特朗普和姆努钦会面（不包括克拉利达），美联储随后再次发布了先发制人打击通胀的声明。

再怎么夸大特朗普政策所引起的民众排斥都不为过，尤其是与他的前任们对美联储独立性的持之以恒的尊重相比。美联储官员明白了不上钩的重要性，在回应不可避免的有关总统的推文和评论的媒体提问时，他们咬紧牙关绝不松口。几十年来，总统的施压一直都不是影响美联储政策的有效方式，这次也不例外。所有总统都使用的更直接的影响力渠道，是通过任命美联储理事会成员来达成的。尽管特朗普对美联储感到恼怒，但他早期的任命，包括鲍威尔、克拉利达和夸尔斯，都是传统的、合格的人选，受到广泛赞誉，很容易获得参议院的批准。他随后提名的马文·古德弗兰德和梁内利虽然都没有成功，但也都是可靠的选择。然而在2019年春天，总统改变了他的做法，开始提议让其忠实的拥趸（不具有传统意义上的资格）来填补理事会的两个空缺席位。他提议了史蒂芬·摩尔（Stephen Moore）和赫尔曼·凯恩（Herman Cain），前者是电视评论员，曾是《华尔街日报》编辑委员会成员，为保守派的传统基金会（Heritage Foundation）工作。后者是教父比萨连锁店（Godfather's Pizza）的前首席执行官，2012年曾是共和党总统候选人。两人都是特朗普的支持者，都响应总统大幅降息的呼吁。然而，在关键的参议院共和党人表达了担忧之后，这两个人都没有被正式提名。拒绝的理由更多是与这两个人的过往经历有关，而不是他们的资历或政策观点，议员担忧这两人对美联储未来的独立性来说是个不好的兆头。[14]（凯恩在新冠病毒检测呈阳性后，于2020年7月去世。）

2020年1月，特朗普再次做出一次非常规提名——他提名保守派作家朱迪·谢尔顿（Judy Shelton）为理事会成员。长期以来，谢尔顿一直主张回归金本位（以及废除存款保险等其他极端立场），但她近期轻易地改变了一直以来鹰派的强硬观点，转而支持特朗普的货币宽松立场。与谢尔顿搭配提名的是候选人克里斯托弗·沃勒（Christopher Waller），他是圣路易斯联邦储备银行的研究主管，曾任圣母大学经济学教授。然而，谢尔顿也没有得到参议院的支持，这次失败是因为她极端并且前后不一致的观点（沃勒的任命将在2020年12月得到确认）。当然，确实有一些理事会的候选人是支持特朗普政策偏好并且有获选潜质的。然而总统倾向于提名边缘人选，使他失去了间接掌控美联储货币和监管政策的机会。

除了胡乱指挥货币政策之外，特朗普还断然拒绝了两党前几任政府的普遍的国际主义观点，这进一步增加了经济的不确定性。他针对各种产品和贸易伙伴征收或提高（进口）关税，展开了多线的贸易战，从而引发了对美国报复性的关税增加。预测贸易战的影响是美联储经济学家面临的一项挑战。标准经济理论认为，国与国之间的贸易是互利的，因为它允许各国专心生产各自拥有比较优势的商品和服务。[1]相反，总统对国际贸易持零和观点，认为如果A国对B国的出口大于它对B国的进口，那么A国就是赢家，B国则是输家。更广泛地说，他将贸易限制作为实现政治目标的工具，比如孤立不友好政权。国会赋予了总统在贸易规则上相当大的自由裁量权，因此特朗普能够或多或少地随意征收，或是威胁征收关税。

---

[1] 这种贸易观点被称为比较优势理论，由英国经济学家大卫·李嘉图在19世纪初提出。比较优势理论并不意味着自由贸易让每个人都变得更好，而是意味着自由贸易创造了足够多的盈余。原则上，贸易的赢家可以补偿输家。实际上，这种补偿很少发生，因此自由贸易可以使某些人的处境变得更糟，比如与进口商品竞争的行业中的工人。

总统发起的贸易摩擦有起有落，持续了整个2018年，一直延续到2019年初。2019年5月5日，特朗普宣布，美国将把此前宣布的对2 000亿美元中国商品征收的10%关税进一步提高到惩罚性的25%。5月30日，特朗普威胁要对所有墨西哥商品征收高达25%的关税，除非墨西哥采取更多措施阻止中美洲移民通过其领土进入美国。5月同期，道琼斯指数下跌6.4%。

在一场以眼还眼、以牙还牙的贸易战中（特朗普挑起的贸易战就是一个典型的例子），消费者面临着被征收关税的进口商品的更高价格，而且由于报复，出口商（比如美国农民）发现自己的产品更难销往国外。如果关税提高了与之竞争的进口商品的价格，一些国内生产商可能会受益。通过观察贸易限制后贸易货物的价格和数量的变化，这些直接影响相对容易衡量。与白宫的说法相反，研究发现，关税带来的成本主要由美国消费者和企业承担。[15]特朗普含蓄地承认了这一点，当中国禁止美国大豆时，他直接向在贸易战中遭受损失的农民提供补贴。到2020年，补贴超过500亿美元，占农业收入的1/3以上。[16]尽管贸易战中增加的关税相当于对美国人增税，但直接影响并不大，也不够广泛，不足以显著影响美国的总体就业或通胀。

贸易战带来的更大（或者说是更间接的）的代价，是它对全球化以及美国与其他国家（尤其是中国）关系带来的不确定性。[17]全球经济日益一体化，这不仅仅是通过消费者最终购买的商品和服务贸易的增加而实现的。随着全球供应链的发展，生产过程越来越跨越国界，生产商依赖许多国家的投入。特朗普的贸易政策对这个错综复杂而且相互依赖的体系的长期影响是无法测算的。也许贸易战很快就会得到解决，只要全球贸易发生适度改变，或者是美国的贸易伙伴做出一些有益的让步。但是，它们可能会导致向着"更开放"贸易方向发展的趋势逆转——极端的情况是美国经济与中国和其他贸易伙伴"脱钩"——这会增加许多行业的生产成本，减缓产出增长，降低平均生活水平。

正如股市所证明的那样，市场对不确定性的反应很糟糕。不确定性也可能对整个经济不利。例如，企业可能会推迟资本投资或招聘新人，直到他们获得更多有关外国供应商和市场的信息为止。事实上，联邦公开市场委员会在2019年5月的会议上指出，商业投资在第一季度放缓，在6月和7月的会议上，尽管近期美国下调了企业税，但是投资仍然疲软。比美国贸易程度更开放的欧洲和日本经济也在放缓，不确定性是一个重要因素。

在联邦公开市场委员会参与者试图评估贸易战、财政刺激的减少和全球经济疲软在多大程度上影响了2019年春季美国的增长时，他们还注意到债券市场上的一个现象：收益率倒挂。当长期利率（例如10年期国债）低于短期利率（例如3个月期国债）时，收益率曲线就会倒挂。在3月短暂的倒挂之后，收益率曲线在5月的倒挂现象更加明显，并在整个夏季持续，到8月底，10年期国债收益率比3个月期国债收益率低了0.5个百分点。

政策制定者和市场参与者之所以关注这一点，是因为收益率曲线倒挂通常预示着经济衰退。这是为什么？一种解释是，倒挂的收益率曲线是货币政策紧缩的信号。短期利率可以被认为是衡量当前货币政策立场的指标，而长期利率——未来短期利率的预期平均水平的反映，可以被视为中性利率R*的代表。按照这种逻辑，当收益率曲线倒挂时，货币政策是限制性的，由于短期利率高于中性利率，这可能预示着经济衰退。换句话说，收益率曲线倒挂表明，债券交易员预计美联储将在未来几年削减短期利率，这意味着他们预计经济放缓即将到来。

收益率曲线倒挂这种现象是否预示着经济衰退，引起了广泛的争论。其他因素，比如欧洲和日本正在实施的量化宽松政策，以及美联储自身资产负债表的庞大规模，可能有助于解释全球长期利率为何处于异常低的水平。另一个可能的因素是，由于通胀处于低位，而且预计将保持低位，长期债券持有人并不要求额外的回报来补偿通胀风险。不过，再加上贸易战的不确定性和一些其他经济放缓的迹象，收益率曲线倒挂增加了美联储对政策仍然过于紧缩的担忧。6月4日，在芝加哥的一次演讲中，鲍威尔首次暗示他正在考虑降息。他说，"我们正在密切关注这些（贸易）动向对美国经济前景的影响，我们将一如既往地采取适当行动，以维持经济的扩张……"。[18]作为回应，道琼斯指数上涨了2.1%。

然而，特朗普再次加大了施压力度。彭博新闻社6月18日报道，白宫正在研究剥夺鲍威尔主席一职，以及将其降职为理事会成员的合法性。当天，当被记者问及是否要给鲍威尔降职时，特朗普回答说："让我们看看他做了什么。"

2019年6月19日，联邦公开市场委员会以9票赞成、1票反对的结果，将联邦基金利率目标维持在2.25%~2.5%。圣路易斯联邦储备银行行长布拉德表示反对（这是鲍威尔任期内的第一个反对意见），他支持降息25个基点。然而，点阵图清楚地表明，委员会的看法正在转变。尽管勉强占多数的参与者预计到2019年年底不会有利率变化，但17名参与者中有7人预计到2019年年底会有两次降息，还有一名参与者预计降息一次。鲍威尔在新闻发布会上表示，委员会认为"没有充分理由"立即放松货币政策。[19]但是，尽管他很小心地尽量不对总统贸易政策的优劣直接发表意见，他指出，这些政策正在为商业创造更大的不确定性，并导致金融市场情绪恶化。联邦公开市场委员会的立场不言而喻。

在新闻发布会上，《华盛顿邮报》的希瑟·朗（Heather Long）询问了鲍威尔关于特朗普威胁要给他降职的问题。他回答说："我认为，法律明确规定我的（主席）任期是4年，我也完全打算做满。"[20]

7月底的下一次会议预示着降息，以及美联储资产负债表缩减的提前结束，鲍威尔在新闻发布会上解释了此次降息，称其"旨在防范下行风险……"。[21]换言之，虽然经济放缓尚不明显，但降息旨在保护美国经济免受贸易不确定性、全球经济放缓和其他因素带来的风险。

这句话听起来像是艾伦·格林斯潘的风险管理方法，鲍威尔在一年前的杰克逊霍尔会议演讲中曾大加赞扬，他将在下个月的杰克逊霍尔演讲中再次重复。两名联邦公开市场委员会成员持反对意见。堪萨斯城联邦储备银行的埃丝特·乔治在会议纪要中发表的一份声明中拒绝了有关"保险"的说法，称只有当证据表明"前景明显疲弱"，才有理由降息。波士顿联邦储备银行的埃里克·罗森格伦在自己的反对声明中担心，降息幅度过大将增加金融不稳定的风险。

像往常一样，市场参与者和其他美联储观察人士试图猜测此次降息是否会持续。在新闻发布会上，鲍威尔似乎暗示美联储放松货币政策的意愿是有限的。他将此次降息称为"中期调整"，而不是一系列降息的开始。[22]第二天，也就是8月1日，特朗普威胁要对中国商品征收更多关税，中国于8月5日停止购买美国农产品作为回应。贸易冲突，加上"美联储可能不会采取更多行动"的看法，道琼斯指数从7月30—31日联邦公开市场委员会会议前到8月14日期间下跌了6.3%。

尽管是10年来首次降息，特朗普仍持续抨击美联储主席。8月14日，他称鲍威尔"无能为力"。8月19日，他批评鲍威尔"严重缺乏远见"。8月22日，特朗普声称德国出售负利率债券使其获得了相对于美国的竞争优势。当然，负利率政府债券实际上更多的是欧元区疲软而非强势的标志。它们反映出私人投资机会的匮乏、经济不确定性背景下欧洲投资者对避险资产的需求，以及欧洲央行为刺激欧元区经济而采取的激进措施。

8月23日，尽管鲍威尔在杰克逊霍尔会议的讲话中暗示至少还会再降息一次，并且表示"我们将采取适当的行动来维持经济扩张"。他提到了对中国施加的新关税、金融动荡和一连串的地缘政治风险，"包括英国硬脱欧的可能性越来越大，中国香港的紧张局势不断加剧，以及意大利政府的解散"。[23]特朗普还是当天就在推特上问道："……谁是我们最大的敌人,是鲍威尔还是哪个国家的政治领袖?"8月28日,特朗普表示,美联储无法"在精神上"跟上竞争对手国家的步伐。9月11日,他呼吁美联储"把我们的利率降至零或更低",并在第二条推特中给联邦公开市场委员会贴上了"白痴"的标签。

在9月的会议上,联邦公开市场委员会如预期的那样,将联邦基金利率的目标区间再次下调25个基点至1.75%~2%。正如它在7月的会议上所做的那样,委员会在其声明中表示,它将"采取适当的行动来维持扩张",这充分表明了美联储对进一步降息持开放态度。在9月18日举行的新闻发布会上,鲍威尔再次以保险为由提出放宽政策。当被问及他使用的"中期调整"一词时,他提到了过去的两个时期——1995—1996年和1998年,都是格林斯潘领导的时期。每一个时期都包括三次,每次25个基点的降息。在即将召开的会议上可能会有第三次降息的逻辑推断,在某种程度上受到了削弱,这是由于事实上联邦公开市场委员会多数参与者都预计2019年不会再次降息了。但在10月30日的会议上,第三次降息确实发生了。不过,委员会这一次放弃了"将采取适当行动"的措辞,表明它已经完成了宽松政策,至少暂时是这样。鲍威尔在新闻发布会上证实了这一看法,称货币政策现在"处于良好的位置",政策的改变将需要"对我们的前景进行实质性的重新评估"。[24]

7月到10月的三次连续降息似乎奏效了。在降息之前,金融市场的价格变化反映出经济放缓的巨大可能性。到了10月,这些担忧基本上已经烟消云散。经济增长和就业机会增加,金融市场恢复平静。值得注意的是,收益率曲线不再倒挂,这表明债券交易者们不再认为衰退即将来临。总的来说,2019年的货币政策三步走——转向、暂停和保险性的降息,帮助经济度过了贸易战和其他不确定性来源。鲍威尔领导的美联储似乎实现了众所周知的软着陆,就像格林斯潘在20世纪90年代中期所做的那样。

然而，如果说鲍威尔2019年的政策带有格林斯潘的味道，那么从格林斯潘式政策的角度来看，夏季和秋季的三次降息是否有真正的保险作用是存在争议的。例如，格林斯潘在1998年亚洲金融危机期间的降息，有助于减少经济增长和就业方面的风险，但与任何保单都需要付出保费一样，这些政策增加了可以被人们感知到的更高的通胀风险。由于这个原因，当经济放缓没有成为现实时，格林斯潘领导的美联储逆转了降息并采取更多举措，最终将利率从1998年的低点上调了1.75个百分点。相比之下，鲍威尔的降息从非保险的角度来看是合理的，原因是经济放缓正在发展，以及通胀除了短期来看之外一直低于目标，并且几乎没有出现上升势头。因此，与真正的保险性降息不同，2019年的降息操作并不涉及支付保费（除非你把埃里克·罗森格伦对金融稳定性的担忧计算在内），并且预计降息也不会很快逆转。当然，术语远没有结果重要。无论这种政策转变被称为什么，截至2019年底，它似乎是对一系列复杂环境的灵活回应，避免了可能出现的痛苦的经济放缓。

## "美联储倾听"：战略评估

对于央行来说，定期回顾评估其政策选择的理论框架或战略并不罕见。加拿大央行每5年回顾一次其框架，日本银行在2016年的回顾导致其政策方法发生重大变化，包括决定货币政策将直接瞄准长期利率（"收益率曲线控制"）。美联储曾零星进行过此类评估，最近一次是在2012年我们引入通胀目标之前。然而，金融危机后的政策挑战吸引了政策制定者和美联储工作人员的全部注意力，使他们没有精力进行更全面的自我检查。

到2018年，随着经济状况相对良好，联邦基金利率从零上升，似乎是回顾过去10年并吸取一些教训的恰当时机。鲍威尔在11月宣布，美联储将在2019年"审视其战略、政策工具和沟通方式"，这些都是美联储为实现其使命而采取的手段。鲍威尔说，审查将包括"与广泛的利益相关方进行接触"。[25]

鲍威尔让副主席克拉利达负责审查事宜。克拉利达在2019年2月的一次演讲中表示，评估将把美联储被赋予的法定双重使命视为既定目标。他补充说，委员会现有的2%的通胀目标与其使命"最一致"，因此排除了一些经济学家提出的提高通胀目标，以推动中性利率（R*）进一步高于其有效下限的建议。[26]克拉利达说，审查将集中于三个问题。首先，美联储是否应该坚持2012年采取的通胀目标策略？特别是，政策框架的改变能否帮助美联储更好地应对有效下限的约束？其次，在危机之后，前瞻性指引和量化宽松等新工具一直很有效，但随着人们对有效下限的担忧加剧，这些工具是否足够？为了确保在需要的时候能够提供足够的刺激，美联储是否应该采取额外的工具，包括其他主要国家央行已经拥有的那几个？最后，美联储是否应该调整其政策沟通方式？

鲍威尔关于"与广泛的利益相关方进行接触"的承诺在15次"美联储倾听"（Fed Listens）公开活动中得以实现，这些活动在位于华盛顿的理事会和位于各个城市的地区联邦储备银行举行。受邀参加者的名单远远超出了传统的美联储顾问——学术界的经济学家、市场参与者、银行家、商人，还包括社区发展专家、工会官员、少数族裔群体和老年人群体的领袖以及普通公民。这些活动让政策制定者有机会证明，美联储的政策旨在造福广大民众，而不是华尔街银行家等特殊利益集团。这一信息与鲍威尔在新闻发布会上和国会听证会证词中"用简明的语言"解释货币政策的努力相吻合。参加"美联储倾听"活动的政策制定者还了解到公众对美联储及其政策的更多看法。他们被反复告知，紧俏的劳动力市场有很多好处。随着对用工的强烈需求，更多的人被吸引到劳动力大军中，尤其是低收入和少数族裔社区的人。由于通胀也很低，而且几乎没有抬头的迹象，这种反馈加强了鲍威尔和他的联邦公开市场委员会同事们的承诺，即推动一个更加强劲的劳动力市场。

按照计划，评估本应在2020年年中结束，但新冠肺炎大流行将其完成推迟了几个月——尽管新冠肺炎大流行引发的新衰退将使评估结论更加具有相关性和紧迫性。

## 货币市场动荡

一个更具技术性但重要的问题也吸引了联邦公开市场委员会的注意力——未来实施货币政策的方法，也被称为操作框架（与政策框架相对）。其问题是，一旦政策制定者通过选择联邦基金利率的一个区间来制定政策，他们如何确保联邦基金利率保持在这个区间内？显然，有效的货币政策要求美联储对短期利率有合理的严格控制。此外，操作框架的选择与美联储长期资产负债表的规模问题密切相关。

在金融危机之前，联邦公开市场委员会通过所谓的"稀缺准备金"机制实施货币政策。美联储通过调整银行系统的准备金供应来控制联邦基金利率，这是通过在公开市场上出售国债来减少准备金，或者通过购买国债增加准备金来实现的。这种方法需要密切监控银行的准备金需求。例如，在节假日和季度纳税期间，准备金需求通常会随着消费者支出的增加而增加。随着银行准备金需求的波动，纽约联邦储备银行频繁（几乎每天）进行公开市场操作，以保持联邦基金利率停留在目标水平。

随着2008年量化宽松政策的出台，美联储实际上转向了一个新的操作框架，即所谓的"充足准备金"体系。由于美联储通过建立银行准备金来支付购买证券的费用，金融危机后的银行集体持有的准备金比过去多得多。由于准备金远远超过了通常的日常需求，银行没有理由从其他银行借入准备金，结果是联邦基金利率，即银行间拆借的利率保持在接近于零的水平。当然，2008—2015年，接近于零的联邦基金利率与联邦公开市场委员会鼓励经济增长和将通胀提高到目标水平的努力是一致的。

当开始收紧货币政策的时候，美联储必须确保自己能够在必要时提高联邦基金利率。考虑到体系内准备金过剩，传统的公开市场操作无法实现这一点。相反，美联储利用国会在2008年首次授予的权力，通过提高支付给银行的准备金利率，推高了联邦基金利率。然而，与2008年一样，技术因素导致准备金利率和联邦基金利率之间出现了一些偏差。为加强对短期利率的控制，美联储于2013年9月创建了一项机制，允许某些符合条件的非银行机构（例如货币市场共同基金和政府资助企业）向美联储提供实质上的短期存款。这些存款可以获得美联储设定的另一种略低的利率，称为隔夜逆回购利率，简称ONRRP利率。尽管银行体系持有充足的准备金，但通过对准备金利率和ONRRP利率这两种行政性利率的管理，美联储成功地在紧缩货币政策的时候将联邦基金利率保持在接近目标的水平。

随着紧缩的开始，联邦公开市场委员会不得不决定是继续使用新的"充足准备金"框架，还是回到危机前的"稀缺准备金"方式。2019年1月，联邦公开市场委员会永久性地采用了"充足准备金"的方案。这个框架更加简单明了。它不需要持续监测和调整准备金供应以保持政策利率在其目标水平，这是大多数主要国家央行长期使用"充足准备金"框架的一个原因。它至少还有另外两个重要的优势。首先，美联储可能在某个时候再次不得不求助于量化宽松，扩大其资产负债表和银行准备金数量。如果是这样，充足的准备金将有助于在退出量化宽松的时机到来时提高联邦基金利率，就像2015—2018年那样。其次，"充足准备金"框架意味着银行系统中准备金水平的提高，将使银行在恐慌期间不那么容易受到短期资金损失的影响，从而促进金融稳定。事实上，全球金融危机后的新监管规定也要求银行大幅增加流动性资产，包括准备金。

采用"充足准备金"的做法还意味着美联储的资产负债表将永远保持比过去大得多的规模。该方法假设准备金的供应完全满足银行的需求，而这些需求（出于监管和预防的原因）自金融危机以来大幅增长。另一方面，在2011年6月的退出原则中，联邦公开市场委员会承诺，资产负债表的规模不会超过有效执行货币政策所需的规模。这些条件加在一起意味着美联储的目标是建立一个足够大的资产负债表，以确保在大多数或所有条件下都有充足的银行准备金，但不要比这个大太多。

因为在大多数情况下，没有人真正知道能满足银行需求的准备金水平，所以美联储资产负债表的理想水平必须通过试错来确定。在2019年3月的下次会议上，联邦公开市场委员会宣布将在5月开始减缓缩表，密切关注银行准备金和联邦基金市场的行为。美联储在8月停止了缩表，其总资产约为3.75万亿美元，低于2017年10月加息之初的4.5万亿美元。银行准备金降幅更大，从2014年10月的2.8万亿美元峰值降至2019年9月中旬的约1.4万亿美元。美联储对银行的一项调查发现，最低的安全准备金水平大约是9 000亿美元。据估计，充裕的准备金大约比最低的安全水平高出1 000亿美元，因此准备金的供应似乎是充足的。[27]

这个结论被证明是错误的。2019年9月，回购市场出现动荡，通常接近联邦基金利率的回购利率在联邦公开市场委员会开会时飙升。当时联邦基金利率目标区间的上限为2.25%，回购利率却飙升至10%。在鲍威尔于9月18日召开的例行会后新闻发布会上，他将回购利率的飙升归因于市场对流动性的需求激增，这是由特殊因素驱动的，其中包括证券交易商需要为财政部增发的新债券融资。但更令人不解的是回购利率飙升为何会持续。原则上，银行可以从美联储的准备金账户中取出资金，然后支付略高于2%的利息，在回购市场上放贷，获得高达10%的收益。这些现金的流入应该反过来扭转回购利率的上升趋势。但银行没有这么做，这表明美联储的判断有误。或许是出于对监管限制的担忧，银行认为自己在2019年9月没有足够的准备金，至少没有足够的准备金用于回购市场的贷款。美联储的缩表以及由此导致的银行准备金的下降已经过度了。

回购市场规模庞大，被金融机构广泛使用，也是将美联储的决议利率传递给更广泛的经济关键环节。幸运的是，美联储拥有恢复其正常运作的工具。短期内，美联储取代了不情愿的银行，以美国国债作为抵押向回购市场提供资金。这些操作与"稀缺准备金"制度下的传统公开市场操作非常相似，但规模要大得多；此外，美联储还提供了长期贷款和隔夜贷款。后来，这些操作奏效了，回购市场的波动性有所减弱。

从长期来看，解决流动性短缺的办法是再次扩大美联储的资产负债表，从而增加银行准备金。在10月11日的会议公告中，联邦公开市场委员会表示它将开始增加准备金和扩表，每月购买600亿美元的短期国债，至少持续到2020年第二季度。此外，纽约联邦储备银行将继续向回购市场暂时注入资金。联邦公开市场委员会的声明强调，这些行动不是货币政策的改变（特别强调不是量化宽松，因为它们不涉及购买长期证券），而是"纯粹的技术措施"。但效果是显著的。2020年1月底，资产负债表接近4.2万亿美元，银行准备金增至1.6万亿美元，比9月中旬增加了2 000亿美元。美联储的干预措施恢复了货币市场的稳定，但资产负债表的缩减已经彻底结束了。① 在对短期利率坚决的控制过程中，美联储建立了资产负债表规模的新常态。

---

① 联邦公开市场委员会于2021年7月宣布了一项长期解决方案。它建立了两种常态化回购机制，一种是针对一级交易商（最终是其他存款机构），另一种是针对外国官方机构，如他国央行。这些工具在回购市场上向借款人提供资金，目的是避免回购利率飙升，即使市场上的贷款方没有提供足够的资金。

# 第十章

# 新冠肺炎大流行

　　撇开回购市场的火爆不谈，联邦公开市场委员会在2020年伊始表现出了乐观的态度。鲍威尔在1月29日举行的记者招待会上指出，经济扩张进入破纪录的第11个年头，失业率（12月为3.6%）保持在历史最低的水平。信心十足的消费者正在消费，贸易的不确定性似乎已经减少，全球增长显示出了企稳的迹象。联邦公开市场委员会参与者对联邦基金利率的最新预测（在2019年12月的上一次会议上）显示政策暂停了较长时间，这意味着预期将出现软着陆。按中值来看，参与者预计2020年不会加息，2021年和2022年分别只会加息0.25个基点和1个基点。鲍威尔说，只要即将发布的有关经济的信息与委员会的展望大体一致，就不应预期利率会发生变化。[1] 换句话说，货币政策还是会按兵不动。

　　后来有些事情发生了变化。2020年年初新冠疫情暴发。鲍威尔指出，疫情对美国经济构成了一些风险，美联储正在"非常仔细地监控"局势。[2] 但鲍威尔似乎担心的风险是间接的和有限的。例如，中国的疫情以及由此导致的停工可能会影响其贸易伙伴，特别是邻近的亚洲国家。美联储的评估与大多数公共卫生机构的评估相呼应。在1—2月的大部分时间里，这些机构在很大程度上低估了疫情在全球蔓延的风险。

然而到了2月下旬，情况看起来就完全不同了。2月23日星期日，在新冠肺炎疫情大规模暴发后，意大利封锁了北部11个城镇，引发了疫情将在全球范围内传播的恐慌。2月25日，位于亚特兰大的疾病控制和预防中心警告说，美国可能暴发疫情。2月28日星期五，《纽约时报》报道，"其他14个国家的病例……可以追溯到意大利"[3]，同时加州和俄勒冈州确认了一些来源不明的病例，疫情不再是与己无关的问题了。

金融市场出现了暴跌。2月的最后一周，美国股市录得2008年以来最大单周跌幅，跌幅超过了12%。（到3月底，道指累计跌幅将超过其价值的1/3。）2月28日，10年期国债收益率跌至历史最低水平1.13%。到3月9日，这个数字降至0.54%。美国国债收益率的下降表明，投资者正蜂拥至被视为安全避风港的美国国债，这是危机期间经常看到的模式。2月28日，鲍威尔发表了一份四句话的声明，其中提到了新型冠状病毒"不断变异所带来的风险"，承诺美联储将"使用我们的工具，并采取适当的行动来支持经济"。[4]

这份不同寻常的声明加上"适当的行动"一词，暗示联邦公开市场委员会可能会在预定的下次会议之前降息。事实上在三天后，也就是3月2日晚间，联邦公开市场委员会召开了紧急电话会议，决定将联邦基金利率目标下调0.5个百分点。在第二天上午宣布决定后，鲍威尔在一个迅速安排的新闻发布会上表示，美国经济的基本面仍然很强劲，但未来面临的风险已经发生了足够大的变化，达到了2019年10月所设定的利率调整标准。在这一点上，疫情的影响范围和可能造成的经济损失仍然不清楚。也许影响将仅限于特定行业，比如旅游业，但或许它会迫使更大范围的经济停摆。在这种情况下，较低的利率只能提供间接的帮助，因为它支持了投资者和企业的信心，并有助于维持稳定的金融状况。然而，随着风险不断增加和市场红色信号频闪，联邦公开市场委员会不想再等了。

在接下来的几周里，这种病毒对世界经济的威胁变得更加明显。3月11日，世界卫生组织宣布新冠肺炎疫情的暴发是一场全球性流行病，在114个国家已经发现了11.8万例病例。[5]同一天，特朗普总统宣布他将阻止从欧洲到美国的旅行。长期担任美国国立卫生研究院下属的国家过敏症和传染病研究所所长的安东尼·福奇（Anthony Fauci）博士告诉国会，"情况会变得更糟"。[6]几个欧洲国家已经实施了封锁。除了必要的工作人员，所有人都要待在家里。美国的企业和学校开始关闭，员工和学生都回家等待进一步通知。为了减缓传播，美国公共卫生官员建议大规模的"社交距离"——待在家里，避免大规模人群聚集，与他人保持至少6英尺①的距离。他们的希望是"拉平曲线"，也就是说要充分减缓新病例的增长速度，以避免使医疗系统不堪重负。到了3月底，美国确诊病例从几周前的约1 000例增加到10万例，各州和城市开始发布正式的"居家"要求。无论是在美国还是在国外，情况确实会变得更糟，②经济活动出现历史性收缩似乎是不可避免的。

## 新冠肺炎疫情引发恐慌

经济风险激增，金融市场暴跌，这唤起了人们对2008年危机的痛苦回忆。3月9日和12日，纽约证券交易所的股票价格急剧下跌，触发了熔断机制（临时紧急交易暂停）。美国国债市场的混乱不太为公众所知，但或许更为危险。2月至3月初，投资者对美国政府债券的安全性和流动性的需求使长期国债收益率保持在低位，但从3月

---

① 1英尺约为0.3米。
② 根据《纽约时报》新冠肺炎疫情仪表盘的数据，到2021年11月，全球病例超过2.6亿例，死亡人数超过500万。在美国，病例超过4 800万例，死亡人数接近80万人。

第十章 新冠肺炎大流行

9日开始，也就是在世界卫生组织宣布全球新冠肺炎大流行的几天前，美国国债市场状况突然恶化。价格和收益率出现了大幅波动，流动性也蒸发，即使规模不大的交易也变得极其困难和昂贵。衡量债券市场波动性的指标达到金融危机以来的最高水平，同时大量使用的与美国国债挂钩的衍生品市场几乎停止运转。

这种近乎崩溃的情况表明，有关病毒传播的可怕消息引发了一种日益加剧的恐慌。每个人突然都想持有最短期和最安全的资产，美联储负责监管的副主席兰迪·夸尔斯称之为"现金冲刺"，而获得现金的最快方式就是出售长期国债，通常正是为了这个目的而储备国债。[7] 银行需要现金贷款给忧心忡忡的企业，以减少它们预先安排的信贷额度。金融市场交易商和高杠杆对冲基金需要现金来结算短期债务或满足追加保证金的要求。资产管理公司，包括投资于流动性相对较差的公司债券的共同基金，需要现金来应对恐慌的投资者撤资。保险公司和其他机构投资者希望持有更多现金（而不是股票和债券），以减少他们的总体风险敞口。外国政府和央行需要美元在外汇市场上支撑本国货币，或者向本国银行放贷。

通常当市场参与者卖出国债时，做市银行和交易商会买进并持有这些证券，再找到其他买家售出。但在2020年3月，这些做市机构已经在努力应对为填补不断增长的预算赤字而大幅增加发行新的国债，此外它们还受到资本监管和自身对风险承担的限制。它们被铺天盖地的卖单淹没了。由于卖家众多，而几乎没有买家，市场状况变得混乱起来。

美国国债市场的动荡影响了整个金融体系。除了（在正常情况下）提供安全性、流动性和回报外，长期国债在金融市场中还扮演着多种角色。它们是所有类型证券的收益率基准，也是筹集现金或为购买其他资产融资的抵押品，还是对冲金融风险的工具。随着惊慌失措的投资者抛售美国国债，他们也开始抛售其他长期证券，如公司债券、市政债券和抵押贷款支持证券。在这些关键市场中，利率飙升，流动性枯竭，债券发行雪崩。正如2008年雷曼兄弟破产后的情况一样，货币市场共同基金开始遭遇挤兑，而许多公司赖以进行短期借贷的商业票据市场也显示出崩溃的迹象。

市场的混乱加剧了人们对企业能力的担忧，家庭和地方政府获得信贷并偿还债务。《华尔街日报》称3月中旬的市场动荡比2008年更加严重，并写道，"很少有人意识到3月16日的金融体系离崩溃有多近"，当天道琼斯指数下跌近13%。"2008年的金融危机是一场慢动作的车祸，而这次仿佛一下子就出现了！"花旗集团短期信贷业务负责人亚当·洛洛斯（Adam Lollos）告诉《华尔街日报》。[8]

吸取了2008年教训的美联储，迅速承担起最后贷款人的角色。自2019年9月回购市场遭遇动荡以来，美联储一直在向市场注入资金，但在疫情暴发之前一直在缩减规模。3月12日，美联储改弦易辙，以美国国债作为抵押品，大幅增加了对陷入困境的银行和交易商的贷款。到了3月16日，纽约联邦储备银行的公开市场部门每天提供1万亿美元的隔夜贷款以及1万亿美元的长期贷款。就在前一天，为了进一步支持交易商和国债市场，美联储也开始扮演最后买家的角色，直接为其投资组合购买证券。美联储宣布将购买至少5 000亿美元的国债和2 000亿美元的抵押贷款支持证券，这一举动让人想起我们在2008年购买抵押贷款支持证券的情形。

外国央行和政府是3月美国国债的主要卖家，部分原因是需要缓解本国银行体系中的美元短缺。（与2008年一样，外国银行的大部分业务仍以美元结算。）就像在早期危机中所做的那样，美联储成了全世界最后的美元贷款人。为了防止海外压力加剧美国市场的动荡，美联储接受外币作为抵押品，通过货币互换额度向外国央行提供美元。在全球金融危机中，美联储已经与14家主要的外国央行建立了货币互换额度，其中与5个最重要的外国央行之间的协议已经永久生效。

3月19日，美联储重新设定了12年前使用过的9个额外货币互换额度。外国央行到4月底已经吸收了超过4 000亿美元。[9] 此外，美联储还设立了一个特别的回购机制，允许外国当局（包括那些没有正式互换额度的机构）以美国国债作为抵押品借入美元，从而避免了直接出售这些债券的需要。美联储明确表示，所有这些操作——向回购市场和交易商放贷、直接购买国债和抵押贷款支持证券以及货币互换额度，只要有必要都将继续进行。

与此同时，联邦公开市场委员会正试图评估新冠肺炎大流行的经济影响。这次冲击是前所未有的，所以不确定性很高。联邦公开市场委员会在3月15日（周日）举行了（虚拟）会议，而不是等待接下来周二和周三的定期会议。工作人员提出了两种不同的情形，而不是单一的预测。[10] 两种情形都认为经济在第二季度会进入衰退，因为人们远离社交，待在家里远程工作，并且开始削减开支。在第一种情形中，经济在第三季度开始稳固复苏，即所谓的V形复苏。在第二种情形中，经济衰退一直持续到年底。这两种情形都导致了失业率的急剧上升。两种情形都预期近期通胀会下降，原因是人们待在家里导致需求减弱、油价下跌，以及投资者寻求避险导致美元走强。

随着前景的继续恶化，联邦公开市场委员会将联邦基金利率的目标区间下调了整整一个百分点（在两周前下调0.5个百分点的基础上）至0%～0.25%，与2008年危机期间的低点持平。委员会表示，利率将维持在接近于零的水平，直到委员会"确信经济已经经受住最近的事件，并且走上实现最大就业和物价稳定目标的轨道"。这一指引是定性的和模糊的，反映出委员会对经济衰退可能的深度和持续时间的不确定性，但鲍威尔在新闻发布会上明确表示，联邦公开市场委员会预计将在很长一段时间内保持低利率。鲍威尔还讨论了美联储最近宣布的购买大量美国国债和抵押贷款支持证券的计划。他解释说，其主要目的是稳定关键的金融市场，而不是发出新一轮量化宽松的信号。

新的证券购买涉及一系列期限，而金融危机时期的量化宽松侧重于较长期证券，以向较长期利率施加下行压力。但市场明白，一旦市场状况好转，重新开始大规模的证券购买，可能为旨在支持经济复苏的持续量化宽松计划奠定基础。

美联储对新冠肺炎大流行危机的反应迅速而果断，这一点令人钦佩，但疫情的破坏性影响仍是迄今为止对经济最重要的影响。在3月15日会议召开后的一周内，经济活动以前所未有的速度萎缩。随着越来越多的城市和州发布居家令，非必要的企业关闭，体育和娱乐活动暂停，旅游和旅游方面的支出急速下滑。美国劳工部报告称，那一周有超过300万人申请失业保险，几乎是大衰退期间每周最高水平的5倍。

如果说2020年的经济衰退尚有一丝希望的话，那就是与大衰退形成的鲜明对比，即银行体系的资本状况比2008年要好得多，流动性也更强。美联储和财政部没有必要在周末进行干预来支撑濒临倒闭的金融机构。然而，贷款者在2020年3月面临着巨大的不确定性，不仅包括个人、家庭和企业借款人的财务弹性，而且包括整个行业的财务弹性。

在疫情消退之后，酒店、餐馆、购物中心和航空公司是否会或多或少地恢复正常运营呢？或者我们会进入一个新的世界，在这个世界里，随时会被病毒感染的恐慌将永远改变我们工作、购物和上学的方式？在这种环境下评估信用风险似乎是不可能的。在这种不确定性的阴影下，尽管银行的资产负债表尚好，但新贷款的冻结有蔓延的危险。

为了促进信贷和保持对金融体系的信心，美联储回到了2008年的做法，同时充当金融和非金融企业的最后贷款人。在3月15日的会议上，美联储放宽了贴现窗口的条件，并鼓励银行借贷。几天之内，它宣布在金融危机中使用的第13条第3款紧急贷款授权下，重新建立了几个项目。通过商业票据融资工具，美联储将再次向企业提供短期贷款。一级交易商信贷工具将以范围广泛的抵押品为抵押，向证券交易商放贷。货币市场共同基金流动性工具将帮助货币基金筹集满足投资者赎回所需的现金。（该安排向银行提供信贷，使它们能够从这些基金购买资产。）接下来的一周，美联储恢复了另一项紧急计划——定期资产支持证券贷款工具，以支持家庭和企业信贷的证券化。由于这些方案的法律和操作细节不需要从零开始制定，因此这些方案可以迅速实施。

也许对金融稳定最重要的是美联储继续努力恢复国债市场秩序。美联储在3月23日宣布，其购买美国国债和政府资助企业发行的抵押贷款支持证券的数量将变得无限制，以达到支持市场平稳运转和货币政策的有效传导所需的数量。美联储说除了住房抵押贷款支持证券（RMBS），它还将购买商业房地产抵押贷款支持证券（CMBS）。在封锁期间，由于购物中心和办公室关闭，商业地产承受了巨大压力。从3月的第一周到7月下旬，美联储购买了近1.8万亿美元的美国国债和6 000亿美元的政府资助企业发行的抵押贷款支持证券，远远超过了所有其他计划的总和。

美联储还利用其监管权力来帮助稳定市场。美联储在4月1日暂停了一项要求，即大型银行对其持有的国债和在美联储的准备金不得低于最低水平。这一变化给了这些银行组织及其附属交易商以更大的能力和动力能够在国债市场上做市，同时避免了准备金的大幅增加（这是美联储积极购买证券的结果）会束缚银行资本的可能性，而这些资本本来可以用来支持贷款或做市。

其他主要央行也进行了有力干预，反映出疫情对全球的影响。英格兰银行在3月将其政策利率降至0.1%，扩大了鼓励银行放贷的计划，并重新启动了政府债券购买。[11]此外，英格兰银行与英国财政部建立了新冠肺炎疫情企业融资工具，为企业提供直接的短期信贷。日本银行还增加了资产购买，包括购买商业票据和公司债券，并创建了一个鼓励银行向企业放贷的机制。[12]

欧洲央行在新任总裁克里斯蒂娜·拉加德的领导下，或许是最活跃的外国央行。[13]欧洲央行没有下调已经处于–0.5%的政策利率，但是大幅扩大了证券购买计划。欧洲央行在3月增加了7 500亿欧元新的疫情应急购买计划，6月增加到1.35万亿欧元，同时还扩大了现有的计划。[14]

更重要的是，新的应急计划更加灵活，比欧洲央行早些时候的量化宽松更为激进。在欧债危机期间，欧洲央行早在2010年就试图通过购买陷入困境的欧元区国家的债务来稳定主权债务市场。但正如我们看到的，它直到2015年1月才采取全面的美国式量化宽松，即大规模购买长期证券作为货币政策工具。由于德国和其他北欧国家在政治上的反对，以及出于对欧盟创始条约（禁止向政府提供货币融资）可能带来的法律挑战的担忧，该计划一直被搁置。当欧洲央行真的开始量化宽松时，它曾谨慎地实施限制措施，以降低政治和法律风险，包括确保其购买政府债券时不会偏袒某些欧元区国家。相比之下，在疫情时期的计划下，欧洲央行购买证券的时间和期限将仅由市场和经济条件决定，没有对哪些国家的债务可以购买或以何种比例购买做硬性要求。特别是与欧洲央行的常规量化宽松计划不同，希腊的债务符合这个条件。

为了刺激私人信贷扩张，欧洲央行还在2020年大幅扩大了银行贷款补贴，向合格借款人增加贷款的银行提供低至–1%的长期贷款。[15]银行的认购额将会很大。在财政方面，欧盟领导人在7月同意集体赞助7 500亿欧元的一揽子救援计划，向遭受重创的成员国提供贷款和赠款，这是一种政治上的突破。[16]疫情导致欧洲人采取了全球金融危机和主权债务危机没有采取的财政和货币政策创新。

## 《新冠病毒援助、救济和经济安全法案》

3月27日，特朗普总统签署了一项2.2万亿美元的两党紧急财政方案——《新冠病毒援助、救济和经济安全法案》（CARES Act）。该法案的前提是为了战胜病毒，而且大部分经济组织不得不关门一段时间。《新冠病毒援助、救济和经济安全法案》的主要目标是帮助人们和企业渡过暂时关门的难关，并将不必要的失业和破产减少到最低程度。其中包括向个人和家庭提供约 5 000 亿美元（包括更为慷慨和具有包容性的失业保险，向每个成年人最高直接支付 1 200 美元，每个儿童则是最高 500 美元）；向州政府和地方政府提供 1 500 亿美元；1 500 亿美元用于支持卫生保健系统；以及为工资保障计划（Paycheck Protection Program，PPP）提供 3 500 亿美元。该计划由小企业管理局（Small Business Administration）管理，向员工人数不超过 500 人的企业提供贷款，如果企业保持工资总额不变，这些贷款是可以免除的。

从美联储的角度来看，《新冠病毒援助、救济和经济安全法案》直接相关的条款是拨出 4 540 亿美元来支持美联储的紧急贷款。在金融危机期间，美联储经常根据《联邦储备法》中第 13 条第 3 款行使其借贷权力。该条款将贷款限制在"特殊和紧急情况下"，以及只能给由于市场混乱而无法通过正常渠道获得信贷的借款人。第 13 条第 3 款的贷款必须有足够的抵押或担保，以便美联储能够合理地预期贷款可以得到偿还。针对我们在不受欢迎的美国国际集团和其他公司救助行动中动用第 13 条第 3 款权力的做法，2010 年的《多德-弗兰克法案》对美联储的放贷权力增加了进一步的限制，包括更严格的抵押品要求，以及禁止向单一借款人放贷（贷款设计必须针对一个定义明确的领域类别，其中至少包括 5 个潜在借款人）。该法案还要求美联储在启动第 13 条第 3 款计划前要获得财政部长的批准。当《多德-弗兰克法案》在国会通过时，包括我在内的许多金融危机老手都曾担心，新的限制措施可能会在下一次金融危机中阻碍美联储的贷款权力。

然而，在《新冠病毒援助、救济和经济安全法案》中，国会将美联储的贷款权力视为帮助经济渡过疫情的一种方式。其 4 540 亿美元的拨款使财政部能够为美联储制定的新的第 13 条第 3 款计划提供支持。只要财政部的贡献大到可以吸收任何预期的损失，美联储就可以贷款给有风险的借款人，并继续遵守第13条第3款的要求，即预计贷款将得到完全偿还。从国会的角度来看，这是有好处的。由于拨给财政部的资金将只覆盖潜在损失，而不是贷款总额本身，通过美联储就产生了乘数效应。根据4 540亿美元的财政部拨款，美联储估计至少可以提供2.3万亿美元的贷款。从国会的角度来看，美联储的额外优势是其在金融和信贷市场的专业知识，及其无党派和政治独立的声誉，考虑到民主党人对特朗普政府的不信任，这是一个重要的考虑因素。

国会的支持给了美联储强大的新工具来抗击新冠肺炎大流行危机，但也给美联储带来了风险。如果这些计划失败，美联储的声誉和政治地位将会受到影响。如果计划成功了，国会是否会在未来通过命令美联储在紧急情况下向优先受益人放贷来削弱美联储的独立性呢？美联储在加快制订全新的贷款计划方面也面临艰巨的技术挑战。尽管如此，美联储仍有充分的理由继续前进，最重要的是因为新冠肺炎大流行对经济目标和金融稳定构成了可怕的威胁。此外，该法案还让美联储在与财政部磋商后，对其计划的设计拥有最终决定权，包括贷款条款和哪些人有资格借款。该法案规定，只有在"不寻常和紧急的情况下"以及信贷市场功能失调的情况下，才允许启动第13条第3款贷款，这将为美联储坚持在紧急情况结束时结束救助计划提供了强有力的基础。鲍威尔领导美联储接受了这一任务，并投入开发贷款工具，其中重要的是面向非金融借款人的项目，其范围远远超出了美联储在全球金融危机中所做的工作。

大体上讲，根据《新冠病毒援助、救济和经济安全法案》计划，有三种类型的借款者有资格获得美联储贷款：公司、州和地方（市）政府以及中型企业。美联储既可以直接发放贷款，也可以通过从投资者手中购买现有债券来支持公司和市政债券市场。企业和市政计划取得了显著的成功，这些市场迅速恢复了正常运作。甚至在美联储发放一笔贷款或购买一笔债券之前，仅仅是宣布这些安排就会降低息差，并将企业和市政债券市场的发行量提高到接近正常水平。美联储还保证，如果没有其他人提供贷款，它将随时准备提供贷款，这给了投资者重返市场的信心。

美联储声明的巨大威力让人想起欧洲央行行长马里奥·德拉吉在2012年的承诺，即欧洲央行将"不惜一切代价"保住欧元。为了兑现德拉吉在必要时购买受困国家主权债务的承诺，欧洲央行宣布了一项名为直接货币交易的新计划。不过，欧洲央行从未在该计划下购买过任何一份政府债券。仅仅这一声明就恢复了信心，几乎一夜之间大幅降低了陷入困境的欧元区国家所要支付的利率。美联储的企业和市政计划也有类似的效果，尽管实际放贷规模最终将远远低于它们的能力，但美联储还是实现了目标。更广泛地说，美联储从3月开始的干预包括购买国债和抵押贷款支持证券，帮助说服投资者避免风险。其中包括股市的投资者，到仲夏之时，股市已从早些时候的暴跌中完全恢复并继续上涨。

事实证明，向中型企业放贷是一项严峻得多的挑战。中型企业种类繁多，多数无法进入股票或债券市场。美联储在4月9日宣布了它的主街贷款计划（Main Street Lending Program），得到了财政部750亿美元的支持。①美联储决定依靠商业银行来评估和发放贷款，但要遵循美联储设定的条款。其理由是银行所掌握的关于潜在借款者的信息远远多于美联储，同时还具有预计发放规模较小的贷款所需的人员和经验。美联储将购买每笔贷款95%的份额，从而消除放贷银行的大

---

① "主街"一词不当，因为雇用1万名员工或年收入低于25亿美元的公司有资格贷款，后来增加到1.5万名员工和50亿美元的年收入。规模较小的企业则被纳入其他计划，如PPP计划。美联储支持后一项计划，向提供PPP贷款的银行提供贷款，并以面值作为抵押品接受由小企业管理局担保的贷款。

部分风险，而银行剩余的5%份额将激励它们发放优质贷款。其目标是在合理的条件下，给予中等规模的公司所需的信贷，使它们在经济部分停摆的情况下生存下来，而非营利组织随后也将获得资格。与针对小型企业的PPP计划不同，主街贷款是不可豁免的，尽管允许的还款期限很长，最初是4年，后来延长到5年。

设定主街贷款的条款很棘手。条款必须足够慷慨才能吸引借款人，在许多情况下，借款人可能需要赠款（不需要偿还）而不是贷款才能生存。与此同时，这些条款必须使贷款对银行具有吸引力，它们承担了发放和偿还贷款的成本，并承担了5%份额的风险，同时还必须足够严格以限制财政部的预期损失，而财政部通常对风险持保守态度。既要满足这些条件，又要使该机制足够灵活，以适应具有不同财务结构和银行关系的不同类型企业和非营利组织的需求，满足这些条件是很困难的。主街贷款推出得很慢，直到6月15日才开始对贷款人开放登记注册。就在开始前一周，美联储放宽了借款人的贷款条件，降低了最低贷款额，提高了最高贷款额，增加了贷款期限，并将本金偿还期限从一年推迟到两年。美联储在10月30日再次放宽了贷款条件，将最低贷款额降至10万美元。但银行和借款人的参与仍然令人失望。

国会的大规模财政计划和美联储的行动保护了美国人的收入和获得信贷的机会，从而减少了疫情对经济的冲击。但一场急剧的经济衰退是不可避免的。美国国民经济研究局将新冠肺炎疫情导致的经济衰退的开始日期定为2020年2月，结束了128个月的扩张，这是自1854年以来美国商业周期历史上持续时间最长的一次。第二季度实际产出将遭遇美国历史上迄今为止最严重的下滑。[①]

---

① 尽管经济收缩幅度很大，但事实证明将是短暂的，经济在4月再次恢复增长。美国国民经济研究局后来宣布经济衰退（收缩期）只持续了两个月。这也将创造一项纪录，成为美国历史上最短的经济衰退期。

就业市场遭受到了巨大损失。即使在没有受到官方封锁的情况下，许多人也选择待在家里，因为害怕感染病毒。大约1/3的员工能够远程开展工作，但大多数人是不能的。失业率从2月3.5%的50年来的低点飙升至4月的14.8%，为1948年开始收集月度数据以来的最高记录。就连这个数字也被低估了：正如编制失业统计数据的劳工统计局（BLS）承认的那样，由于很难确定谁在社会大规模停摆期间受雇，真实的失业率可能比官方失业率要高得多。在另一种试图纠正下岗人员数量被少计的计算中，劳工统计局发现4月的实际失业率可能高达19.7%。仅在这一个月，就业人数就令人震惊地减少了2 070万个岗位，占3月已就业人数的13%以上。

除了来源和严重程度之外，新冠肺炎疫情导致的经济衰退在其他方面是不同寻常的。典型的经济衰退对制造业和房地产业的打击最为严重，但这次需要个人接触的服务业，如实体零售业、旅游业、酒吧和餐馆受到的打击最大。由于这些行业雇用了许多女性、少数族裔和低收入工人，这些群体受到了不成比例的影响，甚至比典型的经济衰退还要严重。有些人会把这次经济衰退描述为"K型"，意思是富裕的人表现得异常好，而低收入的人首当其冲。

继3月的重大举措之后，联邦公开市场委员会在货币政策上进入了观望模式。委员会讨论了更多的政策选择，但以高度不确定性为由没有采取行动。此外，当时还不清楚实施新的货币政策是否比已有的货币政策更为有效，主要是稳定金融和信贷市场并确保宽松的金融环境。随着病毒肆虐，利率的微小变化会鼓励人们购物，还是鼓励企业投资或雇用更多员工？考虑到购买衣服和外出就餐等正常经济活动的健康风险，这些结果是否可取呢？在5月13日的一次演讲中，鲍威尔重申了后来成为他的口头禅的一句话，即"美联储拥有借贷权力，而不是支出权力"。[17]他敦促国会和政府出于人道主义原因考虑提供更多财政支持，以避免长期经济损失或可能引起的"疤痕"，例如许多小企业倒闭，公司和工人之间的关系破裂，失业者失去了技能和与劳动力市场的联系。特朗普总统一直强调比鲍威尔更乐观的经济前景，他在同一天对记者发表了讲话。他没有对鲍威尔呼吁增加联邦支出发表意见，但确实不情愿地承认了美联储在那年春天的努力。特朗普说："在过去的几个月里，他做得非常好。我称他为我的 M.I.P.——进步最快球员。"[18]

随着州政府和市政府逐步取消居家令，4 月底和 5 月的经济状况似乎有所好转。5 月恢复了 280 万个工作岗位，官方失业率降至 13.3%，调整后为 16.3%。整个夏天经济都在复苏。经济在 6 月和 7 月增加了 660 万个工作岗位，官方失业率下降到了 10.2%。

但就业总人数仍然远远低于疫情暴发前的水平，失业率也远远高于疫情前的水平。在夏季和秋季，新的感染浪潮减缓了经济复苏，并导致许多学校和企业停摆。鲍威尔在新闻发布会上和听证会证词中继续强调经济复苏的不完全和不均衡的长期风险。尽管鲍威尔在细节上谨慎地遵从国会的意见，但他也开始强调，早期的强有力财政支持将不足以满足所需。

随着 11 月总统大选的临近，国会和政府在财政行动上陷入僵局。在其他分歧中，民主党人推动，而政府和许多共和党人反对，向州和地方政府提供更多援助，因为经济低迷对销售税和所得税的影响严重损害了州和地方政府的收入。州和地方政府削减开支减缓了经济从大衰退中复苏的步伐，美联储的政策制定者担心这种情况会再次发生。

尽管存在许多担忧，但经济在第三季度收复了大量失地。在经历了 3 月和 4 月的大幅下滑之后，2020 年第二季度的实际产出比 2019 年同期下降了约 9%。相比之下，第三季度的产出大幅回升至仅比 2019 年同期低约 3% 的水平。失业率也在继续下降，11 月的官方数据为 6.7%。

美联储的货币宽松政策促进了强劲的房地产市场（抵押贷款利率处于创纪录低点），并增加了对汽车等大额消费品的需求，从而帮助了经济复苏。尽管如此，经济仍远未恢复正常。截至11月，它只恢复了3月和4月失去的2 200万个工作岗位的一半多一点。此外，病毒不断变异、疫情卷土重来和财政支持减弱减缓了冬季的经济增长。12月的就业人数实际上有所下降，2021年1月仅略有增长。

## 一个新的政策框架

新冠肺炎大流行推迟了美联储正在进行的对其货币政策框架、工具和沟通的评估。到了2020年8月下旬，在线上召开的杰克逊霍尔会议中，鲍威尔宣布了对该框架的重要改革，这几乎立即对美联储应对危机的货币措施产生了影响。[19]

2018年11月，在更有利的条件下，美联储启动了战略评估，其动机是经济和政策环境的长期变化。中性利率的持续下降（这在全球金融危机之后显然还在继续），减少了货币政策制定者在衰退期间削减短期利率的空间。货币政策对经济低迷反应的这种限制，可能会导致更频繁、更长时间的高失业率和低通胀。更为温和地说，自然失业率的下降趋势、更平坦的菲利普斯曲线以及良好的通胀预期，似乎给了美联储更多的空间来推动一个"热"的劳动力市场，而不用太担心过高的通胀。正如鲍威尔在演讲中指出的，参加美联储在全国各地举行的"美联储倾听"活动的人士强调，强劲的劳动力市场带来了巨大而广泛的好处，特别是对少数族裔、缺乏经验或技能较低的工人以及来自中低收入社区的人。因此，鲍威尔说，充分就业应该被认为是美联储一个"基础广泛且具有包容性的目标"。

作为前述评估的结果，联邦公开市场委员会批准了对其政策框架的两项主要改革。首先，在追求通胀目标的过程中，委员会今后将努力弥补过去通胀目标的不足（尽管不是过高）。如果通胀一度低于2%，就像经济大衰退后的大部分扩张时期那样，委员会将通过允许通胀"在一段时间内适度高于2%"来进行补偿。新方法的目标是使通胀保持在平均目标附近。相比之下，在传统的通胀目标制方法中，政策制定者忽视了过去失误的规模和持续时间，并试图随着时间的推移达到目标，让过去的事成为过去。

鲍威尔将这种新的构成策略称为"灵活的平均通胀目标"，或称FIFT。[①]这个策略在多重意义上都是灵活的。为了符合双重任务和我们在2012年所采取的方法，会要求委员会考虑就业和通胀。策略也将是灵活的，因为不会给出精确的公式来描述新的超调政策。例如，委员会没有具体说明通胀的平均期间，也没有给出"略高于2%"或"一段时间内"的数值定义。这些术语的定义将取决于经济前景和委员会的判断。正如在央行沟通中经常出现的情况一样，缺乏特异性既保留了政策的灵活性和判断余地，又增加了被市场误传或误解的风险。

鲍威尔认为如果市场能够理解和相信，灵活的平均通胀目标应有助于货币政策制定者克服有效下限所带来的约束。特别是，联邦公开市场委员会承诺在低于目标一段时间后，允许通胀超过2%的目标。这相当于承诺，随着经济从低通胀和低就业时期复苏，利率将在更长时间内保持在较低水平。这种"长期低位"的承诺如果可信，就应该给长期利率带来下行压力，即使短期利率处于较低水平，也会对经济起到刺激作用。此外，通过将通胀保持在平均2%左右，新的方法有助于将家庭和企业的通胀预期很好地锚定在目标附近。良好锚定的通

---

① 灵活的平均通胀目标在2020年9月的联邦公开市场委员会指导意见下得到了增强，非常接近我在2017年提出的一种战略，称为临时价格水平目标（Bernanke, 2017a, b）。伯南克、凯利和罗伯兹（2019）表明，当有效下限约束政策时，临时价格水平目标可以改善经济表现，即使该策略只被金融市场参与者理解和信任，而不是普通公众。芝加哥联邦储备银行行长查尔斯·埃文斯早前也提出过类似的建议（Evans, 2012）。这种方法将在第13章中进一步讨论。

胀预期使控制通胀变得更加容易，并有助于防止利率过低，从而为经济低迷时期的降息留出了空间。相比之下，在传统的通胀目标制方法下，由于货币政策下限的限制，通胀经常低于2%可能导致平均通胀，并最终导致通胀预期将危险地低于联邦公开市场委员会的目标。

美联储框架的第二个重大变化是采取了更积极主动的方式来确保充分就业。鲍威尔在讲话中说，货币政策今后仅对就业人数低于其最高水平的情况做出反应，而不是对就业人数偏离这一水平的情况（短缺或超调）做出反应。换句话说，联邦公开市场委员会将不再仅仅为了应对低失业率或不断下降的失业率而收紧政策，除非有迹象显示通胀出现了不必要的上升，或者出现了其他危及金融稳定的风险。

自威廉·麦克切斯尼·马丁以来，美联储主席经常选择先发制人地打击通胀，在通胀上升的先决条件（包括劳动力市场过热）到位之前就开始收紧政策。理由是货币政策的运作存在滞后性，而联邦公开市场委员会在等待太久的情况下，有可能在通胀方面"落后于曲线"，迫使其稍后迎头赶上采取快速加息的策略。根据其对框架的第二次调整，联邦公开市场委员会实际上将结束先发制人的策略。它将不再仅仅基于今天的低失业率必然导致明天的高通胀这一假设来收紧政策。

这种新方法反映了委员会越来越关注自然失业率u*估计的高度不确定性，鲍威尔在2018年杰克逊霍尔会议的"星光引路"演讲中提到了这一点。为了及时有效地对通胀进行先发制人的打击，政策制定者需要对自然失业率做出合理的估计。否则，用于预测通胀的菲利普斯曲线模型可能就不准确了，这在新冠肺炎大流行前几年就已经很明显。在其新的战略中，委员会同意对u*采取一种更加不可知的观点。它将推动降低失业率，直到通胀或其他过热迹象提供切实的证据，表明就业已达到最大限度。不可否认的是，这种策略会带来通胀过高的风险，迫使政府采取严厉的政策应对。但联邦公开市场委员会认为，这种风险受到平坦的菲利普斯曲线和稳定的通胀预期的限制。它看到了推动更强劲的劳动力市场和避免困扰欧洲和日本的过低通胀方面的巨大好处。

为了正式确定其新战略，联邦公开市场委员会一致投票决定修订其关于长期目标和政策战略的声明（作为引入通胀目标的一部分，于2012年首次发表），并表示将每五年评估一次政策框架。① 鲍威尔在8月的讲话中没有具体说明近期将采取的政策行动。然而，联邦公开市场委员会在9月的下一次会议上发布了其他指引，当时委员会表示打算将利率维持在接近于零的水平，直到三个条件得到满足：劳动力市场状况与委员会对充分就业的评估一致，通胀已升至2%，以及通胀"有望在一段时间内适度超过2%"。联邦公开市场委员会在那次会议上发布的利率预测显示，大多数参与者并不期望所有这些条件在三年或更长时间内都能得到满足。

联邦公开市场委员会在12月还就其证券购买计划提供了指导意见，承诺每月至少增持1 200亿美元国债和抵押贷款支持证券，直到委员会在实现最大就业和物价稳定目标方面取得实质性的进展。这个实质性的进展并没有被明确定义，考虑到类似的措辞也曾在2013年的缩减恐慌中起到作用，这一遗漏是令人惊讶的，当时美联储和市场之间的信号错失导致收益率和波动性大幅上升。但与2013年相比，委员会在坚持量化宽松的意愿上似乎更加团结，并承诺在放慢购买速度之前给予市场足够的警告。总体而言，到2020年底，美联储传达

---

① 2021年7月，欧洲央行在经过一年半的审视后，也更新了货币政策战略。但它没有走得像美联储那么远，抛弃了之前对通胀目标的描述，即"低于但接近2%"。它没有将2%视为上限，而是表示将在中期内实现2%的通胀目标，并将低于和超过目标视为同样可取的目标。它还继续使用通胀预测来确定何时收紧政策。欧洲央行的新战略受到了美联储变化的影响，但它更像是美联储2020年前的对称"过去式"战略，而不是它的新战略。

的信息是货币政策可能在相当长的一段时期保持宽松。

美联储的新框架以及它所暗示的更宽松的政策,并没有立即与新的财政行动相匹配。然而,民主党人拜登在11月当选总统,实际上控制了国会参众两院,"跛脚鸭"国会在12月通过了一项超过9 000亿美元的新财政救助计划。更重要的是,几种有效疫苗的开发为控制疫情大流行带来了希望。

《新冠病毒援助、救济和经济安全法案》授权的美联储贷款工具于12月31日到期续签,财政部长姆努钦选择让它们到期。鲍威尔在一份声明中表示不情愿,但同意退还财政部的支持资金,并停止运用这些贷款工具发放新贷款和进行证券购买。作为12月财政一揽子计划的一部分,国会确认了姆努钦的决定,但也明确指出,相对于疫情暴发前的立场,美联储依据第13条第3款行使的权力不会受到进一步的限制。未得到《新冠病毒援助、救济和经济安全法案》资金支持的第13条第3款工具(如商业票据计划)暂时仍在开放。市场参与者可能认为,这些工具会在新的紧急情况下迅速重启,他们对停止使用这些工具持冷静态度。市场的反应与这一结论是一致的,即通过《新冠病毒援助、救济和经济安全法案》贷款工具的实际贷款并不重要,与2.3万亿美元的理论贷款能力相比,其贷款金额非常小,但这表明美联储和财政部已准备好为功能失调的市场提供支持。2021年6月,美联储将宣布打算出售其通过《新冠病毒援助、救济和经济安全法案》工具获得的公司债券。

拜登政府于2021年1月就职,由珍妮特·耶伦担任财政部长,并在3月迅速通过了1.9万亿美元的美国救援计划,为家庭、企业、州和地方政府提供额外支持。这种强有力的新财政救助措施,加上此前的财政行动和被压抑的消费者需求,据一些人估计,美国人在大流行期间积累了超过2万亿美元的额外储蓄,为2021年头几个月的新支出和就业创造提供了动力。此外到了初夏,一项全国性的疫苗接种计划已经覆盖大多数想要接种疫苗的成年人，尽管怀疑接种疫苗和拒绝接种的人仍然占据相当大的比例。

经济繁荣的舞台似乎已准备就绪。在2021年6月的会议上，联邦公开市场委员会参与者预计，到第四季度失业率将降至4.5%，全年经济增长率将达到7%的强劲水平。整个夏季，就业率迅速增长，6月和7月每年新增近100万个就业岗位。联邦公开市场委员会遵循新的框架和政策指引，将利率维持在接近于零的水平，并继续购买证券。

然而，尽管有强大的财政和货币推动力，复苏并不会像预期那样平稳。到了10月，失业率已经下降到4.6%，但这只是因为许多工人仍然没有进入劳动力市场。尽管夏季就业人数有所增加，但总就业人数仍比疫情前的峰值还是低近420万。一些行业和地区重新开放的速度较快，而另一些则较慢，这种不均衡的复苏导致雇主的需求与劳动力的可用性之间并不匹配，并造成了数百万个就业岗位的短缺和雇主普遍抱怨劳动力短缺的奇怪局面并存。抑制劳动力供应的因素包括学校关闭和缺乏儿童保育，这使一些父母无法重返工作岗位，同时政府慷慨的福利也让失业者有更多时间寻找合适的工作。仍然存在的健康风险也让潜在的工作人员变得谨慎，特别是在新的病毒变体，尤其是所谓的德尔塔克戎变体，在夏季推动美国的新冠病毒病例再次激增。（由于该病毒变体带来的风险，美联储的2021年杰克逊霍尔会议连续两年以线上方式举行。）而且也许在远离常规工作一年半之后，许多人开始重新考虑他们的职业选择，以及工作和生活之间的平衡，包括上学、在家陪孩子或退休。

通胀是另一个日益令人担忧的威胁。包括拉里·萨默斯、奥利维尔·布兰查德（Olivier Blanchard，国际货币基金组织前首席经济学家）和杰森·福尔曼（Jason Furman，前奥巴马政府总统经济顾问委员会主席）在内的一些经济学家表达了他们的担忧，即强大的财政刺激、累积的家庭储蓄和宽松的货币政策相结合会使经济过热，要么导致20世纪70年代的通胀，要么导致美联储仓促收紧货币政策，进而扰乱经济和市场。通胀回升的速度确实比联邦公开市场委员会参与者预期的要快。此前12个月的核心个人消费支出通胀在10月达到4.1%。（根据更为人所知的消费者价格指数衡量，包括食品和能源价格在内，当月的通胀达到了令人震惊的6.2%。）

美联储官员承认，2021年的通胀将高于他们的预期，但他们认为，通胀飙升主要是与经济重新开放有关的临时性因素的结果，包括在疫情期间受到严重打击的行业（酒店价格、机票）的价格下降趋势出现逆转，供应链瓶颈（全球电脑芯片短缺导致汽车生产放缓，推高了新车和二手车的价格），以及随着经济活动的恢复，石油和其他一些商品的价格上涨。

此外，美联储官员认为，2021年与20世纪六七十年代的通胀之间也有重要区别。鉴于在疫情暴发之前，失业率一直低至3.5%，而且没有产生通胀压力，联邦公开市场委员会不太可能像20世纪六七十年代的决策者那样低估自然失业率。拜登的财政计划虽然规模很大，但不会像20世纪60年代的越南战争和伟大社会计划那样持续多年。[①] 2021年的供应冲击，包括供应链和劳动力供应中断，可能会随着时间的推移和对病毒的更好控制而得到缓解。而且，更加重要的是，2021年的美联储比20世纪六七十年代处于更有利的地位，通胀预期得到了更好的控制和密切监控，其政策独立性也不再受到质疑。尽管物价上涨速度有所回升，但2021年的中期通胀预期（通过对家庭和企业的调查以及金融资产价格来衡量）总体上保持温和，这支持了美联储的观

---

① 在1.9万亿美元的美国救援计划出台之后，政府还将采取其他财政措施，旨在修复基础设施和扩大社会福利项目，但这些项目的支出将在10年内摊销，部分支出将由增加的税收来支付。

点,即通胀飙升可能是暂时的。

尽管如此,出人意料的高通胀数据在联邦公开市场委员会和白宫引起了焦虑,委员会开始逐步转向更加鹰派的政策。2021年9月的点阵图显示,委员会中9名参与者(占总人数的一半),预计首次加息将在2022年底之前进行(高于3月的4名和6月的7名),7月的会议纪要显示,许多参与者预计将在2022年开始缩减购买规模。[20]鲍威尔主席随后在11月的会议上确认,缩减将从11月开始,到2022年年中前后结束。毫无疑问,考虑到2013年的缩减恐慌,他强调缩减并不意味着即将加息。但是,该声明开启了最早在2022年夏季上调联邦基金利率的可能性。

总体而言,新冠肺炎疫情造成的经济衰退中极不寻常的复苏对美联储的新框架形成了一个艰难的考验。创纪录的财政刺激、不均衡性的重新开放以及就业和通胀的异常行为,使得预测和公共沟通特别具有挑战性。中期通胀预期似乎得到了很好的控制,但也不能排除通胀预期失控,进而导致更持久通胀的可能性,这取决于人们对2021年通胀暴发的解读。在灵活平均通胀目标框架下,联邦公开市场委员会寻求暂时超出其通胀目标。其风险在于这种超出可能会走得太远,而且持续时间会太久。避免这种结果将考验美联储的预测能力和可信度。

鲍威尔的任期于2022年初结束。由于在新冠肺炎大流行之前和疫情期间采取的货币政策,对2020年3月疫情恐慌的有效应对,以及杰出的领导力和政治技巧,鲍威尔受到了民主党人和共和党人的广泛赞扬。他加入美联储时是一名货币政策领域的新手,他担任美联储主席时证明了自己是一个完美的、21世纪的央行行长,主动部署了一系列20世纪的前辈们没有预料到的工具和策略。他还让美联储变得更加开放,通过新闻发布会和"美联储倾听"等项目接触到广泛的受众。

然而，连任并不是板上钉钉的事情。马萨诸塞州民主党参议员伊丽莎白·沃伦主导了来自左翼的批评，认为鲍威尔在监管问题上不够激进，而两名地区联邦储备银行行长在2020年进行了大量证券交易的曝光，可能会损害鲍威尔试图树立的机构诚信形象。拜登总统在感恩节前三天宣布提名鲍威尔为主席。莱尔·布雷纳德是美联储理事会中仅存的由奥巴马提名的成员，她被提名为副主席，接替将于2022年初结束任期的克拉利达。布雷纳德已经成为美联储主席这一头把交椅的有力竞争者。尽管她的货币政策观点与鲍威尔相似，但进步的民主党人认为她在金融监管和气候问题上更加强硬。在选择鲍威尔时，拜登选择了连续性，并回到重新任命反对党提名的人选担任美联储领导人的传统。

再担任四年主席是令人满意的，但鲍威尔将没有时间庆祝胜利。面对高通胀和新病毒变体带来的经济威胁，鲍威尔和他的同事们不得不再次寻找一种方法让经济实现软着陆。

## 第四部分
21世纪货币政策

# 前路漫漫

# 第十一章
# 2008年之后美联储的工具箱：量化宽松和前瞻性指引

与身处20世纪的前任们不同，21世纪的货币政策制定者面临着不同的世界——一种"新常态"，在新常态下，过低的通胀可能与过高的通胀一样令人担忧，很低的中性利率限制了短期利率向下调整的空间，从而严重削弱了传统货币政策的效力。为了应对这些挑战，政策制定者会有哪些选择？在2007—2009年的金融危机期间和之后，美联储（和世界上的其他主要央行）在传统的降息手段用尽后，使用了两种替代工具：大规模量化宽松以降低长期利率，以及越来越明确的前瞻性指引，旨在通过塑造市场对未来货币政策的预期来影响金融状况。在新冠肺炎大流行期间，美联储和许多其他央行再次严重依赖这些工具。

这些替代工具的实际效果如何？它们带来了什么成本和风险？在中性利率远低于过去的情况下，仅靠量化宽松和前瞻性指引就足够了吗？在金融危机期间，当美联储引入这些工具时，我们被迫只能根据当时的证据做出最好的猜测。由于美国和海外多年以来对新工具的实施，现在我们已经积累了相当多的经验，对这些工具以及如何使用它们都有了更多了解。

最重要的事实是，大量来自正式研究和实践经验的证据都证实了2008年后采用的货币政策新工具的有效性。当短期利率无法进一步下调时，它们会起到显著的刺激作用，而且重要的是，它们的副作用是可控的。因此，无论是美国还是越来越多的其他经济体，这些新工具已经适当地成为货币政策工具箱里的永久补充。另外，美联储2008年后的工具不太可能在所有情况下都是充分的，特别是在发生非常严重的经济衰退或中性利率特别低的情况下。这自然提出了一个问题：我们还可以做些什么来让货币政策（以及更普遍意义上的经济稳定政策）持续有效。

## 量化宽松

"量化宽松"这个术语被用来描述不同类型的计划。在这里，我将量化宽松定义为央行大规模购买长期证券，旨在降低长期利率，缓解金融状况，并最终实现充分就业和价格稳定等宏观经济目标。

该定义不包括的情况比如日本银行从2001年开始的证券购买。尽管该计划最初被称为"量化宽松"，也确实有宏观经济目标（主要是克服通缩），但它主要购买的是短期证券，旨在增加银行准备金和货币供应，并非降低长期利率。（日本人依赖于一种有缺陷的且过于简单的货币主义学说，该学说假定货币供应和价格之间存在直接关系。）我对量化宽松的定义也不包括旨在稳定特定金融市场的证券购买行为，比如欧洲央行在欧洲主权债务危机期间有针对性地购买陷入困境国家的债券，或者是鲍威尔在任时的美联储在2020年3月以"最后的买家"身份购买美国国债和政府担保的抵押贷款支持证券。然而，正如最后一个例子所表明的那样，一开始作为市场稳定措施的购买计划也可能演变成稳定经济的工具，所以这两种计划之间并不总是界限分明的。

在美国推出量化宽松时，量化宽松政策在某种程度上是一种最终手段，其可能的效果、成本和风险都存在巨大的不确定性。它也面临着猛烈的政治批评。然而，随着量化宽松被证明是有用的，而且没有出现可怕的副作用，它的接受度越来越高。引人注目的是，在从新冠肺炎疫情导致的经济衰退到复苏期间，鲍威尔领导下的美联储大规模购买了近5万亿美元的证券，但几乎没有受到国会议员或其他人的反对。同样，疫情紧急情况引发了英格兰银行和欧洲央行新的证券购买计划，这些计划得到了央行内部的广泛支持，并为政界人士和公众所接受。（从未停止过资产购买的日本银行在疫情期间也一直继续购买资产。）在全球金融危机或大萧条期间完全没有使用过量化宽松的央行——包括加拿大银行、澳大利亚联邦储备银行，甚至一些发展中国家的央行在大流行期间都采用了这一工具。①

### 量化宽松是如何运作的

经济学家已经广泛地讨论了量化宽松政策是如何生效的——实际上，也讨论了它是否真的有效。当联邦公开市场委员会第一次开始讨论购买证券时，一些经济学家认为量化宽松应该对资产价格或经济产生很小的影响或根本没有影响——毕竟只是将一些金融资产（银行准备金）换成另一些金融资产（长期证券）而已。[1]正如我在2014年所说的，"量化宽松的问题在于它在实践中行得通，但在理论上却无法解释"。[2]

但是量化宽松政策在实践中确实起到了作用，它通过两大广泛的渠道影响金融市场，进而影响整个经济，即投资组合平衡渠道和信号

---

① Rebucci、Hartley 和 Jiménez（2020年）研究了21个国家在大流行时期宣布的量化宽松政策。他们发现量化宽松在发达经济体并没有失去效力，而且在新兴市场上对长期债券收益率的影响实际要大得多。

传导渠道。³我们在 2008 年和 2009 年计划推出美联储的第一次量化宽松政策时，积极讨论了这两个渠道——它们互相补充，而并非互相替代。

投资组合平衡渠道是一种直观的想法，即央行购买长期证券就会减少证券对公众的供应，从而推高价格，压低收益率。其基本前提是，许多投资者不仅关心他们的金融资产的风险和预期回报，而且还关心这些资产的其他特征。如果人们对选择苹果还是梨无所谓，即抱着不管哪种都只是水果而已的想法，那么苹果和梨的相对供应变化就不会影响它们的价格。但是，如果有些人喜欢苹果的味道，而另一些人喜欢梨的甜味，那么梨供应的减少将会使梨的价格相对于苹果的价格上升。出于同样的原因，如果一些投资者有偏好的投资环境，也就是说由于专业技能、交易成本、监管、流动性、期限偏好或其他原因，他们更愿意持有某些类别的资产，那么这些资产相对供应量的变化将会影响它们的价格。①

许多投资者确实更喜欢特定类别的资产，而不仅仅是出于风险和回报的原因。例如，退休基金经理知道，他们必须在很长一段时间内向退休工人支付固定的养老金，因此他们更喜欢能够支付安全且可预测回报的长期资产，比如政府长期债券。货币市场共同基金主要持有短期流动性资产，如国库券和高级商业票据，以满足监管机构的要求，同时也因为这些资产可以很容易地出售，以应对股东的意外撤资。投资银行倾向于持有资产，比如国债和抵押贷款支持证券——这些资产很容易被用作短期借款的抵押品，以及诸如此类

---

① 故事还没有结束，因为即使一些投资者持有某些资产的动机并非是其风险和回报，但其他人可能不会如此。后者有购买高收益资产和出售低收益资产的动机，从而通过套利消除了量化宽松的部分影响。然而，正如 Vayanos 和 Vila（2021）所展示的那样，如果现实中套利者不愿意或不能够承担无限的风险，那么这些影响将是有限的。

的资产。

在量化宽松政策中，美联储购买了大量长期国债和政府担保的抵押贷款支持证券，通常通过创造银行准备金来进行支付。[①]正如当梨的供给减少时其相对价格会上升一样，央行的购买会减少长期国债或抵押贷款支持证券的净供应，这会导致投资者抬高它们的价格。此外，随着出售美国国债或抵押贷款支持证券的投资者转向类似证券，如高质量的长期公司债，这些证券的价格也应被推高。同样，推高证券的价格等同于压低其收益率，这是因为收益率与价格成反比。这就是投资组合平衡渠道的本质：量化宽松具有通过迫使投资者根据不同资产供应的变化调整他们的持有量来影响长期收益率的能力。即使短期利率维持在零，量化宽松政策也使货币政策决策者得以降低长期利率。至少在美国，长期利率在整个大衰退和随后的复苏中一直保持在远高于零的水平（实际上高于1.5%）。

对于这种直觉观点的一个警告是，美国国债和抵押贷款支持证券的供给量是巨大的——数万亿美元。金融危机期间和之后的联邦政府赤字进一步增加了国债的供应，包括长期证券。因此，为了将长期利率调整到足以对经济产生影响的程度，美联储和其他主要央行不得不购买大量的证券。例如，当美联储在2014年10月结束QE3时，前三轮量化宽松计划下的净证券购买总额约为3.8万亿美元。2014年10月，它持有的美国国债约为2.5万亿美元，约占公众持有的美国政府债务的37%。随着鲍威尔领导下的美联储对大流行衰退做出回应，美联储的证券持有量又一次大幅增加。图11.1显示了自2007年以来美联储持有的国债和抵押贷款支持证券的演变曲线。

---

① 在期限延长计划中，美联储通过出售或从其投资组合中赎回较短期国债来购买较长期国债，而不是通过建立银行准备金来支付。

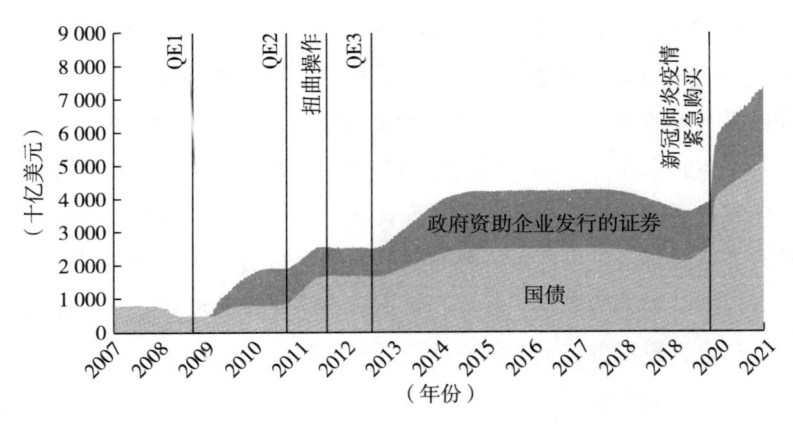

**图11.1　美联储持有证券量，2007—2021年**

该图显示了由美联储持有的国债和政府资助企业发行的证券。垂线表示相应证券购买计划的公告日期。
资料来源：美联储、美联储经济数据库。

除了对私人手中证券的相对供应产生影响外，量化宽松还通过所谓的信号传导渠道发挥作用。大规模量化宽松计划的宣布可能强烈暗示，决策者决心在长期内都保持货币宽松以及维持短期利率在低位运行。对于量化宽松为何似乎比单凭言辞更能令人信服地传递出持续政策宽松的信息，人们给出了各种解释。一些经济学家指出，对于作为一个机构的央行来说，大规模量化宽松计划可能代价高昂。如果长期利率出人意料地上升，导致央行持有的债券贬值，这将招致政治上的批评，并面临资本损失的风险。至少在原则上，央行避免其投资组合的资本损失的愿望可以激励政策制定者不要过早地收紧政策。因此，投资者可能会将量化宽松视为央行确实认真地为经济提供持续支持的证据。[4]

尽管这种解释合乎逻辑，或许也有一定道理，但以我的经验来看，量化宽松的信号传导效应似乎有一个更加平淡无奇的原因，那就是投资者对央行将如何对其政策进行优先级排序的信念。市场参与者倾向于认为，只要继续购买证券，央行就不会提高短期利率。毕竟，央行一只手收紧（加息），另一只手却在放松（继续购买证券），这样做是没有意义的。由于量化宽松通常至少持续几个季度甚至几年，而且很少提前结束（这样做会损害决策者的信誉），因此启动或延长量化宽松通常会推迟短期政策利率首次上调的预期。因此，量化宽松的官方宣布本身就可能是一种有效的前瞻性指引形式，强化了政策制定者保持低利率的承诺。观察到短期利率将在较低水平上持续较长时间的信号，投资者有更多的理由压低长期利率。

当量化宽松（无论是通过投资组合平衡还是信号传导效应）拉低长期利率时，它便会通过与正常时期货币宽松政策大致相同的渠道对经济产生刺激作用。例如，较低的房贷利率会增加对住房的需求，或者增加现有房主的可支配收入，因为他们可以通过再融资减少月供。较低的公司债券利率降低了资金成本，使对厂房或设备的投资更具吸引力。较低的长期利率也会提高资产价格，包括房价和股价，这会让人们觉得自己更富有，进而刺激消费，这就是财富效应。[5]在其他条件相同的情况下，降低利率会减少流入美国的投资，从而降低美元的汇率并促进出口。这些因素的综合效应增加了对国内生产的商品和服务的需求，这有助于将未充分利用的资本和劳动力重新投入生产。

在阐述量化宽松是什么以及它是如何运作的同时，也有必要讨论一下量化宽松不是什么。量化宽松与政府支出不同，因为央行购买的是计息的金融资产，而不是商品或服务。在我担任主席期间，当记者们将量化宽松的购买数额和政府支出数额加在一起，以这种方式来计算用于支持经济的货币政策和财政政策"成本"时，我感到非常沮丧。这种做法是不合理的。量化宽松与家庭将钱花在食品杂货或汽车维修上不同，它更像是同一个家庭购买政府债券，从而增加了储蓄。

出于同样的原因，正如前面提到的，量化宽松并不等同于"印钞"。它对流通中的货币量并没有直接影响，因为流通中的货币量是由人们想要持有的现金数量决定的。它也不一定会增加广义货币供应，因为广义货币供应的增长取决于几个因素，包括银行和家庭的行为。例如，所谓的M2货币供应量指标（包括支票账户、储蓄账户和货币市场共同基金中的货币和总余额）在金融危机后的量化宽松中仅小幅增长，但在2020年，随着人们把从政府疫情补助项目中获得的资金存入银行账户，这一指标（M2）大幅上升。

**量化宽松政策的事件研究：一些初步证据**

撇开理论层面的争论不谈，量化宽松的有效性最终是一个实证研究问题。我们所掌握的有关量化宽松的大部分证据都来自大衰退期间，尽管有关大流行时期量化宽松的证据也开始逐渐出现。[6]

量化宽松政策的早期证据来自事件研究法（Event Study）———种基本的研究工具。在金融经济学中，典型的事件研究法是将同一资产在某事件或某公告发生之后与发生之前的短期价格变化进行比较。资产价格往往会对新信息做出快速反应，因此，这种前后对比为投资者如何评估事件的经济后果提供了一个有用的衡量标准。至少，早期量化宽松计划的宣布产生了巨大而广泛的影响。例如，2008年11月美联储宣布将购买抵押贷款支持证券，这极大地影响了这些证券的收益率，最终导致房贷利率的大幅下降。此外，正如投资组合平衡理论所暗示的那样，美联储的声明还大幅降低了长期国债的收益率，而长期国债正是抵押贷款支持证券的近似替代品。

由于有关政策举措的信息可能不会一次全部传达出来，一些事件研究课题关注几个关键日期后资产价格的累积变化。2010年3月提交给联邦公开市场委员会的一份工作人员备忘录，通过观察美联储发布相关信息当天资产价格的变化来评估QE1的效果。[7]调查的事件包括我们在2008年11月25日宣布购买抵押贷款支持证券，我在2008年12月

1日的演讲中提出了美联储购买国债的可能性，以及2009年3月18日联邦公开市场委员会宣布大规模扩大QE1的声明。该备忘录还考虑了联邦公开市场委员会其他相关会议的日期，包括至少一次会议（2009年1月），当时美联储出乎意料地在市场预计会采取行动的时候按兵不动。表11.1显示了在5个公布重要信息的日期之后，关键资产价格和收益率受到的总影响。前五行显示相关证券收益率的变化，以百分比表示，最后一行显示股票价格的变动百分比。

表11.1 资产价格和收益率对QE1公布的反应

| | |
|---|---|
| 2年期国债 | −0.57 |
| 10年期国债 | −1.00 |
| 30年期国债 | −0.58 |
| 抵押贷款支持证券 | −1.29 |
| AAA级公司债券 | −0.89 |
| 标准普尔500指数 | 2.32 |

注：由加格农（Gagnon）、拉斯金（Raskin）、雷马切（Remache）和萨克（Sack）（2011年）确定的5个重要QE1信息发布日期之时的资产日变化率总和。条目显示了国债、抵押贷款支持证券和公司债券的收益率变化，以及股票价格水平的变化，都以百分比表示。（基于数据作者的计算。）[8]

表11.1显示，2008年末和2009年初发布的有关QE1的信息产生了巨大的影响，包括（在5个关键日期之后）10年期国债收益率下降了整整一个百分点，以及政府资助企业发行的抵押贷款支持证券的收益率下降了超过一个百分点。这些反应的规模是这些价格和收益率正常每日波动的许多倍，预计将产生显著的经济影响。美联储没有购买的资产，如公司债券和股票，虽然对长期利率的普遍水平和总体货币政策很敏感，但也在量化宽松的政策宣布之后产生了大幅波动。在第一轮量化宽松之后，美元汇率（没有在表中显示）也急剧下跌。针对英格兰银行大约在同一时间推出的量化宽松事件研究也发现了数量上

的类似效应，英国长期政府债券收益率在关键公告之后总计下降了约一个百分点。[9]

市场对美国和英国第一轮量化宽松政策的强烈反应鼓舞了政策制定者，他们据此理直气壮地驳斥了关于央行购买资产对金融状况几乎或完全没有影响的预测。然而，经济学家对于简单地将这些结果推及所有量化宽松计划持谨慎态度，原因至少有两个。[10]

首先，与美联储第一轮量化宽松的强劲结果相比，对随后几轮量化宽松的事件研究发现，其效果没有那么显著。例如，金融经济学家阿文德·克里希那穆尔蒂（Arvind Krishnamurthy）和安妮特·维辛-约根森（Annette Vissing-Jorgensen）研究了市场对2010年11月宣布的第二轮量化宽松政策的反应。[11]他们查看了两个关键公告日期的资产价格变化，发现10年期美国国债收益率总体下降了相对温和的0.18个百分点，低于基于QE1估计的影响（即使考虑到QE2的证券购买规模为6 000亿美元，仅为QE1购买量的大约1/3）。对美国和其他国家的其他后续量化宽松计划的事件研究也发现金融影响确实变小了。对这些发现的一种解释是最早的计划，如QE1，之所以有很大的影响，主要是因为它们是在金融异常波动时期推出的，这有助于让金融市场回复平静。如果这种解释是正确的，那么在较为正常的时期，量化宽松的作用可能有限。

对事件研究结论持谨慎态度的第二个原因是，从本质上讲，它们只能捕捉市场的短期反应。① 或许市场参与者需要更长的时间来消化有关量化宽松等新政策的信息，那么事件研究法衡量的极短期内资产价格对事件的反应就不能反映量化宽松的长期效应。如果是这样，而

---

① 前面表11.1显示了全天的响应。一些事件研究只关注公告前后短达30分钟的窗口，这样做的好处是可以减少当天可能发生的其他与政策无关的事件的影响，但同时也假定市场会相当快速地吸收政策信息。

且如果量化宽松的效果实际上大多是暂时的，那么证券购买将再一次无法为经济提供持续的帮助。

"量化宽松效应可能是暂时的"观点的另一种变体是这样认为的：从稍微长期一些的角度出发，首先，尽管长期国债收益率在QE1宣布时的最初反应确实很大，但在美联储持续兑现其购买承诺时，长期国债收益率并没有随之持续下降。事实上，当我们在2010年初完成第一轮量化宽松购买时，10年期国债收益率甚至比2009年3月宣布扩大购买之前高出约0.5个百分点。或许投资者开始意识到资产购买也许没什么效果？同样，如果量化宽松的效果不能持久，那么它也不会对经济产生太大的影响。

这些对量化宽松事件研究的批评是重要的。但是，正如许多后续研究证实的那样，这些论点不会从根本上削弱量化宽松的有效性。正如下一节所解释的那样，当研究人员考虑到后几轮量化宽松已经被市场充分预期这一事实之后，证据表明，即使在市场运转正常的情况下，量化宽松政策也继续发挥良好的作用。此外，从我们现有的最好的利率确定模型中得到的证据显示，量化宽松对长期利率的影响是长期的，而不是暂时的，这使得它在短期利率受到有效下限限制时成为一个有用的工具。

### 后几轮量化宽松效力下降了吗

事件研究结果显示的第一个保留意见是，后几轮量化宽松以每一美元来计算，对经济产生的影响均小于前几轮，这表明量化宽松可能只有在金融市场处于危机状态时发布才有效。要让量化宽松成为标准货币工具箱的一部分，我们需要确保即使在市场运转正常的情况下，它也可以降低长期利率，并在总体上缓解金融状况。

事件研究法的一个关键隐含假设是，事件或公告令市场感到意外。由于市场是前瞻性的，并包含了可获得的信息，因此，一个被广泛预期的事件的宣布不会对资产价格产生太大影响，即使该事件是具有高度影响性的。根据这一推理，后几轮量化宽松的效果较弱，可能只是由于市场对其预期更加准确，并因此已经得到投资者的定价，他们在官宣后几轮量化宽松的时候对该工具本身和央行使用该工具的意愿都已经有了更充分的了解。

正如当代对市场参与者的调查所显示的那样，在金融危机后美联储推出的几轮量化宽松政策，在宣布之时就得到了广泛的预期，这与QE1完全不同。在每年8次的联邦公开市场委员会的定期会议召开之前，纽约联邦储备银行都会询问一级交易商他们对货币政策的预期，包括对购买证券规模的预期。例如，在2010年11月宣布第二轮量化宽松之前，交易商认为美联储有88%的可能性会采取该计划，这在一定程度上反映了我和其他联邦公开市场委员会成员的公开预示。此外，平均而言，交易商们预计该计划的规模一般都会超过美联储最终选择的规模。[12]因此，在宣布这一消息的当天，市场反应不大也就不足为奇了。

事件研究法能否加以调整以适应不断变化的市场预期？原则上，我们不仅可以通过正式宣布量化宽松计划的日期，还可以通过与该计划有关的所有信息公开的日期来衡量量化宽松计划的全面市场效应。然而，在实践中，许多日期都符合这一标准——例如，当经济数据或其他消息改变了市场对前景的看法，从而改变了新量化宽松可能性的任何一天。将每一个可能相关的日期都纳入事件研究，确实会捕捉到所有影响市场对量化宽松预期的新闻，但它也一定会包含许多与量化宽松无关的新闻。由于这种方法无法将量化宽松预期对资产价格的影响孤立出来，因此它会很模糊。

更有希望的方法是在事件研究中尝试直接对市场政策预期进行变量控制。假设我们已经知道市场对下一轮量化宽松计划的规模、构成和时机的预期。如果央行随后宣布了一项截然不同的计划，那么资产价格相对于对该计划"意料之外的部分"的反应就可以帮助我们推断整个计划的效果。当然,这种方法需要对市场预期进行相当准确的衡量。

美联储对一级交易商的调查为这种预期提供了一个来源。但研究人员也可以利用投资者调查和媒体报道构建预期指标。例如,欧洲央行的罗伯特·德桑蒂斯(Roberto De Santis)在一项研究中,利用金融媒体上的文章,评估了欧洲央行首次大规模量化宽松的市场效应。2015年1月,欧洲央行首次宣布了大规模量化宽松,以回应当时人们对通缩威胁日益加剧的担忧。[13]欧洲央行决策者和媒体在过去6个月里的评论都强烈暗示该计划即将实施,所以它的正式声明——就像美国的后几轮量化宽松政策的宣布一样,对市场的影响不大。此外,随着时间的推移,有关该计划的更多消息也陆续传来,包括其实施细节、规模的变化和预期持续时间。为了控制市场预期,德桑蒂斯统计了彭博新闻社的报道,其中包含某些与欧洲央行和量化宽松相关的关键词。由此,他创建了一个指数,该指数用来反映媒体和市场对欧洲央行宣布量化宽松前后的关注度。

德桑蒂斯用这个指数来衡量市场的政策预期,然后估计长期利率相对于政策宣布中"意料之外的部分"的反应。他发现,欧洲央行2015年的量化宽松计划累计降低了10年期主权债务平均收益率0.63个百分点。这一削减在经济意义上十分显著,在调整了量化宽松计划规模的差异后,与美国和英国早期量化宽松事件研究的估计相当。尽管2015年初欧洲金融市场没有像几年前那样陷入困境,但市场还是受到了冲击。

德桑蒂斯等人的研究依赖于一个前提条件,即量化宽松计划宣布时的总体规模与投资者的预期之间存在着显著差异,而情况并非总是如此。然而,即使投资者预期到了量化宽松计划的总体规模,他们可能仍然不确定央行将购买哪一种或哪一类证券。由于量化宽松政策的部分作用是通过影响不同资产的相对供应（投资组合平衡效应）来实现的，因此与非购买目标的证券相比，央行大量购买某种特定证券的消息应该会提高这类资产的价格并降低其收益率。衡量这些差异的效应是评估投资组合平衡渠道效力强弱的另一种方法。

许多研究都建立在这一观点的基础上，并利用不同时期和不同国家的数据进行了大量的研究。[14]例如，在2013年的一项综合研究中，美联储工作人员迈克尔·卡希尔（Michael Cahill）、斯蒂法尼亚·达米科（Stefania D'amico）、李灿林（Canlin Li）和约翰·西尔斯（John Sears）使用了每一种未到期国债的日内价格数据，来研究在各种量化宽松计划下将要购买的证券组合的公告对市场的影响。为了确定美联储公布中出乎市场"意料之外"的变化部分，他们使用了一级交易商调查和市场评论。

以下是他们的做法的详细信息：2010年11月3日，联邦公开市场委员会宣布购买6 000亿美元的国债（第二轮量化宽松）。由于市场普遍预期到了QE2，这并不令人意外，正如前面提到的，美联储的声明对总体国债收益率几乎没有明显影响。不过与此同时，纽约联邦储备银行公布了这6 000亿美元将如何分配额度来购买不同期限的证券信息。美联储透露，QE2中10～30年期债券仅占6%左右，而这一比例在QE1时高达15%，这出乎市场的意料之外。接下来发生的便是投资组合平衡渠道发挥作用的证据。美联储宣布购买组合的详情刚刚发布，相比于QE2中不受美联储欢迎的长期债券，期限不到10年的债券的价格就迅速上涨，收益率迅速下跌（这部分债券美联储的购买比例远超市场预期）。

将这一方法应用于更广泛的领域，卡希尔和他的合作者特别发现，第二轮量化宽松和期限延长计划（扭曲操作）在降低长期收益率方面与第一轮量化宽松一样有效，尽管QE2是在金融市场未陷入危机之时实施的。这些结果在其他研究中得到了重复验证，其中包括针对英国的几项研究。这些结果再次表明，即使在市场运转正常的情况下，量化宽松也是有效的。[15]

美联储量化宽松购买计划的不同，不仅体现在对不同期限国债的相对重视程度上，也体现在购买国债和政府资助企业担保的抵押贷款支持证券的相对数量上。例如，第一轮量化宽松大部分购买的是抵押贷款支持证券和政府资助企业债券，但在第二轮量化宽松和期限延长计划中，美联储都只购买国债。如果投资组合平衡效应发挥作用，且美国国债相对于抵押贷款支持证券的比例变化没有被市场完全预测，那么QE1应该会导致抵押贷款支持证券收益率的下降幅度相比后几轮的量化宽松来说更大。就像前文提到的，在克里希那穆尔蒂和安妮特－维辛－约根森那篇比较QE1和QE2的文章中所描述的那样，事实似乎确实如此。

基于同样的思路，研究人员还研究了美联储量化宽松政策对两种债券收益率的相对影响：一种是政府资助企业发行的抵押贷款支持证券，它是美联储合法购买的对象；另一种是"巨型"（大本金）抵押贷款支持证券，这是政府资助企业无法购买的，因此美联储也无法购买。正如投资组合平衡效应所预测的那样，包括大量购买抵押贷款支持证券（如QE1）在内的美联储量化宽松计划大大降低了政府资助企业发行的抵押贷款支持证券的收益率，程度远超由巨额房贷支持的债券的收益率的下降幅度。与此同时，不购买任何抵押贷款支持证券的量化宽松计划（如第二轮量化宽松）对这两种类型的抵押贷款支持证券的收益率影响并没有区别。[16]所有这些发现都支持这样一种观点，即在金融危机后的几轮量化宽松中，投资组合平衡渠道都在继续运转。

尽管人们对投资组合平衡渠道进行了相对更深入的研究，但量化宽松也被认为可以通过传递短期利率来长期保持在较低水平，即通过信号传导渠道来发挥作用。一些事件研究证明了这一渠道的重要性，表明出乎意料的量化宽松公告往往与市场对短期利率预期路径的变化有关，比如在期货市场，参与者可以对利率的预期路径下注。[17]如果不是有意为之的话，2013年的"缩减恐慌"本身就是一种对信号效应的事件研究。当我的评论提醒市场参与者，我们的证券购买可能很快就会放缓时，投资者也提前了他们预期的联邦基金利率首次上调的日期，这也导致长期利率的上升。缩减恐慌表明，量化宽松的信号传导效应确实可以很强大。

**量化宽松的影响是暂时的吗**

到目前为止，我们已经看到，即使考虑到后几轮量化宽松已经被市场充分预期这一事实，量化宽松的效果也并不会随着金融状况的改善或央行资产负债表的增加而减弱。对事件研究证据的第二个广泛反对意见是，这些研究只证明了量化宽松的宣布对资产价格和收益率有短期影响。如果这些影响纯粹是暂时的，那么量化宽松在刺激更广泛的经济方面将是无效的。

这一观点的一个主要缺陷是，它暗示后金融危机时代的市场参与者系统性地忽视了有吸引力的盈利机会，而这是极不可能的。如果量化宽松政策公告对股票和债券价格的影响确实是短期的，哪怕被人认为是短期的，那么聪明的投资者就可以通过押注这种短期影响力会发生逆转而从中获利。几乎没有证据表明这种假设真的发生过。如果真的发生了，这些获利行为会倾向于迅速扭转可观测的量化宽松对利率的影响，而事实上并非如此。在这方面，投资者与专业预测者一致，他们中的大多数人也认为量化宽松会对国债收益率（以及其他收益率，如公司债券收益率）产生强大而持久的影响。[18]

另一种说法是，投资者一开始可能认为量化宽松的影响会持续，但随着时间的推移，他们发现事实并非如此，这导致量化宽松最初对收益率的影响发生逆转。例如，正如我所指出的，从2009年3月美联储扩大QE1到2010年初QE1结束，10年期国债收益率上升而不是下降。

针对这一观点的一种回应是，长期利率和资产价格一般会对货币政策以外的许多因素做出反应，包括财政政策、全球经济状况和情绪变化。正如我在 2009 年 6 月告诉联邦公开市场委员会的那样，我认为随着 QE1 的实施，收益率的上升并不是失败的迹象，而是表明我们的货币政策——连同其他措施，包括奥巴马政府的财政刺激和成功地针对大银行的压力测试，正在增强公众对经济的信心。根据与通胀保值债券的收益率比较，在实施第一次量化宽松政策（以及第二次量化宽松政策）期间，10 年期国债收益率的大部分增长反映了更高的通胀预期。考虑到我们对通胀降得过低的担忧，这其实是一个理想的结果。

然而，要对这种批评做出更深入的回应，我们应该更仔细地思考如何预期长期利率与央行证券购买的关系。批评者的论点假设，如果量化宽松奏效，那么当央行积极开展证券购买时，长期利率应该比其他时候更低。在这种假设下（有时称为流量观点，因为它假定长期利率由央行新购买的流量决定），在美联储执行 QE1 购买时长期利率未能下降，表明量化宽松是无效的。

然而，如果量化宽松通过投资组合平衡渠道发挥作用（这是大多数证据所支持的），那么量化宽松与长期利率之间的联系就比简单的流量观点所暗示的要复杂得多。根据投资组合平衡理论，央行的证券购买通过改变长期债券的可用供应量（即流通股）来影响长期债券的收益率。按照这种对量化宽松的看法，在某一时刻，购买证券对收益率的影响并不取决于当前的购买速度，而是取决于央行已积累的证券总量以及预计的持有时长。由于金融市场是前瞻性的，投资组合平衡理论和相关的股票观点暗示，在任何时间节点，长期利率都取决于市场对未来央行购买行为的预期。[19]

投资组合平衡理论认为，预期和当前央行持有的证券对长期收益都很重要，这使得量化宽松的实证分析变得更加困难。尽管如此，针对这个课题已经有了许多细致的研究。一种方法，不是依赖事件研究法，而是使用所有期限的国债收益率的复杂模型（国债收益率的"期限结构"（Term Structure）。这项研究基本上提出了这样一个问题：考虑到我们对决定不同期限国债利率的因素（比如宏观经济状况和流通证券的存量）的了解，如果在金融危机之后的几年里没有发生量化宽松，那么美国国债收益率的期限结构会是怎样的呢？不同期限的国债实际利率水平与模型预测之间的差异，提供了量化宽松对国债市场影响的估值。

在2018年的一篇论文中，美联储理事会工作人员简·伊里克（Jane Ihrig）、伊丽莎白·克利（Elizabeth Klee）、李灿林和乔·卡乔维奇（Joe Kachovec）利用这种方法研究了国债收益率与美联储累积拥有和预期未来持有的国债量之间的关系。[20]他们制定了对未来量化宽松购买的市场预期的合理衡量标准。[21]他们还纳入了对新国债发行的估计，新发行的国债部分程度上抵消了美联储购买国债对投资者可获得的净供应的影响。[22]而且，他们所依赖的模型使用的是危机前的数据，因此量化宽松在帮助平息金融恐慌和改善市场功能方面的好处被排除在他们的估计之外。（他们的分析还忽略了信号传导效应。）

综合这些因素，研究人员发现，美联储的证券购买对国债收益率产生了重大而持久的影响。他们的估计表明，QE1 持续将 10 年期国债收益率降低了 0.34 个百分点，而 QE2、期限延长计划和 QE3 一起将收益率降低了 0.73 个百分点（一开始），随着时间的推移和美联储宣布将会把资产负债表上到期的证券替换，降低的百分点甚至更多。与其他研究一样，这些估计表明，后面几轮量化宽松以单位美元计算的影响力并不比最初的QE1差。[①]尽管任何量化宽松计划的效果都会随着

---

① 虽然根据前面表11.1中QE1事件研究的结果，后几轮量化宽松的影响力小于QE1，但考虑到统计不确定性，最终结论与事件研究文献是一致的。这还表明量化宽松的影响不仅持久，而且在经济上意义重大。

时间的推移而衰减，因为根据计划购买的证券会到期并从美联储的资产负债表上消失，但根据两位作者的估计，2014年10月量化宽松结束时，美联储购买10年期国债的累积收益率降低效应超过了1.2个百分点，到2015年底仍为1个百分点左右。其他基于量化宽松的股票观点的研究也发现了类似的结果（无论是在美国还是其他国家）。[23]

由于许多经济决策——比如一个家庭买房或一家公司投资新厂房和设备，都依赖于长期利率，因此在给定条件下，长期利率的下降可以比同样幅度的超短期联邦基金利率下降给经济提供更多的刺激。根据实证宏观经济模型得出的一条经验法则，10年期国债收益率下降一个百分点，其刺激作用相当于联邦基金利率下降3个百分点。[24] 根据这一估计，美联储在金融危机后推出的量化宽松政策在有效下限上提供了额外的刺激，这相当于将联邦基金利率下调3~4个百分点。

简而言之，目前的研究表明，长期利率与央行证券购买之间的关系是复杂的，过去的购买情况和预期的购买行为都会影响利率。但当考虑到这些关系时，证据表明量化宽松对长期利率产生了持久且经济上显著的影响。此外，市场对购买预期的重要性再次表明，央行行长的沟通十分重要。"只要经济需要，就会继续量化宽松"的可信承诺通常比回避明确说明和拒绝做出承诺的方式更有效。

## 前瞻性指引

除了量化宽松，近年来，美联储和几乎所有其他主要央行都严重依赖前瞻性指引，即政策制定者就他们对经济和政策走向的预期与市场进行沟通。央行的沟通方式多种多样，在很多情况下发生，包括政策制定者的演讲和证词、政策会议的纪要以及定期出版物，如美联储向国会提交的半年度《货币政策报告》或英格兰银行的季度《通胀报告》。然而，对于美联储来说，最有影响力和最受关注的前瞻性指引是联邦公开市场委员会的会后声明，正如美联储主席在新闻发布会上所解释和阐述的那样。

推动前瞻性指引的基本观点是，金融状况不仅取决于当前的短期政策利率，还取决于市场对未来利率的预期。如果市场参与者相信联邦基金利率会走高，他们也会抬高长期利率，从而使金融环境收紧。出于同样的逻辑，如果他们预期未来联邦基金利率会降低，他们就会压低长期利率。由于前瞻性指引会影响预期，因此它可以成为额外的政策杠杆。

尽管大多数前瞻性指引是针对金融市场的，但原则上央行的声明也会影响更广泛的公众预期。例如，宣布放松货币政策的计划，原则上会使家庭和企业对经济增长更加乐观，导致他们现在就增加支出、投资和招聘。出于这个原因以及对透明度和民主问责制的考虑，世界各地的央行近年来越来越频繁、越来越直接地向公众谈论经济前景和政策计划。然而，尽管这一努力终有回报，但目前的证据表明，非积极投资者的预期更有可能受到个人经验的影响，例如劳动力市场的情况，或他们通常购买的商品和服务的价格变化。[25]当美联储工作人员在他们的经济模型中模拟前瞻性指引的影响时，他们通常会模拟两种假设，第一种是市场参与者和普通公民都能听到并理解该指引，第二种是只有市场参与者（指那些积极参与投资和交易金融资产的人）可以理解该指引。[26]对于前瞻性指引可能产生的影响，保守的评估更看重第二种模拟。

央行行长们早就明白，对未来政策的预期很重要，但在20世纪90年代中期之前，美联储官员很少尝试去主动影响这些预期。[27]在格林斯潘任职期间，联邦公开市场委员会开始发布会后声明，但最初只是在调整利率时才这么做。随着时间的推移，它增加了带有暗示政策制定者倾向的语言。格林斯潘时代的前瞻性指引是定性的，而且往往是间接的，但它似乎还是对市场预期和金融状况产生了重大影响。2005年一篇由瑞法特·盖卡纳克（Refet Gürkaynak）、布赖恩·萨克和埃里克·斯旺森（Eric Swanson）撰写的论文估计，1990—2004年，超过3/4的5年期和10年期美国国债收益率在联邦公开市场委员会声明和其他美联储与市场沟通之后发生的变化，并非来自联邦基金利率本身的意外变化，而是来自关于联邦基金利率未来走向的指引（不管是明确的还是模糊的）。[28]正如我们所看到的，2008年之后，当有效下限限制了决策者通过短期降息施以经济刺激的能力时，联邦公开市场委员会对前瞻性指引的依赖变得更大了。

**预测与承诺**

在实践中，央行的政策指引在很多方面都有所不同。芝加哥联邦储备银行行长查尔斯·埃文斯和该行的经济学家杰弗里·坎贝尔（Jeffrey Campbell）、乔纳斯·费希尔（Jonas Fisher）以及亚历杭德罗·查斯丁尼亚诺（Alejandro Justiniano）在2012年的一篇论文中，介绍了"德尔菲式前瞻性指引"和"奥德赛式前瞻性指引"之间的区别。[29]德尔菲式指引（名字源自德尔菲阿波罗神庙的神谕）的目的只是告知、帮助公众和市场更好地了解决策者对经济前景的展望和政策的临时计划。简而言之，德尔菲式指引是央行（或者可能是某位政策制定者）对经济和政策的预测，而不采取任何具体行动的保证或承诺。相反，就像神话中奥德赛把自己绑在桅杆上以避免海妖的诱惑一样，在奥德赛式的指引中，政策制定者也将自己绑在一个"桅杆"上，做法是通过声明一个承诺，或者至少声明一个非常强烈的偏好，在未来将以一种特定的方式实施政策。

无论利率是否受到有效下限的约束，德尔菲式指引在任何时候都是有用的。事实上自1990年以来，提供更好的德尔菲指引的愿望已经推动了全球央行越来越透明化的趋势。德尔菲式指引原则的基本原理是，更高的开放程度应该有助于市场更好地预测决策者将如何应对前景的变化，从而减少不确定性，并提高决策者影响金融和经济状况的能力。例如，当会后声明或会议纪要表明联邦公开市场委员会决策者对经济的悲观程度超过预期时，市场可以推断政策可能会更宽松，至少在一段时间内是这样。与其他央行提供的类似预测和报告一样，美联储的《经济预测摘要》是决策者传达经济和政策前景的另一个渠道。这些形式的指引是德尔菲式的（有意模棱两可的），因为它们只反映了央行对未来的最佳猜测，不涉及任何保证或承诺。

由于德尔菲式指引是一种预测，它应该随着新的数据或其他与经济前景有关的信息的改变而改变。之前讨论过的一个经常引起争议的德尔菲式指引的例子是联邦公开市场委员会参与者在《经济预测摘要》中对联邦基金利率的预测，即所谓的点阵图，图中的每一个点都代表一位参与者的利率预测。联邦公开市场委员会参与者在会议前独立提交他们的预测，因此点阵图实际上是个人参与者（不一定是整个委员会）基于其目前对经济前景的评估以及个人的政策偏好，认为货币政策在未来几年应该如何演变的概览。评论员有时将点阵图解释为政策承诺，但这是不正确的。联邦公开市场委员会的利率预测取决于当前的经济前景，并且随着前景的变化而变化，正如政策预测一样。也就是说，即使考虑到点阵图反映的是单个参与者的观点而非整个委员会的观点，它仍是德尔菲式的（一种预测，可能会改变），而不是奥德赛式的（一种保证或承诺）。更普遍地说，德尔菲式的指引旨在显示决策者自己对经济进行分析的核心因素，并邀请市场参与者和其他人与央行一起思考。①

---

① 关于点阵图有用性的争论与另一个话题具有相似之处，那就是联邦公开市场委员会参与者（满员时共计19人）通过频繁发表讲话或是参加采访来强调自己对经济形势和政策前景的看法的行为到底是在帮助还是在伤害美联储的信息传递。虽然意见的多样性有时会使委员会的指导意见变得模糊不清，但我认为，在网上，多种声音有助于公众了解正在进行的辩论议题的细微差别，并确保众多观点都可以被听见。

相比之下，奥德赛式的指引主要在短期利率处于有效下限时才有用。当短期利率无法进一步下调时，政策制定者仍可以通过说服市场参与者相信他们打算将短期政策利率维持在比预期更长的低水平，从而对长期利率施加下行压力，这是一种被叫作"更低且更久"（lower-for-longer）的政策。奥德赛式指引可以让"更低且更久"的低利率承诺变得清晰，如果有明显效果的话，还可以在某种程度上改变市场预期，从而即使在有效下限上也能促进宽松的金融环境。

因为奥德赛式指引是一种承诺，或者至少是一种强烈的、要以某种方式执行政策的意愿声明，它是明确的和可验证的，而不是模糊的，因此可能会更加有效。联邦公开市场委员会在全球金融危机刚结束时的前瞻性指引是定性的，使用了"相当长的一段时期"等表述。由于缺乏明确性，该指引的有效性较低，因此许多预测人士预计联邦公开市场委员会将比多数成员的计划更早加息。最终，联邦公开市场委员会以更精确、更有力的奥德赛式指引否定了过度鹰派的预期，包括最初承诺，至少在某个特定日期之前都不会加息（时间依赖性指引），或者随后直到失业率至少下降到一定水平之前都不会加息（状态依赖性指引）。更强的指引对市场政策预期产生了美联储渴望达到的效果，从而对金融状况也产生积极的影响。专业预测人士对美联储更为明确的指引做出了反应，反复下调预计会触发美联储首次加息的失业率阈值，这表明更强的政策耐心已经得到充分的传达。[30]

在新冠肺炎大流行期间，联邦公开市场委员会的前瞻性指引继续朝着更强、通常更明确的方向发展。始于2020年9月，委员会这样说道，它不会提高接近于零的联邦利率，直到"劳动力市场状况达到与委员会对充分就业评估相一致的水平，并且通胀已经到达2%且保持可能会适度超过2%的趋势持续一段时间"。辅以委员会在《经济预测摘要》中对失业率和通胀的个人预测，以及政策制定者的演讲和证词，这份指引提供了关于利率将在何种条件才会上调以及随后利率将如何变动的大量信息。[31]早期证据表明，美联储的充分沟通以及2020年8月宣布的更广泛的政策框架达到了预期的效果。例如，美联储的调查显示，根据新的指引，一级交易商和市场参与者预计联邦公开市场委员会加息的通胀阈值显著上升，失业率阈值显著下降。[32]这一事件进一步证实，前瞻性指引可以影响未来很长一段时间的政策预期，因为当时的市场预计利率将在数年内保持在低位。①

尽管联邦公开市场委员会在2020年9月就其联邦基金利率变动计划的各个方面提供了大量细节，但在其他方面却含糊其词。值得注意的是，委员会拒绝定义"适度"（超过2%）和（持续）"一段时间"具体是什么，因此将通胀超标的规模和持续的时间留给未来的决策者自由决定。此外，2020年12月，在增加其证券购买的指引时，委员会以一种让人想起QE3的方式，将证券购买与实现其目标的"实质性进展"联系起来，这是一个不太明确的标准。这种模棱两可反映了在许多奥德赛式指引中明显存在的一种权衡。一方面，一个高度具体的承诺对市场来说更加清晰，而且由于违背明确的意图声明的行为更加明显，这使得决策者很难食言。另一方面，在一个充满不确定性的世界里，政策制定者不愿放弃对意外或异常情况做出反应的能力，这是可以理解的。因此，奥德赛式指引通常包含免责条款，例如联邦公开市场委员会2020年9月的声明，即"如果出现可能阻碍实现委员会目标的风险"，美联储就可以调整政策。这里的风险可能是指金融稳定风险，例如过度积累的债务。另外一个例子是委员会在2012年的条款，在确定QE3的持续时间时，委员会将考虑该计划"可能的效力和成本"。央行行长们仍在学习如何在兑现承诺和灵活性之间取得平衡。

---

① 在撰写本文时，政策收紧的时间似乎可能比2020年8月的预期要更早。这与指引意见并不矛盾，因为意见是状态依赖性的，政策的变化取决于经济的发展情况。

总体而言，美联储自金融危机以来的经验表明了一个更普遍的现象，即各国央行一直在学习如何更好地将沟通作为一种政策工具。后金融危机时代最有力的央行信号无疑是马里奥·德拉吉在2012年7月做出的"不惜一切代价"拯救欧元的承诺，但欧洲央行和其他外国央行也广泛使用了更为传统的指引。欧洲央行在2013年7月开始了它的正式指引，在一份声明中说它预计关键利率将"在相当长的一段时期内保持在目前或更低的水平"，这与美联储早期"相当长的一段时期"的表述如出一辙。[33] 从那时起，欧洲央行的指导方针变得更加详尽，不仅包括欧洲央行管理委员会对各种政策利率的预期，还包括证券购买、到期证券的再投资、特别银行贷款计划及其政策工具之间的关系。

作为金融危机以前前瞻性指引的先驱，日本银行近年来也严重依赖这一工具，包括长期保持低利率的承诺和超过2%的通胀目标。英格兰银行、加拿大央行和其他主要央行积极采用了更明确、更奥德赛式的指引方式。国外央行的实证研究表明，尽管存在有效下限，央行的讲话既能减少市场不确定性，又能增加经济刺激。[34] 我常常夸张地说，货币政策是98%的空谈和2%的行动。当然，对央行来说，近几十年的主要教训之一是良好的沟通有助于有效的政策制定。

### 前瞻性指引的可信度

为了有效地刺激经济，奥德赛式指引必须表明相较于市场的预期，政策制定者打算将利率维持在"更低的水平、更长的时间"。例如，如果市场预期利率在未来两年内保持在接近零的水平，那么政策制定者承诺一年内将利率保持在零将不能缓解金融状况，实际上可能会起到相反的效果，即金融市场反而会被收紧。

这是由于为了有效刺激经济，奥德赛式指引可能不得不让央行承诺在遥远的未来采取行动，这引发了此类承诺的可信度问题。几年后，经济环境可能会发生变化，促使政策制定者背弃先前的承诺。或者，随着任期结束，新人当选，政策制定者本身都可能发生变化。如果市场参与者对央行的承诺是否会被执行持怀疑态度（即奥德赛式指引并不可信），那么指引就不会达到预期的效果。

　　央行如何提高其指引的可信度？我们已经看到，发布明确的、可核查的承诺可以起到帮助作用，因为这时背弃诺言更容易被发现。但是在日常生活中，我们判断承诺的可信度更多的是根据承诺者本人的声誉，而不是他们使用的确切措辞。同样的原则也适用于央行。央行的信誉在一定程度上取决于关键决策者的个人声誉和沟通技巧，但由于决策者不可能绝对地约束自己或继任者，因此机构声誉也很重要。出于对机构声誉的担忧，政策制定者有动力兑现承诺，即使是前任做出的承诺。他们知道这样做是在维护央行坚持到底的声誉，从而也是维护自己在未来做出可信承诺的能力。[35]

　　除了清晰的指引记录和一贯的信守承诺外，至少还有两个因素有助于提升央行的可信度。首先，无论隐含的还是明确的，央行建立一个更广泛的政策框架很重要，它需要在机构内部得到广泛认同，并描述央行采取措施的原则。一个框架可以将个别指引意见置于更广泛的背景之下，帮助市场理解特定指引的基本原理，并增加决策者背离其承诺的成本。例如，通胀目标制度和类似的框架对政策制定者施加的"受限自由裁量权"。鲍威尔领导的美联储在2020年一致通过采用灵活的平均通胀目标制度，这表明即使委员会领导层发生变化，联邦公开市场委员会也将继续遵循这一方法。

　　其次，央行在短期政治压力下的独立性可以提高可信度。面对定期的选举和政治情绪的波动，一党的决策者会发现很难（即使并非完全不可能）对未来三四年的政策做出可信的承诺，他们也没有动力去兑现政治对手做出的承诺。促进美联储独立性的因素，如政策制定者的长任期和强烈的无党派精神，也提高了其承诺的可信度，即使是那些延续多年的承诺。

本章分别讨论了量化宽松和前瞻性指引，但经验表明这两者是紧密联系在一起的。一方面，量化宽松在一定程度上是通过向政策利率的可能路径发出信号来生效的（即信号传导渠道）。事实上，央行越来越明确地将量化宽松与利率的变化联系起来，例如，承诺在证券购买结束后很长一段时间内不会加息。另一方面，政策制定者也可以为未来的量化宽松提供政策指引，甚至可以将资产持有路径与利率水平联系起来。例如，联邦公开市场委员会在2017年6月表示，只有在提高联邦基金利率"顺利进行"之后才会开始缩表。由于量化宽松和前瞻性指引如此紧密地相连，要区分它们对资产价格的影响并不容易。然而，综合起来，当短期降息不再可行时，这些工具就为货币政策制定者提供了额外的宝贵火力。

第十二章

# 美联储的工具箱足够了吗

尽管央行越来越相信量化宽松和前瞻性指引可以在有效下限上缓解金融市场状况,但关键问题仍然存在。第一,与将利率降至较低水平而不采取进一步行动的替代方案相比,这些工具还能帮助政策制定者实现更好的就业和通胀结果吗?换句话说,这些额外的工具能弥补货币政策下限带来的限制吗?如果能弥补的话,又能弥补到什么程度呢?第二,考虑到可能的副作用,这些工具是否通过了成本—效益测试?还是这些工具的成本和风险限制了它们的有用性?

## 量化宽松和前瞻性指引对经济的影响

研究人员试图评估量化宽松和前瞻性指引的经济效益的一种方法是考察历史经验(这当然是有限的)。在美国和其他积极使用这些工具的国家,经济表现是否比不使用这些工具时要好得多?

### 量化宽松、前瞻性指引和大衰退

随着新冠肺炎疫情之后经济仍在缓慢复苏,迄今为止的大部分工作都集中在经济衰退和随后的复苏上,当时美联储和其他主要央行都开始广泛使用量化宽松工具和越来越明确的前瞻性指引。

尽管使用了这些工具，但正如我们所知的，经济衰退是严重的，而复苏是缓慢的，并且在大多数情况下，通胀仍顽固地低于央行的目标。另外，即使在危机前的时代，当有效下限不成问题时，危机货币政策也永远无法避免经济衰退，只能缓解衰退并加速复苏。此外，货币政策只是大衰退后经济扩张速度的一个决定因素。在美国，许多因素导致了缓慢的复苏，包括房地产泡沫破裂对新的房地产的压抑影响，欧洲主权债务危机对美国贸易和金融市场的溢出效应，2009年实行财政一揽子计划后过早的紧缩政策以及生产率增长的放缓。尽管复苏并不迅速，但却异乎寻常地持续了下来，最终成为美国历史上持续时间最长的经济扩张。考虑到这种好坏参半的记录，问题是否依然存在？新工具到底有多大帮助？

不出所料的是，经济学家们对此意见不一。一些研究表明，量化宽松和前瞻性指引在很大程度上克服了金融危机后有效下限的限制。根据这项研究，尽管存在有效下限，货币政策在帮助劳动力和资本在大衰退后恢复正常方面与往常一样有效。在2017年布鲁金斯学会发表的一篇论文中，约翰·弗纳尔德（John Fernald）、罗伯特·霍尔（Robert Hall）、詹姆斯·斯托克（James Stock）和马克·沃森（Mark Watson）发现，经济复苏步伐缓慢在很大程度上可以解释为生产率增长放缓，以及与婴儿潮一代老龄化相关的劳动力参与率下降。[1]这两种趋势在危机之前就存在了。这些作者还指出，失业率等资源利用指标（其受货币政策的影响比潜在经济增长更大）正在以相对正常的速度恢复。①

---

① 例如，从2009年的峰值到2019年，失业率差距（失业率减去国会预算办公室对自然失业率的估计）每季度下降0.14个百分点，与战后的前几次经济衰退大致相同。在达到最低点后的10年里，黄金年龄就业人口与总人口之比每季度上升约0.12个百分点，明显慢于1973—1975年和1981—1982年衰退后的复苏，但与其他复苏相似，包括1990—1991年和2001年衰退之后的复苏。

如果考虑到冲击的规模和经济的潜在增长力，从大衰退中复苏的速度在历史上并不是不寻常的，那么货币政策包括额外的工具，可能没有受到有效下限的严重束缚。

然而，大多数对危机后应对措施的评估结论却喜忧参半。一个例子是美联储工作人员埃里克·恩根（Eric Engen）、托马斯·劳巴赫和大卫·赖夫施耐德（David Reifschneider）在2015年发表的一篇论文。[2] 他们使用美联储对美国经济的主要预测模型，即FRB/US，来模拟危机后美联储政策的经济影响。像FRB/US这样详细的经济模型允许研究人员控制货币政策以外的因素，如财政政策和外国经济的发展。这个团队发现，综合来看，量化宽松和前瞻性指引缓解了金融状况，但在2011年之前，它们并没有显著地加快复苏的步伐（超过了仅通过降息所取得的效果）。恩根和他的合著者指出了2009年和2010年新工具经济效益有限的三个原因：美联储早期的前瞻性指引未能有效地说服市场利率在更长时间内保持在低位水平；量化宽松的影响只是随着美联储证券持有量的增长和投资者开始预计还会有更多资产购买而逐渐积累起来的；更重要的是，无论是常规的还是非常规的货币政策，总是需要一段时间才能充分发挥作用。

然而，这些作者发现，到2011年新工具已经开始明显加快经济复苏速度。这些工具导致2015年初的失业率下降了约1.25个百分点，稍晚些时候，通胀比美联储将利率降至零但没有使用量化宽松或前瞻性指引的情况高出约0.5个百分点。这些影响即使是延迟的，也是效果显著的。例如，在美联储的FRB/US模型中，联邦基金利率每下降1个百分点，预计失业率将下降不到0.25个百分点，或约为新政策工具预估效果的1/5。[3]

这两篇论文只是众多研究美国和其他地方从大衰退中复苏的论文中的一部分。我从这组研究中得出了两个结论，顺便说一句，美联储工作人员在2020年撰写的报告中分享了这一结论，该报告是联邦公开市场委员会战略评估的一部分。[4]首先，从积极的方面来看，与利率降至零但不采取进一步政策行动的假想情景相比，全球金融危机后的量化宽松和前瞻性指引最终确实产生了明显更好的经济结果。美联储的新政策工具不仅刺激了消费和就业，而且提振了信心、风险承担和信贷流动。国际间的比较也表明，及早和主动使用新工具的国家，特别是美国和英国，复苏相对更强劲、更持久、更接近通胀目标。

其次，新工具似乎不太可能完全补偿有效下限所施加的限制。这在一定程度上反映了量化宽松和前瞻性指引的内在局限性，但也反映了我们如何使用这两种工具。在美联储，我们最初持谨慎态度，尤其是在量化宽松方面。我们对新工具是否有效没有信心，我们担心它们可能的成本和风险，我们对经济前景仍然非常不确定，尤其是在早期。市场参与者反过来需要了解美联储和其他央行不断演变的政策策略。随着时间的推移，我们对新工具有了更好的理解，并认识到我们可以而且应该采取更多措施来助推经济增长，我们同时采用了力度更大、效果更好的量化宽松和前瞻性指引。

尽管这些观察表明，从经济衰退中复苏的早期阶段可能比本来的情况要弱一些，但它们也表明，在经验的帮助下，新的政策工具可能会被证明更加有效。美联储有机会将其在应对2020年新冠肺炎疫情导致的经济衰退中吸取的教训付诸实践。

**疫情之后新的货币工具**

新冠肺炎大流行几乎没有任何警告就来袭了，使得一直表现良好的经济脱轨。为应对2020年3月金融市场的动荡，鲍威尔领导的美联储作为美国国债和抵押贷款支持证券的最后买家，与外国央行建立货币互换额度，并重启了2008年危机时期的计划，向主要金融市场和机构提供流动性。在国会的支持下，美联储利用其第13条第3款的紧急权力支持向公司、市政当局和中型企业提供贷款。

为了缓解经济的冲击，货币政策制定者使用了量化宽松和前瞻性指引，但与金融危机时相比，我们更快、更有力地部署了这些工具。在3月将联邦基金利率降至接近于零之后，联邦公开市场委员会开始大量购买国债（所有期限，而不仅仅是长期）和政府资助企业发行的抵押贷款支持证券。2020年12月，美联储承诺将继续购买证券，直到朝着政策目标进一步取得实质性的进展。通过越来越详细的前瞻性指引，特别是在8月引入灵活的平均通胀目标框架后，联邦公开市场委员会还说服市场，联邦基金利率在可预见的未来可能保持在接近于零的水平。正如鲍威尔主席在新冠肺炎大流行初期的新闻发布会上所说的，联邦公开市场委员会"甚至没有考虑加息"。[5] 这可能反映了美联储的行动和指引，10年期美国国债收益率在疫情暴发前略低于2%，但在2020年的剩余时间内仍远低于1%。由于疫苗接种速度的加快和强有力的财政行动提高了对经济增长和通胀的预期，收益率在2021年再次上升（尽管仍然很低）。

美联储的货币行动是否会帮助经济更快地复苏？任何评估都将因新冠肺炎疫情带来的经济衰退的独特性质而变得复杂。特别是，联邦公开市场委员会成员面临的问题是考虑到许多人决定不工作或不购物与利率无关，放松金融市场是否会有很大的好处。与之相反的是，这反映了州长和市长下达的关闭令以及对感染病毒的普遍恐慌。而且，即使在接种疫苗之后，不均衡的重新开业过程也使货币政策和财政政策的制定变得非常复杂，因为新一轮的感染、混乱的供应链，以及对重返工作岗位的犹豫减缓了经济增长并推高了通胀。

然而，早期的证据表明，货币政策的应对帮助经济重新站稳了脚跟。值得注意的是，在疫苗问世之前，2020年下半年的复苏速度快于几乎所有人的预期。在短暂的金融恐慌期间，联邦公开市场委员会在3月没有做出任何经济预测，但在6月，委员会预测全年（从2019年第四季度到2020年第四季度）的实际增长率为–6.5%，而第四季度的失业率是9.3%。7月初，国会预算办公室预测了类似的数字：2020年经济增长率为-5.9%，第四季度失业率为10.5%。[6]这些预测考虑了3月通过的《新冠病毒援助、救济和经济安全法案》的预期效果，与民间的预测类同。

经济表现明显好于预期。尽管秋季和冬季的病毒感染病例和住院人数急剧增加，并且直到2022年最后几天才采取新的财政行动，但实际GDP在2020年仅下降了约2.5%，比预期高出了约4个百分点，第四季度的失业率则降至7%以下。当然，这仍然是一个疲软的数字，较低的失业率在一定程度上反映出积极寻找工作的人减少了。

但相对于预期而言，美国经济的表现令人鼓舞，其复苏速度超过了大多数其他发达经济体。2020年通胀有所下降（以个人消费支出价格衡量，从2019年的1.6%降至2020年的1.3%），但通胀预期仍然合理地接近2%的目标。

2020年经济好于预期的表现反映了几个因素，包括美国人对重返工作和学校的迫不及待，以及《新冠病毒援助、救济和经济安全法案》可能带来的超过预期的好处。但货币政策的影响是显而易见的。经济复苏是由对利率敏感的行业的强劲增长带动的，其中最显著的是房地产，得益于30年期抵押贷款利率在2020年底下降到2.7%以下。其他对利益敏感的部门也得以迅速恢复，在许多情况下超过了新冠肺炎大流行前的活动水平。这些行业包括制造业、贸易（美元在当年下半年稳步下跌）、商业资本支出和耐用消费品。对利息敏感的部门的强劲势头弥补了服务业的持续疲软，特别是休闲和酒店等依赖个人接触的服务业。

宽松的货币政策也帮助恢复了私人信贷市场，并（连同财政行动）减轻了金融压力，例如通过企业破产和评级下调来衡量，事实证明并没有预期得那么严重。[7]为所有类型的借款人提供更好的信贷渠道以支持经济增长和就业。此外，股票和其他资产的价格已从最初的暴跌中完全恢复过来，增强了家庭和企业的资产负债表，也提升了两者的消费意愿和能力。

2021年产出和就业继续强劲增长，这得益于新的财政举措，但也得到了持续放松货币政策的支持。然而，正如我们所看到的，供给侧的限制（如全球电脑芯片和运输能力的短缺）和对疫情的持续恐慌（包括新的德尔塔克戎变体）导致了当年下半年通胀的爆发和经济前景的高度不确定性。根据早先的指引，联邦公开市场委员会宣布了其意图是开始收缩政策支持，首先是逐步减少证券购买，但将联邦基金利率保持在接近于零的水平。委员会所面临的艰巨挑战是，在不扼杀劳动力市场持续复苏的情况下，确保供应冲击引发的通胀不会变得过于持久。需要更多的时间和研究来分析从2020年中期开始并持续到2021年的强劲复苏的来源。但总体而言，大范围的衰退和复苏支持了这样一种观点，即在危机开始时，尽管美联储在衰退初期下调联邦基金利率的空间有限，但货币政策并非"弹药耗尽"。[8]

## 中性利率在政策空间中的作用

历史视角很有价值，但在未来呢？在从新冠肺炎大流行的衰退中复苏之后，21世纪的货币政策——它结合了短期降息、量化宽松、前瞻性指引以及可能的其他工具——能在多大程度上达到美联储和其他央行的目标？当然，新货币工具的有效性取决于许多因素。我们看到，一个关键的决定因素是（名义）中性利率R*的水平。中性利率之所以重要，是因为它会影响到货币政策制定者可用的操作空间。

例如，假设中性短期利率为2.5%（同样，按名义或市场价格计算，未经通胀调整），其价值是由联邦公开市场委员会的参与者近年来估算的。如果按照这一水平持续下去，那么平均而言，在正常情况下，长期利率也将约为2.5%，忽略了债券风险溢价等一些复杂因素

（投资者为持有长期证券而要求的额外收益）。现在假设经济受到了衰退冲击。如果中性利率为2.5%，那么就平均而言，同样是在正常时期，央行将有大约2.5个百分点的空间来下调短期利率，假设有效下限为零。（为应对2020年初新冠肺炎疫情造成的经济衰退，鲍威尔领导的美联储将联邦基金利率下调了约1.5个百分点，此前已在2019年进行了0.75个百分点的"保险性削减"。）

在金融危机之前的几十年里，美联储通常通过将联邦基金利率下调5~6个百分点来应对经济衰退。如果中性利率为2.5%，那么传统的短期降息显然无法提供足够的弹药来应对典型的衰退，尤其是在衰退来袭时联邦基金利率恰好低于中性的情况下。那么问题就变成，一旦联邦基金利率达到零，量化宽松和前瞻性指引还能实现多少额外的政策空间？这隐含地假设，适当地将短期利率降为零不会导致长期利率也降为零。正是因为长期利率通常保持在零以上，即使短期利率处于有效下限，量化宽松和前瞻性指引也可以提供有用的额外刺激。

在2020年的一项研究中，我利用美联储的FRB/US模型对这个问题进行了分析，对美国经济进行了数百次模拟测算，假设美国经济受到与1970年以来观察到的类似的随机冲击。[9]（其中包括引发大衰退的冲击，但该研究在新冠肺炎大流行之前就结束了。）在这些模拟中，我假设货币政策对经济衰退和通胀的反应在历史上是正常的。我还假设，当联邦基金利率触及有效下限时，美联储使用量化宽松和前瞻性指引的力度比我们从大萧条复苏初期的力度更大，这与越来越多的共识相一致，即主动和有力的运用是最有效的。[10]我还假设美联储使用前瞻性指引，将政策利率和证券购买的未来变化与通胀和失业率联系起来（状态依赖性指引）。对于模型的每一次模拟，我都要衡量经济的表现如何，平均而言，达到或超过了美联储的充分就业目标并达到了2%的通胀目标。

我的主要发现是，量化宽松辅之以政策制定者承诺采取更低利率政策的前瞻性指引，可以提供相当于额外约3个百分点的政策空间。换句话说，如果中性利率为2.5%，强行实施量化宽松和前瞻性指引可以为美联储提供相当于传统降息约5.5个百分点的总货币政策火力，接近美联储在有效下限成为问题之前对典型经济衰退做出的正常反应。然而，在一场比平均水平更深、需要超过5.5个百分点的政策应对的衰退中，即使强有力地使用新的货币政策工具，也可能不足以完全补偿有效下限的影响。

我的3个百分点的经验法则与实证文献大体一致，包括对投资组合平衡和量化宽松信号效应的研究，以及其他使用FRB/US或类似经济模型的研究。[11]然而，考虑到在对量化宽松和前瞻性指引的影响进行建模时需要做很多假设，出现不确定性是不可避免的。新工具创造的政策空间有可能不到3个百分点，而且它可能会因经济或金融市场状况而有所不同。这是审慎规划未来应对措施的基础，也是继续寻求增加政策空间的新途径的动力。

另外，许多对量化宽松和前瞻性指引的标准分析，包括我的工作，可能低估了这些工具的整体效果。例如，有证据表明量化宽松增强了银行的资产负债表并导致了更多的贷款，这一可能性通常不包括在常规分析（包括我的分析在内）之中。[12]此外，为简单起见，我的模拟假设美联储只购买美国国债，忽略了购买抵押贷款支持证券的额外影响，并且我对前瞻性指引对市场预期的影响也做出了保守的假设（完全忽略了量化宽松的信号效应）。我们将在第十四章看到，货币政策可能通过风险承担渠道影响经济，而这在大多数的政策模拟中是不被考虑的。总体来说，我认为3个百分点的经验法则是一个相当保守的起点。[13]

中性利率值R*有助于决定总货币政策的火力，但也是政策制定者面临的另一个不确定性来源。R*值不能被观察到，只能被估计。正如我们所看到的，美联储对这个关键变量的估计随着时间的推移已经大幅下降。对于美国来说，与美联储2021年预计的2.5%一致，目前大多数研究估计名义中性利率在2%～3%，或者假设通胀预期接近美联储2%的目标，经通胀调整后的实际利率在0%～1%。然而，如果R*的下降趋势继续下去，或者R*被高估了，这可能会是另一个原因，即使有量化宽松和前瞻性指引，有效下限也会限制货币政策的火力。

我的3个百分点的经验法则是基于对美国经济模型的模拟，因此不能直接适用于其他经济体。至少有证据表明，外国央行应该将量化宽松、前瞻性指引以及其他可能的新工具纳入自己的工具箱，正如许多央行已经做的那样。对其他国家来说，另一个重要的教训是，要让货币政策有应对经济低迷的空间，中性利率不能过低。由于全球范围内的实际回报率（经过通胀调整）较低，保持中性利率不降至过低的最佳方法是保持通胀（和通胀预期）不要降至远低于目标的水平。[14] 换句话说，实现通胀目标不仅对实现价格稳定很重要，而且对于确保货币政策拥有有效应对不利经济冲击所需的降息空间也很重要。

不幸的是，对于一些主要的外国经济体来说，始终如一地实现通胀目标一直很困难。在欧元区，至少在新冠肺炎大流行的供给冲击之前，通胀和通胀预期多年来一直远低于欧洲央行所设定的低于但接近2%（最近改为2%）的通胀目标。①[15] 相对于美国而言，欧洲的通胀和通胀预期一直较低，因为它的主权债务危机紧随全球金融危机而来，也因为欧洲央行推迟了长期低位前瞻性指引和量化宽松的使用。在日本，几十年来接近于零的通胀或通缩使得人们习惯于预期通胀将保持在非常低的水平。事实证明，尽管从大约2013年开始实施了非常积

---

① 与美国一样，由于与新冠肺炎大流行相关的供应侧限制和能源价格上涨，大多数发达经济体（尤其是英国和欧元区）的通胀在2021年大幅上升。如果限制性因素能够消退，那么这些经济体的通胀很可能回落至目标以下。

极的货币政策，但要改变这些预期却是极其困难的。在欧洲和日本，未来可能需要更大的财政支持以使通胀和通胀预期更接近其目标，从而提高中性利率，并增强货币政策的效力。

## 新政策工具的成本和风险

量化宽松和强有力的前瞻性指引能够提供更大的力量，但必须与意想不到的成本和风险进行权衡。量化宽松政策在全球金融危机后首次使用时，尤其引起了美联储内外的担忧。联邦公开市场委员会继续讨论从大衰退中复苏整个过程中可能的成本和风险，包括金融稳定的风险、通胀或通胀预期失控的可能性、在管理最终退出量化宽松方面可能存在的潜在困难、对主要证券市场运作可能产生的不利影响，以及美联储庞大证券投资组合的资本损失风险。一些联邦公开市场委员会参与者担心，较低的长期前瞻性指引可能会放大这些风险，这可能会使联邦基金利率在数年内保持在接近于零的水平。既然我们可以借鉴美国和其他经济体的重要经验，那么对于这些新货币工具的潜在成本和风险，我们能说些什么呢？

事实证明，许多有关量化宽松和长期低位前瞻性指引的担忧都是没有根据的。尽管有可怕的警告，但这些政策并未导致持续的过度通胀。（我再次将2021年的通胀爆发归因于其他因素，主要是与新冠肺炎大流行后经济重新开放相关的供给侧影响。）相反，自2008年以来，美国和其他主要经济体的通胀总体上保持在过低水平，反映出经济疲软和有效下限的影响。

退出量化宽松迄今也不是一个问题，至少从技术角度来看是这样的。当耶伦领导下的美联储开始收紧政策时，尽管其资产负债表规模庞大，但美联储支付准备金利息的能力使其能够毫不费力地提高联邦基金利率。一旦联邦基金利率升至零以上，美联储就会终止对所持证券偿还本金的再投资，从而让自己的资产负债表缩表。从2019年9月回购市场的火爆来看，美联储可能削减了资产负债表和银行准备金的供给，如果有什么不同的话，可能是有些过头了。从这个意义上说，到了2019年，美联储的资产负债表可以说已经完全正常化，达到了与其新的充足准备金操作框架一致的水平，直到2020年新冠肺炎大流行危机才迫使美联储进行新的证券购买。英格兰银行是另一家在金融危机后迅速采取量化宽松政策的主要央行，在适时加息方面也没有遇到任何技术问题。

没有证据表明，量化宽松通过排挤私人买家和卖家或者造成特定债券发行的短缺，阻碍美国证券市场的运行。与之相反，通过增加流动性、提振信心和拓展金融机构的资产负债表，量化宽松可能在全球金融危机和欧洲主权债务危机期间改善了市场运作。在2020年疫情冲击初期，美联储的证券购买帮助金融和信贷市场恢复了正常运作，尽管从技术上来说这并不是量化宽松，至少在最初，因为其目标并不是提供货币刺激。而且，尽管美联储投资组合的损失风险依然存在，但风险还是适度的。如果未来确实出现亏损，则应该权衡一下美联储在疫情暴发前10年向财政部汇回的超过8 000亿美元的净回报，经济走强带来的更高税收收入，以及政府债务融资的低成本。[16]无论如何，货币政策的目的是帮助实现高就业和价格稳定，而不是为财政部赚取利润。

尽管这些经常被提及的风险现在似乎微不足道，或者至少不足以阻止在需要时使用量化宽松和长期低位前瞻性指引，但关于其他问题的辩论仍在继续。我将在这里讨论四个问题：所谓的新货币工具与金融不稳定之间的联系；认为量化宽松和货币宽松总体上会促进经济不平等的看法；对量化宽松扭曲资本市场信号的抱怨，以及对货币宽松催生僵尸企业的担忧。

**金融不稳定**

货币宽松与金融稳定之间的关系是一个大而有争议的话题。简而言之，有证据确实表明，持续的货币宽松可能会促进私人的冒险行为，这有助于在低迷的经济中加快复苏，但随着时间的推移，也有可能增加金融不稳定风险。大多数经济学家和政策制定者认为，金融稳定风险应该主要通过有针对性的工具来解决，比如金融监管和监督、让货币政策自由地追求其价格稳定和就业目标。主要的争议在于，监管和其他有针对性的工具是否足够，如果不够的话，货币政策制定者在设定利率时是否应该考虑以及在多大程度上考虑金融稳定性问题。

把更宏大的问题放到后面一章去讨论，这里讨论的是更为狭隘的问题，即量化宽松和前瞻性指引是否特别有可能增加金融风险。这些替代工具除了与持续的低利率相关联这一事实外，从金融稳定视角来看，它们还有什么特别令人担忧的地方吗？至少到目前为止，答案似乎是否定的。

对于为什么量化宽松和前瞻性指引会比其他形式的货币宽松容易刺激更多的冒险行为，至少有两个主要论点。首先，量化宽松在一定程度上通过诱导私人投资者重新平衡他们的投资组合而起作用。向美联储出售国债和抵押贷款支持证券的投资者可能会用部分收益购买其他资产，其中一些资产的风险高于出售给美联储的资产。这种投资组合的再平衡使量化宽松能够影响央行不购买的证券的价格，比如公司债券。这种再平衡效应也解释了为什么许多投资者认为量化宽松提高了市场流动性：量化宽松的购买提供了流动性资金，证券卖家可以用这些资金购买其他风险可能更高的资产。

尽管量化宽松确实让一些投资者拥有了风险更高的投资组合，但它实际上可以在两个方面降低私营部门的金融风险。首先，量化宽松向银行系统注入了准备金,并等量剥离较长期证券。长期证券比(安全、流动性好的)银行准备金风险更大,因为它们的价值会随着长期利率的变化而急剧变化。经济学家里卡多·卡瓦列罗(Ricardo Caballero)和冈内斯·坎伯(Gunes Kamber)发现,在金融危机之后,量化宽松允许美联储净吸收投资者先前持有的风险,从而降低了典型的私人投资组合的风险。[17]其次,通过降低长期利率和增强企业借款人的资产负债表,量化宽松还会降低现有企业债券和类似资产的风险。[18]量化宽松型政策的稳定效应在2020年3月尤为明显,当时美联储大规模购买美国国债和抵押贷款支持证券,提供了所需的流动性,平息了市场波动。

另一种将新货币工具与金融不稳定联系起来的观点,始于这样一个观察:在其利率信号效应中,较低的长期前瞻性指引和量化宽松使投资者确信短期利率将在一段时间内保持在低位。这种观点认为,较低的长期指引会鼓励投资者承担过度的风险,因为他们不再需要担心政策利率的短期变化。例如,较低的长期前瞻性指引可能会导致投资者投入所谓的套利交易——借入短期资金以持有收益率更高的长期投资。顺便提一下,一个类似的论点认为,2004—2006年一连串加息的可预测性同样造成了不稳定,因为它使投资者对未来的利率路径过于自信,从而不太倾向于谨慎行事。

这种推理忽略了重要的一点,也就是即使在既低又长的利率环境中,大多数金融和实物资产的预期到期日远远超出了政策制定者的前瞻性指引的范围。因此,即使保证短期利率(或至少很有可能)在一段时间内保持在低位,大多数资产价格仍将随着与长期前景相关的经济新闻而波动。时任旧金山联邦储备银行行长、现任纽约联邦储备银行行长约翰·威廉姆斯和埃里克·斯旺森的一篇论文表明,即使在美联储2008年将联邦基金利率降至接近于零的水平之后,长期利率也会随着就业报告和其他经济消息的出现而起伏,就像危机之前的情况一样。[19]因此在实践中，前瞻性指引并不能消除套利交易和类似策略所固有的金融风险。相反，这些交易被比作在压路机前捡起5分钱。在大多数情况下，它们会产生少量利润，但偶尔（当较长期资产的价格意外波动时）也会导致巨额亏损。由于可靠的前瞻性指引所带来的不确定性减少，很可能已经反映在长期资产的价格中，因此利差交易的盈利机会进一步减少。特别是，指引应该会降低投资者从长期资产中获得的风险溢价，从而降低套利交易的潜在利润。简而言之，除了一般的低利率政策造成的影响外，长期低位的前瞻性指引并没有为过度冒险提供明显的激励。

我的结论是，相对于一般的货币宽松政策，量化宽松和前瞻性指引不会带来显著的额外金融稳定风险。事实上，它们最有可能在危机或严重的经济疲软时期使用，在那个时期私人承担的风险通常是太低而不是太高。在这种情况下，新的工具——通过提高信心、拓展资产负债表以及增加信贷，既可能降低金融稳定风险，也可能增加金融稳定风险。

**经济不平等**

联邦公开市场委员会的讨论有时会略加提及货币政策的分配效应，但是在实践中，美联储的使命及其直截了当的政策工具会导致委员会将重点放在整体经济表现上。一些批评人士认为，相对忽视货币政策的分配后果是一个问题。他们认为宽松的货币政策包括量化宽松和长期低位前瞻性指引往往会加剧经济不平等，因此应谨慎使用。

这种批评虽然经常听到，但并不具有说服力。促进经济复苏的货币政策有广泛的好处，包括增加就业、工资、资本投资和税收收入。考虑到强劲的经济带来的众多收益，以及不必要的通胀紧缩甚至通缩陷阱风险的降低，经济低迷时期的货币宽松政策是合理的，即使它们确实加剧了不平等性。

然而，大多数研究发现，一旦考虑到货币政策的所有渠道，扩张性政策的分配效应会很小，甚至可能降低净不平等性，特别是以收入或消费衡量的不平等。或许最重要的是，大量证据表明，热门的劳动力市场不成比例地有利于少数族裔和低收入群体，而长期的衰退则会减少这些群体以及技能或经验较少工人的就业机会，从而加剧经济不平等。[20]这一点在鲍威尔领导、美联储举办的"美联储倾听"活动上表现得一清二楚。这种反馈有助于推动转向更加强调实现和保持高水平就业的政策框架。由于强劲的劳动力市场有广泛的好处，当需求疲软时，亲工人团体倾向于支持扩张性的货币政策，他们认为宽松的货币政策是一种帮助，而不是伤害中低收入群体。

针对这些论点，人们经常会提出两个问题。首先，靠利息收入生活的退休人员和其他储户不会受到货币宽松政策的伤害吗？其次，包括量化宽松在内的货币宽松政策，难道不会通过抬高股价来加剧贫富差距吗？

关于第一个问题，一些退休人员和其他储蓄者确实严重依赖利息收入，因此很容易受到低利率的影响，但他们的情况并不典型。根据国民收入核算，截至2021年中期，净利息收入仅占个人总收入的8%左右。（2019年初的可比数字是9%，当时联邦基金利率处于最近的峰值，而量化宽松并未实施。）在退休人员中，最不富裕的人主要依赖于社会保障和医疗保险等政府计划，这些计划的支付对利率的变化并不敏感。[①]更广泛地说，在2013年的一项研究中，理查德·科普克（Richard Kopcke）和安德鲁·韦伯（Andrew Webb）估计在2007—2013

---

① 社会保障有效地稳定了大多数美国老年人的退休收入与退休前收入的比例，并将老年人的贫困水平降低到了较低水平。参见德夫林–福尔茨（Devlin-Foltz）、亨利克斯（Henriques）和塞伯尔豪斯（Sabelhaus）（2016）。

年，户主年龄在60~69岁的家庭投资收入（包括利息和股息）都有所减少，当时经济疲软，货币政策也大幅放松。[21]他们发现，与2007年的收入相比，财富五分位数的投资收入下降幅度接近于0%~6%，而相对富裕的家庭（拥有更多金融资产）遭受的降幅更大。

这些货币宽松政策相对温和的影响部分是因为许多家庭在退休时至少拥有一些资产，这些资产在利率较低时通常会升值或保持稳定。例如，截至2019年，有60%的工作适龄家庭（处于社会收入分配体系最底部40%的家庭）有公司养老金或者退休计划，大约65%的家庭（处于整个社会收入分配体系后半部分）拥有自己的房子。股票所有权比其他资产更为集中，但在2019年，53%的家庭（处于社会收入分配体系最底部31%的家庭）至少拥有一些股票，要么直接持有，要么在退休计划中持有。[22]

此外，包括退休人员在内的储户通常扮演着许多经济角色，这些角色受益于适度宽松的货币政策。例如，他们可能在劳动力市场改善的帮助下生育孩子，或者他们可能想要自己保住一份工作。他们也可能希望出售房屋或家族企业，这在经济健康时更容易做到。或者他们可能既是借款人又是储户，可以从较低的利率中受益，例如通过抵押贷款的再融资。同样，评估货币宽松政策的影响需要考虑所有的经济影响。

关于第二个问题，股价上涨确实倾向于加剧财富不平等（与收入不平等相反），因为富人更有可能直接或间接地在退休计划中持有股票。①然而，股票价格上涨是几乎任何增加经济增长和就业的经济政策的可能结果，而不仅仅是货币政策。取消任何对股价有积极影响的政府政策是没有意义的。此外，虽然高收入人群确实拥有最多的股

---

① 根据美联储的消费者财务调查，在收入最高的家庭中，约有90%的家庭直接或间接持有股票。

票，但正如前面提到的，其他形式的财富，如住房或小型企业的股份，对许多中产阶级家庭来说都是重要的资产。更强劲的经济和更低的利率也促进了其他形式的财富。无论如何，对于那些（适当地）关注美国财富不平等长期加剧的人来说，有一个比中性货币政策更直接、更有效的解决办法，那就是提高资本利得税。很能说明问题的是，那些批评美联储加剧了财富不平等的人很少提出这种更为直接的解决方案。[①]

需要明确的是，所有这些都不是为了淡化贫富差距不断扩大的问题。在财富方面存在着巨大而持久的种族差异是由于多年歧视的结果，其中包括政府本身，这尤其令人担忧。[23]然而，至少自20世纪70年代以来，美国的不平等现象一直在加剧，无论利率如何起伏。这种长期趋势主要是缓慢演变的结果，包括技术变革、全球化和劳动力市场的变化，这些变化降低了工人的议价能力。因此，最有效的解决不平等问题的办法是政府的综合政策，包括为低收入人群提供更多帮助的财政计划（税收、转移支付和其他支出），以及普遍扩大住房、医疗保健和教育覆盖面的政策。货币政策对减少不平等的最大贡献是促进经济复苏和帮助保持低失业率。

### 市场扭曲

一些批评人士，比如2010年广为宣传的致联邦公开市场委员会公开信的作者，声称宽松的货币政策，尤其是量化宽松政策，通过"扭曲"利率和其他市场信号损害了经济效率。按照这种观点，美联储应该允许市场在不受干扰的情况下设定利率和资产价格。

---

① 更为微妙的一点是，即使较低的利率推高了股票价值，较低的利率也意味着较低的回报。也就是说，股票所有者从每一美元价值的股票中获得的股息收入较少。根据圣路易斯联邦储备银行的美联储经济数据库，尽管股票价格高得多，但个人资产收入占GDP的比例已从1990年的17%降至目前的13%左右，这反映了较低的回报率。

然而，在一个法定货币体系中，货币没有黄金等实物商品的支撑，央行不可能将资产价格和收益率完全交给自由市场。它必须制定一些有关利率和货币供应的政策，而这些政策又不可避免地影响市场结果。[1]此外，货币政策在影响利率和资产价格方面并不是独一无二的。政府支出和税收、财政部对其发行的债务期限的决策、金融监管以及许多其他政府政策都做出了贡献。[2]在现代经济中，不存在资产价格和收益率完全不受任何政策影响的"纯"市场结果。

也许批评人士认为货币政策应该更加被动。例如，美联储可以简单地固定银行系统的准备金数量，而不对价格和就业的变化做出反应。这可能会简化债券交易员的生活，至少在一定程度上减少信息的数量——包括央行的沟通，而这是他们必须处理的。然而，很难理解为什么美联储放弃充分就业和价格稳定使命，一项几乎肯定会被要求的纯粹被动政策，会导致更好的资本配置或更好的经济结果。事实上，经济效率的最基本要求是充分利用经济资源，包括劳动力在内。

**僵尸企业**

市场扭曲论调的另一种说法是，延长的货币宽松政策促进了所谓僵尸企业的生存。僵尸公司是指根本上资不抵债的公司，它们的资产——包括未来利润的现值——低于负债，但它们仍在继续运营。僵尸企业首先在日本被认定为一个问题，尽管随后的研究表明，这

---

[1] 实际上，即使在大萧条前的金本位制度下，央行也有一定的空间来管理利率，特别是如果它的黄金储备足够高，以至于资金外流不会对货币和黄金之间的兑换率保持在既定汇率构成威胁。

[2] 其中，量化宽松政策与财政部关于债务期限的决定最为接近。如果你把政府看作是一个合并后的资产负债表，结合了财政部和美联储的资产和负债，那么量化宽松就相当于将短期政府债务（付息的银行准备金）转换成长期政府债务（政府债券）。从这个角度来看，量化宽松对资产价格的影响类似于财政部决定缩短其发行债务的平均期限。

种现象在其他国家也存在。[24]在利率多年处于非常低的水平的情况下，日本越来越多的资不抵债的公司仍然能够支付其债务利息，这反过来使日本的银行避免宣布其贷款违约，这种做法被称为"常青树"。僵尸企业对经济增长和效率来说是个问题，不仅因为它们本身的生产率很低，还因为它们从效率更高的企业手中夺走了市场份额，降低了效率更高的企业的盈利能力、投资和就业。

一般而言，如果利率较低，一些原本无法获得资金的生产率较低的公司可能会获得融资。然而，这一结果并不一定意味着资产配置不当。例如，如果利率低是因为期望的全球储蓄资金超过了可获得的高回报投资，那么一些资金必然会流向回报率较低的投资，这是其最好的用途。同样，如果经济衰退和货币政策宽松导致利率较低，那么将资源投入低回报投资的另一种选择是让这些资源失业。因此，低生产率公司的资金不会自动错配资本。我们不得不问，最好的替代使用是什么？由于某种原因，错配要求存在生产率更高的替代方案，而这些替代方案没有得到资金支持。低利率本身应该缓解而不是阻碍高回报投资的融资。

只有在金融体系和金融监管存在其他伴随问题时，低利率才会助长"僵尸主义"和相关的分配不当。就日本而言，主要问题在于银行资本不足（早期的银行改革不完善）和银行监管薄弱。这种监管的崩溃导致银行将太多的资本分配给了僵尸企业，而不是更有成效的投资。

资本不足的银行有不承认贷款损失的动机，因为这样做会减少它们的报告资本并导致罚款，因此出现了"常青树"，推迟了正式承认损失的时间。对银行而言，有效的监管者将迫使银行持有足够的资本，并迅速确认和减记不良贷款。（来自银行和僵尸企业本身的政治压力可能有助于解释监管者的消极态度。）简而言之，虽然低利率可能让"常青树"变得更容易，但日本问题的深层次原因在于银行资本不足和银行监管不足。解决"僵尸"问题的最直接方式是解决监管或市场失灵的问题，而不是将利率提高到与充分就业和价格稳定一致的水平之上。最近的研究发现，"僵尸主义"在美国不是一个主要问题，尽管旨在帮助企业渡过疫情的计划可能会在未来导致这一问题。[25]

总而言之，当政策利率不能进一步下调时，量化宽松和前瞻性指引有很强的刺激能力，而这些政策的成本似乎是可控的。[26]美联储和所有其他主要央行现在将量化宽松和前瞻性指引视为政策工具箱的基本元素，不仅在危机时可用，而且在需要额外刺激时可用。然而，这些工具可能并不总是足够的，特别是在经济深度低迷的情况下。因此，货币政策制定者需要继续寻找新的工具和策略。

# 第十三章

# 强有力的政策：新的工具和框架

如果能够有力并协调地发挥作用，量化宽松和前瞻性指引就能对经济产生强大的刺激。我估计其效果大致相当于联邦基金利率在有效下限的基础上进一步下调3个百分点。然而这些额外的火力虽然有用，但并非在所有的情况下都够用，特别是如果名义中性利率R*（即美联储的政策空间）被证明低于当前的估计。政策制定者必须持续探索应对就业不足和通胀疲软的其他选项。

一些选项是很有希望的，尽管政治问题（包括从国会获得新的法律授权的必要性）可能会使采用它们变得复杂。例如，国外央行已经使用了美联储可能考虑的工具，包括负利率（Negative Interest Rates）和收益率曲线控制（Yield Curve Control）。以过去几年的发展为基础的替代性政策框架可以增加前瞻性指引的清晰度和可信度。

不过，即使有了增强的工具包，未来的货币政策也可能不得不与财政政策合作，以应对深度经济衰退，就像是在新冠肺炎疫情导致的经济衰退期间发生的那样。财政政策受到烦琐的政治程序的阻碍，但它的优势是，即使（或特别是在）中性利率很低的情况下，它也具有强大的影响力；而且，与货币政策相比，它能更精确地锁定需要帮助的群体或行业。货币政策–财政政策协调的更奇特的可能性包括所谓的"直升机撒钱理论"和"现代货币理论"（Modern Monetary Theory，MMT），后者建议货币政策和财政政策的标准角色进行互换。

## 新的工具：学习国外经验

与美联储一样，其他主要央行——尤其是英格兰银行、欧洲央行和日本银行，都面临着21世纪货币政策的挑战，包括全球金融危机、随后发生的大衰退以及新冠肺炎大流行带来的冲击。欧洲央行面临的问题还有主权债务危机和一体化程度不完善的欧元区，日本银行在面对全球金融危机之前，已经在低通胀和低利率的泥潭中挣扎了很多年（自20世纪90年代中期以来）。

四大央行对21世纪危机的反应类似，只是在时机上有所不同。在2007—2009年的金融危机和2020年春季的新冠肺炎大流行恐慌中，所有央行都积极充当最后贷款人的角色，以寻求稳定金融状况和金融机构，并制定或扩大帮助支持私人信贷市场的项目。在耗尽了降低短期利率这一传统货币政策的弹药之后，各国央行都在寻找其他方法来加强经济刺激。它们都采用了美联储式的量化宽松政策，通过购买长期证券来压低长期利率，从总体上缓解金融状况。它们都依赖于越来越明确的前瞻性指引，传达它们对短期政策利率变化和证券购买的计划。

外国央行也设计出了美联储没有使用过的政策工具。这增加了美联储通过向同伴们学习而扩大其政策武器库的可能性。美联储可以考虑至少四种外国央行使用的替代工具：量化宽松购买更广泛的金融资产、融资换贷款计划、负利率和收益率曲线控制。[1]尽管这些替代方案都不会取代量化宽松和前瞻性指引，但在适当的情况下，每个方案都可以增加有用的政策空间。

### 量化宽松：购买更广泛的金融资产

除非美联储动用其被《联邦储备法》第13条第3款赋予的紧急贷款权力（只有在私人信贷市场受到严重破坏时才可动用），否则它在证券购买方面将面临相对严格的限制。美联储在其量化宽松计划中只购买了国库券（国债）和由政府担保的、由房利美和房地美等政府资助企业发行的抵押贷款相关证券。[①] 运用《联邦储备法》第13条第3款的权限，美联储确实也购买了其他证券，包括2007—2009年金融危机期间和2020年大流行期间的商业票据，以及2020年的公司债券、市政债券和银行贷款。然而，在这两起危机事件中，美联储购买另类资产的规模相对较小，目的是防止特定信贷市场崩溃，而且在法律上和概念上都与量化宽松计划和货币政策分开。

其他主要央行的量化宽松计划，如同美联储的做法那样，大多涉及购买政府债券或政府担保的债务。但是，面对较少的法律限制，外国央行也经常定期购买其他类型的资产，包括公司债、商业票据、担保证券（一种由欧洲银行发行的抵押贷款支持证券），甚至包括私人公司的股票和房地产投资信托的股票（日本银行就是一个典型的例子）。这些行为（比如买公司债）的逻辑，与美联储在全球金融危机期间和之后购买抵押贷款支持证券的逻辑相同。在这两种情境下，央行的购买都会降低目标证券的收益率，并鼓励相关行业的借贷和支出活动，在买公司债时就会促进资本投资，在买抵押贷款支持证券时就会促进房屋和不动产的建设和交易。而且，正如购买政府债券会影响相关资产的收益那样，相似地，央行购买其他证券也会产生广泛的溢出效应。例如，购买高等级公司债券会降低其他类型债券的收益率，

---

① 美联储还拥有购买某些短期市政债券的权力，但这一权力尚未在其量化宽松计划中使用。

比如由州和地方发行的市政债券，以及风险较高的公司债券。

如上所述，购买政府债券以外的金融资产通常只是外国量化宽松政策的一小部分，其效果的实证非常有限。但现有的证据表明，购买范围更广的证券可以增强量化宽松的效力。例如，斯蒂法尼亚·达米科和伊里娜·卡明斯卡（Iryna Kaminska）的研究发现，英格兰银行购买公司债券的举措降低了公司债与英国政府债券之间的收益率差距，并刺激了新的公司债券发行。[2]这些效应与美联储购买抵押贷款支持证券的效应相似，后者降低了抵押贷款和国债之间的收益率差距，进而促进了抵押贷款的再融资以及住房销售和建设活动。

如前所述，与世界其他主要央行不同，美联储无权将购买范围更广的资产作为其常规货币政策的一部分。如果在非经济危机的环境下实行量化宽松，美联储必须获得国会的批准才能购买公司或大部分类型的市政证券、非政府资助企业（non-GSE）抵押贷款以及其他类型的替代资产。美联储应该寻求这种批准吗？

扩大符合量化宽松条件的资产清单的最有力论据是，这可能有助于提高美联储证券购买的针对性和有效性。幸运的是，美联储有权在全球金融危机期间和之后购买抵押贷款相关证券——全球金融危机正是由抵押贷款市场的崩溃引发的。但在未来的危机或衰退中，麻烦可能会集中在房地产以外的领域。此外，国会在2020年的《新冠病毒援助、救济和经济安全法案》中批准美联储购买公司债券、市政债券和银行贷款的意愿（即使是暂时的）表明，议员们对扩大美联储权力的态度可能比我10年前想象得更加开放。

然而另外，如果在非经济危机的情况下也进行日常购买（比如买公司债）并作为量化宽松的一部分，将会越过美联储试图保持的界限。第一，联邦公开市场委员会尽可能避免直接分配信贷，因为这将不可避免地有利于一部分借款人。出于这个原因，在大衰退之后，委员会同意长期主要持有美国国债，并将抵押贷款相关资产减持至最低

第十三章　强有力的政策：新的工具和框架

水平，以免造成长期偏向于房地产而不是其他类型的投资。第二，不同于购买国债或政府担保的抵押贷款支持证券，购买私营部门或市政债券会涉及承担信用风险，而美联储不愿这么做，因为任何损失都会减少它给财政部带来的利润。

这些担忧并没有推翻扩大可允许购买范围的理由。为了将偏好某些公司或行业的风险降至最低，比如在购买公司债时，美联储可以购买这些证券的广泛且多样化的投资组合，就像它在2020年援引第13条第3款购买公司债时所做的那样。（不过，这种方式仍然有利于大公司，因为小公司通常无法发行债券。）广泛的投资多样化以及美联储在压力时期购买的私营部门证券将获得高于通常水平的收益，这些事实都应能将美联储的信贷损失敞口降至最低。此外，有证据表明，私营部门债务（如公司债券）的收益率在经济衰退或金融不稳定时期的上升幅度远远超出了违约风险增加的合理范围。[3]货币宽松也可能降低公司违约风险，从而降低美联储购买公司债券的风险。[4]

尽管如此，美联储可能不会在短期内向国会施压，要求国会授权其在量化宽松计划中购买私营部门债务，除非政策空间变得明显受限。通过溢出效应，仅通过购买美国国债和住房抵押贷款支持证券，就可以让美联储对市政和私营部门的收益率产生巨大影响。拥有购买多种金融资产的权力可能会损害美联储的独立性，这是由于存在国会迫使美联储购买具有政治影响力的借款人发行的证券，或者避免购买不受国会欢迎公司的证券的可能性。[5]可能正是出于这个原因，在新冠肺炎疫情危机期间，鲍威尔主席经常强调美联储购买公司和市政证券的计划是有限和暂时的。2020年底，国会关于是否根据《新冠病毒援助、救济和经济安全法案》延长美联储的第13条第3款贷款工具的辩论表明，永久赋予美联储购买更广泛资产的权力将在政治上引起争议，保守派反对让美联储在金融市场上扮演更广泛的角色。

**融资换贷款计划**

除了在量化宽松政策中购买多种金融资产外，主要的外国央行还对银行贷款进行补贴。按照英格兰银行引入的术语，这通常被称为融资换贷款计划（Funding for Lending）。其主要目标是帮助那些无法进入股票或债券市场、严重依赖银行信贷的家庭或小企业借款人。

最初的融资换贷款计划是由英格兰银行和英国财政部在2012年7月联合宣布的。在该方案下，英格兰银行向增加对家庭和非金融企业贷款的银行提供资金——利率低至0.25%，持续时间长达4年，低成本资金的数量取决于贷款量增加的多少。最初的项目曾多次扩大，于2018年1月结束，然后为了应对新冠肺炎大流行，以修改后的形式恢复。

欧洲央行的融资换贷款计划是从其在全球金融危机和随后的主权债务危机期间的最后贷款人活动中逐渐演化而来的。2008年10月，欧洲央行推出了长期再融资操作（LTROs）。银行被允许以固定利率向欧洲央行借款，没有任何限制——只要它们有足够的抵押品。最初的利率是4.25%，贷款期限最长为6个月，但随着时间的推移，欧洲央行降低了利率，延长了贷款期限，并放宽了抵押要求。这些发放给银行的贷款最初并不对其用途有任何限制，但在2014年6月，在马里奥·德拉吉的领导下，欧洲央行开始将长期再融资操作贷款的条款与银行的新放贷量捆绑在一起。在德拉吉的"定向长期再融资操作"（TLTRO）下，银行可以以低利率借入长达4年的资金，但与英国的计划一样，银行可以以最优惠利率借入的资金数量取决于其对非金融企业和家庭的放贷量净增长。

定向长期再融资操作项目扩大了几次，条款也越来越慷慨。为了应对疫情，在德拉吉的继任者克里斯蒂娜·拉加德的领导下，欧洲央行以低至–1%的利率向银行提供长期资金，条件也是将这些廉价资金用于发放新贷款。日本银行还实施了一系列不同的计划，包括向银行提供低成本融资和向企业提供直接贷款。有证据表明，融资换贷款计划是对其他货币政策工具的重要补充。以银行借款和贷款净增加来衡量的认购额一直很高，尤其是在欧洲。研究发现，这些项目降低了银行融资成本，增加了对私营部门的贷款，并改善了其他货币政策行为对经济的传导。[6]

在主要央行中，只有美联储没有在大衰退后的复苏过程中引入融资换贷款计划。美联储理事会和联邦公开市场委员会考虑过这种可能性，但在与银行和市场相关人士讨论后被劝阻。我们听说限制新增贷款的主要因素并非融资成本（美国的银行在金融危机后进行了资本重组，可以在私人市场上以较低的成本借入资金），而是缺乏信誉良好的借款人和金融危机之后更严格的信用审查标准。因此，无论好坏，我们最终都没有实现这个想法。

然而，2020年的新冠肺炎大流行显著加强了美联储在信贷市场的角色，至少在一段时间内如此。在国会和财政部的财政支持下，美联储利用其第13条第3款职权推出了几个临时举措，以保持信贷流向企业、州和地方政府以及其他借款者。其中包括"主街贷款计划"，该计划与外国的融资换贷款计划一样，旨在对依赖银行的借款人增加放贷。

然而，主街贷款计划的结构与国外类似项目有着很大的不同。海外融资换贷款机制提供了廉价资金，但将发放给家庭和企业的贷款留在了放贷银行的资产负债表上。相反，在主街贷款计划中，美联储提议购买并持有每笔贷款的95%，代表财政部承担了大部分违约风险（财政部为此提供了资金）。由于代表纳税人承担信用风险，美联储对借款人资格和贷款条件设置了许多限制条件。可能是由于这些条款和条件对借款人和银行都不够有吸引力，因此相对而言，该项目发放的贷款较少。此外，对于拥有充足资本和风险承受能力的银行（包括

2020年的大多数美国银行），美联储的风险分担计划并没有提供太多的激励来促使它们发放本不该发放的贷款。2020年底，财政部长史蒂文·姆努钦关闭了依据《新冠病毒援助、救济和经济安全法案》批准的、美联储依据第13条第3款推行的所有特殊贷款计划。

美联储认为新冠肺炎疫情期间的贷款计划是紧急的金融稳定工具，而不是货币政策的一部分。对第13条第3款授权的需求和对国会特别拨款的财政部资金的依赖更是凸显了这一区别。不过可以想象的是，在未来，特殊贷款计划可能会对现有的货币政策工具起到补充作用。例如，当信贷紧缩阻碍经济复苏时，或者当银行融资市场面临压力时，美联储可能会向银行提供廉价的长期融资，让银行以发放的贷款作为抵押，增加对诸如家庭和小企业的贷款。这些贷款可以通过美联储的贴现窗口提供给银行，在大多数情况下既不需要第13条第3款授权，也不需要财政部的资金。（美联储在不动用其第13条第3款紧急授权的情况下，不能直接向企业或其他非银行借款人放贷。）

这种方法可以根据需求实施，重要的是它具有简单性的优点。唯一需要明确的条款是美联储的贷款利率和符合廉价融资条件的贷款类别。融资换贷款的主要缺点是，如果贷款利率低于向银行准备金支付的利率，正如预期的那样，对银行贷款的隐含补贴将减少美联储的利润，并最终减少其支付给财政部的款项。财政部和国会是否会反对美联储提供隐性补贴，可能要取决于经济环境。一个相关的问题是，如果短期利率接近于零，美联储可能必须明确向银行支付费用，以增加它们的贷款——例如，对其提供的资金收取负利率，就像欧洲央行在新冠肺炎大流行期间所做的那样。在这种情况下，除了对贴现窗口贷款设定明确的负利率以外，为新贷款提供资金的另一种选择是，向参与银行支付更高的利率，以相当于其放贷量增加额的准备金作为基准进行计算。

第十三章　强有力的政策：新的工具和框架

### 负利率

欧洲央行、日本银行以及欧元区以外的几个欧洲国家的央行（包括瑞典、丹麦和瑞士）已经将其短期政策利率降至零以下。负利率是通过向银行在央行的存款准备金收取费用来实现的，这相当于利率为负。为了避免这一费用，银行试图转向其他资产，这也压低了这些资产的收益率，有时甚至达到负值区间。由于个人和企业可以通过持有现金（利率为零）来避免负利率，因此负利率很容易达到极限。但是，由于交易和存钱，例如使用20美元或100美元的钞票，对于消费者和企业来说可能不方便或成本高昂，更不用说银行每天都必须结算数百笔大额交易，利率似乎可以适度降至零以下而不会造成市场大规模地使用现金。①例如（三个月的）短期利率在瑞典和瑞士分别降至–0.75%和–0.85%。在主要央行中，欧洲央行对负利率的依赖最为严重。它在2014年首次引入负利率，并逐步降低其支付给银行存款准备金的利率，直到2019年9月达到–0.5%。[7]

在迄今为止的有限区间内，负利率似乎已经达到其目的。它降低了银行贷款利率、货币市场利率和长期利率，而且总体上缓解了金融状况。因此，负利率至少可以通过降低短期利率的有效下限来增加适度的货币政策空间。有效下限似乎是一个长期的顾虑，所以额外的政策空间可能被证明是有用的。

然而，负利率是广受争议的。许多人会认为从银行拿回的钱比他们存入的钱少是不公平的，或者对借款人竟然可以不需要支付利息，反而会收到利息而感到困惑。然而当我们意识到对于大多数的经济决

---

① 正如肯尼斯·罗格夫在他2017年出版的作品《现金的诅咒：大额钞票如何协助犯罪、逃税以及限制货币政策的效果》中所指出的那样，如果政府努力减少现金，特别是那些容易存储的大额现金，那么很有可能出现更低的负利率。

策而言，衡量投资回报或借贷成本的相关指标并非名义（或市场）利率，而是实际利率（名义利率减去通胀）的时候，负利率便不会那么荒谬了。从历史上看，负的实际利率并不罕见；只有当通胀超过名义利率时，这种情况才会发生。例如，在2021年底，公开宣称的CPI超过6%，而联邦基金利率接近于零，实际联邦基金利率便大约为–6%。此外，对于投资者来说，0.1%的回报率和–0.1%的回报率之间的差异是可以忽略不计的。然而，人们对负利率的焦虑或困惑往往会转化为政治上的反对，这使得央行并不情愿使用它。

一种更为实质性的反对意见认为，负利率可能会增加金融稳定的风险。例如，银行抱怨说，负利率降低了它们的利润，并最终降低了它们的资本和放贷能力。这些银行主要担心的是，它们可能无法将准备金上的负利率亏损转嫁出去。储户反对支票和储蓄账户的负利率，迫使银行弥补差额。事实上，一些经济学家认为，可能存在着一个"反转利率"（Reversal Rate），低于该利率的负利率对银行资本和银行贷款的不利影响可能会使本应该促进经济扩张的货币政策起到相反的效果，造成经济发生净收缩。[8]

实际上，至少到目前为止，负利率似乎并未严重损害银行利润。[9] 事实上，负利率反而可以提高银行的盈利能力。如果负利率给予央行更多的政策空间，从而推动经济走强，银行将从收入增加和坏账减少中受益。较低的利率也往往会增加银行投资组合中的资产价值，同时降低它们从存款以外来源获得融资的成本（如批发融资和发行债券）。此外，央行已经找到了减轻负利率对银行利润影响的方法。例如，日本银行和欧洲央行只对高于一定水平的准备金收取费用，这种做法被称为"分层"。

美联储是否应该考虑负利率？联储官员认为，虽然实施负的短期利率（通过向银行准备金收取费用）是有权限的，但到目前为止，他们对实施这个想法没有多大兴趣。2010年，我们简单讨论过这个选

第十三章　强有力的政策：新的工具和框架

项，但最终被拒绝了。当时我们认为，负利率的好处将非常有限。一份工作人员的备忘录估计，如果负利率过低，美国人可能会囤积现金，因此联邦基金利率可能无法降至 –0.35% 以下。[10]我们也有金融稳定方面的担忧，与其说是担忧银行，不如说是担忧货币市场共同基金，相比于其他国家的情况，货币市场共同基金在美国金融体系中的地位更为重要。我们担心，如果他们持有资产的负回报使其"跌破1美元"（"Break the Buck"）——也就是说，每投资1美元，回报还不到1美元——那么就可能发生投资者挤兑状况。同样，在耶伦和鲍威尔主持的讨论中，也没有发现多少或任何支持负利率的声音，至少在有其他选择的情况下是这样。

尽管我理解这种不情愿，但断然排除负利率的可能性是不明智的。我不认为美国会陷入持续的低通胀陷阱，但如果真的发生了，负利率可能会被证明是有用的。即使没有出现这种极端情况，排除负的短期利率可能会产生意想不到的后果，并限制美联储通过量化宽松或其他手段将长期利率压低至非常低水平的能力。[11]由于长期利率通常略高于市场预期的短期利率，货币政策制定者将短期利率保持在零或零以上的可信承诺也相当于是为长期利率设定有效下限。至少对负利率的可能性保持一些建设性的模糊态度似乎是一个更好的策略，尽管不可否认的是这可能会带来政治阻力。

### 收益率曲线控制

美联储可能考虑的最后一种国外使用的政策选择是收益率曲线控制，由日本银行于2016年9月推出。收益率曲线控制，顾名思义，就是通过固定短期政策利率（类似于传统的政策制定）和锁定长期债券收益率的范围来控制多种期限的政府债券利率。例如，日本银行在2016年宣布，它将把10年期日本政府债券的收益率保持在零左右，并通过准备以与零收益率一致的价格购买债券来实现这一目标。在传统的量化宽松政策中，央行只宣布其打算购买的证券数量，但购买行为产生的利率模式是由市场决定的。收益率曲线控制可以被认为是一种与标准方法相反的量化宽松：政策制定者先为债券收益率设定一个目标，但让市场来决定为了达到此目标而必须购买的债券数量。

与标准量化宽松相比，收益率曲线控制有几个潜在优势。首先，由于它瞄准的是长期利率，而长期利率直接影响许多投资和支出决策，因此它可以让政策制定者更精确地衡量他们所希望提供的刺激力度。其次，如果市场参与者相信央行坚定地致力于实现其收益率目标，那么债券收益率可能会在其目标水平上稳定下来，而央行实际上反而不必购买大量证券。①实际上，宣布锚定债券收益率的计划可以作为一种前瞻性指引，央行承诺会用其资产负债表来执行这种指引，从而使之更为可信。

从1942年到1951年签署《财政部－美联储协议》，美联储其实一直在进行相当于收益率曲线控制的操作。为了降低政府战争债务的融资成本，在那十年中，美联储固定了短期国库券利率（大部分时间为0.375%），并对长期政府债务的上限进行了限制，设定为2.5%。在我担任美联储主席期间，联邦公开市场委员会仔细研究了这一段历史，看它是否可以为我们在有效下限上制定货币政策提供经验。[12]我们的结论是，尽管有1951年以前的经验，但是在当代美国，将超长期债券收益率钉死或是为其设置上限是不可行的，或者至少是不可取的。

假设美联储试图将10年期政府（债券）收益率固定在1%。只要市场参与者相信，在接下来10年中的任何情况下，美联储都能够将短期利率控制在1%左右，那么这种做法就能奏效。但10年太久了，如果经济前景或央行沟通方式发生改变，导致市场参与者怀疑美联储

---

① 这一考虑加强了日本央行采取收益率曲线控制的决心，因为按照目前的购买速度，它将面临着耗尽政府债务从而无法持续的风险。

第十三章 强有力的政策：新的工具和框架

可能改变路线,那么钉死长期债券收益率的可信度就会受到质疑。例如,如果通胀意外上升导致市场相信美联储会将联邦基金利率提高到2%并保持不变,那该怎么办?结果就是长期债券的收益率也会倾向于提高到2%,尽管之前美联储已经宣布了1%才是它的目标。这样一来,美联储要么不得不放弃之前宣布的目标,要么购买大量未偿付债券以强制执行该目标,这可能会使最终退出该政策的过程变得极其复杂,并使美联储面临巨大的资本损失。

但是1951年以前的美联储以及今天的日本银行是如何在不进行大规模购买债券的前提下,保持长期收益率的固定的?不同之处在于当代美国政府债券市场的交易量和流动性。例如,多种情况下银行和其他机构持有日本政府债券是出于监管或其他原因,而不仅仅是为了回报,而且相对于流通中的股票,日本政府债券的交易量往往相当低。1951年以前,美国国债市场的流动性和活跃程度也远不及今天。相比之下,美国国债目前在全球的交易量很大。由于其巨大的交易量和流动性,"美联储对长期国债收益率设定的目标"与"市场对未来联邦基金利率的预期"两者之间即使出现微小的差异,也可能迫使美联储大量购买证券。

虽然美联储可能不会把目标定在(比如)控制10年期长期国债的收益率上,但控制2～3年国债的收益率是可行的,因为联邦公开市场委员会确实可能会合理地对这一中等期限的短期利率进行承诺。明确地将2～3年的收益率固定在接近有效下限的水平上,可以有力地加强远期利率指引,这是一种言行一致的方式。在2020年的战略评估中,美联储探讨了设定中期利率目标或上限,并承诺以预期收益率购买证券的方式实现。[13]如果市场已经相信美联储将在一段时间内将政策利率保持在低水平,那么中期收益率曲线控制并不会有多大作用。但我预计,如果委员会认为其对联邦基金利率的前瞻性指引不起作用,那么它将认真考虑这种方法(中期收益率曲线控制)。

## 替代性政策的框架

收益率曲线控制是加强前瞻性指引的一种方式。另一种方式是将前瞻性指引嵌入更广泛的政策框架之中，阐明决策者计划如何应对广泛的经济状况。有了明确的政策框架，市场参与者将对指引可能采取的形式有更好的认识，甚至是在指引给出之前。他们将了解可能导致政策偏离指引的情况，以及如何偏离。而且，他们可以更有信心地相信，一旦美联储给予政策指引，就不会轻易放弃。简而言之，良好的政策框架总体上可以提高政策，特别是前瞻性指引的连贯性和可预测性。

多年以来，美联储遵循了各种货币理论和框架，从早期的金本位正统观念到格林斯潘的风险管理方法。但联邦公开市场委员会直到2012年1月才采用正式的政策框架，当时它确立了2%的通胀目标，并解释了其对稳定物价和促进就业的"平衡方法"。[14]联邦公开市场委员会在2020年批准认可的"灵活平均通胀目标"（FAIT）制度是建立在2012年框架基础之上的。它明确指出，为使通胀和通胀预期平均保持在目标附近，通胀暂时性的超标是允许的，因为这可以抵消过去通胀不达标的影响。在新的框架下，联邦公开市场委员会还放弃了对仅仅伴随着失业率下降而发生的通胀进行先发制人的打击。

美联储采取灵活平均通胀目标的大背景是为了应对不断变化的经济环境，包括中性利率的下降（这显著增加了有效下限限制货币政策的可能性），以及人们日益认识到失业率可以在不引发通胀的前提下，长期维持在比过去更低的水平。当然，经济环境将继续变化，这可能会导致美联储政策框架的进一步演变。（值得注意的是，这在很大程度上取决于2021年通胀飙升的持续程度，以及中性利率将会如何演变。）在宣布灵活平均通胀目标时，鲍威尔主席指出，美联储计划每五年对其框架进行一次评估。在接下来的辩论中，一些替代性政策框架可能会引起委员会的注意。而且，尽管联邦公开市场委员会在上次评估中排除了提高通胀目标的可能性，但美联储以外的一些经济学家继续主张提高通胀目标，以解决有效下限的问题。

**通胀目标制的几种变体**

许多政策框架，包括那些正在使用的（如灵活平均通胀目标）和其他仍在设计中的框架，都包含消费者价格水平或变化率的目标。在本节讨论中，我们可以把它们看作通胀目标制的变体。每一种主要的变体（政策框架）都有自己的优势和劣势。

联邦公开市场委员会在2012年1月采用的政策框架（这里我将其称为标准通胀目标制）仍然在全球占据主导地位（各国之间存在细微差异）。央行使用这个框架为通胀设置一个具体的目标数值或目标范围，在"中期"实现。这里的"中期"是一个技巧术语，但通常指的是两到三年的时间。（然而，政策利率的有效下限导致许多央行其实在更长的时间内都无法使通胀达到目标。）所有采用标准通胀目标制的央行在实际操作中都采取了灵活的方法，这意味着除了稳定物价之外，它们还在追寻其他目标。我们2012年的原则强调，联邦公开市场委员会将追求最大限度的就业和价格稳定，这与美联储的双重使命是一致的。我们认为这两个目标通常是互补的。特别是，低而稳定的通胀会改善经济和劳动力市场的运转。如果将通胀保持在目标水平附近有助于稳定通胀预期，那么货币政策制定者就能在不破坏通胀稳定的情况下，增强对就业下降做出有力回应的能力。在促进就业和稳定物价这两大目标发生冲突的情况下，我们将采取平衡的方法来权衡彼此。

总体而言，通胀目标制最重要的目的之一是提高责任心和透明度。采用该制度的央行通常会提供有关其经济预测、政策分析和政策预期的广泛信息。通胀的具体数值目标，加上对政策计划及其原理的公开，在不会完全消除央行官员应对突发状况的能力的前提下，加强政策纪律和可预测性。用我在与米什金合作时提出的概念来说，通胀目标制和类似的制度允许货币政策制定者行使"受限的自由裁量权"。[15]

设定通胀目标的央行试图将通胀保持在宣布的目标附近，但政策失误、经济衰退、供应冲击或其他因素都可能会将通胀推离目标。当这种情况发生时，货币政策制定者应该如何应对？对这个问题的回答有助于区分通胀目标制的各种变体。

在标准的通胀目标制度下，答案相对简单。通胀高于或低于目标同样令人担忧——通胀目标的两侧是"对称的"。因此，在标准方案中，当通胀因任何原因偏离目标时，政策制定者都应该采取措施使其重新回归设定值（区间）。根据劳动力市场的状况、经济前景的风险、利率接近有效下限的程度以及其他因素，他们做到这一点的速度可能会有所不同。不过重要的是，在标准的通胀目标制下，政策制定者不会对之前通胀目标偏离的规模和持续时间进行弥补。无论起点是什么，目的都只是在合理的时间内让通胀回归目标，已经发生的事情便既往不咎。

另一种与上文所提的问题有着完全不同应对策略的通胀目标制度被称为价格水平目标制，经济学家对此进行了大量研究，但迄今为止还没有任何央行采用。在这个框架下，央行将努力保持物价水平（而不是通胀本身），使其接近一个固定的、通常是向上倾斜的路径。（与标准的通胀目标制一样，实际上，价格水平目标制下的央行在做出政策决定时也会考虑就业和其他目标，但我将忽略这一复杂性。）

假设一篮子消费品的初始价格是100美元，而价格水平目标制下的央行的目的是要控制这一篮子商品的价格每年上涨2%。如果一切按计划进行，那么购买同样一篮子消费品的价格，第一年是100美元，第二年将是102美元，第三年大约是104美元，以此类推。现在

第十三章　强有力的政策：新的工具和框架　　327

假设出乎意料的是，一篮子的价格在第二年不是涨到102美元，而是101美元，也就是说，时期一和时期二之间的通胀是1%而不是2%，央行应该怎么做呢？

在第一次未达到目标之后，标准的通胀目标制央行只会简单地试图将通胀恢复为2%。在第二年实现的101美元的价格水平的基础上，央行会致力于在第三年将价格提高到103美元，即回到大约2%（第四年的目标是105美元，以此类推）。不过，在价格水平目标制下，央行的目标是让价格尽可能接近最初设定好的目标路径。因此，在价格在第二年只上涨到101美元之后，央行的目标是在第三年让价格水平达到104美元，使价格回到最初的路径。如果以通胀来计算，价格水平目标制下的央行将把下一年的目标设定为（大约）3%，以弥补前一年1%的缺失。通过对偏差进行调节，价格水平目标制下央行的工作是努力将平均通胀保持在2%，即使是在很长一段时间内也是如此。①

支持者指出了价格水平目标制的几个优点。[16]第一，通过将未来所有日期的特定价格水平作为目标，并对价格偏离目标路径的任何偏差都进行调控，这种方法大大降低了长期生活成本的不确定性，从而使家庭和企业规划变得更容易。第二，如果繁荣和衰退主要是由总需求的变化引起的（例如，消费者或政府支出的变化），那么价格水平目标制可能会比标准的通胀目标制更有效地帮助稳定经济。

进一步对第二点进行说明，假设需求下降导致经济衰退发生；并且，按照前面的数字示例，假设由于通常的菲利普斯曲线原因，经济衰退一般会伴随着通胀的下降，从2%下降到1%。在标准的通胀目标制下，央行将放宽政策，旨在将通胀恢复到2%，并补偿就业

---

① 本例假设调整偏差所需时间为一年。实际中，根据劳动力市场状况等因素，央行可能会以更慢或者更快的速度使价格水平回到最初设定的轨道上去。

岗位的流失。但是，一个以价格水平为目标的央行将会更加宽松，因为（正如在前文的例子中所显示的那样）它将希望可以通过将通胀提高到2%以上并保持足够长的时间来弥补最初的通胀不及目标的损失，从而使价格水平回到最初的路径。在价格水平目标制度下，这种更有力的宽松政策，以及市场对这种政策的预期可能也会帮助更快地恢复到充分就业。价格水平目标制度下暗示的利率可能会"更低且更久"的政策，在短期利率被限制在有效下限附近之时尤其有用，因为那时候让市场相信政策将在较长一段时间内保持宽松尤为重要。

价格水平目标制也有一些缺点。与标准的通胀目标制相比，向市场和公众解释这种制度可能更加困难，这使得它既不那么有效，也不那么可信。此外，对于通胀性的供给侧冲击造成的经济下行（例如油价飙升或是新冠肺炎疫情造成的供应链紊乱），价格水平目标制可能表现不佳。由于以价格水平为目标的央行旨在完全抵消供给侧冲击导致的物价上涨，而这反过来又需要将通胀暂时压低至长期平均水平以下，因此即使是供给侧冲击会令经济陷入衰退，它也不得不大幅收紧货币政策。

上文提到的最后一个缺点可以通过通胀目标制的第三种变体来解决，即所谓的"临时价格水平目标制"（TPLT）。我在 2017 年提出了这种方法，并与美联储委员会的迈克尔·基利（Michael Kiley）和约翰·罗伯茨（John Roberts）在2019年发表的一篇论文中，对修改后的变体进行了可行性评估。[17]顾名思义，临时价格水平目标制就像是价格水平目标制，但是它只在一种特定的情况下才会生效，那就是当短期利率处于有效下限之时。我认为，当联邦基金利率处于有效下限时，美联储（本着控制价格水平的精神）应承诺至少将其保持在该水平，直到之前的通胀不足得到弥补，从而将平均通胀恢复到2%。在我的提议中，一旦平均通胀回到2%，美联储就可以从有效下限上调联邦基金利率。①推迟紧缩政策可能意味着通胀将在一段时间内会超过目标，但在临时价格水平目标制下，美联储最终的目标是将通胀恢复到2%。

临时价格水平目标制意味着在有效下限上实行一种强有力的"更低且更久"的低利率政策，与普通的价格水平目标制相似。与此同时，在临时价格水平目标制下，通胀即使超过目标也并不需要随后再人为使其低于目标进行补偿，从而避免了普通的价格水平目标制中不受欢迎的部分，即必须反转由供给侧冲击引起的通胀超标。此外，临时价格水平目标制可能比普通的价格水平目标制更容易对市场进行解释，因为政策目标是以通胀来表示，而非价格水平。

临时价格水平目标制要求当联邦基金利率处于有效下限时，在联邦公开市场委员会考虑加息之前，平均通胀必须首先回到2%。那么这里的"平均通胀"应该计算什么时段的平均值？我最初的建议是，应该在提高联邦基金利率之前就弥补自政策利率首次触及有效下限以来的全部通胀缺口。然而，美联储理事会成员莱尔·布雷纳德指出，这样的计划可能要求美联储接受持续的通胀超标，这反过来可能破坏通胀预期的稳定。[18]我随后与基利和罗伯茨合作的论文，通过对美联储的FRB/US经济模型进行模拟，发现只要等到加息的前一年平均通胀达到2%，再将联邦基金利率从有效下限上调，效果就会很好。整体上来说，这一策略对控制通胀和失业率方面都产生了良好的效果。

美联储在2020年9月联邦公开市场委员会声明中实施的灵活平均通胀目标框架，采用了这些通胀目标制度变体中的所有元素。按照2012年采用的标准方法，灵活平均通胀目标保留了2%的通胀目标，

---

① 在临时价格水平目标制制度下，平均通胀回到2%是将联邦基金利率从有效下限向上调的必要条件。如果劳动力市场状况没有得到充分改善，美联储可能会选择将联邦基金利率维持在有效下限更长时间。美联储还希望确保在提高联邦基金利率之前，平均通胀已经回到2%并且是可持续的。

以及对通胀和就业目标的灵活性，还有对经济前景和政策计划的透明度。然而，委员会在2018—2020年战略评估中得出结论，标准通胀目标不能充分解决中性利率下降以及由此带来的频繁遭遇有效下限的问题。特别是，如果有效下限所施加的约束使得美联储在对抗经济衰退和低通胀方面的效率降低（即使使用了量化宽松和其他新工具），那么在标准的制度下，大多数时候通胀都会低于目标。长期过低的通胀可能反过来降低通胀预期，这将进一步降低中性利率，收缩美联储的政策空间。

　　通过结合临时价格水平目标制和普通价格水平目标制的元素，美联储所采用的新型框架致力于解决标准通胀目标制下的通胀下行倾向。[19]当联邦基金利率处于有效下限时，联邦公开市场委员会将遵循临时价格水平目标制策略，承诺在平均通胀达到2%之前避免紧缩政策。委员会还明确指出，在加息之前，劳动力市场的状况必须与充分就业保持一致，这有助于确保通胀回归2%是可持续的。

　　一旦开始加息，根据灵活平均通胀目标制度，美联储将调整联邦基金利率，使通胀在一段时间内适度超标，但是最终目标是将通胀的平均值保持在2%左右，从而将通胀预期锚定在这一水平附近。政策制定者试图通过随后的超额通胀来弥补之前的通胀不足，这一原则符合价格水平目标制的精神。灵活平均通胀目标和普通的价格水平目标制的不同之处在于，在灵活平均通胀目标下，联邦公开市场委员会不打算通过人为将通胀压低到目标之下来补偿之前通胀的超标。这种非对称政策，其本身往往会推高平均通胀，旨在抵消有效下限的约束造成的通胀下行倾向。

　　为低通胀世界而设计的灵活平均通胀目标框架，受到了2021年新冠肺炎大流行引发的大规模供给侧冲击的挑战，该冲击将通胀推至远高于目标的水平。在此情况下，灵活平均通胀目标的影响类似标准的通胀目标制。只要通胀预期保持稳定，货币政策制定者就可以保持耐心，等待供给侧冲击的消退。然而，如果通胀预期出现失控的迹象，那么政策就必须在"保持通胀和通胀预期在目标附近的需要"与"促进劳动力市场复苏的目标"之间取得平衡。

总的来说，灵活平均通胀目标的采用反映了联邦公开市场委员会的担忧。由于低中性利率、平坦的菲利普斯曲线、低自然失业率以及频繁遭遇有效下限的高风险，在这些因素的组合之下，通胀可能往往过低（低于2%的目标），而不是过高。日本和欧元区（相比于日本程度更轻）的经历证明了极低通胀可能导致的问题。当美联储下次重新审视其政策框架时，近期的通胀行为——是高通胀、低通胀还是达到目标，将会是决定灵活平均通胀目标保留还是修改的重要因素。

### 名义GDP目标制

通胀目标制及其变体并不是唯一可能的政策框架。当联邦公开市场委员会下次重新考虑其框架时，可能会讨论的一个主要替代方案便是"名义GDP目标制"（"Nominal GDP Targeting"）。尽管名义GDP目标制度有几种变体，但从名字就可以看出，其主要思想是央行制定政策的目标将是名义GDP，而不再是通胀。在这里，我将重点讨论央行为名义GDP增长率设定一个固定目标的情况，就如同标准通胀目标制那样，央行不会试图对过去已经发生的GDP不达标或是超标的事实进行弥补，既往不咎。[①]

根据定义，名义GDP的增长率等于实际产出增长率和通胀之和（这里的通胀是根据构成GDP的所有商品和服务的价格来衡量的，而不仅仅是消费价格）。以这个变量而非通胀为目标，有几个潜在的

---

① 之前讨论的通胀目标制的变体对比了"央行以通胀（价格水平的变化率）为目标的框架"以及"目标本身就是价格水平的框架"。类似地，名义GDP目标制可以包括"以名义GDP的增长率为目标"或"以名义GDP本身为目标"的两种制度，这将会引发类似于在"通胀目标制"和"价格水平目标制"之间选择的问题。

优势。

第一，央行可以更明确地表明，它同时关心实际增长（因此也关心就业增长）和通胀，这对于具有双重使命的美联储来说是一个特别重要的考虑因素。尽管灵活通胀目标制的支持者也将就业考虑在内，但名义GDP目标制的支持者认为，通过明确将经济增长纳入目标，央行可以强调其支持就业和收入持续增长的承诺。事实上，对于那些必须定时支付账单（比如房租或房贷）的人来说，名义收入的稳定可能比通胀的稳定更加重要。

第二，在经济受到冲击后，以名义GDP为目标通常会推动货币政策朝着正确的方向发展。例如，如果经济衰退导致实际增长放缓，保持名义GDP增长将需要更高的增长和通胀，从而需要更宽松的货币政策，或者导致通胀上升、实际增长下降的滞胀性供给侧冲击不一定会促使央行收紧政策，因为在这种情况下，高通胀和低增长对名义GDP增长的影响互相抵消。

第三，以名义GDP增长为目标可能有助于央行应对中性利率的下降。以实际值衡量的中性利率，往往会随着经济的趋势增长率而上下波动，因为在增长较快的经济体中，资本投资的实际回报更高。现在考虑一下如果趋势增长率和实际中性利率下降会发生什么，例如，如果两者分别下降1%。对于一个有固定通胀目标的央行来说，实际中性利率下降1%意味着名义中性利率R*也会下降1%，这会限制央行施行货币宽松的能力。然而，由于名义GDP增长是实际产出增长和通胀的总和，一个以名义GDP增长为目标的央行可以通过将通胀设定为随着时间推移提高1%来弥补趋势经济增长率1%的下降。在通胀和通胀预期较高的情况下（尽管趋势增长率有所下降），名义中性利率R*也不会下降，从而保留了降息的可用空间。

在经济从大萧条中缓慢复苏的过程中，联邦公开市场委员会在2011年11月的会议上曾经考虑是否应该设定名义GDP目标，但最终的结论是否定的。[1]我们的结论是：如果要美联储的政策框架做出如此巨大的改变，应该有一个很高的门槛；并且相对于标准通胀目标制（联邦公开市场委员会在那次会议两个月后含蓄地使用并正式采用了这一框架），名义GDP的潜在优势并不真实，更多的只是看起来很美好。特别是，标准的通胀目标制允许联邦公开市场委员会在适当的情况下灵活地平衡通胀和就业目标，而名义GDP目标制在任何时候都实际上赋予了通胀和经济增长同等的权重。在这一点上，纽约联邦储备银行行长达德利指出，仅靠达到名义GDP目标本身并不能保证联邦公开市场委员会实现其双重使命。例如，5%的名义GDP增长可以等于3%的实际增长和2%的通胀，这是一个令人满意的结果，但它也可以是经济零增长和5%的通胀，这远远不能令人满意。

联邦公开市场委员会参与者还指出了一个实际中的测量问题：名义GDP数据是按季度计算的，获得这个指标需要相当长时期的滞后，而且经常被大幅修改，这些都会影响政策的及时制定。尽管存在这些担忧，但多年以来，各种形式的名义GDP目标制还是吸引了许多经济学家的支持。[20]

### 提高通胀目标

另一种处理低中性利率和有效下限的方法是保留标准的通胀目标制度，但提高目标值。如果美联储可以成功地将通胀目标定在比如4%而不是2%，那么（根据费雪原理），名义利率的总体水平也应该上升约2个百分点，因为投资者会要求额外的通胀补偿。如果中性利率R*可以提高2个百分点，那么美联储将拥有显著的额外政策空间，使其能够通过传统的降息方式更有效地应对更深层次的经济衰退，减

---

[1] 委员会的大部分讨论集中在为名义GDP水平设定一个目标，而不是为其增长率设定目标，但联邦公开市场委员会的许多保留意见适用于任何一种。

少其对量化宽松或其他新政策工具的需求。[21]

提高通胀目标值的简单性很有吸引力，但它会带来巨大的成本和不确定性。长期的高通胀本身对经济来说是代价高昂的（尽管经济学家对代价有多大意见不一）。它给处于市场经济核心地位的价格体系增添了噪声，使长期计划（例如个人的退休储蓄规划和企业的资本投资考虑）变得更加困难。从实际的角度来说，许多国会议员可能会认为，提高通胀目标与美联储维持物价稳定的使命不一致。

向更高通胀目标值的转变也可能十分棘手。例如，（根据多年的经验证实）本已稳定在2%附近的通胀预期可能会开始波动，进而造成金融和经济的不稳定。此外，如果人们推断通胀目标数值会随着经济状况或其他因素的变化而周期性地改变，那么通胀预期可能很难被重新锚定在新的目标值上。此外，考虑到长期以来，美联储连将通胀提高到目前的2%都做不到（2021年的异常情况除外），目前还不清楚更高的通胀目标是否具有可信度。如果上调利率目标不被相信，或者市场参与者预计上调目标是暂时性的，那么美联储所期望的中性利率上升可能并不会发生。

出于这些原因，在其战略评估中，联邦公开市场委员会预先排除了任何提高通胀目标的可能性。然而，委员会最终采用的灵活平均通胀目标框架允许暂时且适度的通胀超标，实际上是朝着这个方向迈出了一步。根据2012年开始实施的标准通胀目标制，在一段时间内利率处于有效下限后，联邦公开市场委员会将努力将通胀恢复到2%。在灵活平均通胀目标制度中，如果是相同的情况下，委员会的目标是至少在一段时间内让通胀超过2%。

## 货币政策－财政政策协调

理性的人可能会考虑：在有效下限附近提高货币政策有效性的

尝试是否真的有意义，以及这些尝试是否会产生负收益。撇开这些问题不谈，包括央行行长在内的广泛共识是，鉴于有效下限的问题越来越多，财政政策（政府支出和税收的变化）应该更多地被用于稳定经济，特别是在深度衰退时期。一些经济学家进一步认为，考虑到低利率盛行时代货币政策的局限性，财政政策应该成为对抗经济衰退的主要工具，而货币政策最多只能起到辅助作用。[22]

财政政策作为一种稳定工具有几个优点。首先，与货币政策不同，当中性利率较低时，财政政策的有效性并不会降低。低利率通过降低政府债务的融资成本，反而会使扩张性财政政策更具吸引力。与此相关的是，传统上对扩张性财政政策的担忧是，政府通过借贷来为支出或是减税进行融资（通过吸收部分可用储蓄并推高利率），可能会"排挤"储蓄的其他用途，比如对工厂和设备的商业投资。然而，当利率已经很低时，有价值的私人投资获得融资并不困难，排挤效应也不是什么大问题。此外，扩张性财政政策引发的长期利率上升也可能带来好处，包括储户可获得更高回报，以及较高的中性利率所提供的额外货币政策空间。

与货币政策相比，财政政策能更好地针对最需要帮助的人或经济部门。例如，在新冠肺炎大流行期间，2.2万亿美元的《新冠病毒援助、救济和经济安全法案》不仅总体上支持了经济，还专门为公共卫生部门（援助医院及疫苗开发）和受危机影响特别严重的群体（包括失业工人和小企业）分配了资金。相比之下，货币政策只能增强整体经济，寄希望于更好的宏观经济条件将有利于那些最需要帮助的工人和企业。

作为一种反经济周期工具，财政政策也有其弊端。货币政策可以根据需要迅速调整，而政府支出和税收政策则不那么容易改变。联邦预算包括数千个项目，反映了不同的目标、长期承诺和精心制定的折中方案，所有这些都使财政政策在短期内缺乏灵活性。例如，基础设施或国防的支出很难迅速扩大，这是因为此类项目规划的时间通常很长，而税收政策若频繁变化则会扭曲经济决策，并使家庭和企业计划复杂化。转移支付通常可以更快，例如失业保险或将资金补贴给州政府和地方政府，但即使是这种方式，官僚主义和后勤方面的挑战也可能会减缓资金到达预定的接受者的速度。近期，《新冠病毒援助、救济和经济安全法案》所提供的延长的失业保险分配变得十分复杂，原因正是由于各州失业保险制度的差异，以及在某些情况下陈旧过时造成的。

使用财政政策来控制通胀和失业率的更严重的问题是，政府支出和税收政策是在一个复杂的政治环境中制定的。在美国，财政行动通常需要经过艰难而漫长的谈判，然后还要得到政府和可能由不同政党控制的国会两院的同意。最近的经验表明，我们的政治体系能够在重大紧急情况下实施大型财政计划，比如2009年奥巴马总统签署的《美国复苏与再投资法案》和2020年特朗普总统批准的《新冠病毒援助、救济和经济安全法案》，但若非重大紧急情况，则很容易出现党派纷争和拖延。[23]与之形成鲜明对比的是，一个无党派的、政治上独立的央行，可以根据经济前景的变化迅速且适当地调整货币政策。因此，完全依靠财政政策来稳定经济是不明智的。

然而很明显的是，如果有效下限仍然是货币政策的一个重要限制（正如预期的那样），那么财政政策将需要承担更大的责任来抵抗经济衰退。那么问题来了，货币政策和财政政策应该协调吗？如果是这样，那么该怎么做？（我认为在重大金融危机、大流行和其他国家紧急状态期间，央行应该与政府的其他部门密切合作。）

货币政策-财政政策协调的基本形式是非正式协商。美联储主席和财政部长定期会晤，讨论的内容包括经济和金融发展态势，以及可能的立法举措。与政府和国会的磋商有助于美联储预测财政政策和其他经济政策的潜在变化，从而为联邦公开市场委员会的经济预测和政策思考提供信息。美联储的领导层反过来又让国会和政府了解美联储对经济和宏观政策战略的看法。

总体而言，在当代的美联储与国会双边关系中，国会占据主导地位，美联储只是跟随者，这意味着联邦公开市场委员会通常会根据给定的财政政策，相应地调整其货币政策。在伯恩斯和格林斯潘时代，美联储主席积极参与财政政策规划的细节不再被认为是合适的，无论是从白宫还是从美联储的角度来看都是如此。然而，最近的美联储主席在他们认为仅靠货币政策不足以应对经济紧急情况时都发表了讲话。例如，在新冠肺炎大流行期间，鲍威尔主席一再呼吁在最初的《新冠病毒援助、救济和经济安全法案》之外提供更多财政支持。在大衰退后的复苏过程中，当国会从支持性财政政策转向紧缩性财政政策时，我也曾多次这么做。但是，像鲍威尔一样，我小心翼翼地不对具体的措施或具体的金额提供支持。

鲍威尔和我的谨慎反映了这样一种事实，即美联储领导人关于财政政策的言论不可避免地涉及一种平衡。一方面，对财政决策负有责任的是立法者，而不是未经选举产生的央行行长，前者很可能对美联储越权的行为感到不满。另一方面，央行行长凭借其分析资源和有关经济的信息，很容易就是否需要采取财政行动提出建议，而财政政策制定者可以选择忽视这些建议。此外，财政政策直接关系到美联储履行其双重使命的能力。我认为正确的平衡是，当需要采取财政行动以帮助稳定经济时，美联储应公开发表讲话，但要避免在有关财政计划细节的党派辩论中偏袒任何一方。

当立法者不论是隐性地（由于权力已经授予美联储）还是通过新立法行为将财政权力下放给美联储时，货币政策–财政政策协调也可能发生。所有货币政策都包含财政的因素，哪怕只是因为利率变化会影响政府的债务融资成本。不过总体而言，与大多数全球主要央行相比，美联储在财政方面的自由裁量权更少（无论是隐性的还是显性的）。正如我们所看到的那样，许多央行可以把购买有信用风险的证券（如公司债）作为其正常操作的一部分。这些购买行为具有财政意义，因为这些资产的收益或损失会影响央行向本国财政部上缴的利润。（美联储承担持有长期证券的风险，这些证券的价值会随着利率的变化而变化，但在正常的货币政策制定过程中美联储并不需要承担信用风险。）欧洲央行通过其定向长期再融资操作，将部分利润用于补贴商业银行贷款，这是央行财政自由裁量权的另一个例子。总的来说，货币政策和财政政策之间的分界线并不是固定的。实际上这取决于政治、规范和制度安排。如果情况需要，立法机关也可以改变两者的界限。

《新冠病毒援助、救济和经济安全法案》拨款支持美联储的多项紧急贷款计划，这是国会将财政自由裁量权授权给美联储（连同财政部）的一个史无前例的例子。这种担保允许美联储利用其第13条第3款的贷款权限，并在财政部的批准下，以可能有损失的条款购买证券和提供贷款（一些是通过银行系统进行）。这种补贴贷款为美联储提供了一个额外的工具，在疫情暴发后的最初几个月帮助稳定金融市场。重要的是，美联储有足够的自由裁量权来设计这些计划，包括决定谁有资格获得贷款，以确保新的任务不会危及政策独立性。

然而，这些贷款项目显然是临时性的，这既是由于《新冠病毒援助、救济和经济安全法案》的限制，也是因为它们是在第13条第3款紧急授权下设立的。此外，共和党人反对在2020年后继续实施这些计划，可能是因为他们担心，在拜登总统的领导下，美联储可能会为他们不赞成的目的提供贷款。有关这些贷款项目的辩论清楚地表明，在美国政治中，货币政策和财政政策之间的界限仍存在争议。

外国央行使用的一些政策工具，比如融资换贷款或在量化宽松中购买更大范围的证券，至少会隐含地涉及美联储额外的财政自由裁量权（购买更大范围证券的权力需要明确的法律修改）。考虑到有效下限带来的限制，从经济角度来看，增加这些工具是合理的。但从政治角度来看，除非美联储认为某些条件得到满足，否则它大概率不会主动寻求提高其财政灵活性。第一，国会必须理解并接受任何增加美联储财政自由裁量权可能带来的潜在影响，例如，美联储向财政部上缴的利润。第二，对于任何可能危及美联储货币政策独立性或偏离其追求双重使命的新权力，都不能附加任何条件。特别是，美联储政策制定者将希望得到保证，任何新工具都将仅用于改善信贷市场的广泛功能和整体经济表现，而不是将信贷分配给特定的借款人。

### "直升机撒钱"

一些经济学家提倡更复杂的货币政策–财政政策协调形式，而不是发达经济体早已经熟悉的这几种类型。我不认为我们会在短期内看到更多奇异的合作形式，至少在美国不会。但这些替代政策可能会在极端情况下发挥作用。

一个典型的例子就是"直升机撒钱"。这句话和这一想法是米尔顿·弗里德曼的创意。[24]想象一下未来（其实日本目前的情况差不多就是这样），经济正遭受持续的低通胀甚至通缩，由于短期和长期利率都已接近于零，单靠货币政策已经无能为力。那么，假设按照弗里德曼最初的思想实验，当局可以派直升机把新发行的货币从天上撒下来，人们当然会很快把钱抢到手。弗里德曼认为，当人们花掉这些捡来的现金时，价格就会上涨，从而结束通缩。

如果我们把弗里德曼幻想的例子变得更现实一些，我们就能理解在什么情况下用"直升机撒钱"来应对通缩威胁是有效的，什么情况下又是无效的。在美国这样的现代经济体中，直升机撒钱将分两个步骤进行。首先，国会将批准一项大规模的退税，立即支付给广大民众。具体来说，假设退税计划总额为5 000亿美元。在正常情况下，财政部将通过发行额外的5 000亿美元政府债券来支付退税，这些债券将出售给私人投资者。但让我们假设，在第二步中，美联储来直接资助退税。实际上，这可以简单地通过向财政部在美联储的账户中额外注入5 000亿美元来实现。然后，财政部可以利用收到的5 000亿美元向人们发送支票。或者同样地，财政部可以发行5 000亿美元的零利息永久债券（永不还本金），由美联储购买，并将购买新债券的付款存入财政部在美联储的账户。这两步加在一起（通过扩大美联储的资产负债表为减税提供资金）就是弗里德曼思想实验在现实中的情况。

（现实版的）"直升机撒钱"会对处于有效下限的经济产生怎样的影响？第一步的"退税"是标准的财政政策，其效果是众所周知的。通过提高人们的收入，退税会刺激消费和经济活动。但是，假设退税是由美联储提供资金，而不是通过通常的方式向公众出售新的政府债券来融资，那么这样是否可以提供额外的刺激？或许令人惊讶的是，利用美联储来融资可能不会带来多少好处。[25]

美联储参与"直升机撒钱"的效果下降的一个原因是，尽管退税的资金由美联储"免费"提供，但从长期来看，这笔资金对财政部来说并不是真正的"免费"。原因很微妙。这与美联储如何控制联邦基金利率有关。无论人们把退税花掉还是存起来，他们收到的额外收入最终都会以准备金的形式沉淀在银行系统中。因此，在我们的例子中，在直升机撒钱之后，银行准备金最终会增加5 000亿美元。

在某一时刻（可能比计划的要早，因为退税将改善经济前景），美联储将希望从零开始上调基金利率，这会通过向银行准备金（包括由退税创造的额外5 000亿美元准备金）支付利息来实现。美联储支付给银行的利息减少了它留给财政部的利润，因此财政部间接承担了额外的利息成本。[①]实际上，尽管财政部使用了美联储提供的看起来

---

① 按照日本央行和欧洲央行近期采用的程序，美联储或许能够通过"对某个水平以下的银行准备金支付零利率"的手段来控制联邦基金利率。这将降低财政部的隐性融资成本，但却对银行征收了隐形的税款，而如果国会愿意的话，可以直接对银行征税。

是免费的融资，但它仍要为退税的资金支付利息。事实上，由于美联储支付给银行准备金的利率通常接近于国库券（短期政府债务）的利率，考虑到使用美联储进行直接融资节省的成本甚微，财政部还不如直接向公众发行国库券来获得退税所需要的资金。从接受税收减免的受惠者角度来看，以上两种方式也没什么区别。简而言之，在今天的美国，由美联储直接融资的退税，与同等规模的通过普通债务融资的退税，从刺激效果来说没什么明显不同。

这一结论有一些前提条件。首先，前面的论点隐含地假设政府的融资方式是发行短期债券，其利率接近美联储为银行准备金支付的利率。如果政府通过向公众发行新的长期债券而不是发行短期债券来支付退税，那么长期债券供应的增加可能会提高其收益率，从而同时增加政府和私营部门的借贷成本。美联储可以通过量化宽松购买长期证券来消除这种负面影响，避免高利率对退税（及其对经济刺激）的挤出效应。请注意，总的来说，这种直升机撒钱的方式并不一定涉及特别高程度的货币政策-财政政策协调：可以把它的做法归结为政府的退税，加上足够程度的美联储量化宽松，以避免长期利率后续的上升。

其次，美联储直接给财政部注资可能会产生心理影响。例如，如果美联储承诺通过量化宽松来阻止长期利率上升，这可能会导致财政政策制定者立法规定的退税金额高于没有量化宽松时的水平，或者诱导人们提高通胀预期，即使经济基本面没有任何其他变化。另一种可能性是，货币财政联合行动的宣布将使市场相信，美联储把利率维持在较低水平的时间将会长于此前的预期，这可能是基于一种假设，即美联储除了关心通胀，也同时关心政府的融资成本。这些心理影响是很难预测的。

另一种方法是将财政当局完全排除在外。有人提出了所谓的"人民量化宽松"（People's QE）概念，即央行直接向公众发放现金。人民量化宽松在经济学意义上相当于"直升机撒钱"，因此其效果将类似于同等规模的、由美联储直接注资的退税。然而，支持人民量化宽松的一个可能的论点是，央行可能比立法机构更有能力判断所需刺激的数量和时机。然而据我所知，人民量化宽松在任何司法管辖区内都是非法的，这反映了一个原则，即公共资金的分配是立法者的特权，而非央行。在实践中，出于可以理解的原因，立法机构极不可能将这一权力下放。

结论是或许辅以量化宽松来抵消长期利率的上升，"直升机撒钱"的效果竟然与传统的"债务融资退税"类似，这令人惊讶。从20世纪20年代的德国到近年来的委内瑞拉，我们经常听到一些国家通过直接印钱来帮助政府支出或减税，从而导致高通胀，甚至恶性通胀。区别在于，在这些例子中，央行不是独立的，而是从属于政府的。一个致力于物价稳定的独立央行，将在自己制定的通胀目标受到威胁时，停止纵容政府的支出，并开始收紧货币政策。非独立的央行没有这种选择，只要政府要求，就必须印钱并保持低利率。在这种情况下，如果政府选择将财政需求置于物价稳定之上，结果可能是失控的通胀。如果政府（而不是一个独立的央行）控制货币政策，并将物价稳定置于自身的财政需求之下，这种情况就被称为"财政主导地位"。在财政占主导地位的情况下，直升机撒钱就会导致通胀。然而，今天的美国远非如此。

理论上，人们可以想象有一种在"完全独立的央行"和"财政主导地位"之间的中间情况，这种情况可以让"直升机撒钱"变得有效，而不会带来恶性通胀的风险。例如，假设政府通过了一项法律，允许央行只有在通胀持续达到一个阈值（比如3%）时才能独立运作。① 在这个例子中，当通胀低于3%时，央行必须无限量地以零利率

---

① 要让这种方法发挥作用，通胀的"阈值"必须高于央行在被允许完全独立地制定政策时所选择的水平。

为政府赤字提供资金；但一旦通胀超过3%，央行就可以自由地提高利率以防止进一步的通胀。虽然这一办法在原则上可能有效，但在实际中却有重大问题。政府可能不会像承诺的那样恢复央行的独立性。或者，即使政府完全打算恢复央行的独立性，民众对它可能不会这么做的担忧也可能会破坏通胀预期的稳定。

**现代货币理论**

大多数经济学家认为应该避免财政主导现象的发生。出现财政主导现象的国家通常是那些遭受战争、灾难或政治不稳定的国家。然而，现代货币理论的支持者认为，某种形式的财政支配是管理经济的最佳方式。[26]

现代货币理论受到了一些进步的民主党政客的关注，包括参议员伯尼·桑德斯（佛蒙特州）和众议员亚历山大·奥卡西奥－科尔特斯（Alexandria Ocasio-Cortez，纽约民主党人士）。现代货币理论是理论体系和政策建议（包括政府提供普遍就业保障）的结合。这里我只讨论一些支持者如何看待货币政策和财政政策之间的关系。

实际上，现代货币理论的支持者将消除央行的独立性，并使财政主导地位制度化。在他们看来，货币政策应该在任何时候都将利率保持在一个固定的低水平上。如果这一水平为零，那么通过货币融资和通过债务融资的政府支出之间的区别就基本上消除了，因为所有政府债务都将支付零利息。与此同时，财政政策的目标之一是确保经济稳定，包括物价稳定。财政当局促进经济稳定不仅可以通过税收和支出政策（例如，通过降低私人消费能力，提高税收等方式来帮助控制通胀），也可以通过其他政策来实现，包括价格控制和就业保障。

正如现代货币理论倡导者指出的那样，在这种安排中，给定年份的政府预算赤字的准确水平并不是很重要。从预算的角度来看，赤字并不重要，因为如果央行无限期地将利率维持在零，那么政府债务的融资就无需成本。如果我们也假设（正如现代货币理论倡导者所认为的那样），政府通过所有的政策组合，能够保持高就业和低通胀，那么当前的赤字对经济稳定也不重要。到目前为止看起来一切顺利。

然而，一些观察人士错误地解读了现代货币理论关于"预算赤字并不重要"的结论，认为这意味着政府可以在不产生经济后果的情况下无限制地支出，包括征收更高的税。这是不正确的。虽然经济政策确实会影响经济潜力，但最终一个国家的生产能力是有限的。从算法上讲，如果政府使用了大量的资源，那么留给私营部门的资源就会减少。如果公共和私人对商品和服务的总需求大大超过经济的生产能力，那么通胀是不可避免的，除非工资和价格上涨受到控制措施的抑制。但是，在这种情况下，需求的压力将表现为物资短缺和瓶颈，就像尼克松政府在20世纪70年代尝试价格控制时所发生的那样。简而言之，现代货币理论假设政府将使用财政政策来稳定经济，特别是保持低通胀，这意味着政府的支出一定是有限度的。

此外，从实际出发，让财政当局独自负责稳定经济，而货币政策完全处于被动地位，这是不明智的。财政政策作为一种稳定工具有一定的优势，当中性利率处于低位时，相对地更多依赖财政政策是有意义的。但是，由于政治决策的复杂性，财政政策不太可能灵活和迅速地对经济前景的变化做出反应。因此，一个要求美联储将利率永久保持在零，并放弃应对衰退和通胀的责任的体系，可能会破坏经济的稳定或导致高通胀。货币和财政政策在保持经济稳定方面都发挥着作用。

总而言之，货币政策制定者可以寻求多种方式来增强其工具和框架的效力，并且寻求与财政政策制定者合作的方式。改进的框架可以使货币政策更具有强力和可预测性。美联储还可以考虑外国央行使用的几种工具。关于替代工具的主要不确定性不在于其技术可行性，而在于政治和管理。立法者和央行需要就货币政策（由独立的央行管理）和财政政策（由国会和政府负责）之间的界限达成一致。

看起来只要有效下限还在约束货币政策，财政政策就必须在保持充分就业和避免过低通胀方面发挥比过去更大的作用。通过更多地使用自动稳定政策、改变与经济指标相关的政府支出或税收，并在需要之前就实施，就可以提高财政政策的有效性。例如，国会可以提前立法增加失业保险，当失业率超过预定水平时自动生效。由于自动稳定政策可以在经济状态达到某种阈值之时自动触发，因此它可以大大提高财政政策的反应速度和适宜程度，且更不容易受到政治斗争的影响。然而，美国国会对这种方法的兴趣不大。除非大力提高逆周期财政政策的灵活性，否则货币政策将继续扮演重要的经济稳定工具的角色。

# 第十四章

# 货币政策和金融稳定

　　1913年美联储成立的目的并不是为了制定现代意义上的货币政策，那时金本位制仍占据主导地位，目的是在很大程度上防止金融恐慌，并发挥最后贷款人的作用。正如沃尔特·白芝浩原则所说的那样，当银行储户和其他短期贷款机构失去信心并取出现金时，央行的工作就是自由地向金融机构放贷，将其良好的贷款和其他未减值资产作为抵押品。通过取代失去的私人资金，这种最后手段的贷款可以避免有偿付能力的银行选择代价高昂的倒闭，降低剩余储户挤兑的动机，限制银行资产的贱卖，给银行喘息的空间来筹集新资本，并平息恐慌。

　　虽然基本逻辑没有改变，但美联储的"最后贷款人"战略已经随着美国金融体系的结构而演变。美联储成立之初，信贷主要由银行提供，银行挤兑是对稳定的主要威胁。然而到了2007年，大部分信贷流经证券市场和非银行金融机构，即所谓的影子银行系统。在全球金融危机期间，美联储相应扩大了最后贷款人的角色，利用其紧急权力向更多的金融市场和机构提供贷款，在某些情况下甚至向非金融企业提供贷款。在2020年3月短暂而严重的金融危机期间，美联储走得更远了，充当美国国债和其他证券的最后买家，并且在国会的支持下，为公司、市政当局和中型企业提供信贷支持。

虽然全球金融危机和疫情防控都需要特别有力和广泛的应对，但是美联储长期以来监控金融系统并应对新兴的稳定威胁。然而从历史上看，美联储的干预往往是临时性的特事特办，并且与货币政策保持独立，除非决策者需要使用货币工具来抵消金融混乱对经济的影响，比如20世纪90年代的亚洲金融危机。到了21世纪，人们对美联储在促进金融稳定方面角色的思考已经发生了转变。美联储传统的"最后贷款人"角色的扩大就是这种转变的一个方面。更为根本的是，随着金融领域的爆炸性增长、创新和放松管制，金融不稳定再加上中性利率的下降已经限制了货币政策应对冲击的能力，这成为对美联储双重使命日益令人担忧的威胁。事实上，许多政策制定者现在将维持金融稳定视为其使命的第三要素，因为没有它，可持续地实现充分就业和物价稳定的希望就非常渺茫。

这些变化加剧了美联储内外关于金融不稳定的原因和适当应对措施的讨论。市场情绪的波动、金融创新和监管失败是公认的不稳定来源，但货币政策又如何呢？货币政策能否创造或放大金融体系的风险？如果是这样，货币政策的实施是否应该改变？金融监管等非货币政策能否控制住系统性金融风险并替代货币政策的应对措施？这些问题是央行行长们面临的困难问题之一。

## 金融不稳定及其经济后果

多年来，英国《金融时报》的阿尔法城（Alphaville）专栏一直以"这简直是疯了"为题进行专题报道。什么时候崩溃？这涵盖了英国《金融时报》撰稿人眼中的金融市场异常或非理性行为。报道这些事态发展很有趣，有时也很有启发性。这些例子是否像阿尔法城专栏文章有时暗示的那样，预示着更为广泛的金融风险？的确，当整体风险承担水平较高时，更有可能出现特定资产或交易的过剩。令人惊讶的是，正如英国《金融时报》专栏文章所显示的那样，尽管金融危机很罕见，但特殊的资产定价难题却并非如此。①这表明这些异常的信号非常微弱。事实上，特定金融市场一定程度的波动和难以解释的定价是正常的，并且与健康的经济完全一致。

相比之下，系统性的金融不稳定会威胁到金融体系作为一个整体的运作，以及对实体（非金融）经济的重大潜在溢出效应，这在很大程度上是一个政策问题。全球金融危机或2020年3月的恐慌等系统性金融事件虽然罕见，但可能造成巨大破坏。显然，降低系统性事件发生的可能性，并在它们发生时改善其影响，应该是政策制定者的首要任务。

然而，为了预防或应对系统性金融事件，我们必须在看到这些事件时就了解它。什么样的事件会对稳定构成最大的风险？未来无疑会暴露出新的威胁。针对金融系统的网络攻击是一个令人担忧的可能性。在这里，我将比较两种具有历史意义并受到公众和媒体广泛关注的事件：股市泡沫和信贷繁荣与萧条，而不是推测新的风险。如果这两种情况足够严重，就会对更广大的经济构成风险。然而，历史证据表明，信贷的繁荣与萧条，尤其是如果与商业或住宅房地产泡沫相关的话，则是更为危险的现象。

**股市泡沫**

股票市场的繁荣和崩溃（通常事后被贴上泡沫的标签，有时甚至是在繁荣时期）是戏剧性的，如果足够严重的话，就是历史性的事

---

① 一个众所周知的例子是所谓的"一月效应"，即观察到的股票在那个月跑赢大盘的趋势。像许多这样的异常现象一样，一旦研究人员呼吁人们注意它，这种效应似乎就减弱了。

件。[1]对许多人来说，1929年的股市崩盘象征着大萧条。同样，2001年的科技泡沫破裂通常被视为繁荣的20世纪90年代和黯淡的21世纪初之间的转折点。

  股票泡沫的来源通常是心理和经济上的。因此，它们很难被预测或识别。股价快速而持续的上涨往往是由普遍的乐观情绪、对经济正在进入一个新时代的信念推动的。在20世纪20年代，新消费品的大量涌现以及工资和休闲时间的大幅增长助长了这种乐观情绪。20世纪90年代末的泡沫同样反映了一种普遍看法，即互联网革命将培育全新的行业，并给旧行业带来革命性的变化。回想起来，20世纪20年代和90年代的乐观主义者并不完全是错误的。在每一种情况下，新技术最终都确实产生了巨大的社会和经济影响，并被证明是非常有利可图的。但在这两种情况下，乐观情绪都为时过早或者被其间发生的事件破坏，随后股价大幅下跌。

  影响股价的其他因素包括货币政策。更宽松的货币政策往往会通过改善经济前景（以及公司利润）、降低未来利润贴现利率，以及提高投资者的风险容忍度（正如我们在本章中看到的）来推高股价。事实上，宽松的货币政策在一定程度上是通过提高资产价格来影响实体经济的。尽管如此，实证研究发现，在大多数情况下，货币政策对股价的直接影响相对较小（与随着时间的推移，经济改善带来的间接影响形成对比）。[1]具有讽刺意味的是，最强烈的直接影响往往出现在货币紧缩导致股价暴跌的时候，就像1929年和2001年所发生的那样。

  相对于个股投资者的投资组合，股市泡沫对整体经济构成了什么样的风险？当然，资产价格的大幅波动确实会对经济产生影响。股价上涨会增加家庭财富和人气，进而影响消费支出。高股价使得企业

---

[1] 关于"泡沫"有很多定义。一个标准的定义是，在泡沫中，人们购买资产完全基于他们相信其价格将继续上涨，而不是因为其有利的基本面。

更容易筹集资金，也可能刺激资本投资的增加。出于同样的原因，预计股市的大幅下跌将放缓支出和投资。话虽如此，历史证据有力地表明，只要不与更广泛的信贷市场崩溃联系在一起，股价的繁荣和萧条尽管肯定令人担忧，但绝不是最危险的金融不稳定形式。

例如，弗雷德里克·米什金和尤金·怀特（Eugene White）2003年的一项研究确定了自1900年以来美国股市的15次崩盘，每一次都涉及股票价格在一年或更短的时间内至少下跌20%。[2]尽管降幅很大，但许多降幅的经济影响令人惊讶地有限。其中一些与随后的经济放缓完全无关，包括1946—1947年股价下跌25%，1961—1962年下跌23%，以及1987年10月新任美联储主席格林斯潘所面临的23%的单日跌幅。其他的急剧下降只与温和的经济衰退有关，包括1969—1970年下跌了30%，2000—2001年下跌了约23%。虽然是在米什金和怀特的研究之后，但股票价格在2020年初超过30%的跌幅显然是新冠肺炎疫情危机的一个结果而不是原因，而且无论如何，情况很快就逆转了，股市在当年晚些时候创下了新高。

另外，并不是每一次股价暴跌都是无害的。1929年的股市崩盘之后是大萧条，2008—2009年股价大幅下跌之后是大衰退。为什么有些股市崩盘后会出现经济收缩，而有些则不会？根据米什金和怀特的观点，这取决于这场危机是一个孤立事件，或许是一段"非理性繁荣"，又或者说伴随而来的是银行和信贷市场的广泛压力。[①]

像1987年那样，在没有信贷市场崩溃的情况下，股价下跌会对经济产生一些影响，比如对家庭财富和信心产生影响，但总体影响可能是有限的。与之相反，如果股市崩盘是由更广泛的金融体系（包括银行和信贷市场）的广泛压力引起的，那么一场急剧而持久的衰退就

---

① 米什金和怀特通过低风险和高风险公司债券的收益率差来衡量财务压力。利差的增加反映出向高风险借款人放贷的意愿或能力下降，与信贷状况的恶化有关。

更有可能发生。

1929年和2008—2009年的经历说明了从股市崩盘的更大背景来看问题的重要性。尽管存在普遍的看法，但大多数经济史学家不认为1929年的繁荣和崩溃是大萧条的唯一原因。经济在危机之后放缓，但直到1930年和1931年美国和国外的银行体系崩溃，经济才开始暴跌。正如前面所讨论的，大多数经济历史学家现在都认为，大萧条的主要原因是国际金本位制的不稳定和反复出现的银行危机，而不是1929年的股市大崩盘。[3] 金本位的崩溃导致将货币与黄金挂钩的国家的消费者价格通缩，美联储在20世纪20年代后期错误地收紧政策（具有讽刺意味的是，其政策旨在冷却股市）加剧了这种影响。银行挤兑始于1930年后期的美国和1931年春的欧洲，加剧了货币供应的崩溃，从而加剧了通缩，并限制了家庭和企业的信贷供应。因此，尽管1929年的股市崩盘标志着大萧条的开始，并且通过其对财富和信心的影响无疑加剧了经济衰退，但它并不是经济崩溃的主要原因。

2008—2009年，随着股价的急剧下跌，经济出现了深度衰退。2008年5月至2009年3月，股票下跌了近一半。但就像1929年的股市崩盘一样，这种下跌并不是孤立发生的。相反，股票价格下跌反映并放大了信贷市场更大范围的崩溃，这是由次级抵押贷款危机和批发融资挤兑所引发的。2008—2009年的股市崩盘不是大萧条的独立原因，而是其他因素的反映。

### 信贷繁荣与萧条

从历史上看，更大的经济危险是由信贷繁荣和信贷萧条造成的。在信贷繁荣时期，贷款和杠杆率迅速上升，通常伴随着商业或住宅房地产价格的快速上涨。与股价上涨一样，信贷扩张可能是由不太理性的心理因素驱动的，也可能是以基本面因素为依据的，或者两者兼而有之。区分"好的"信贷繁荣和"坏的"信贷繁荣，就像确定股价上涨是否属于泡沫一样可能会很困难。但当信贷萧条时，经济面临的风险可能很高，尤其是当信贷萧条与房地产价格暴跌紧密相关时。

历史经验再次提供了关键证据。例如，在使用1870年以来的数据对17个发达经济体进行的一系列研究中，经济历史学家斯卡尔·乔德（Òscar Jordà）、莫里茨·舒拉里克（Moritz Schularick）和艾伦·泰勒（Alan Taylor）发现，信贷繁荣（特别是由房地产投机推动的繁荣）与随后的金融危机之间存在着重要联系，而金融危机又往往伴随着深度经济衰退和缓慢复苏。[①][4]当然，出了问题的信贷和房地产繁荣是对2007—2009年全球金融危机的恰如其分的描述。

为什么房地产和相关信贷市场的繁荣和萧条会比股价崩盘带来更为严重的经济后果？原因之一是，股票主要由较富有的人持有，通常存放在单独的退休账户中。相比之下，至少在美国，大多数家庭都是有房一族，对于这些家庭来说，住房财富通常占他们总财富的很大一部分。由于收入较低的人倾向于花费较高比例的财富，因此平均而言，房屋净值的变化对总消费者支出的影响大于类似规模的股票价值的变化。[5]在全球金融危机爆发前，美国的房主通过房屋净值贷款或再融资兑现等方式利用其房屋净值的能力，将房地产财富与消费者支出紧密联系在一起。

比这些财富效应更重要的是，住房和其他类型的房地产经常通过借款融资，比股票融资要多得多。对于大多数家庭来说，住房抵押贷款是他们迄今为止最大的负债，而住宅和商业地产抵押贷款在大多数银行和其他贷款机构的资产中占很大比例。[6]住房或其他房地产价格的暴跌，特别是如果它暴露了不良的贷款行为，可能会比股价下跌造

---

① 这些作者还证实，在他们的长期框架和大量国家样本中，米什金和怀特的结果表明，只有当股市崩盘与重大信贷市场混乱同时发生时，股市崩盘才能可靠地预测随后的衰退。

第十四章　货币政策和金融稳定　　353

成更大的财务困境。为了继续支付房屋贷款，收入下降、抵押贷款负担沉重、房屋净值不断减少的房主别无选择，只能大幅减少耐用消费品和其他商品的支出。[7]需求的下降反过来又减少了产出和就业，加剧了最初的影响，并将困境蔓延到房地产行业以外。同样，抵押贷款和其他房地产贷款的损失也损害了金融机构的利润和资本，降低了它们的放贷能力和意愿。在最糟糕的情况下，比如2007—2009年，金融恐慌可能会爆发。短期融资机构收缩撤出，迫使企业破产和贱卖，这进一步压低了贷款和资产价格。

简而言之，在没有其他财务压力的情况下，股市下跌对经济的影响主要是让股票持有人感觉到更穷，从而导致他们减少支出。类似规模的信贷和房地产泡沫破裂会对消费产生更大的直接影响，它还具有潜在的强大的第二轮影响，不断升级的财务困境导致借款人和贷款人都将缩减开支。在最坏的情况下，信贷危机会引发全面的金融恐慌，导致巨大的经济损失。

政策制定者应该如何应对？这两种主要方法并不是相互排斥的。其一是利用货币政策试图化解对金融稳定的威胁，其二是利用监管和监督来防止危险的风险积累。

## 货币政策和风险承担

使用货币政策来应对金融稳定所面临的威胁的理由，在于货币政策与私营部门风险承担之间存在着明显的联系。

在传统的宏观经济分析中，假定货币政策在很大程度上是通过影响借贷成本来发挥作用的。[①]例如，在其他条件相同的情况下，较低

---

① 在美联储的 FRB/US 模型等标准宏观模型中，货币政策还通过财富效应和影响美元的汇率来发挥作用。

的资本成本会使投资新工厂更有利可图，而较低的抵押贷款利率则会使买房更容易承受。在传统的模型中，人们冒险的意愿随时间而变化通常不会被考虑在内，这在原则上也会影响他们的借贷和投资决策。

然而，越来越多的证据表明，贷款人、借款人和投资者的风险偏好确实随着时间的推移而变化，并受到货币政策的影响，较宽松的政策与较高的风险承担相关。宽松的货币政策促进风险承担的趋势被称为货币政策的风险承担渠道。例如，许多研究人员发现，在其他条件相同的情况下，更宽松的货币政策使银行更愿意向高风险借款人贷款。[8]宽松的货币似乎也使投资者更愿意持有风险资产，因为当利率较低时，投资者持有这些资产所需的额外收益率往往会下降。我在2005年与肯尼斯·库特纳（Kenneth Kuttner）合作研究时发现，货币宽松政策在一定程度上通过降低投资者持有股票的风险溢价来推高股价。[9]同样，塞缪尔·汉森（Samuel Hanson）和杰里米·斯坦在2015年发表的一篇论文发现，联邦基金利率的下调降低了投资者对持有长期证券的风险所要求的补偿，放大了政策放松对长期收益率的影响。[10]

为什么宽松的货币政策会增加人们愿意承担风险的意愿呢？有几种机制在起作用。首先，如果政策放松改善了经济状况，提高了人们的实际或预期收入，那么他们会感到财务上更有保障，这反过来又使他们不那么担心冒险的潜在负面影响。例如，如果投资者觉得自己能承担得起形势恶化时的损失，他们就更有可能购买高风险股票。相比之下，财务缓冲较小的投资者更有可能会更加保守。此外，货币政策可以通过让经济环境更安全来增强投资者在经济繁荣时期进行风险投资的意愿。例如，政策放松如果伴随着持续支持的保证，应该会减少投资者对最坏情况的担忧，从而鼓励他们对风险资产进行额外投资。

其次，宽松的货币政策通过提高资产价值，改善借贷双方的资产负债表，促进新信贷的流动，包括流向风险较高的借款人。更强大的银行资产负债表缓解了对新贷款的监管限制，提高了银行吸引低成本和未保险资金的能力。同样，当借款人的资产负债表提升时，他们的信用度也会提高。例如，拥有更多房屋净值（因为房屋价值会增加）的房主将更容易获得二次抵押贷款或房屋净值贷款，而拥有更多抵押品的公司将能够以更好的条件借款。在商业周期中，资产负债表强度的变化是马克·格特勒（Mark Gertler）、西蒙·吉尔克里斯特（Simon Gilchrist）和我曾经称为"金融加速器"的核心。[11]其基本观点是，经济上升往往会改善家庭、企业和银行的财务状况，进而鼓励更多的贷款、借款和投资。

正如迄今为止的讨论所表明的那样，货币宽松增加风险的趋势并不总是一个问题。在经济衰退期间，尤其是金融危机之后的经济衰退，私营部门的冒险行为通常是太低而不是太高了。重要的是要鼓励银行和其他投资者承担合理的风险，而不是囤积现金以及保持低调。这就是为什么政策制定者经常谈论恢复公众信心是经济复苏的先决条件。但也有可能是好事过头，货币或其他经济政策会诱使更多的风险，而不是为了长期的金融稳定。正如宽松的货币政策可以帮助恢复过低的风险一样，它也可能导致风险增加，最终超出预期。[12]

风险一旦被点燃，可能变得过度的一个原因是，在现实世界中，人们并不是经济学教科书中的充分知情、理性行事。许多人的记忆很短（或经验有限），例如，倾向于推断最近的趋势或有选择地解释证据——以更好地符合他们先前的信念。如果股票或房价在一段时间内迅速上涨，投资者或房主可能会推断这些上涨将继续下去。[13]更普遍地说，短期记忆和外推思维可能会让人们相信，如果经济状况最近保持稳定，那么它们将继续保持稳定。经济学家海曼·明斯基（Hyman Minsky）有一个著名的观点，即长期的相对平静具有潜在的危险，因为人们会错误地认为平静的状况将持续下去并增加风险，直到发生重大不利事件或达到"明斯基时刻"，才会使他们从自满中清醒过来。[14]

对这些基于心理的论点持批评态度者有时会争辩说，由于老练的投资者可以利用他人的认知错误，即使许多或大多数投资者并非如此，市场也可以是集体理性的。我之前提到过迈克尔·刘易斯的《大空头》，该书讲述了少数投资者在全球金融危机之前做空次级抵押贷款的故事，如果这些行为被广泛模仿，可能有助于冷却市场的热潮。[15]但是，也正如这个故事所表明的那样，如果更务实的投资者只以有限的资源来支持他们的观点，或者如果他们相信自己足够聪明，能够"搭上泡沫"并在泡沫破裂前退出，那么不那么理性的投资者可能仍然主宰着市场结果。

风险承担可能过度的另一个原因是糟糕的激励机制，其根源是结构不完善的政府监管，或者交易员、资产管理公司和银行的薪酬计划存在缺陷。[16]大型金融机构的交易员可能会根据他们的交易收益赚取佣金，但分担的损失却不成比例，如果情况不好，他们总是可以选择离开公司。这些安排会激励交易员承担更大的风险。同样，更高回报的货币市场共同基金可以吸引更多投资者，以赚取更多的管理费用。为了获得更高的回报，基金经理可能会承担额外的风险，包括投资者不易察觉的风险（例如，因为它们涉及复杂或不透明的金融工具的使用）。有人可能会认为，我们的市场体系一旦被认可，就会淘汰效率低下、会引发风险的安排，但快速的金融创新和缓慢调整的金融监管，会削弱市场发现和消除危险激励结构的能力。[17]

在某些情况下，非理性的信念和有缺陷的结构性激励措施可能会结合在一起发挥作用。例如，人们普遍观察到，当利率处于低位时，投资者可能会"追求收益"，为了获得历史平均回报，他们会承担比预期水平更高的风险。如果投资者将历史平均收益视为"正常"或"公平"的，从而为实现这些收益而承担过多的风险，那么这种行为可能就具有重要的心理成分。或者，一家保险公司或养老基金可能会获得收益，因为它有长期的合同承诺，这可能是在利率较高的时候达

第十四章　货币政策和金融稳定　　357

成的协议，这样只能通过赚取高回报来实现收益。在这种情况下，赚取安全但较低的回报肯定会失败，因此（除非有足够的监管）他们的动机是承担赚取必要回报所需的风险，即使这些风险比投保人或养老金领取者希望的要大。[18]

关于"追求收益"行为还有很多需要学习的地方。例如，当利率多年保持在低位时，追求收益的行为是否还会持续下去？如果利率长期处于低位，那么投资者感知到的"正常"利率似乎也应该下降，从而减小了获取收益的压力。同样，当低利率持续存在时，养老基金和保险公司有强烈的动机重新设定他们提供的合同以反映新常态。日本的金融机构似乎并不特别倾向于过度冒险，几十年来，日本的利率一直接近于零。同样，投资者是用名义利率还是实际利率（经通胀调整后）来衡量"正常"利率，也并不总是很清楚。从原则上看，投资者应该关心实际利率，但在将当前利率与他们习惯的利率进行比较时，他们还是会以名义利率方式来思考。要清楚地了解长期低利率的货币政策对冒险行为的影响，就需要更好地处理这些问题。

过度冒险的另一个原因是，借款人、贷款人和投资者缺乏动机去考虑其决策对系统整体稳定性可能产生的影响。例如，在经济景气时大举借贷的购房者或公司，在危机时期可能不得不大幅削减支出。在做出借贷决定时，家庭和企业没有动力去考虑个人对支出普遍回落风险的贡献，这可能会加剧随后的经济衰退。同样，用短期借款为高风险信贷融资的经纪交易商也没有考虑到这样一种可能性：他们需要在危机中迅速抛售所持股票，这将影响所有投资者的回报。可以理解由于人们忽视了自己的冒险行为对整体金融稳定的影响，从社会的角度来看，他们可能承担了太多的风险。[①]

---

① 这是经济学家所说的一个外部性的例子：在这种情况下，个人或企业缺乏考虑总体利益的动机，就像一个工厂老板决定污染一条河流，却没有考虑对下游人群的影响。

简而言之，货币政策的冒险渠道可以鼓励投资者、贷款人和借款人摆脱守势，承担适当的风险，从而有助于促进经济复苏。然而，出于心理和制度上的原因，货币宽松政策引发的冒险行为最终可能会变得过度。这是否意味着央行应该避免使用货币宽松政策来对抗衰退，或者至少减少使用的频率或力度？

## 宏观审慎政策

有些人会辩称是这样的，但答案并不明确。货币政策影响风险这一事实并不一定意味着它就是金融危机的主要来源，或者是预防危机的最有效工具。例如，19世纪反复出现的银行业恐慌，以及引发大萧条的全球危机，大多发生在金本位制度下，而且这是在现代积极的货币政策出现之前发生的。从1951年财政部和美联储达成的协议到2007—2009年金融危机之间的漫长时期，既有激进的货币政策，也有相对较少严重到足以威胁宏观经济稳定的危机发生，至少在发达经济体是这样的。此外，如前所述，大多数经济学家认为货币政策充其量只是2007—2009年危机的一个次要来源。总体而言，虽然货币政策似乎确实会影响冒险行为，但其他因素，如金融体系的结构、金融监管的有效性和大众心理，也会影响危机发生的频率和严重程度。

此外，尽管上述激进的货币政策可能会也可能不会帮助防止或缓解金融危机，但是让货币政策偏离其经济目标的代价是显而易见的。如果管理得当，货币政策是稳定经济的有效和灵活的工具。更加被动的货币政策可能会导致过高的通胀或过低的就业，而不会对促进金融稳定起到太大作用。

出于这些原因，在我们改变如何运用货币政策方式之前，我们应该问一问，是否有更有针对性的政策来应对系统性金融风险。旨在促进整个金融体系稳定的政策（货币政策除外）统称为宏观审慎政策。[19]

相比之下，传统的监管政策现在有时被称为微观审慎政策，旨在促进单个金融公司和市场的稳定、效率和公平，而没有明确考虑整个系统的稳定性。这两种政策都可以在促进金融体系正常运转和稳定方面发挥作用。

尽管在2007—2009年危机之前，一些国家已将宏观审慎因素纳入其监管框架，但自那以来人们对这方面的兴趣激增。许多国家都建立了具有执行宏观审慎政策新权力的官方部门，国际监管机构也颁布了最佳做法，并在全球范围内协调相关事务。美国已经取得了实质性进展，但在宏观审慎监管方面仍存在令人不安的差距。

### 美国的宏观审慎政策

自全球金融危机以来，美国的金融监管一直在进行改革，试图解决美国监管框架中的缺陷。由于政治、历史意外因素和金融市场的不断演变，美国在危机前的金融监管是支离破碎和不均衡的。一些金融机构和市场有多个管辖权重叠的监管机构，而一些机构和市场则没有有效的监管机构。在某些情况下，监管机构对过度冒险行为选择不优先关注或对其施加限制措施。

除了这些缺陷之外，危机前的监管体系还存在一个根本性的概念缺陷：每个监管机构只涵盖一组狭义的机构或市场，在其领域之外不承担任何责任。与此同时，危机暴露了整个金融体系的弱点，也不适合任何单一机构的监管范围。例如，没有监管机构负责了解证券化更为广泛的风险，也没有监管机构负责弄清楚雷曼兄弟这样的投资银行倒闭或货币市场共同基金挤兑的影响。总之，没有人对整个体系负责。

金融危机后，世界各地的立法者和监管者总体上加强了监管，但是他们也认识到，对金融体系每一个组成部分实行孤立的监管并不能确保总体的稳定。监管机构的回应是创建了新的宏观审慎框架以监测和促进体系的稳定，同时又不牺牲仍然至关重要的任务，即确保单个公司或市场的安全、效率和公平。新的宏观审慎政策分为两大类。结构性政策也被称为穿越周期的政策，旨在增强金融体系抵御冲击的整体韧性。结构性政策一旦到位，就不会随着商业周期或市场发展而改变。与之相反，周期性政策应该根据不断变化的经济和金融状况或新出现的对稳定的威胁而有所变化。

在美国，2010年的《多德-弗兰克法案》在其许多条款中采用了宏观审慎的观点。例如，认识到欺骗性次级贷款对整个金融体系产生的后果，这是该法案创办消费者金融保护局和禁止某些抵押贷款行为的动机之一。然而，从宏观审慎的角度来看，一项特别重要的规定是建立一个新的监管委员会，即金融稳定监督委员会（FSOC），负责监测和应对金融稳定风险。

金融稳定监督委员会由财政部长领导，负责协调美联储、证券交易委员会和联邦存款保险公司等主要监管机构的工作。（金融稳定监督委员会共有10个有投票权的成员。）其中几个机构又大大增加了专门用于监测金融系统的资源。危机后成立的美联储金融稳定部门负责分析金融体系所面临的风险，并向美联储理事会和联邦公开市场委员会汇报情况。金融稳定监督委员会和美联储都定期发布有关金融稳定风险和计划应对政策的公开报告。《多德-弗兰克法案》还在财政部新设立了一个金融研究办公室，负责收集和分析数据以支持金融稳定监督委员会的日常工作并发布自己的年度报告。

金融体系需要不断调整以响应需求、创新和监管激励措施的变化，这给监管机构带来了长期的挑战。例如，人们可能认为收紧对银行贷款的监管将使体系更加安全，但对银行的更严格监管只会将高风险贷款推向体系中监管较少的那部分机构，那么情况可能就不是人们想象的那样了。

为了帮助监管跟上金融业的发展，国会授权金融稳定监督委员会将个别非银行金融机构或活动指定为具有系统重要性的机构或活动，从而接受美联储的额外监管。此外，金融稳定监督委员会有权通过提出"遵守或解释"建议来向个别监管机构施压。这些机构必须要么采纳金融稳定监督委员会的建议，要么对不采纳的原因做出解释。

《多德-弗兰克法案》还建立了一个被称为有序清算权的法律框架，用来处理处于崩溃边缘的具有系统重要性的金融公司——下一个雷曼兄弟。在标准的破产程序中，其目标是使破产公司的债权人最终获得最大限度的赔偿。相比之下，有序清算权允许美联储、联邦存款保险公司和其他机构对一家濒临破产的金融公司进行清算，同时也要考虑不受控制的破产可能给体系稳定性带来的风险。这一条款所涵盖的公司必须向监管机构提供"生前遗嘱"，以表明公司如何在危机中安全解散。公司还必须发行特殊形式的债务，当公司清算或重组时，这些债务可以转换为股权。这种更有序的清算过程不会消除大公司倒闭的系统性影响，但将呈现出一个远没有2008年雷曼破产那么混乱的过程。

在另一项关键的宏观审慎改革中，一项名为《巴塞尔协议Ⅲ》的国际协议（以谈判所在的瑞士城市命名）和《多德-弗兰克法案》共同大幅提高了银行的资本和流动性要求，反映出银行在大多数金融体系中的核心作用。《巴塞尔协议Ⅲ》还要求具有系统重要性的大型银行持有比其他银行更多的资本和流动资产。在美国，银行资本金要求进一步加强，银行需要定期进行压力测试，以确定它们是否有足够的资本来满足监管最低要求，即使在极其糟糕的经济和金融情景下也能继续放贷。（美联储依靠2020年新冠肺炎大流行期间的银行压力测试来决定是否允许银行支付股息或回购股票，这两者都会减少银行资本。）与银行资本金和流动性的普遍增加属于结构性宏观审慎政策不同的是，基于压力测试的资本金要求属于周期性政策，因为压力测试是基于反映经济和金融风险的情景，而这正是监管机构目前最担忧的。另一种周期性宏观审慎政策是允许银行的监管机构要求银行在经济扩张期间增加资本，美联储可以使用这个政策，但即使在新冠肺炎大流行之前的长期扩张期间也没有使用。而一旦这个政策建立起来，这种反周期的资本缓冲就可以在危机或衰退期间使用。

总而言之，这些改革和其他改革加强了美国的宏观审慎监管，但这些足够了吗？

## 美国宏观审慎政策的缺陷

尽管取得了显著的进展，但美国宏观审慎政策仍存在重大缺陷，使金融体系处于风险之中。其中大部分是可以补救的，但这样做也需要立法者和监管者做出真正的承诺。

### 金融稳定监督委员会的结构和权力

《多德－弗兰克法案》的目的是让金融稳定监督委员会带头监督金融体系，并协调应对潜在的风险。（奥巴马政府曾提议赋予美联储这些责任，但美联储在金融危机期间的不受欢迎的救助行动中扮演的角色所带来的政治冲击，使这个想法破灭了。）但金融稳定监督委员会的结构以及对其权力的限制，阻碍了履行职责的能力。值得注意的是，金融稳定监督委员会由财政部长领导，这可能赋予其政治合法性，但也意味着该委员会或多或少具有活跃性，这具体取决于财政部长的优先选择和政治风向。[20]例如，在财政部长斯蒂文·姆努钦的领导下，金融稳定监督委员会采取了放松监管的方式，这与特朗普政府的优先选择一致，但在让金融体系更安全方面倒退了一步。

值得注意的是，在特朗普政府期间，金融稳定监督委员会并未使用《多德－弗兰克法案》所授予它的权力，指定特定的非银行类金融公司或活动具有系统重要性。事实上，在大都会人寿保险公司提起的一起诉讼中，政府没有对法院一项有问题的裁决提出上诉，该裁决使得认定金融公司具有系统重要性的难度大大增加。在特朗普政府任期结束时,没有一家公司被指定为具有系统重要性。(有几家公司在改变了结构或运营后取消了这一称谓。)

金融稳定监督委员会的另一个弱点是它不是一个独立的机构,而是一个由监管机构组成的委员会,每个监管机构都保留其独立的权威。各机构负责人大约每季度开会一次,交流意见和信息,如上文所述,委员会可以向单个机构施加压力,要求其采取具体行动,但这种协商过程减缓了对新出现风险的潜在应对。

此外,一个顽固的机构可以无视旨在促进金融稳定的建议,即使该建议得到委员会所有其他成员的支持。金融稳定监督委员会在奥巴马政府时期改革货币市场共同基金的努力就是一个很好的例子。货币市场共同基金在2008年遭受了灾难性的挤兑,需要财政部和美联储的紧急援助。货币基金受美国证券交易委员会的监管,金融稳定监督委员会提议进行改革以消除货币基金的挤兑风险,但美国证券交易委员会久拖不决,辩称它缺乏足够的权威,它并没有金融稳定的授权,而且由于历史原因,通常不把限制风险视为其使命的一部分,最终美国证券交易委员会只是实施了一系列有限的改革,但这并没有解决问题。[1]美联储、财政部和其他机构的经济学家都很清楚,美国证券交易委员会的改革力度还不够,货币基金投资者挤兑的动机并未消除。事实上,一些货币基金在2020年3月的危机中经历了挤兑,进一步的改革显然是必要的,但除非有新的立法,否则还需要美国证券交易委员会的积极合作。

---

[1] 例如,美国证券交易委员会的改革包括设立闸门机制,允许基金在面临挤兑时暂停投资者赎回。但闸门只会增加人们在大门关闭前挤兑的动机。此外,改革只适用于面向机构投资者的基金,而不是面向散户投资者开放的基金。

**住房和抵押贷款市场**

金融稳定监督委员会及其成员机构也缺乏足够的工具来遏制住房和商业地产的信贷繁荣。可以肯定的是，确定繁荣在经济上是否合理从来都不是一件容易的事，但正如2007—2009年明确表明的那样，信贷繁荣一旦崩溃，就会破坏金融系统的稳定，阻碍新信贷的流动，并迫使财务紧张的借款人削减开支。一个全面的宏观审慎框架应该为监管机构（也许与财政部或金融稳定监督委员会协调）提供缓和信贷繁荣的工具，并帮助确保该体系在萧条中幸存下来。

危机后制定的美国宏观审慎政策，包括严格的银行资本标准、银行压力测试（可能包括信贷繁荣和萧条情景）以及有序清算权，无疑有助于使系统更具弹性。《多德-弗兰克法案》还从总体上收紧了抵押贷款的标准，要求低质量抵押贷款的证券化公司保留部分所有权（"风险共担"），并创建了消费者金融保护局。这些都是有意义的成就。[1]尽管如此，我担心美国监管机构仍然缺乏量身定做的工具来应对正在出现的房地产和信贷泡沫。

许多其他国家，包括新兴市场和发达经济体，都采取了针对房地产价格和抵押贷款过高的宏观审慎政策。例如，一些国家不仅为抵押借款人设定了最高贷款价值比或债务收入比，而且允许这些指标限制随着经济发展的变化而调整。国外使用的其他法规限制了特定贷款人可以发放的低首付或高债务收入与抵押贷款的比例，限制了银行贷款的总体增长，或者允许监管机构在担心房价或信贷快速增长时提高资本要求。有证据表明，这种类型的政策可以在总体经济成本适中的情况下减缓房价、抵押贷款和银行信贷的增长，从而

---

[1] 根据未来的状况，政府资助企业还可以在调整抵押贷款规则和要求方面发挥作用，以帮助缓和萧条。政府资助企业的监管机构是金融稳定监督委员会的成员。

降低危机风险。[21]

### 影子银行

美国宏观审慎框架的一个特别令人不安的弱点是对影子银行业的监管仍然不足。影子银行的过度冒险是2007—2009年危机的核心问题。

当投资银行（如贝尔斯登和雷曼兄弟）和其他信贷资产持有者（如表外特殊目的工具）的短期融资消失时，由此产生的资产抛售影响了几乎所有形式的私人信贷，而不仅仅是抵押贷款。通过立法和市场变化，在降低影子银行带来的风险方面取得了一些进展。金融危机前运营的五家主要投行，一家倒闭（雷曼兄弟），两家被大银行收购（贝尔斯登和美林），其余两家（摩根士丹利和高盛）成为银行控股公司，使其进入联邦银行监管机构的轨道。美联储还采取行动改善回购市场的运行，监管机构敦促银行通过表外工具减少高风险的企业贷款，金融稳定委员会（FSB，一个由监管机构组成的国际组织）开始在全球范围内定期监控影子银行。《多德－弗兰克法案》还提高了金融衍生品市场的安全性和透明度，影子银行大量使用金融衍生品。尽管如此，我们仍有理由担心改革是不完整的，严重的风险依然存在。①[22]

在市场意识到疫情带来的威胁后，2020年3月发生的事件证实了这些担忧。就在那个月，影子银行机构经历了类似于2008年混乱的挤兑和抛售，造成了极端的波动和市场失灵，即使在通常是最安全、流动性最强的金融市场——美国国债市场也是如此。与2008年的情形类似，投资者纷纷逃离货币市场共同基金，这证实了美国证券交易委员会早些时候的改革力度是不够的。一些债券基金也出现了挤兑现

---

① 珍妮特·耶伦是2018年表达担忧的人之一，她在2021年担任财政部长，领导金融稳定监督委员会。

象，这些共同基金持有流动性相对较差的公司债券，同时还向投资者保证他们可以随意提取现金。某些类型的对冲基金，其在回购市场借款使其债务权益比率接近100∶1，但由于亏损而被迫抛售证券，进而增加了抛售压力。美联储只能采取一些重大措施，包括紧急贷款以及大量购买国债和抵押贷款支持证券，才稳定住市场。美联储的紧急干预造成了道德风险（激励未来过度冒险）和不确定性，保护经济免遭短期挤兑的风险可能是必要的，但这并不能替代从一开始就可以防止危机发生的充分的事前监管。

2020年的恐慌凸显了影子银行的具体问题，而其中一些问题，比如货币市场基金的挤兑，可能要在现有法律授权下得到解决。更为广泛的问题是，影子银行集合在一起发挥着银行系统的作用，向投资者提供流动性和回报，向借款人提供信贷，但它们并不像银行系统那样受到监管。例如，后危机时代加强商业银行资本和融资安全的改革并不普遍适用于影子银行，对其投资和贷款的监管也仍然有限。这种不对称是不合理的，事实上，它鼓励有风险的活动进入该行业。持有风险资产的影子银行（如投资银行或对冲基金）应该遵从反映其投资组合风险的资本要求或杠杆限制，而那些承诺投资者可以快速获得现金的基金（如货币市场基金或债券基金），要么持有大量的流动性储备，要么在产品结构设计上让投资者没有挤兑的动机。[23]

**应对危机的工具**

虽然宏观审慎政策应该减少危机的频率和严重性，但我们永远无法消除它们。因此当危机发生时，我们需要适当的工具来处理危机。美国《多德－弗兰克法案》的有序清算权允许监管机构从金融稳定视角，以一种可预测的方式处理一家倒闭的系统性非银行金融公司。其他司法管辖区也创造出了解决破产公司的新工具，各国正在共同努力，例如通过联合角色扮演和演练，为跨国公司的倒闭做准备。一切在往好的方向发展。另外，处置非银行机构的有序清算权不如联邦存款保险公司处置破产银行的权力那样灵活。监管机构不能像联邦存款保险公司在关闭或出售银行时那样，利用现有的保险基金来解决非银行机构问题。相反，政府承担的任何成本都将在事后通过评估金融业的费用来弥补。尽管与2008年相比已经有了明显的进步，但清算权仍未受到考验。

其他危机应对工具的状况都参差不齐。[24]在2008—2009年的救助之后，国会缩减了美联储、财政部和其他政策制定者用来处置危机的几种工具。《多德–弗兰克法案》限制了美联储的第13条第3款紧急贷款权力，禁止其向单一危困企业提供贷款（而不是向一个类别内的所有借款人开放的贷款计划）。所有的第13条第3款贷款计划都需要得到财政部长以及美联储理事会的批准。《多德–弗兰克法案》还要求美联储披露贴现窗口借款人（滞后两年）和第13条第3款借款人（项目终止后一年内）的信息。国会提高透明度的愿望是可以理解的，但这些更严格的报告要求将增加从美联储借款人的污名，这使美联储更难履行其在危机中充当最后贷款人的关键角色。同样，在危机时期取得成功的措施，如联邦存款保险公司为新发行的银行债券提供担保的计划，以及财政部为货币市场基金提供保险的计划，要么已被取消，要么受到更大的新限制。

当然，国会可以在需要时恢复紧急权力，就像它在2020年《新冠病毒援助、救济和经济安全法案》下扩大美联储第13条第3款的贷款计划时所做的那样。然而，金融危机的发展速度很快，而立法者可以看到的经济影响通常滞后于金融市场的混乱。立法拖延或政治僵局可能大大增加未来危机的最终经济和财政成本。

更为积极的是，美联储（以及财政部和其他监管机构）从2007—2009年和2020年的危机中学到了很多东西。这些教训在2020年尤为明显，当时美联储采取了迅速而积极的行动。甚至在国会扩大其贷款能力之前，它就援引了第13条第3款权力。在全球金融危机期间采取的行动的基础上，鲍威尔领导的美联储还积极利用了一系列现有的权力，包括与外国央行签订货币互换协议以确保全球获得美元，通过万亿美元的回购操作以保持市场流动性，以及大规模购买国债和抵押贷款支持证券以支撑这些市场。因此，尽管有新的立法限制，但通过以新的和创造性的方式使用现有工具，美联储有效地扩大了其应对危机的工具箱。

美国的宏观审慎政策在2007—2009年危机之前实际上并不存在，但目前已经取得了长足的进步。首次定期监测和分析金融稳定风险，考虑了新金融产品或监管措施对更广泛体系的影响，并提供有序清算权等工具。[25]银行系统要强大得多，政府有工具（如果尚未完全部署）将具有系统风险的影子银行公司和活动纳入监管范围。与此同时，拥有世界上最复杂和多样化的金融体系的美国，在宏观审慎工具的开发和应用方面却落后于许多其他国家。政府不得不在不到15年的时间里两次大规模干预市场，这一事实表明问题是深刻的。而好消息是，各类国际案例为美国进一步发展预测和应对金融紧急情况的框架提供了有用的模式。

## 货币政策与宏观审慎政策

宏观审慎政策的缺陷再次提出了货币政策是否应该更关注金融稳定的问题。货币政策制定者在设定利率时，是否应该考虑到新出现的金融风险？即使在没有明确风险的情况下，他们是否应该以货币宽松增加未来不稳定的可能性为由，即使在没有明显风险的情况下，还是限制货币宽松政策的使用？

对于大多数政策制定者以及包括我在内的前任政策制定者来说，其答案是：原则上是肯定的。但在实践中要非常谨慎，也不能经常使用。为什么不愿意呢？2002年10月，在我作为美联储理事会成员的第一次演讲中，我提出了怀疑论的基本理由。[26]由于互联网泡沫最近才破裂，导致了2001年的经济衰退，我的观点围绕着美联储是否应该试图通过加息来识别和戳破新兴的股市泡沫这一问题展开，但我的推论也适用于其他类型的金融风险。在我的演讲中，我强调了将货币政策视为防止金融稳定风险的糟糕工具的三个原因。

首先，我认为，美联储没有信心可靠地识别出泡沫（或其他不健康的风险积聚），而且在任何情况下，都不应试图成为股票或其他资产"正确"价格水平的仲裁者。其次，我们对货币政策与稳定风险之间联系的理解过于有限，无法有效地指导政策。例如，从历史上看，试图用货币政策刺破泡沫往往会导致崩盘，而不是温和地下降，一个典型的例子是美联储在20世纪20年代末试图给股市降温，但最终导致了1929年的股市暴跌。最后，货币政策是一种钝器：利率的变化会影响整个经济，而不能以一组狭窄的市场或几个过热的行业为目标。正如20世纪20年代纽约联邦储备银行行长本杰明·斯特朗说过的那样，如果因为一个孩子是坏孩子，就打所有孩子的屁股是没有意义的。[27]试图用货币政策来戳破泡沫或解决其他金融不稳定风险，对整体经济的伤害可能与帮助一样大，因为控制泡沫所需的政策收紧程度也可能在短期内抑制就业、增长和通胀。

我强调了最后一点。泡沫和贷款繁荣之所以会出现，是因为投资者预期过高的回报将继续存在。因此我认为，需要大幅收紧货币政策，为股票或其他资产价格的快速上涨降温。但是急剧紧缩会对经济产生不利的副作用。几年之后，英格兰银行的经济学家查尔斯·比恩（Charles Bean）、马蒂亚斯·帕斯蒂安（Matthias Paustian）、阿德里安·佩纳尔弗（Adrian Penalver）和蒂莫西·泰勒（Timothy Taylor）在美联储2010年的杰克逊霍尔会议上发表的一篇论文提供了一个例证。他们预测，如果美联储为了应对房地产泡沫，在2003—2006年将联邦基金利率提高2个百分点,可能会发生什么。在考虑了增长放缓的间接影响以及利率上升的直接影响之后,他们得出结论,在其他因素的推动下,信贷和房价的增长只会比其他因素低一些。[28]然而,从2003年开始将货币政策收紧2个百分点肯定会严重阻碍经济从2001年的经济衰退中复苏,并增加通缩风险。与这些结果一致,经济学家斯卡尔·乔德、莫里茨·舒拉里克和艾伦·泰勒估计,要避免2002—2006年的整个房地产泡沫,美联储需要将联邦基金利率提高多达8个百分点。[29]

虽然我拒绝将货币政策作为稳定金融的常规工具,但我在2002年的演讲中仍然承认了保持金融稳定的核心重要性。与之相反,我认为,我们应该使用"合适的工作工具"来控制金融风险,在大多数情况下,即监管、监督以及最后贷款人的权力。

20年之后,我仍然对我在演讲中所说的大部分内容感到满意。然而此后发生了很多事情,最明显的是监管机构未能阻止2007—2009年的毁灭性危机。而且,尽管金融监管自危机以来得到了加强,但我们离需要达到的目标还很远。与2002年相比,我们对货币政策的风险承担渠道、金融危机的来源和经济影响,以及有效下限对危机后货币政策的制约也有了更多的了解。重新审视这些问题是有必要的。

**逆风政策**

我在2002年的演讲中提出的另一种观点认为,除了应对就业和通胀前景的变化外,央行官员还应该使用货币工具来抵御不断累积的金融风险,或者就是通常所说的"金融失衡"。这种所谓的逆风(LATW)方法在全球金融危机之前就有了倡导者。国际清算银行的克劳迪奥·博里奥(Claudio Borio)和威廉·怀特(William White)在2003年美联储的杰克逊霍尔会议上提出了关键想法。[30]自2008年以来，这种方法自然受到了更多的关注。

在大多数情况下，逆风政策支持者并不认为自己主张对传统政策框架进行重大改变。他们一致认为，货币政策的最终目标应该是物价稳定和高就业率。事实上，他们承认，经济衰退和过度通胀本身也可能成为金融不稳定的根源，例如削弱银行体系、借款人违约的增加或加剧市场波动。然而，他们认为传统方法是有缺陷的，因为这只考虑了货币宽松政策的短期影响，而忽略了货币宽松政策带来的长期金融风险可能会危及经济。他们认为，只要政策制定者采取足够长远的眼光，使用货币政策来预防金融稳定面临的威胁符合美联储的双重使命。

逆风政策支持者也普遍同意传统主义者的观点，即宏观审慎和其他监管政策应该是抵御金融不稳定的第一道防线，在任何可能的情况下都应用于提高金融体系的弹性和应对新出现的风险。然而，他们对监管政策将永远足以消除危机风险的观点持悲观态度，这意味着可能还需要其他工具（包括货币政策），尽管这可能并不完善。逆风政策的拥护者也倾向于怀疑，控制金融稳定风险所需的利率上升是否会与我引用的计算结果所建议的一样大。他们认为，当投资者意识到货币政策制定者不会忽视对于金融稳定的威胁，冒险将会变得不那么过度。

那么，逆风货币政策在实践中与更传统的方法有何不同呢？区分两种广泛类型的逆风策略是很有用的。我所说的"永远在线逆风政策"的支持者认为，不断增长的金融风险往往是看不见的，因此在制定货币政策时应始终考虑到潜在的金融失衡。在这种方式下，政策制定者应尽量避免长期的货币宽松政策，即使在对金融稳定没有明显威胁的情况下也是如此。[31]相反，在我所说的情境式逆风的货币政策下，主要对可观察到的风险指标做出反应，如房价、股票价格或信贷的异常快速增长。（我在2002年的演讲中提到了情境逆风政策，当时我讨论了货币政策可能用于戳破明显的股市泡沫。）

### 永远在线逆风政策

逆风政策的支持者敦促，即使经济表现没有达到预期水平且严重的金融风险并不明显时，也要谨慎使用货币宽松政策。这种观点认为，宽松的货币政策类似于一种强大而有效的药物，但也有不确定和可能危险的副作用，因此只有在绝对必要的时候才应该使用。

与永远在线的方法一致，时任美联储理事会成员的杰里米·斯坦在2013年发表的一次颇具影响力的演讲中表示，过于频繁地使用较低且时间较长的货币政策，可能会增加金融体系的脆弱性。[32]斯坦强调，政策制定者在实践中可能很难及时发现过度借贷和冒险行为。例如，对冲基金和其他的资产管理公司可以使用复杂的金融衍生品来实现高杠杆的功能，或者进行高风险的大额赌注，监管机构由于其方式过于微妙而无法可靠地进行识别和限制。从这个角度来看，永远在线逆风政策要求更有限地使用低利率政策，其优势在于较高的利率会降低为各种风险投资融资的动机。正如斯坦所言，更高的利率可以"填补所有的缝隙"，从而减少整个体系的过度冒险行为，即使是在监管机构不太透明或权力有限的地方。

斯坦是正确的，在某些情况下，过度冒险可能难以被发现或解决。但对于这样的风险，我认为现在放弃宏观审慎和监管政策还为时过早。例如，监管机构可以通过要求改善信息披露或对资产管理公司的投资组合进行压力测试，来提高自己对影子银行的监管能力。即使没有这些措施，现有的广泛提高金融弹性的政策，例如通过确保银行体系和其他关键金融机构资本充足，也可以帮助体系抵御甚至意想不到的冲击。

另一个问题是，斯坦所担心的那种冒险行为是否会威胁到整体经济稳定，而这正是美联储的主要担忧。对金融稳定的威胁大到足以导致严重的经济衰退的情况通常不是凭空而来的，但这几乎总是反映在经济数据中，比如信贷和房价大幅上涨。①政策制定者更有可能得到的是假阳性——股票或房屋价格的上涨实际上并不是一种系统性风险，也不是假阴性，在这种情况下，破坏稳定的冲击在事先没有迹象表明危险的情况下到来。

另一个支持永远在线逆风政策的论点可以概括为"稳定滋生不稳定"。根据这一观点，短期经济稳定与长期经济稳定之间存在着一种权衡。这一观点已在国际货币基金组织的研究中得到证实。[33]特别是，如果美联储在短期内实现就业和通胀目标方面"过于成功"，使得经济和市场更加稳定，投资者可能会变得自满，并会承担在长期内加剧金融和经济不稳定的风险。这一观点让人想起所谓的"大稳健"——从20世纪80年代中期到全球金融危机之间的长期经济相对稳定，助长了引发危机的过度冒险行为。[34]这也让人想起海曼·明斯基的论点，即自满情绪日益高涨的长金融周期将带来危机。永远在线逆风政策的拥护者得出的政策暗示是，美联储在短期内不应那么积极地追求其通胀和就业目标。如果美联储愿意接受更多的短期不稳定，减少了投资者的自满情绪，从而破坏金融危机稳定的风险，那么自相矛盾的是，最终的结果可能是经济在长期内更加稳定。

尽管现有的证据仍不明朗，但短期的经济稳定会孕育长期的金融不稳定的观点或许还有一定的道理。即使假设这一前提是正确的，我也不会主张货币政策制定者有意接受更多的短期经济波动。坦率地说，稳定－孕育－不稳定的观点认为，金融部门作为经济体的一部分，会周期性地为经济的其他部分带来极端风险，控制这种风险的唯一方法就是货币政策制定者通过有意接受短期内较差的经济表现来限制投资者的自满情绪。我想大多数人会认为这是本末倒置。在他们

---

① 例外情况是源自系统外部的威胁，例如2020年的新冠肺炎大流行，或者可能在未来发生的大规模网络攻击。

之前引用的2003年的文章中，逆风政策的支持者博里奥和怀特指出，金融不稳定风险增加的很大一部分似乎是始于20世纪70年代的金融管制放松和自由化的全球趋势的产物。如果金融业真的如此危险，那么信奉稳定－孕育－不稳定假说的人，不应把重点放在货币政策上，而应把精力投入更持续、更有力地要求全面的金融监管改革上。

我们还可以在永远在线逆风政策和先发制人对抗通胀之间进行类比。在2020年之前，美联储通常会在经济和劳动力市场开始升温，但通胀上升之前开始加息。美联储领导人当时认为，这种先发制人的政策，通过降低美联储必须对通胀过高做出反应的风险，从长远看将会带来更稳定的增长和就业。但在2020年，联邦公开市场委员会否认了先发制人对抗通胀的策略，理由是它们造成过早收紧政策的风险过大。永远在线逆风政策相当于收紧先发制人的政策，牺牲了今天的就业增长以降低未来金融不稳定的风险。由于金融不稳定比通胀更难预测，可以通过其他工具在一定程度上来应对。美联储反对先发制人对抗通胀的论点——今天强劲的劳动力市场太有价值，不能用来换取投机性的未来通胀下降，应该更多地适用于永远在线逆风政策。事实上，持续运用永远在线逆风政策可能会导致经济中就业和通胀长期低于目标，通胀预期也会下降。

**情境逆风政策**

与"永远在线"方法不同的是，情境逆风政策将货币政策与可观察到的金融风险指标（如信贷快速增长）联系起来。在这种方法下，只有当政策制定者看到其他工具无法管控重大金融稳定风险时，货币政策才会做出反应。

在我之前引用的2002年的演讲中，我怀疑美联储是否能够可靠地识别出市场泡沫或其他金融危机的前兆，从而使此类政策发挥作用。

从那以后，这些证据让我改变了看法。识别影响系统性金融稳定的风险是困难的，但我们监测这些风险的能力和承诺已有所提高。美联储内外的经济学家已经开发出了评估潜在风险的系统框架和新指标。[35]我在这里引用了一项历史研究，该研究使用了始于19世纪的数据，发现信贷繁荣经常（尽管肯定不总是）出现在金融危机和深度衰退之前。同样，由罗宾·格林伍德（Robin Greenwood）、塞缪尔·汉森、安德烈·施莱弗（Andrei Shleifer）和雅各布·索伦森（Jakob Sørensen）组成的哈佛团队进行的另一项研究使用了自1950年以来来自42个国家的数据。[36]他们的研究表明，前三年信贷和资产价格的快速增长增加了未来三年发生危机的可能性。

总体而言，资产泡沫、不健康的信贷繁荣和其他金融风险无法在接近确定的情况下实时被识别出来，在这一点上，我认为我2002年的演讲仍然是正确的，但现在越来越多的证据表明，在某些情况下，通过许多统计警告，我们可以估计在给定时间发生危机的风险概率。如果严重的金融不稳定至少在某种程度上是可以预测的，如果宏观审慎或其他监管政策不能充分地减轻这些风险，如果货币政策可以用来有目的地降低危机的风险，那么情境逆风政策可能是有意义的，当然这是理论上的情形。要将这种方法付诸实践，我们需要了解更多，包括货币政策应对特定风险指标的力度和持续时间。

在理想情况下，为了获得这种指导，我们需要查看一下历史样本。但仅凭货币政策就能在不引发崩盘和损害经济的情况下，成功地抑制繁荣或泡沫的案例很少（如果有的话）。2010年，由于对房价和家庭债务上涨的担忧，瑞典央行在高失业率和低通胀的情况下提高了利率。然而，随着经济的放缓，这种逆风而行的尝试失败了。

瑞典央行改变了态度，将利率降至负值，并实施了量化宽松政策。在更模棱两可的情况下，挪威央行在2012年宣布，出于金融稳定的原因，其政策将不仅反映其通胀目标，还将反映利率偏离正常水平的程度。[37]具体来说，当宏观经济条件要求实施宽松的货币政策时，它会将利率保持在略高于其他情况的水平，以降低金融不稳定的风险。很难知道这项政策是否有任何好处。挪威银行在2017年推翻了这一政策，声称金融稳定风险已经降低。风险实际上是否降低了，如果降低了，具体降了多少，都还很难说。新西兰政府在2021年要求央行在制定货币政策时考虑房价，但政府这样做的动机是担心住房负担能力，而不是金融稳定性。新西兰储备银行（正确地）辩称，以可负担性为目的的房价目标将使实现其总体经济目标变得更加困难，而更好的应对措施是制定增加住房供应的政策。简而言之，历史几乎没有提供任何明确的成功故事，也几乎没有为我们提供有关逆风货币政策实施或有效性的指导。相比之下，国际上有效使用宏观审慎政策来缓和信贷和房地产繁荣的例子现在很常见。

作为历史例子的替代方案，经济学家使用计量经济学模型来研究情境逆风政策。其中许多研究是基于对逆风政策的预期成本和收益的比较。积极收紧逆风政策的主要成本是更糟糕的短期通胀和就业结果。[①]这样做的好处是假定未来危机对经济造成较长期损害的风险降低了。从原则上看，我们可以通过找到最能平衡这些成本和收益的政策来确定最佳的逆风程度。不幸的是，逆风政策的成本，特别是收益仍然难以量化。

学术经济学家拉尔斯·斯文森（Lars Svensson）进行了一项颇具影响力的早期分析，他在他的国家瑞典担任货币政策制定者。[38]（作为政策制定者，斯文森强烈反对瑞典央行尝试应用逆风政策。）为了研究逆风政策的影响，斯文森使用瑞典央行的主要经济模型来估计货

---

① 尽管通常不包括在经济模型中，但其他可能的成本包括结束信贷或资产价格的增长，这种增长并不是泡沫，但基本面证明了这一点；或者触发的经济崩溃比基本面所证明的更为严重。

币政策对失业和信贷增长的影响，斯文森将其视为金融危机风险的代表。他补充了一些基于历史证据的假设：在没有逆风政策的情况下，金融危机发生的频率、危机的平均持续时间、危机对失业的影响，以及信贷增长变化对危机发生概率的影响。将这些因素综合在一起，他估计了逆风式的先发制人政策紧缩的预期经济影响。然后，他评估了其成本（较高的近期失业率）和收益（较低的危机风险）。他发现，从数量上看，逆风政策的成本要远远超过收益。使用美国经济模型进行的研究也普遍发现，从成本和收益的比较来看，积极使用货币政策来促进金融稳定是不合理的。①

斯文森的研究与我2002年演讲的直觉是一致的，即足以抑制股市泡沫或过度信贷增长的加息也可能会在短期内造成沉重的经济成本。然而，这种逻辑的一个潜在弱点是，虽然我们对货币政策对当前经济状况的影响有很好的估计，但我们对货币紧缩对未来危机和风险的影响以及危机的代价知之甚少。[39]例如，斯文森假设，危机对经济的影响虽然严重，但最终是暂时的。许多国家在全球金融危机后复苏缓慢，这增加了危机的经济影响可能相当持久的可能性。如果是这样的话，那么避免危机的好处可能就比斯文森所设想的要大得多。[40]另外，正如斯文森本人所指出的那样，收缩政策本身可能会使危机的经济影响变得更糟，因为在信贷收缩的影响显现出来的时候，收缩政策会减缓经济增长。

这种缺乏明确性的情况令人沮丧。根据我们现在的了解，我得出两个临时结论。首先，在大多数情况下，监管和宏观审慎政策是应对金融稳定风险的最有效、最容易理解和最具针对性的工具。这些工具

---

① 例如，在2019年的一项研究中，美联储工作人员安德里亚·阿耶洛（Andrea Ajello）、托马斯·劳巴赫、大卫·洛佩兹-萨利多（David López-Salido）和仲田泰佑（Taisuke Nakata）通过他们的基线模拟发现，针对金融稳定风险的最佳货币政策反应接近于零。

可以增强金融体系的整体弹性，可以针对特定威胁进行量身定制，并且它们对经济的溢出效应通常是有限的。政策制定者应积极使用这些有针对性的工具，并在这些工具不足的情况下，直言不讳地提出扩大权力的必要性。[①]特别是，每一个金融监管机构都应该将金融稳定作为其职责的一部分，无论过度冒险发生在金融体系的哪个部位，都应该受到监管和处理。

其次，鉴于我们目前的知识水平，我们不能自信地排除货币政策可能补充其他工具以应对金融稳定风险的情况。这些情况可能很少见，并且无论如何都应该反映对所涉及的事项进行取舍的仔细分析。

本着这种精神，2020年联邦公开市场委员会关于政策目标和战略的声明没有将金融稳定视为与失业和通胀同等重要的目标。然而，它确实规定"可能阻碍实现委员会目标的金融体系风险"应纳入决策者权衡的总体风险平衡中。这一表述表明，联邦公开市场委员会不会针对察觉到的金融风险对货币政策做出重大改变，也没有明确指出可能引发货币应对措施的风险的性质。但它确实留下了这样一种可能性，即在原本接近的政策呼吁背景下，委员会可能会通过应对金融稳定风险来采取一些保险措施。

## 国际金融风险的蔓延

各国之间的金融状况在一定程度上与主要央行的货币政策紧密联系在一起。美联储的行动特别有影响力，新兴市场经济体往往是受影响最大的国家。2013年的缩表恐慌虽然是一个极端的例子，但却说

---

① 在2019年作为美联储战略评估的一部分提交的一篇论文中，阿尼尔·卡什亚普（Anil Kashyap）和卡斯帕·西格特（Caspar Siegert）呼吁国会委员会全面评估可用于预防或应对金融危机的工具。哈伯德（Hubbard）和科恩（Kohn，2021）介绍了一个由布鲁金斯学会和芝加哥布斯商学院赞助的金融稳定工作组的成果。

明了一个更普遍的现象。

海莱娜·雷伊（Hélène Rey）记录了她所说的全球金融周期："从墨西哥的公司债券到南非的股票，全球风险资产的趋势是齐头并进。"雷伊和其他人还发现，美国货币政策的变化对全球周期产生了重大影响。[41]当美联储政策放松时，世界各地的冒险行为都会增加，风险资产价格上涨，资本流动涌入新兴市场。当美联储收紧政策时，这一切都会发生逆转。

不难看出为什么美联储的政策会影响全球金融状况。[42]美国经济体量大，资本市场是世界上规模最大、流动性最强的市场。为了进入这些市场，许多外国政府和公司借入美元，这意味着它们的财务状况受到美元价值或美国利率变化的影响。世界各国政府持有的大部分国际储备都是美元，而且很多国际贸易，即使没有一个贸易伙伴是美国，也以美元来计价。目前分别在国际货币基金组织和国际清算银行担任首席经济顾问的托拜厄斯·阿德里安（Tobias Adrian）和申铉（Hyun Shin）的研究表明，当美国放松货币政策时，国际银行往往会增加杠杆率，并向高风险借款人发放更多美元贷款，这是货币政策冒险渠道的国际版本。[43]由此产生的美元流动，尤其是流向新兴市场借款者的美元，使外币走强并推高了高风险外国资产的价格。然而，当美国的货币政策收紧时，国际银行就会削减美元贷款，从而导致外币贬值和资本外流。

尽管美联储的任务是主要关注美国经济，但美联储显然有意避免采取会导致海外市场过度波动的行动，进而影响到美国国内的经济和市场。为了避免或尽量减少波动，美联储试图清楚地传达其政策计划意图，以给外国市场和政策制定者留出进行相应调整的时间。而且，在诸如2020年3月这样的金融重压时期，美联储的巨大影响力和美国市场的全球作用使得强有力的政策应对显得尤为重要。

新兴市场国家也可以采取行动，减少自己在全球金融周期中的脆弱性。最直接的是，它们可以通过改善经济基本面来缓解资本流动的大幅波动。在过去的几十年里，许多国家通过减少财政和贸易赤字、保护央行的独立性、改善金融监管、允许更大的汇率灵活性以及进行结构改革来加强经济。这些变化有助于让投资者相信，即使在全球金融环境紧张的情况下，一个国家也能继续实现经济增长。

宏观审慎政策还可以降低全球金融周期的风险。例如，国际货币基金组织传统上会向新兴市场施压，允许资本不受限制地跨境流动，理由是外国投资会促进经济发展。然而，自金融危机以来，国际货币基金组织变得更加同情新兴市场经济体，它们通过有针对性的资本管制（限制金融资本的流入和流出）来减轻全球周期的影响。同样，新兴市场经济体的政策制定者也加强了对本国银行和非金融企业以美元为基础的借贷的监管。通过G20和金融稳定委员会等组织，发达经济体和新兴市场经济体正在共同努力，监控全球风险并加强全球体系的韧性。

对美联储来说，国际层面的考量使得维护金融稳定更具挑战性。由于美国监管机构观察或应对来自海外的风险的能力有限，因此在国际背景下实施宏观审慎政策更为困难。此外，需要与许多国家的监管机构进行协调也增加了复杂性。当政策制定者必须考虑到对全球和国内市场的影响时，使用逆风货币政策的尝试也会变得更加复杂。

总体来说，我们对货币政策、监管政策和金融稳定之间联系的理解仍然比我们希望的要有限得多。研究人员和政策制定者还有很多工作要做。政策制定者和立法者也需要认识到，为了更好地预测和预防金融危机，重新设计我们的监管体系才刚刚开始。我不认为维持金融稳定会像一些人建议的那样，与物价稳定和充分就业一样，成为美联储法定职责的正式组成部分。然而，在可预见的未来，金融不稳定将是21世纪央行行长们关注的核心问题。

# 第十五章

# 美联储的独立性及其社会角色

为了实现经济和金融稳定的目标，美联储可能会持续进行创新和试验。然而，除了技术性政策问题之外，美联储这个机构还面临着重大挑战。它会保持其所珍视的独立性吗？它应该保持独立性吗？它将如何应对更广泛的社会变化，包括技术进步、气候变化和日益增长的社会公平需求？

## 美联储的独立性

美联储通常被认为是独立的。这并不意味着它是百分百自治的、在民主上没有责任的，或者与政治完全无关的。相反，美联储是政治体系的产物。它的权力和结构，甚至连存在本身都是由《联邦储备法》决定的，而国会可以在任何时候修改这部法律。美联储理事会成员是政府任命的，其主席和其他领导人必须通过听证、正式报告和个人接触等形式，向立法者通报美联储的行动和计划。在担任美联储主席的最后一次新闻发布会上，我被要求为继任者提供建议时说道："国会是我们的老板。"[1]因其对经济和金融系统的影响力——有时作为救世主，有时则是替罪羊，美联储是政客们强烈关注的话题。

尽管美联储面临着真正的政治限制，但在实践中，它在一定程度上确实是独立的。国会设定了美联储的目标，那就是稳定物价和促进就业最大化，并对其进行广泛的监督和问责。[①]然而，美联储长期以来享有相当大的事实上的政策独立，在大多数情况下，它在制定利率和采取其他行动以实现其使命时，都没有受到过多的政治干预。

与许多国家不同，美国没有明确保证央行独立性的法律。然而在实践中，美联储的政策独立性受到若干法律条款的保护，其中许多条款是在美联储成立之初建立起来的。其中包括美联储理事会成员的长期任期制，总统不能因为政策分歧而解雇理事会成员，以及美联储（在国会监督下）利用其持有证券的回报为自己融资的能力，而不需要依赖于国会为其提供资金。对这些条款的持续支持反映出国会中的大多数人以及尼克松之后的几位总统（除了几个特例，尤其是特朗普）长期以来的信念，即独立的央行可以同时带来经济和政治利益。遍布全国各地的地区联邦储备银行也对其独立性进行了支持。地区联邦储备银行的行长和理事会与当地政商界领袖建立了密切的关系，他们在关键时刻帮助维护了美联储的自主权。

展望未来，美联储的独立性至少有两个问题。首先，在当今的经济和政治环境下，美联储的政策独立性是否依然合理？假设确实是合理的，那么美联储能够在面临政治反对的情况下捍卫这种独立性吗？

尽管央行的独立性原则自古有之，但是大通胀时代的经历更加强化了对这种独立性的支持。面对尼克松政府，伯恩斯领导下的美联储缺乏独立性的破坏性后果显而易见。基于这一经验教训，以及随后极度独立的沃尔克领导下的美联储在抑制通胀方面取得的成功，美联

---

[①] 在实践中，美联储在解释其目标时也有一定灵活性。例如，联邦公开市场委员会在2012年将"物价稳定"定义为2%的通胀，并在2020年强调其就业目标的特点是具有"基础广泛性和包容性"。

储的独立性通常被视为用来抵御政界人士短期内过度刺激经济诱惑的壁垒。

独立的央行行长比政客更有能力考虑经济的长期利益，这一观点听起来仍然是正确的。但是，央行的独立性是避免过度通胀的必要条件这一论点在今天看来似乎并非那么有力。尽管在新冠肺炎大流行后的经济复苏过程中，通胀有所上升，但21世纪的货币政策制定者更担心的是通胀过低，而不是过高。此外，尽管特朗普政府在疫情暴发之前向鲍威尔领导下的美联储施压要求降息是一个明显的例外，但各国央行近年来面临的政治反对意见，大多数是希望央行做得更少，而非更多。例子包括共和党人在金融危机后对美联储量化宽松政策的批评，以及德国对欧洲央行量化宽松计划的反对。

然而，避免另一场尼克松-伯恩斯式的危机并不是美联储继续保持独立性的唯一理由。无论从技术还是从政治考虑，国会都有充分的理由继续将货币政策的决定权交给一个独立的央行。

从技术角度来看，货币政策的制定需要专业技能和知识。成为一名优秀的美联储主席或联邦公开市场委员会成员并不需要经济学博士学位（事实上一些最优秀的人也并没有这个学位），但它确实需要对复杂的经济问题和观点的理解，同时还需要全身心地投入对经济和金融市场的监控之中。此外，货币政策往往对时机十分敏感。它必须对不断变化的经济和金融状况做出迅速和准确的反应，特别是在紧急情况期间。它需要与市场和公众进行一致、连贯和及时的沟通。如果说国会议员们既没有时间，也没有受过成功管理货币政策的训练，这并不是批评，国会雇佣美联储来制定货币政策，与我雇佣专业人士修理下水管道的部分原因是相同的。虽然我要求水管工对结果负责，但我不会质疑他们如何完成工作的决定。制定货币政策是困难的，美联储也会犯错，但在华盛顿，没有任何其他机构拥有可以匹敌美联储的经济人才和政策制定经验。

然而，仅靠技术角度的论证是不够的。通过让财政部或其他政治机构培训实施货币政策所需的专业知识，上文所述的担忧可能会得到解决。以英国和日本为例，直到20世纪90年代，财政部都还在监管货币政策。支持财政部控制货币政策的潜在论据包括：更民主的问责制，更充分地考虑货币政策的财政影响，以及更强的货币政策-财政政策协调。尽管如此，对货币政策的政治控制仍然是个坏主意，这实际上将会让总统拥有对利率的最终决定权。

货币政策的运作存在明显的滞后性，政策的宽松或紧缩周期可能会持续数年。（全球金融危机之后，货币政策宽松持续了十多年才转向紧缩。）因此，政策的连续性和一致性要求货币政策制定者保持长远眼光。凭借总统喜好而任职的财政部长可能会很快下台。作为美联储主席，我曾与4位财政部长共事，其中2位是共和党人，2位是民主党人，格林斯潘更是曾与7位部长共事。更为普遍地说，我们的政治体制是每两年举行一次选举，媒体的倾向性也变化剧烈，这并不利于长期决策。独立的央行比政治机构更有能力坚定地锚定通胀预期，发布可靠的前瞻性指引，并建立可预测和前后一致的货币政策和政策框架。

一个政治化的货币权力机构还将面临更严格的审查，并且人们更有理由去怀疑其政策的动机和时机。它的经济预测会被视为客观可信吗？政治化的机构会不会为了短期的政治利益而对利率变动进行调整？在政治控制下，强大利益集团的影响是否会凌驾于整体经济的利益之上？就像在1951年财政部与美联储达成协议之前发生的那样，政治机构会为了降低政府债务融资成本而改变利率，目的其实并不是为了促进就业和价格稳定？考虑到当前两党斗争两极分化和互不信任的程度，将货币政策与政治隔离开来的理由似乎比过去更有说服力。国会决定将疫情流行时期的主要贷款项目都托付给美联储，这反映出议员们对美联储的专业知识及其政策制定的非政治态度的信心。

我对美联储能够捍卫其政策独立性持适度乐观的态度，即便它仍对实现其目标负有责任。美联储的独立性和权威性经受住了后金融危机的冲击和特朗普在推特上的攻击的考验。这正是其独立性的证据，尽管原则上国会可以在任何时候撤销，但是在现实中这种独立性并不是那么脆弱。拜登提名鲍威尔连任是另一个充满希望的迹象，因为这恢复了这样一种传统，即现任总统提名由前反对党总统任命的美联储主席连任。即便如此，21世纪美联储独立性面临的风险还是比以往任何时候都要大。金融危机同时损害了央行在左派和右派中的声誉，因为在右派看来，央行的救援行动明显偏袒华尔街；在左派看来，央行在金融危机后的货币政策具有风险性和实验性；而双方都认为央行未能从一开始阻止金融危机的发生本身就是失败的。民粹主义的兴起及其阴谋论，以及对精英的不信任，对美联储这样的技术官僚、无党派机构构成了特殊的威胁。

美联储领导人一直认识到，该机构存在于政治环境中，他们发挥着政治作用。与政界人士建立个人联系，让他们有机会提出问题和表达担忧，是美联储主席工作的重要组成部分。艾伦·格林斯潘与和他共事的总统们以及两党的国会领导人的关系都很密切，杰罗姆·鲍威尔在国会大厅里（来回社交）甚至"磨破了地毯"。但近年来，美联储也在改变其机构的风格，提高透明度并扩大公共宣传范围。

作为美联储主席，我最初致力于提高美联储透明度的动机是为了改善与市场之间的沟通，使货币政策更有可预测性，从而更有效。但在金融危机之后的政治旋涡中，我意识到透明度和公众宣传可以服务于更广泛的目标解释工作，从而为我们的政策提供支持（我希望如此）。在由美联储资深官员米歇尔·史密斯（Michelle Smith）领导的公共事务办公室的帮助下，我努力将我们的听众扩展到金融市场参与者和华盛顿内部人士之外的更大范围。我的继任者们扩大了美联储的沟通范围，用更直白的方式解释政策决定，努力展示美联储的政策如何帮助普通民众。美联储肯定会继续使用更直白的语言来解释其行动，并寻找对话的机会，因为它相信，如果人们更好地理解美联储是什么以及它在做什么，他们就更有可能支持美联储的独立性。12家地区联邦储备银行在当地社区有着深厚的根基，它们会一直并且将会继续在其中发挥重要作用。

## 美联储的广泛影响力：从新技术到社会问题

美联储还面临其他挑战，包括跟上新技术的步伐，以及应对从气候变化到种族不平等的紧迫的社会问题。

### 新技术与美联储

美联储是一个成熟的机构，能够很好地接受不断发展的技术，以帮助其更好地完成工作。例如，美联储的工作人员正越来越多地通过来自信用卡消费、乘客通过机场安检、餐厅座位情况、网络搜索主题和许多其他大型、快速可用的数据集来监测经济。像这样的微观层面的"大数据"对于衡量新冠肺炎大流行期间的经济活动特别有用。

作为银行监管机构，美联储也在加强这方面的高科技专业知识。例如，它正在监督银行部署机器学习算法，以对潜在借款人进行筛选和风险管理。[2]这些机器学习算法和其他人工智能工具是否可靠且足够透明？这对少数族裔的信用申请人有偏见吗？美联储尤其担心针对银行和其他金融机构的复杂网络攻击越来越频繁。银行系统本质上是高度互联的，这给黑客提供了许多潜在的切入点。为了帮助保护银行系统，美联储的银行监管机构与财政部和其他机构的网络安全专家合作，测试系统的防御能力。[①][3]

美联储在支付系统中发挥着关键作用。它是财政部的财政代理

---

[①] 美联储还必须保护自己免受网络欺诈。2016年，黑客入侵了孟加拉国央行，向纽约联邦储备银行的孟加拉国账户发送虚假的付款订单。

人，处理政府向家庭和企业支付的大部分款项。它监督了2020年《新冠病毒援助、救济和经济安全法案》授权的大部分救济款项的发放，通过例如直接存款、发放支票和预付借记卡等方式进行。[4]长期以来，美联储一直在为银行清算支票，将资金从支票签发方的银行转移到接收方的银行。曾经有一段时间，这需要地区联邦储备银行进行大规模的支票分类工作，以及派出飞机在全国各地运送支票，支票清算在今天完全是电子化的。

虽然很少有人意识到美联储在确保他们收到自己的钱款方面的作用，但他们确实注意到从支票签发到他们能够拿到钱之间存在着延迟。对于一个工薪家庭，或者一个小心管理现金流的小企业来说，拖延就会造成困难。为了消除延迟，美联储正在开发一种名为"FedNow"的服务，通过全国任何一家银行，每天24小时提供几乎瞬时的支付。[5]除了这些好处之外，该服务还将确保政府的救济金，例如给自然灾害的受害者的救济款项立时可用。

更值得思考的是，美联储可以创造一种"数字美元"，作为纸币的替代品。数字货币系统可以用多种方式构建，包括（最有可能的）如下安排，即美联储与现有银行系统或与专门从事支付的新型金融科技公司合作。例如，人们或许可以通过他们现有的商业银行账户来访问央行的数字支付系统。在概念上最简单的模型中（尽管在实践中难以管理），每个家庭和企业都可以选择在美联储拥有相当于支票账户的户口。在美联储里的电子余额与现金一样方便，可用于立即支付给拥有美联储账户的任何企业或个人，通过手机应用程序之类的工具来实现。与现金交易不同，数字美元交易可能会留下记录，不过允许匿名或不被追踪的账户也是可能的。与现金或支票相比，美联储支持的数字货币具有重要的优势，包括安全性、方便性和即时、有保障的资金转移。它可能会加快国际支付的速度，并降低国际支付的成本，包括在美国工作的外国人向家里的汇款。数字美元还可以促进金融普惠，如那些没有银行账户的人（比如出于对费用的担忧），便可以被说服加入由美联储资助的系统。

许多央行都在考虑使用数字货币，不过只有中国人民银行在进行实地测试方面取得了进展。美联储正在研究数字货币的技术可行性，但表示仅会在国会的指导下谨慎地向前推进这项计划。技术和设计问题只能部分解释为何对数字货币的推行如此谨慎。美联储政策制定者还必须考虑这种创新对金融体系和经济的潜在影响。例如，有记录交易的数字货币，如果它最终取代目前的货币，将减少逃税、洗钱、毒品交易和其他非法交易，但可能会以泄露隐私为代价。一些人担心数字货币会导致金融不稳定，因为投资者将发现，一旦金融系统中出现一丝风险，就很容易购买或挤兑这种（超级安全的）数字货币。美联储还需要了解数字货币如何与现有的支付系统（例如信用卡网络）互动，以及数字货币与传统银行存款之间的竞争将如何影响银行的盈利能力和融资渠道。

另一个问题是数字货币将如何影响货币和财政政策。它提供了一些明显的优势。例如，如果每个人都在美联储有一个账户，那么返税、退税、救济和其他政府款项就可以立即交付。如果数字账户的设置是为了利息，美联储可以通过改变对数字货币支付的利率来加快和加强其利率决策的效果。

央行数字货币与比特币和其他所谓的加密货币有很大不同。加密货币通常是通过去中心化技术（区块链）来创建和管理的，而不是央行。自2009年比特币问世以来，许多加密货币的价值直线上升，其支持者将其吹捧为美元和欧元等央行货币的替代品。[1]比特币和类似

---

[1] 本文中的讨论适用于比特币等加密货币，它们具有可变的、由市场决定的价值。与比特币不同，一些加密货币的价值与美元或其他法定货币挂钩，或与以法定货币计价的资产挂钩。这些所谓的稳定币可能会成为新的支付方式的基础，但由于它们与现有货币挂钩，因此便不会威胁和取代现有货币体系。此外，如何监管稳定币以保护用户，并确保它们不会成为金融不稳定的来源，也是一个重要问题。

资产对货币政策有重大影响吗？

答案几乎可以确定是否定的，至少在可预见的未来不会。像比特币这样的加密货币已经被认为是一种投机性资产，就像黄金一样，但它们不是真正的货币。一种成功的货币，比如美元，必须在日常交易中可用，并具有以消费者所购买的物品来衡量的、相对稳定的价值。主要的加密货币离满足以上任何一个条件都相距甚远。人们不会用比特币买杂货（比特币的交易费用相对于普通交易，比如信用卡交易来说，相当昂贵），用比特币计量的普通商品和服务的价格波动也非常大。因此，美元和其他主要法定货币并不存在被比特币等浮动价值加密货币取代的危险。[①]即使（虽然可能性不大）比特币或类似的加密货币确实在许多私人交易中取代了美元，但政府要求用美元缴税，自己也用美元支付，这一事实确保了对美元的持续需求。只要美元被广泛使用，货币政策仍将以惯常的方式发挥作用，加密货币的价值会像其他资产价值一样，对美联储的行动做出反应。

虽然可能性极小，但是万一像比特币这样的加密货币取代了美元，那么接下来会发生什么呢？在这种情况下，经济实际上将会回到与19世纪金本位制类似的情况，区别是比特币将扮演黄金的角色（尽管没有官方政府的批准或央行的参与）。以比特币计量的普通商品和服务的价格，将取决于比特币市场上的供求关系，正如对黄金的供求关系决定了金本位制度下商品和服务的价格一样。例如，如果比特币的供应增长慢于经济增长，那么普通产品以比特币计量的价格就会随着时间的推移而下降。在比特币体系下，旨在稳定价格或促进就业的货币政策将不再可行，因为央行将无法控制货币供应。由于公众希望政府稳定经济，比特币体系可能在政治上是不可持续的，就像金

---

[①] 比特币和类似资产还有其他缺点：它们的创造需要消耗大量能源，而且由于它们经常被用于从洗钱到木马软件等非法活动，未来它们也将面临着更严厉的监管风险。

本位一样（同样限制了货币政策的使用），在20世纪30年代被证明是站不住脚的。

**美联储和社会问题**

美联储在稳定经济和金融体系方面的突出作用引发了一个问题，即它是否可以帮助应对其他紧迫挑战。例如，气候变化造成的环境、社会和经济成本正变得越来越明显。在另一个领域，新冠肺炎大流行危机凸显了美国社会的深层裂痕。其中包括收入和财富方面日益加剧的不平等、有限的经济和社会流动性，以及在获得健康保障、教育和经济机会方面持续存在的差距。黑人、拉丁裔和其他少数族裔群体的处境最为不利。美联储能帮助解决这些问题吗？

一方面，尽管美联储在某些方面可能很强大，但它改善主要社会问题的能力受到国会授权和工具限制。在民主国家，应该由选举产生的代表，而非美联储理事这种直接被任命的官员来决定国家的优先事项。解决我们最困难的社会问题远远超出了美联储的能力和职权范围。另一方面，如果美联储有机会、有办法、有法律权限去做出建设性的贡献，并且与政治领导人和公众设定的方向一致，那么它就应该去这么做。

例如，在气候变化问题上，可能有用的政策——例如碳税或碳交易、对减少碳排放技术的补贴，以及对建筑物和公用事业的改造（以减少碳排放）——都不是美联储所能决定的。它们是由国会（以及国会指定的一些机构，如美国国家环境保护局）决定的。尽管如此，美联储依然可以为集体努力做出贡献。例如，美联储资助了有关气候变化的研究和会议。在英格兰银行和其他主要央行的引领下，作为银行监管机构，美联储也开始将气候风险作为评估银行投资组合和资本需求的一个因素。一旦实施，这种做法可能会迫使银行减记受气候变化影响的资产（例如，洪泛平原或飓风地区的房产），或受气候变暖政策影响的资产（例如石油和天然气公司发行的债券）。欧洲央行和其他机构采取的另一种可能的行动是，避免购买导致全球变暖的主要企业的债券。然而，与大多数主要央行不同的是，美联储在正常的政策制定过程中并不购买公司证券，因此这个问题在美国的实际重要性有限。到目前为止，美联储还没有尝试将气候变化的影响纳入经济预测或货币政策分析，因为这些影响被视为不可预测，而且大多是长期的，但是这也可能随着气候变化对经济增长和生产率提高的短期影响越来越明显而改变。

在不平等和社会流动性缺乏这些问题上，正如我们所看到的，美联储可以做出一项极其重要的贡献，使用货币政策促进就业持续保持高水平。火热的劳动力市场对少数族裔、低薪和缺乏经验的工人会有很大的好处。对劳动力需求的健康发展也会让更多过去的旁观人士进入劳动力市场，在那里他们可以获得经验，建立良好的人脉关系，这些都对他们大有益处，即使是在劳动力疲软的情况下也是如此。

除了货币政策，美联储还有其他促进社会平等的工具。例如，它与社区发展组织保持定期的联系，包括社区发展金融机构和少数族裔银行。美联储通过培训计划和技术援助，帮助这些机构更好地服务于它们的客户。[6]美联储也是执行1977年《社区再投资法案》（Community Reinvestment Act）的机构之一，该法案要求储蓄机构满足其业务所在社区的广泛信贷需求。[7]美联储在华盛顿和地区联邦储备银行的研究人员还收集数据，对劳动力市场和不平等现象（包括种族和民族的差距）进行研究。例如，美联储定期公布的《消费者财务状况调查》（Survey of Consumer Finances）是美国财富和收入不平等状况数据的基础来源。

美联储还可以通过增加自身的多样性来促进公平，以确保所有的观点都能在政策决策中得到体现，更广泛地说，还可以让经济学更具包容性。一段时间以来，美联储已经将多元化作为一个正式目标，最好的结果是达到理想的公平性。1990—2021年，19名男性（其中一名是非裔美国人）和8名女性在美联储理事会任职。［其中两名女性珍妮特·耶伦和爱丽丝·里夫林（Alice Rivlin），以及非裔美国男性罗杰·弗格森都曾担任副主席。耶伦是第三位担任副主席的女性。同为黑人经济学家的丽莎·库克（Lisa Cook）和菲利普·杰斐逊（Philip Jefferson）同年被提名为理事会成员。］理事会成员是由总统而非美联储挑选的，因此，美联储工作人员的构成或许能更好地反映美联储的多元化努力。根据布鲁金斯学会2019年的一项研究，在工作人员中，美联储系统中约24%的经济学博士是女性，约25%是少数族裔。[8]然而，布鲁金斯学会对少数族裔的定义是宽泛的。2021年《纽约时报》一篇由珍娜·斯米亚莱克（Jeanna Smialek）撰写的文章中指出，美联储只聘用了两名非裔美国经济学博士。[9]这种多样性的缺乏在一定程度上反映了整个经济学专业的趋势。在吸引、发展和提升女性以及代表人数不足的少数族裔方面，经济学已经落后于其他学科，包括科学和工程学。然而，作为一个公共机构和世界上最大的经济学家雇主之一，美联储有特殊的责任努力改善这种状况。它应该加倍致力于吸引多元化的工作人员，并建立一个通道，将更多有才华的少数族裔和女性学生引入该领域。

## 美联储的过去和未来

保罗·高更（Paul Gauguin）在他的一幅名画中问道："我们从哪里来？我们是谁？我们要去哪里？"《21世纪货币政策》这本书试图回答关于美国央行的这些问题。正如美联储在新冠肺炎大流行期间采取的非凡行动所表明的那样，自马丁和伯恩斯时代以来，美联储已经发生了巨大的变化。它已经从根本上改变了自己的政策工具、战略目标和沟通方式。它在不断变化的政治风向中航行，维护了政策的独立性，同时与政府和国会合作，应对危机并支持国家的其他优先事项。

从马丁到鲍威尔，美联储政策工具和方法的显著变化在很大程度上不是其权力或使命的变化，也不是经济思维变革的结果。相反，正如历史所表明的那样，在过去70年中，长期的经济和政治发展因素重塑了美联储及其政策面貌。

第一个关键的发展因素是通胀行为的变化，它是由美联储政策和经济结构的变化引起的。保罗·沃尔克在20世纪80年代战胜通胀，重新确立了将控制通胀作为货币政策的首要地位，这恢复了美联储的信誉，并证明了美联储政策独立的好处。得益于经济结构的有利变化，包括失业率可持续的明显下降，艾伦·格林斯潘锁定了沃尔克的收益，进一步稳定了通胀，并稳定了通胀预期。在我的任期内，美联储建立了一个正式的政策框架，描述了它将如何实现通胀目标和最大化就业。在杰罗姆·鲍威尔的领导下，美联储对该框架进行了更新。

控制通胀是否会继续在美国货币政策制定中扮演核心角色？近年来，美联储因为以牺牲就业为代价、过分强调通胀而广受批评。这种批评有一定道理。20世纪六七十年代的"大通胀"令货币政策制定者不愿看到哪怕是温和的通胀上升，他们担心这可能会打破通胀预期的稳定，并随着时间的推移导致更严重的通胀问题。多年来，这些担忧导致了鹰派的一些政策错误。同样，许多经济学家今天也会辩称，美联储在2012年的政策原则中提出的"平衡方法"，即赋予其双重任务大致同等的权重，并没有充分重视高就业率和火热的劳动力市场带来的社会效益。为了回应这些担忧，美联储在2020年重新制定了政策框架。特别是鲍威尔带领下的美联储，放弃了先发制人地对通胀进行打击，表明它愿意允许波动性更强的通胀以及暂时性的通胀超标，目的是更持续地实现高就业率。

劳动力市场火爆带来的广泛而持久的好处，当然应该反映在美联储的框架和政策中。但是，美联储不会也不应该忽视其双重使命的另一半——稳定物价。保持通胀受到良好的控制不仅在经济上是有益的（这是因为它可以让市场更好地运作，例如有利于人们进行长期规划），而且对于促进持续的高就业水平也至关重要。稳定的通胀和锚定于此的通胀预期，通过赋予货币政策更大的灵活性来应对将劳动力市场置于风险之中的冲击，从而支持就业。例如，在控制通胀方面，可信的央行更有能力"识破"供给冲击（如油价上涨或新冠肺炎大流行造成的供应链中断），或者在经济衰退中实施更有力的货币宽松，从而对通胀的任何上升都不会持续下去充满信心。①美联储可能会保留现有的灵活平均通胀目标框架，也可能会在未来对其进行修改，但是，为了从长远的角度促进经济和就业市场的健康发展，美联储应该小心保护其在控制通胀上来之不易的信誉。

影响美联储及其政策的第二个发展因素是中性利率R*的长期下降。这种下降在一定程度上反映了较低的通胀和通胀风险，但是实际（经通胀调整的）利率也大幅下降，自20世纪80年代中期以来大约下降了3个百分点。[10]低利率环境有许多经济后果，最直接的是对贷款人和借款人的影响。对于美联储和其他央行而言，面对有效下限，中性利率的下降限制了它们通过降低短期利率的传统方法来支持疲弱经济的能力。幸运的是，新的政策工具，包括量化宽松和更明确的、长期的前瞻性指引，已经被证明是有效的，增加的火力大致相当于削减联邦基金利率3个百分点（根据我的模拟），而且副作用最小。但是，即使有了这些新工具，在目前的中性利率R*下，单靠货币政策也不太可能应对深度衰退。

---

① 更普遍地说，一个健全的货币政策框架必须存在经济学家所说的"名义锚"（nominal anchor），这是一种随着时间的推移，有助于稳定总体价格水平的政策目标。目前，通胀就是所有主要经济体的名义锚。正如第十三章所讨论的，货币政策制定者可能考虑的其他名义锚包括价格水平（与通胀相对）或是名义GDP。对一些国家来说，固定的汇率提供了名义锚。历史表明，名义锚的选择很重要，因为它有助于塑造货币政策以及由此产生的经济行为。

未来将会如何，在很大程度上取决于中性利率的走势。债券市场认为，导致中性利率下降的人口和技术因素以及低通胀将持续存在，因此利率很可能在多年内保持在低位。如果中性利率确实维持在低位，我预计美联储将继续开发新的货币工具，或采用世界上其他央行开发的工具。例如，美联储可以通过收益率曲线控制来强化对利率的承诺，从而加强前瞻性指引；它可以制订补贴贷款计划，在经济不景气时使用；此外，它还可能对设定适度的负短期利率持开放态度。然而，如果中性利率保持在低水平甚至持续下降，那么在深度衰退中，加大对财政政策的依赖似乎不可避免。尽管目前在政治上不太可能实现，但进一步发展财政自动稳定政策，即当经济疲软时自动触发调整税收和财政支出的条款，可能会弥补由于货币政策效力不足而产生的一些缺口。

但是，目前还不能确定中性利率将维持在较低水平或进一步下降。有所提高的通胀、美国境内和境外巨额政府赤字融资的需求，以及对持有长期证券风险的补偿的增加，这些都可能是未来中性利率上升的原因。更大胆的推测是，许多新技术，从人工智能到绿色能源，从量子计算到生物科技，都有可能帮助扭转生产率放缓的趋势，并结束投资机会匮乏的局面。最为重要的是，生产率的提高将导致产出和生活水平的更快增长。此外，由更高的经济增长趋势和更多投资机会带来的中性利率上升将为货币政策提供更大的空间。

影响美联储工具和策略的第三个长期趋势——危险的金融不稳定风险的增加，或许是最令人担忧的发展因素。助长这种风险的许多因素将难以逆转或修复，包括金融监管结构性的弱点（即使是在国际金融危机改革之后）、快速的金融创新，以及全球金融体系日益增加的复杂性、不透明性和互联性。为了帮助维护金融稳定，并避免金融危机可能造成的经济损害，美联储扩大了应对危机的工具，面对全球金融危机和2020年3月的疫情恐慌，美联储的反应充分表明了这一点。它还采用宏观审慎的观点，系统地监测整个金融系统，甚至包括没有直接监管责任的市场和机构，并努力识别危及金融稳定的风险。它还在继续研究货币政策和私人冒险行为之间的联系。

自全球金融危机以来取得的进展应该归功于立法者和监管者，但正如2020年3月（疫情危机）发生的事件所表明的那样，关键的监管缺口依然存在。美国监管机构仍然缺乏必要的权力和授权来防范重要的系统性风险，尤其是在房地产和影子银行领域。鉴于其专业性和信誉度，美联储应采取更多行动指出尚存的差距，并敦促国会和金融稳定监督委员会的其他成员采取行动。特别是，由于冒险行为总会发生在系统中监管最松的部分，因此"职能相似的金融公司也应该受到相似的监管"这一原则应该得到更加认真的对待。从美联储的角度来看，更强有力的宏观审慎监管将通过减少可能的金融不稳定副作用，使货币政策更加安全和有效。

除了经济和政策方面的挑战，美联储还必须应对其日益增加的公众关注度。它在应对最近的金融和经济危机中的领导作用，使这个曾经默默无闻的机构一跃成为全国关注的焦点。在这方面，自1996年以来世界已经发生了巨大的变化，当时美联储理事会前副主席艾伦·布林德说："我听说，数百万美国人仍然认为美联储是一个由政府拥有的森林和野生动物保护区，想象一下在那里公牛、熊、鹰和鸽子和谐地嬉戏玩耍。"[11]美联储领导人需要与所有美国人更加密切地接触，倾听他们的担忧，解释美联储的政策，并阐明非政治性的、独立的、客观的货币政策制定符合经济的长期利益。未来美联储无疑会犯错误，就像过去一样。但正如杰罗姆·鲍威尔所言，它必须继续表明，自己不会在品行或是诚信方面犯错。

# 致读者

我非常渴望收到本书读者的来信——是否还有我不曾讲述的重要问题？或者我所讲述的问题是否有误？是否应该有更深入探讨的主题？鉴于制定货币政策的环境复杂多变，是否还有新的问题需要解决？想对本书提出问题或发表评论，请访问 http://benbernankebook.com/feedback。您的建议将为以后的版本提供参考，我将在公共网站上发布对选定问题和评论的回复。预先感谢您的反馈！

本·伯南克

# 致　谢

在我创作完成本书的过程中，许多人给我提供了帮助和鼓励。曾与我密切合作、撰写全球金融危机回忆录《行动的勇气》一书的戴夫·斯基德莫尔（Dave Skidmore），再一次将他出色的编辑技能和对美联储的了解投入这本书的编写中，使其更加清晰和准确。我感谢他的辛勤工作和宝贵的想法和建议。我还要感谢迈克尔·吴（Michael Ng）、赛治·贝尔兹（Sage Belz）、芬恩·舒勒（Finn Schuele）、泰勒·鲍威尔（Tyler Powell）和埃里克·米尔斯坦（Eric Milstein），感谢他们杰出的研究协助，支持了本书以及本书所引用的几个独立研究项目。与这些有才华的年轻人一起工作是一件非常愉快的事。我相信将来会听到更多关于他们的消息和成果。

本书初稿的读者包括比尔·英格利斯（Bill English）、马克·格特勒、阿尼尔·卡什亚普、唐·科恩、黛比·卢卡斯（Debbie Lucas）、弗雷德里克·米什金、安吉尔·乌比德（Angel Ubide）以及大卫·韦塞尔（David Wessel）。我感谢他们以及麻省理工学院研讨会的与会者们提出的有益意见。感谢布鲁金斯学会（我是哈钦斯财政和货币政策中心的杰出高级研究员）和麻省理工学院（我曾于2020—2021年担任Golub金融和政策中心研究员）的支持。

感谢W.W.诺顿公司的工作人员，特别是我的编辑布兰顿·库里（Brendan Curry），他也在《行动的勇气》一书中与我合作。感谢他对手稿的评论，感谢他在整个出版过程中对这个项目的指导。我还要感谢项目编辑丽贝卡·霍米斯基（Rebecca Homiski）、制作经理安娜·欧勒（Anna Oler）、艺术总监刘英苏（Ingsu Liu）、文案编辑卡拉·巴恩威尔（Carla Barnwell）、公关人员雷切尔·萨尔兹曼（Rachel Salzman）和编辑助理卡罗琳·亚当斯（Caroline Adams）提供高度专业的协助。我的法律顾问和作家经纪人鲍勃·巴奈特（Bob Barnett）、迈克尔·奥康纳（Michael O'Connor）提供了出色的建议和指导。

这本书是我在新冠肺炎大流行期间的写作计划，主要是在家里完成的，因此我的妻子安娜比过去更近距离地接触到了写作过程的起起伏伏，这一切都被那不寻常的一年的焦虑覆盖。她一如既往地提供了源源不断的支持和关心。

最后，我要感谢我在美联储的朋友和前同事们。美联储是一个杰出的机构，不幸的是，它为加强和保护美国经济和金融体系所做的努力往往没有得到很好的理解或赞赏。我希望这本书能帮助改变这种状况，哪怕是一点点也好。

# 资料来源说明

这本书引用了许多资料，包括公开文件，如演讲、报告、新闻报道、出版作品、已发表的文章、研究性论文和经济数据。以下列举了在撰写本书过程中经常用到的资料来源和链接。

## 美联储文件来源

美联储的网站www.federalreserve.gov提供了大量的历史信息以及有关当前政策的信息。

◎有关联邦公开市场委员会的信息，包括政策会议记录、会后声明和执行说明、主席新闻发布会记录以及联邦公开市场委员会成员的季度经济预测，参见http://www.federalalreserve.gov/monetarypolicy/fomccalendars.htm。

◎联邦公开市场委员会的历史资料（包括会议记录和工作人员备忘录），参见http://www.federalreserve.gov/monetarypolicy/fomc_historical.htm。

◎美联储向媒体发布的新闻稿、贴现率会议记录、资产购买计划的解释和紧急工具的授权，参见https://www.federalreserve.gov/newsevents/

pressreleases.htm。

◎美联储理事会每年两次向国会发布《货币政策报告》，并由美联储主席在国会听证，报告讨论了货币政策和经济前景，并包含美联储工作人员对金融部门发展的分析。参见http://www.federalreserve.gov/monetarypolicy/mpr_default.htm。

◎2006年以来美联储理事会成员的讲话，参见https://www.federalreserve.gov/newsevents/speeches.htm。

◎1996年中期到2005年美联储理事会成员的讲话，参见https://www.federalreserve.gov/newsevents/speech/speeches-archive.htm。

◎2006年以来美联储理事会成员在国会听证会的证词，参见https://www.federalreserve.gov/newsevents/testimony.htm。

◎1996年中期到2005年美联储理事会成员在国会听证会的证词，参见https://www.federalreserve.gov/newsevents/testimony/testimony-archive.htm。

◎美联储经济研究档案系统（FRASER），圣路易斯联邦储备银行。FRASER是一家关于美国经济、金融和银行历史，尤其是美联储历史的数字图书馆。FRASER提供的关键文件，包括法律文件、其他有关美联储和1996年之前美联储的演讲和国会听证会文件。参见https://fraser.stlouisfed.org/。

◎美联储口述历史记录，2013年美联储百年纪念时，联邦公开市场委员会前成员和美联储工作人员的访谈记录，参见https://www.federalreserve.gov/aboutthefed/centennial/federal-reserve-oral-history-interviews.htm。

◎介绍美联储历史的文章和相关资源，参见https://www.federalreservehistory.org/。

## 其他公共文件

◎参议院和众议院听证会的记录，参见 http://www.gpo.gov/fdsys/browse/collection.action?collectionCode=CHRG。

## 数据来源

◎美联储经济数据库（FRED），圣路易斯联邦储备银行。FRED是记录金融和宏观经济数据的数据库。它还提供了绘制和操作数据序列的工具。FRED提供的关键指标包括失业率和就业人数、国内生产总值、消费者物价指数、个人消费支出价格指数、个人收入、石油价格、标准普尔和道琼斯工业平均指数、国债利率、公众持有的国债和房价（由Case-Shiller20–城市综合房价指数衡量），参见 https://research.stlouisfed.org/fred2/。

◎有关美联储资产负债表的数据，来自美联储发布的H.4.1报告，参见 http://www.federalreserve.gov/releases/h41/。

◎书中使用的其他数据来源在脚注中已有说明。

# 注　释

### 前　言

1. 鲍威尔新闻发布会记录，2020年1月29日，第1页。
2. 鲍威尔新闻发布会记录，2020年1月29日，第11页。
3. 鲍威尔新闻发布会记录，2020年3月3日，第1页。
4. 鲍威尔（2020b）。
5. 弗里德曼和施瓦茨（1963）。
6. 关于金本位制在大萧条中作用的进一步讨论，参见Eichengreen（1992）、伯南克（2000）和Ahamed（2009）。
7. Eichengreen和Sachs（1985）。
8. 伯南克（2002b）。
9. 费雪（1995），费雪使用了工具独立而不是政策独立这一术语。

### 第一章　大通胀

1. 菲利普斯（1958），对于工资与失业之间关系的基本概念比菲利普斯的论文出现得更早，它至少可以追溯到欧文·费雪在1926年的一篇论文，该论文于1973年重印（费雪，1973）。

2. 萨缪尔森和索洛（1960）。

3. "约翰·肯尼迪谈经济和税收。"约翰·肯尼迪总统图书馆和博物馆，2020年11月20日访问，https://www.jfklibrary.org/learn/about-jfk/jfk-in-history/john-f-kennedy-on-the-economy-and-taxes。

4. 美国战争图书馆，2020年11月24日访问，http://www.americanwarlibrary.com/vietnam/vwatl.htm。

5. Hooper、Mishkin和Sufi（2020），最初的医疗保险法禁止政府对医生的医疗决定进行任何干预，从而消除了成本节约限制的可能性。

6. Fair（1978）。

7. Dam和Shultz（1977）。

8. 伯南克（2008a）。

9. 弗里德曼（1968）。

10. Phelps（1968）。

11. 戈顿（2013），讨论了关于当代通货膨胀模型的实证工作，参见耶伦（2015）。

12. Hodgson（1998年8月20日）。

13. 有关协议故事的更多信息，参见Hetzel、Leach（2001）和Romero（2013）。

14. 在美联储经济研究档案系统中，参阅1951年3月4日的《财政部长、美联储理事会主席和联邦公开市场委员会的联合声明》。

15. 宾德和斯宾德（2017）。

16. Hetzel和Leach（2001）。

17. 沃尔克（2018）。

18. 马丁的原话是："我们的目的是抵御通胀或通缩的风向，无论它们朝哪个方向吹，我们都不会制造那些风向。"参见美联储经济研究档案系统，马丁在1956年1月20日参议院银行和货币委员会听证会的证词。

19. 美联储经济研究档案系统，参见马丁于1955年10月19日在美国投资银行家协会纽约小组的演讲。

20. 美联储经济研究档案系统，参见马丁于1957年8月13日在参议院财政委员会听证会的证词。

21. Romer和Romer（2002）。

22. Hetzel（2008），第6章。

23. 奥肯被Orphanides和Williams（2013）引用。

24. 目前对奥肯定律系数的估计更接近于2而不是3，有关奥肯定律的讨论，参见Owyang和Sekhposyan（2012）。

25. Orphanides和Williams（2013）讨论了政策制定者在大通胀期间对自然利率持坚定信念所带来的后果。Orphanides（2003）是第一批记录这一时期对u*的错误估计的人之一。

26. 宾德和斯宾德（2017）。

27. Granville（2017年6月13日）。

28. Granville（2017年6月13日）。

29. Hetzel（2008），第7章。

30. 美联储口述历史项目：采访美联储理事会前成员J. Dewey Daane（2006年6月1日），第37页。

## 第二章　伯恩斯与沃尔克

1. 更多关于伯恩斯的观点，参见Hetzel（1998）和Wells（1994）。

2. Abrams（2006）。

3. Ferrell（2010），第38页。

4. Hetzel（1998）。

5. Ferrell（2010），第34—35页。伯恩斯（1970）在佩珀代因大学的一次演讲中提倡加强管控。

6. Steelman（2013）。

7. 伯恩斯（1979）。

8. Silber（2012），第136页。

9. 美联储口述历史项目：采访保罗·沃尔克（2008年1月28日），第77—78页。

10. Silber（2012），第146页。

11. 沃尔克（2018），第102—104页。

12. Mondale 和 Hage（2010），第272—273页。

13. Rogoff（1985）。

14. 美联储经济研究档案系统，参见1980年2月19日沃尔克在众议院银行、住房和城市事务委员会听证会的证词。

15. Silber（2012），第168页。

16. 联邦公开市场委员会会议记录，1979年10月6日，第19页。

17. 有关信贷控制的更多信息，参见 Schreft（1990）。

18. Silber（2012），第190页，沃尔克（2018）写道（第111页），在费城的一个花园聚会上，卡特称美联储专注于货币供应的决定是"不明智的"。

19. 沃尔克（2018），第118页。

20. Silber（2012），第254页。

21. 沃尔克（2018），第113页。

22. "伊利诺伊州大陆银行的失败。"美联储历史，https://www.federalreservehistory.org/essays/failure-of-continental-illinois。

23. Haltom（2013），有关沃尔克的回忆，参见沃尔克（2018），第125—128页。

24. 该法案名为《存款机构放松监管和货币控制法案》（Depository Institutions Deregulation and Monetary Control Act），参见 Robinson（2013）。

25. 有关讨论参见 Goodfriend 和 King（2005）。

26. 沃尔克（1990）。

## 第三章　格林斯潘和繁荣的20世纪90年代

1. Mallaby（2016）。

2. Mallaby（2016），第344—345页。

3. 格林斯潘（2007），第108页。

4.《联邦储备法》颁布一百周年纪念仪式文字记录，2013年12月16日，第5—

7页，https://www.federalreserve.gov/newsevents/press/other/20131216-centennial-commemoration-transcript.pdf。

5. 联邦公开市场委员会会议记录，1987年12月16日，第71—72页。

6. 参见Freund、Curry、Hirsch和Kelley（1997）。

7. Peek和Rosengren（1992），第21—31页。

8. 这是休会任命，格林斯潘直到1992年2月28日才得到参议院的确认。在此期间，美联储理事会任命他为"临时主席"。

9. Mallaby（2016），第366页。

10. Nelson（1990年3月9日）。

11. 布什，1991年1月29日国情咨文。美国总统计划，加州大学圣巴巴拉分校，2021年11月27日访问。https://www.presidency.ucsb.edu/documents/address-before-joint-session-the-congress-the-state-the-union-1。

12. Mallaby（2016），第398—400页。

13. Blanchard（2019）。

14.《华尔街日报》（1998年8月25日）。

15. 布林德和耶伦（2001），第26页。

16. 美联储经济研究档案系统，参见格林斯潘1994年2月22日在美国众议院银行、金融和城市事务委员会经济增长和信贷形成小组委员会听证会的证词。

17. 格林斯潘（2007），第155页。

18. Boyle（1967），第217页。

19. 伯南克、Laubach、Mishkin和Posen（1999）。

20.《洛杉矶时报》（1987年9月27日）。

21. 联邦公开市场委员会会议记录，1994年2月3日至4日，第29—30页。

22. 会议纪要结合了前两份文件——《政策行动记录》和《行动纪要》，这两份文件不是连贯发布的。此前《政策行动记录》已向新闻界公布，《行动纪要》也已由美联储理事会的信息自由办公室提供，二者都是在会议之后的星期五发布的。

23. Woodward（2000）。

24. Uchitelle 和 Kleinfield（1996 年 3 月 3 日）。

25. 联邦公开市场委员会会议记录，1997 年 2 月 4 日至 5 日，第 98 页。

26. 最初的数据发布显示，每小时工作产出（劳动生产率）在 1996 年和 1997 年分别增长了 0.8% 和 1.7%。参见生产力和成本，存档新闻稿，美国劳工统计局，2020 年 11 月 30 日访问，https://www.bls.gov/bls/news-release/prod.htm。修正后的数据显示，劳动生产率在 1996 年和 1997 年分别增长了 2.1% 和 2.7%。此外，劳动生产率的增长正在加速，1998 年上升到令人印象深刻的 3.3%，参见非农商业部门：所有人每小时的实际产出，圣路易斯联邦储备银行数据库。

27. Manski 和 Straub（2000）记录了工人的态度。Allen、Clark、Schieber（2001）和 Stewart（2000）研究了 20 世纪 90 年代的实际工作保障。同样，Katz 和 Krueger（1999）通过对工人的调查和地区比较，也没有发现多少支持格林斯潘假设的证据。

28. 布林德和耶伦（2001），第 43—48 页。

29. 国会预算办公室估计，1980 年的自然失业率为 6.2%，1997 年为 5.3%。

30. Katz 和 Krueger（1999）。

31.《列克星敦先驱报》1915 年 11 月 1 日第 7 版第 4 专栏，Barry Popik 引用（2012 年 4 月 18 日），https://www.barrypopik.com/index.php/new_york_city/entry/luck_is_the_residue_of_design_dodgers_executive_branch_rickey。

32. 外国对这五个经济体的私人投资净额从 1994 年的 405 亿美元增加到 1996 年的 930 亿美元，参见 Radelet 和 Sachs（2000），第 2 页。

33. 市场下跌两天后，他在国会听证时说："美国的股票价格已经准备好进行调整……最近几天市场的净收缩将会抑制（劳动力市场疲软不可持续的减少），这一进展应该有助于延长我们为期六年半的业务扩张。"参见格林斯潘 1997 年 10 月 29 日在美国国会联合经济委员会听证会的证词。

34. 格林斯潘（2007），第 192 页。

35. Loomis（1998年10月26日）。

36. 美联储口述历史项目：采访艾伦·格林斯潘（2009年8月13日），第68页。

37. 联邦公开市场委员会会议记录，1998年9月21日，第98页。

38. 联邦公开市场委员会会议记录，1998年10月15日，第29页。

39. 联邦公开市场委员会会议记录，1998年9月29日，第29页。

40. 格林斯潘（2007），第196页。

41. 联邦公开市场委员会会议记录，1994年2月3日至4日，第47页。

42. 联邦公开市场委员会会议记录，1994年2月22日，第3页。

43. Campbell和Shiller（1998）。

44. 格林斯潘（1996）。

45. 该计算展现了1996年12月至2002年12月标准普尔500指数的回报率，并使用了Shiller（2000）的数据，更新的数据通过Shiller的在线数据存储库获取。

46. 有关用于估计股票风险溢价的模型的回顾，参见Duarte和Rosa（2015）。从20世纪90年代到1996年，溢价似乎一直大致稳定，只是在格林斯潘发表"非理性繁荣"讲话之后的那段时间才开始下降（因此表明估值过高）。

47. 格林斯潘（2007），第178—179页。

48. 格林斯潘（2007），第199—200页。

## 第四章　新世纪与新挑战

1. Shiller（2019）。

2. Willoughby（2000年3月20日）。

3. 从2000年3月纳斯达克指数达到峰值到2002年10月该指数触底，实际个人消费支出增加了11%，远低于纳斯达克指数达到峰值前同期19%的增幅。

4. Ferguson（2003）。

5. Wicksell（1936）提到了"自然"利率，他将其定义为价格趋于稳定的利率。

6. 费雪（1930）。

7. Laubach、Williams（2003）以及Holston、Laubach和Williams（2017）。

8. Summers（2014）。

9. Hansen（1939）。

10. Rachel和Summers（2019）。

11. 伯南克（2005），参见伯南克（2015c, d, e）。

12. Caballero、Farhi和Gourinchas（2017），有关进一步的证据，参见Del Negro、Giannone、Giannoni和Tambalotti（2017）。

13. Mian、Straub和Sufi（2021）。

14. 格林斯潘（2007），第229页。

15. 早期的一项重要贡献来自Krugman（1998）。

16. 伯南克（2002c），伯南克、Reinhart和Sack（2004）。

17. 联邦公开市场委员会会议记录，2003年12月9日，第89页。

18. 布林德和Reis（2005），第13页。

19. 美联储经济数据库，标准普尔/Case-Shiller美国全国住房价格指数。

20. 参见导致2008年金融危机的因素，2017年10月17日，芝加哥大学布斯商学院：全球市场倡议，https://www.igmchicago.org/surveysspecial/factors-contributing-to-the-2008-global-financial-crisis/。

21. Glaeser、Gottlieb和Gyourko（2013）。

22. Kuttner（2012）。

23. 伯南克（2010a）。

24. Shiller（2007）。

25. 伯南克（2015a），第96页。

26. Gramlich（2007），第108—109页。

27. 美联储理事会取缔"不公平或欺骗性"贷款行为的权力是由《房屋所有权和权益保护法》（HOEPA）确立的。有关讨论参见伯南克（2015a），第100—102页。

28. 格林斯潘（2005）。

29. 格林斯潘在众议院监督和政府改革委员会听证会的证词，2008年10月23日。

## 第五章　全球金融危机

1. 我对大萧条的大部分研究都收集在2000年的论著中。

2. 从2004年6月开始的两年间，30年期抵押贷款利率仅从6.3%上升到6.6%，尽管同期的联邦基金利率上升了4个百分点以上。格林斯潘将抵押贷款利率和其他长期利率对联邦基金利率上升的温和反应称为一个"难题"。我在后来的一次演讲（2006）中指出，外国对看似安全、期限更长的美元资产的需求是反应疲软的一个原因。短期利率的上升确实给可变利率抵押贷款的借款人带来了压力，但正如文中所指出的，到了2007年，可变利率抵押贷款占美国抵押贷款的比例不到8%。

3. Lewis（2010）。

4. 伯南克2007年3月28日在美国国会联合经济委员会听证会上的证词。

5. 联邦公开市场委员会会议记录，2007年3月21日，第67页。

6. Bartlett（2018）。

7. 戈顿（2012）。

8. Kacperczyk和Schnabl（2010）。

9. Pozsar、Adrian、Ashcraft和Boesky（2010）。

10. 伯南克（2015a），第402页。

11. Kacperczyk和Schnabl（2010）。

12. 戈顿和Metrick（2012）。

13. 伯南克（2018）。

14. 白芝浩（1873）。

15. 对有关美国政府在危机时期的计划、逻辑及其结果的广泛回顾，参见伯南克、盖特纳和保尔森（2020）。我在回忆录（伯南克，2015a）中更详细地描述了金融危机的事件，以及我在其中扮演的角色。

16. 收集在伯南克、盖特纳和保尔森（2020）论著中的文章提供了对这些证据的引用和评论。

17. 参见伯南克（2015a），第248—269页，以及伯南克、盖特纳和保尔森（2019），第61—73页。

18. 关于金融危机期间货币政策的更多细节，参见Kohn和Sack（2020），第425页。

19. 美联储理事会"政策工具：准备金余额利息"，2021年11月20日访问，https://www.federalreserve.gov/monetarypolicy/reserve-balances.htm。

20. 有关信贷中断对实体经济影响的证据，参见伯南克（2018）。参见Kohn和Sack（2020）关于美联储工作人员在危机初期对经济的过度乐观预测。

## 第六章　新的货币制度：从QE1到QE2

1. 伯南克（2008b）。
2. 联邦公开市场委员会会议记录，2008年12月15日至16日，第25页。
3. Correa和Davies（2008）。
4. 伯南克（2009a）。
5. 伯南克、Reinhart和Sack（2004）。
6. Furman（2020）。
7. Kohn和Sack（2020）。
8. 联邦公开市场委员会会议记录，2009年3月17日至18日，第123页。
9. 联邦公开市场委员会会议记录，2009年3月17日至18日，第203页。
10. 联邦公开市场委员会会议记录，2009年4月28日至29日，第33页。
11. 美联储新闻稿，美联储、货币监理署和联邦存款保险公司发布监管资本评估计划结果，2009年5月7日，https://www.federalreserve.gov/newsevents/pressreleases/bcreg20090507a.htm。
12. Reinhart和Rogoff（2009）。
13. 事实上，联邦公开市场委员会在2014年关于退出原则的声明（由2011年6月会议纪要提供的信息所预示）以及耶伦主席和鲍威尔主席领导下的实际政策中都采用了类似的顺序。参见政策正常化原则与计划，2014年9月16日，https://www.federalreserve.gov/monetarypolicy/files/FOMC_PolicyNormalization.pdf。参见美联储理事会，政策正常化：联邦公开市场委员会政策正常化讨论和沟通的历史，2020年12月8日访问，https://www.federalreserve.gov/monetarypolicy/policy-normalization-discussions-communications-history.htm。

14. 包括Barry Eichengreen、米尔顿·弗里德曼、Martin Feldstein和Michael Mussa在内的几位知名经济学家都预料到了欧元区的缺陷。参见Jonung和Drea（2009）。

15. Erceg、Linde和Reifschneider（2010）。

16. 伯南克（2010b）。

17. David M.Herszenhorn提供的信函，"亲爱的伯南克先生：没有压力，但是……"，《纽约时报》，2010年11月17日，https://thecaucus.blogs.nytimes.com/2010/11/17/dear-mr-bernanke-no-pressure but/?searchResultPosition=1。

18.《华尔街日报》（2010年11月15日）。

19.《华尔街日报》（2011年9月20日）。

20. Wheatley和Garnham（2010年9月27日）。

21. 伯南克（2015a），第493页。

22. 有关立法之争的讨论，参见伯南克（2015a），第435—466页。

23. 宾德和斯宾德（2017）。

24. Perry是2011年8月15日在艾奥瓦州参加竞选活动时发表上述言论，Gingrich是在2011年9月7日共和党总统候选人辩论中发表上述言论。有关政治反弹的更多信息，请参见伯南克（2015a），第520—523页。

25. 伯南克（2009b）。

26. 伯南克（2015b）。

## 第七章　货币政策的演化：QE3和缩减恐慌

1. Reinhart和Rogoff（2009）。

2. Fernald（2014）。

3. Woodford（2012）。

4. Femia、Friedman和Sack（2013）。

5. Swanson（2011）。

6. 伯南克和Mishkin（1997）。

7. Taylor（1993）描述了规范的泰勒规则。有关进一步的讨论，参见伯南克（2015f）。

8. Mallaby（2016），第380页。

9. Mallaby（2016），第487—491页。

10. 伯南克（2003a，b）。

11. 伯南克（2015a），第538页。

12. Draghi（2012）。

13. 伯南克（2012）。

14. 联邦公开市场委员会会议记录，2013年3月19日至20日，第8页。

15. 伯南克（1999）。

16. 2013年5月22日伯南克在美国国会联合经济委员会听证会的证词。

17. 联邦公开市场委员会会议记录，2013年4月30日至5月1日，第7页。有关联邦公开市场委员会会议记录中使用的数量词（如"大多数""许多""几个"等）及其解释的讨论，参见Meade、Burk和Josselyn（2015）。

18. 伯南克新闻发布会记录，2013年6月19日，第5—6页。

19. 伯南克（2014a）。

## 第八章　进入加息周期

1. 联邦公开市场委员会会议记录，2014年3月4日，第4页。

2. 耶伦新闻发布会记录，2014年3月19日，第14页。

3. 美联储新闻稿，美联储发布关于联邦公开市场委员会政策正常化原则和计划的声明，2014年9月17日，https://www.federalreserve.gov/newsevents/pressreleases/

monetary20140917c.htm。

4. Williams（2017）。

5. Das（2019）。

6. Spicer（2015年8月26日）。

7. Rosenfeld（2015年8月28日）。

8. 耶伦新闻发布会记录，2015年12月16日，第4页。

9. Irwin（2018年9月29日）。

10. Mui（2016年7月27日）。

11. 戈顿（2016）。

12. Daly、Hobijn、Şahin和Valletta（2012）。

13. Staiger、Stock和Watson（1997）。

14. 耶伦（2014）。

15. Jamrisko、Whiteaker和Diamond（2018）。

16. 伯南克（2016）。

17. Nechio和Rudebusch（2016）。

18. 确定20世纪90年代菲利普斯曲线突破的研究包括：Blanchard、Cerutti和Summers（2015）；Blanchard（2016）；Del Negro、Lenza、Primiceri和Tambalotti（2020）。

19. 参见Kiley（2015）的讨论。

20. Stock和Watson（2007）使用统计方法表明，1990年之后的通货膨胀最好被建模为围绕永久趋势的短暂偏差，而在早期，对通货膨胀的冲击往往会持续而不是消失。Hooker（2002）指出，石油价格冲击在20世纪80年代不再传导到核心通胀。

21. 耶伦（2017b）回顾了美联储对通胀决定的思考。

22. 关于跨国研究，参见Blanchard、Cerutti和Summers（2015）。参见《福布斯》（2019）关于通胀的国际影响。有关州一级的研究，参见Hooper、Mishkin和Sufi（2020）以及McLeay和Tenreyro（2020）。

23. 参见 Gilchrist 和 Zakrajšek（2019）。
24. Mahedy 和 Shapiro（2017）讨论了医疗保健的案例。Stock 和 Watson（2020）更普遍地表明，与过去相比，当前对周期不敏感的商品和服务在消费者篮子中占据了更大的份额。当他们关注周期性敏感价格时，他们发现菲利普斯曲线不那么平坦了。
25. 参见伯南克（2007）和 Mishkin（2007）。另参见 Roberts（2006），关于货币政策的变化如何有助于解释菲利普斯曲线的平坦化。
26. Harker（2017）。
27. Appelbaum（2017年4月4日）。
28. 伯南克（2015g）。
29. 耶伦（2017a）。
30. 耶伦在美国众议院金融服务委员会听证会的证词，2017年7月12日。
31. 2016年10月16日，特朗普在接受彭博电视台采访时表示，耶伦是一个"非常政治化的人"。他在2016年9月12日接受CNBC采访时表示，耶伦应该为自己感到羞愧。
32. 参见 Youtube，唐纳德·特朗普为美国辩护，2016年11月6日，https://www.youtube.com/watch?v=vST61W4bGm8。
33. Timiraos 和 Davidson（2017年6月13日）。
34. Fleming（2018年10月26日）。
35. 耶伦（2017a）。

## 第九章　鲍威尔和特朗普

1. 鲍威尔（2015）。
2. 鲍威尔宣誓就职演讲稿，2018年2月5日，第1页。
3. 鲍威尔2017年6月22日在美国参议院银行、住房和城市事务委员会听证会的证词，第1页。
4. 鲍威尔新闻发布会记录，2018年3月21日，第2—3页。

5. Condon（2019）汇总了本章中提到的特朗普关于美联储的各种推文。

6. 鲍威尔（2018a）。

7. 鲍威尔（2018b）。

8. 鲍威尔新闻发布会记录，2018年12月19日，第1—4页。

9. Cox（2018年10月3日）。

10. 鲍威尔新闻发布会记录，2018年12月19日，第6页。

11.《华尔街日报》（2019年1月4日）。

12. 鲍威尔新闻发布会记录，2019年1月30日，第13页。

13. 美联储新闻稿，《关于鲍威尔主席和克拉利达副主席与总统和财政部长会晤的声明》，2019年2月4日，https://www.federalreserve.gov/newsevents/pressreleases/other20190204a.htm。

14. 有关详细信息，参见Tankersley（2019年4月11日）和Tankersley、Haberman和Cochrane（2019年5月2日）。

15. Amiti、Redding和Weinstein（2020）。

16. Weinraub（2020年10月19日）。

17. Baker、Bloom和Davis（2016）。

18. 鲍威尔（2019a）。

19. 鲍威尔新闻发布会记录，2019年6月19日，第1页。

20. 鲍威尔新闻发布会记录，2019年6月19日，第6页。

21. 鲍威尔新闻发布会记录，2019年7月31日，第1页。

22. 鲍威尔新闻发布会记录，2019年7月31日，第4页。

23. 鲍威尔（2019b）。

24. 鲍威尔新闻发布会记录，2019年10月30日，第1—3页。

25. 美联储新闻稿，2018年11月15日，https://www.federalreserve.gov/newsevents/pressreleases/monetary20181115a.htm。

26. 克拉利达（2019）。

27. 2019年8月对持有约3/4准备金的银行的高级财务官进行的一项调查显

示，它们的最低合理准备金总额为6 520亿美元。根据推断，所有准备金持有者都会对大约9 000亿美元感到满意，https://www.federalreserve.gov/data/sfos/aug-2019-senior-financial-officer-survey.htm。

## 第十章 新冠肺炎大流行

1. 鲍威尔新闻发布会记录，2020年1月29日，第2页。

2. 鲍威尔新闻发布会记录，2020年1月29日，第12页。

3. Taylor（2020年3月17日）。

4. 美联储新闻稿，《美联储理事会主席杰罗姆·鲍威尔的声明》，2020年2月28日，https://www.federalreserve.gov/newsevents/pressreleases/other20200228a.htm。

5. Ghebreyesus（2020）。

6. Achenbach、Wan和Sun（2020年3月11日）。

7. Quarles（2020）。

8. Baer（2020年5月20日）。有关3月国债市场混乱的讨论，参见Schrimpf、Shin和Sushko（2020）；Duffie（2020）；以及Cheng、Wessel和Younger（2020）。

9. 参见Cetorelli、Goldberg和Ravazzolo（2020）关于货币互换额度有效性的文章。

10. 联邦公开市场委员会会议记录，2020年3月15日，第6页。

11. 英格兰银行，2020年3月19日货币政策委员会特别会议货币政策摘要，https://www.bankofengland.co.uk/monetary-policy-summary-and-minutes/2020/monetary-policy-summary-for-the-special-monetary-policy-committee-meeting-on-19-march-2020。

12. 日本银行，鉴于新冠肺炎疫情暴发的影响，加强货币宽松政策，2020年3月16日，https://www.boj.or.jp/en/mopo/mpmdeci/state_2020/k200316b.htm/。

13. Lagarde（2020a）。

14. 欧洲中央银行，"疫情流行紧急购买计划"（PEPP），2020年12月19日，

https://www.ecb.europa.eu/mopo/implement/pepp/html/index.en.html。

15. 欧洲中央银行，"公开市场操作"，2020年12月19日访问，https://www.ecb.europa.eu/mopo/implement/omo/html/index.en.html。

16. Rankin（2020年7月21日）。

17. 鲍威尔（2020a）。

18. Samuels（May13，2020）。

19. 鲍威尔（2020c）。

20. 联邦公开市场委员会会议记录，2021年7月27日至28日。克拉利达（2021年）介绍了2022年末或2023年初开始加息的逻辑，认为这样做符合美联储的新框架。

## 第十一章　2008年之后美联储的工具箱：量化宽松和前瞻性指引

1. Eggertsson和Woodford（2003）。

2. 伯南克（2014b）。

3. 有关量化宽松的经验和影响的调查，参见Williams（2014）；Gagnon（2016）；Bhattarai和Neely（即将出版）；Kuttner（2018）；Dell'Ariccia、Rabanal和Sandri（2018）；伯南克（2020）。本章和下一章的大部分内容来自伯南克（2020），这是作者在美国经济协会的主席讲话。

4. Bhattarai、Eggertsson和Gafarov（2015）。

5. Kiley（2014）提出了一个模型，其中短期和长期利率都影响总需求。一个隐含的含义是，在没有伴随短期利率下调的情况下，由量化宽松带来的长期利率下调可能不如传统宽松政策在远离有效下限的情况下带来的较低短期和较低长期利率的组合更有力。

6. Rebucci、Hartley和Jiménez（2020）。

7. Gagnon、Raskin、Remache和Sack（2011）。

8. 由作者计算的表格中的资产价格反应与最初的工作人员备忘录中的非常相似。Gagnon、Raskin、Remache和Sack（2011）也考虑了更大的一组8个公告日。使用较大的集合会使结果基本保持不变。更为普遍的是，大量相关文献表明，这些结果对所考虑的确切天数并不敏感。

9. Joyce、Lasaosa、Stevens 和 Tong（2011）。

10. 参见 Greenlaw、Hamilton、Harris 和 West（2018）。Gagnon（2018）在对他们论文的回复中预见了我在这里提出的一些观点。

11. Krishnamurthy 和 Vissing-Jorgensen（2011）。

12. 参见 Cahill、D'Amico、Li 和 Sears（2013）。

13. De Santis（2020）。

14. D'Amico 和 King（2013）开创了这一方法，但他们的论文只考虑了 QE1。有关美国的更多结果，参见 Cahill、D'Amico、Li 和 Sears（2013）；Meaning 和 Zhu（2011）；以及 D'Amico、English、López-Salido 和 Nelson（2012）。

15. 一个有趣的研究英国情况的例子是 McLaren、Banerjee 和 Latto（2014）。这些作者考虑了三个"自然实验"，即英格兰银行宣布改变其资产购买期限分布的日期，其原因与货币政策计划或目标无关。他们发现强劲的本地供应效应（计划变更所青睐的资产价格上涨）不会随着时间的推移而消失。对英国发现类似结果的研究包括 Meaning 和 Zhu（2011）以及 Joyce 和 Tong（2012）。

16. DiMaggio、Kermani 和 Palmer（2020）。

17. Bauer 和 Rudebusch（2014）。

18. Altavilla 和 Giannone（2017）。

19. D'Amico 和 King（2013）。

20. Ihrig 等人（2018）。

21. 关于该方法及其研究结果的总结，参见 Bonis、Ihrig 和 Wei（2017）。这项工作建立在 Li 和 Wei（2013）以及 Hamilton 和 Wu（2012）的基础上。Hamilton 和 Wu 发现资产购买的影响稍弱一些。几篇论文使用回归方法来评估债券供给对期限溢价的影响，例如 Gagnon、Raskin、Remache 和 Sack（2011）。以 Ihrig 等人（2018）为代表的这一研究路线，试图将更大的结构（包括无套利条件）强加于这一方法。另参见 Greenwood 和 Vayanos。

22. 关于国债发行和量化宽松购买的竞争效应，参见 Greenwood、Hanson、Rudolph 和 Summers（2015 年）。

23. 例如 Wu（2014）将 2008 年秋季和 2013 年缩减恐慌之间 10 年期国债收益率下降 2.2 个百分点的一半以上归于美联储的资产购买，这类似于美联储工作人员的研究。Altavilla、Carboni 和 Moto（2015 年）以及 Eser 等人（2019 年）发现欧洲央行 2015 年 1 月宣布的量化宽松计划产生了类似的效果。

24. 这个 3∶1 的比率经常被美联储工作人员引用。参见 Chung、Laforte、Reifschneider 和 William（2012），他们对联邦基金利率和 10 年期国债收益率的变化进行了回归分析，发现了两者之间存在 4∶1 的比率关系。另见 Laforte（2018）。

25. 参见 Coibion、Gorodnichenko、Knotek 和 Schoenle（2020）。作者在一项调查实验中发现，大多数人对美联储在 2020 年 8 月宣布的新政策框架不知情或没有反应。

26. 参见例如伯南克、Kiley 和 Roberts（2019）。

27. 参见 Nelson（2021）、Lindsey（2003）、Feroli 等人（2017）。

28. Gürkaynak、Sack 和 Swanson（2005）。

29. Campbell、Evans、Fisher 和 Justiniano（2012）。

30. 参见 Femia、Friedman 和 Sack（2013）。Raskin（2013）使用来自利率期权的信息得出了类似的结论。另参见伯南克（2020）对美联储将利率指导与特定日期绑定的公告的影响事件研究总结。更一般地说，Carvalho、Hsu 和 Nechio（2016）通过计算杂志和报纸文章中的特定词来衡量政策预期，表明美联储出人意料的沟通影响了长期利率。Del Negro、Giannoni 和 Patterson（2015）得出结论，前瞻性指引对通胀和增长预期产生了积极影响。

31. 提供广泛指导的决策者演讲的一个例子是克拉利达（2020b）。

32. Bush、Jendoubi、Raskin 和 Topa（2020）。

33. 德拉吉新闻发布会的介绍性声明，2013年7月4日，https://www.ecb.europa.eu/press/pressconf/2013/html/is130704.en.html。

34. Charbonneau和Rennison（2015）提供了关于危机后前瞻性指引的国际证据的年表和回顾。Altavilla等人（2019）使用统计分析来确定欧洲央行沟通的关键维度。Gürkaynak、Sack和Swanson（2005）以及Swanson（2020）也使用了类似的分析。Hubert和Labondance（2018）发现，欧洲央行的前瞻性指引在整个期限结构中持续降低了利率。

35. Nakata（2015）对制度声誉进行了理论建模。

## 第十二章　美联储的工具箱足够了吗

1. Fernald、Hall、Stock和Watson（2017）。

2. Engen、Laubach和Reifschneider（2015）。

3. 这个计算基于Laforte（2018）的研究。

4. Caldara、Gagnon、Martínez-García和Neely（2020）。

5. 鲍威尔新闻发布会记录，2020年6月10日，第10页。

6.《经济展望更新：2010—2030年》，国会预算办公室，2020年7月，https://www.cbo.gov/system/files/2020-07/56442-CBO-update-economic-outlook.pdf。

7. 有关2020年业务退出的分析，参见Crane等人（2020）。

8. 关于新冠肺炎疫情期间欧洲央行政策对GDP和通胀的过往和预期影响的估计，参见拉加德（2020b）。

9. 伯南克（2020）。

10. Chung等人（2019）。

11. Reifschneider（2016）和Kiley（2018）得出了定性上相似的结果，而Chung等人（2019）则更为悲观。有关这些研究之间的差异的讨论，参见伯南克（2020）。Kim、Laubach和Wei（2020）对新工具的宏观经济利益提出了更为乐观的看法。

12. Rodnyanksy和Darmouni（2017）。

13. Kurtzman、Luck 和 Zimmermann（2017）发现，在 QE1 和 QE3 购买抵押贷款支持证券后，银行降低了贷款标准，并发放风险更高的贷款。他们估计额外的信贷发行相当于将联邦基金利率下调 1 个百分点。他们同时认为这种冒险行为的增加有利于经济复苏，而不会损害金融稳定。

14. 如果实际中性利率高于零，那么达到 2% 的通胀目标将使名义中性利率提高到 2%~3%，这为货币政策提供了一些空间。除了 Kiley（2019）估计许多国家的实际中性利率为负值外，目前大多数估计都认为主要外国经济体的实际中性利率高于零以上。例如，纽约联邦储备银行的报告根据 Holston、Laubach 和 Williams（2017）对加拿大、欧元区和英国的实际中性利率的估计，截至 2021 年均为正。Okazaki 和 Sudo（2018）使用 Laubach 和 Williams（2003）的方法以及计量经济学模型估计日本的实际中性利率接近于 1%。Davis、Fuenzalida 和 Taylor（2021）对六个发达经济体的实际中性利率的估计介于大约零和略为正数之间。

15. 参见欧洲央行新闻稿，《欧洲央行管理委员会批准新货币政策战略》，2021 年 7 月 8 日，https://www.ecb.europa.eu/press/pr/date/2021/html/ecb.pr210708~dc78cc4b0d.en.html。

16. 参见美联储新闻稿，"美联储宣布 2020 年地区联邦储备银行收入和支出数据并转入财政部"，2021 年 1 月 11 日，https://www.federalreserve.gov/newsevents/pressreleases/other20210111a.htm。关于量化宽松政策对政府长期债务的影响，参见 Clouse 等人（2013 年）。

17. Caballero 和 Kamber（2019）。

18. Gilchrist 和 Zakrajšek（2013）。

19. Swanson 和 Williams（2014）。

20. 研究检验了货币政策在不同经济体中的分配效应。关于美国的情况，参见 Bivens（2015）。关于欧元区的情况，参见 Slacalek、Tristani 和 Violante（2020）。关于英国的情况，参见 Bunn、Pugh 和 Yeates（2018）。Aaronson、Daly、Wascher 和 Wilcox（2019）证明了"火爆"的劳动力市场对于低工资工人的好处。Heathcote、Perri和Violante（2020）记录了衰退对不平等加剧的影响。有关进一步的讨论，参见伯南克（2015h）。

21. Kopcke和Webb（2013）。

22. 有关退休计划、房屋所有权和股票持有量的数据来自《2016—2019年美国家庭财务变化：消费者财务调查的证据》，美联储公报，2020年9月。

23. Bartscher、Kuhn、Schularick和Wachtel（2021）研究发现，宽松的货币政策增加的黑人就业人数超过白人就业人数，但也显著恶化了种族财富差异。

24. 关于日本，参见Caballero、Hoshi和Kashyap（2008）。McGowan、Andrews和Millot（2018）讨论了发达经济体中僵尸企业的发生率。

25. Favara、Minoiu和Perez-Orive（2021）。

26. 关于量化宽松和货币宽松政策的其他批评的更多讨论，参见伯南克（2017a）。

## 第十三章　强有力的政策：新的工具和框架

1. 进一步的讨论参见Dell'Ariccia、Rabanal和Sandri（2018），Potter和Smets（2019）。

2. D'Amico和Kaminska（2019）。

3. Gilchrist和Zakrajšek（2012）。

4. Gilchrist和Zakrajšek（2012）。

5. 2020年3月，珍妮特·耶伦和我提出，国会应该授予美联储有限的自由裁量权，让其购买高等级公司债券，以支持流向非金融企业的信贷。参见伯南克和耶伦（2020）。《新冠病毒援助、救济和经济安全法案》就设立了这样一个工具，但正如珍妮特和我所提议的那样，该工具的目的是改善信贷市场的运转，而不是在更大范围内增强货币政策的效力。

6. 参见Andrade、Cahn、Fraisse和Mésonnier（2019）；Churm、Joyce、Kapetanios和Theodoridis（2021）；Cahn、Matheron和Sahuc（2017）。

7. 参见Arteta、Kose、Stocker和Taskin（2018），Eisenschmidt和Smets（2018）。

8. Brunnermeier和Koby（2018）。

9. 参见 Lopez、Rose 和 Spiegel（2020）；Altavilla、Burlon、Giannetti 和 Holton（2021）。

10. Burke 等人（2010）。

11. 参见 Grisse、Krogstrup 和 Schumacher（2017）。

12. 参见 Bowman、Erceg 和 Leahy（2010）。有关 1951 年以前的经验，参见 Chaurushiya 和 Kuttner（2003）。

13. 参见 Brainard（2019）的早期支持性观点。Clarida（2020a）指出，在当前环境下，产量上限和目标是不必要的，但如果环境发生显著变化，（这）可能仍然是一个选项。

14. 参见"什么是关于长期目标和货币政策战略的声明，以及为什么联邦公开市场委员会要发布它？"常见问题解答，美联储理事会，2021 年 1 月 26 日访问，https://www.federalreserve.gov/faqs/statement-on-longer-run-goals-monetary-policy-strategy-fomc.htm。

15. 伯南克和 Mishkin（1997）。

16. Svensson（1999）是价格水平目标的早期支持者。Eggertsson 和 Woodford（2003 年）认为，当有效利率下限是货币政策的常见约束时，价格水平目标可能特别有用。

17. 参见伯南克（2017a），伯南克、Kiley 和 Roberts（2019）。

18. Brainard（2017）。

19. 克拉利达（2020b）提供了更为详细的讨论。

20. 关于美联储理事会工作人员对名义国内生产总值目标的分析，参见 Erceg、López-Salido 和 Tetlow（2011）以及 Erceg、Kiley 和 López-Salido（2011）。克里斯蒂娜·罗默在《纽约时报》的一篇专栏文章（2011 年 10 月 29 日）中倡导名义 GDP 目标。其他早期的倡导者包括 Carney（2012）、Woodford（2012）和 Sumner（2014）。最近的支持来自圣路易斯联邦储备银行行长布拉德（Bullard 和 DiCecio，2019）。

21. 有关提高通胀目标理由的近期声明，参见 Andrade、Galí、LeBihan 和 Matheron

（2019）。参见 Blanchard、Dell'ariccia、Mauro（2010）和 Leigh（2010）。

22. 参见 Furman and Summers（2020）。这种观点让人想起20世纪五六十年代凯恩斯主义经济学家的观点，他们追随凯恩斯本人，将财政政策视为最有效的稳定工具。与2000年之后的时期一样，20世纪30年代的利率（当时凯恩斯正在发展他的理论）接近于零，凯恩斯认为这限制了货币政策的范围。

23. Boushey、Nunn 和 Shambaugh（2019）。

24. 弗里德曼（1969）。

25. 进一步的讨论参见 Kocherlakota（2016）。

26. 关于现代货币理论的概述和进一步的参考资料参见 Matthews（2019）。Mankiw（2020）提供了一种深思熟虑的主流批评。

## 第十四章　货币政策和金融稳定

1. 伯南克和 Kuttner（2005）发现，联邦基金利率出人意料地下调0.25个百分点通常会使股价上涨约1%。Reinhart 和 Reinhart（2011）发现，联邦基金利率和资产价格之间的长期关系相当弱，特别是在1990年以后，流入美国的外国资本重要性增加了。

2. Mishkin 和 White（2003）。

3. 关于金本位制在大萧条中的作用，参见 Eichengreen 和 Sachs（1985），伯南克和 James（1991），以及 Eichengreen（1992）。弗里德曼和施瓦茨（1963）的经典研究强调了美国银行倒闭对货币供应和价格水平的影响。伯南克（1983）讨论了银行倒闭对信贷的影响。伯南克（2018）提供了有关信贷在大萧条中作用的最新参考资料。参见 Ahamed（2009）对大萧条根源的一种引人入胜的流行处理。

4. 参见 Jordà、Schularick 和 Taylor（2013）；Jordà、Schularick 和 Taylor（2015b）。

5. Case、Quigley 和 Shiller（2013）。

6. 例如，2020年，由联邦存款担保公司担保的银行持有的贷款和租赁中，约有一半是由房地产担保的，高于任何其他类别。联邦存款担保公司：https://www.fdic.gov/analysis/quarterly-bankingprofile/qbp/2020sep/qbp.pdf#page=1。

7. Mian、Sufi 和 Verner（2017）。
8. 有关货币宽松对银行贷款影响的证据和理论的概述，参见 Paligorova 和 Sierra Jimenez（2012）。
9. 伯南克和 Kuttner（2005）。
10. Hanson 和 Stein（2015）。
11. 伯南克、Gertler 和 Gilchrist（1996）。
12. 有关进一步的讨论，参见 Borio 和 Zhu（2012）以及 Stein（2013）。
13. Barberis、Greenwood、Jin 和 Shleifer（2018）。
14. Minsky（1986）。
15. 在根据 Lewis（2010）所改编的电影中，诺贝尔奖得主行为经济学家 Richard Thaler 以演员 Selena Gomez 扮演的角色解释了投资者的行为偏见。
16. Rajan（2005）。
17. Stein（2013）提出了这个论点。
18. 参见 Lu 等人（2019）。
19. 关于宏观审慎工具的介绍，参见 Yilla 和 Liang（2020）。Crockett（2000）是第一个呼吁使用这类政策的人之一。
20. Liang 和 Edge（2019）提出了关于在宏观审慎委员会的政治考虑和有效性之间进行权衡的国际证据。
21. 参见例如 Claessens（2015），Richter、Schularick 以及 Shim（2019）。
22. 耶伦（2018）。
23. Metrick 和 Tarullo（2021）主张"一致"监管。大致来说，履行类似职能的金融公司应该以类似的方式接受监管。
24. 参见伯南克、盖特纳和保尔森的"Conclusion：The Fire Next Time"（2019）。
25. 参见例如耶鲁大学管理学院的金融稳定计划，https://som.yale.edu/faculty-research-centers/centers-initiatives/program-on-financial-stability。

该项目在全球危机之后成立，对全球数十起金融危机以及政策制定者的应对措施进行了详细分析。这些案例研究用于帮助培训来自世界各地的央行和财政部的工作人员，旨在改善对未来危机的预防和管理。

26. 伯南克（2002a）。

27. Ahamed（2009），第276页。

28. Bean、Paustian、Penalver和Taylor（2010），第300页。

29. Jordà、Schularick和Taylor（2015a）。

30. Borio和White（2003）。

31. Agur和Demertzis（2013）认为，如果货币政策包括金融稳定目标，那么在经济走弱的情况下，最好的政策是积极放松政策，但要缩短利率保持在低位的时间以限制风险的积聚。

32. Stein（2013）。

33. 参见Adrian、Duarte、Liang和Zabczyk（2020）。

34. 伯南克（2004）。

35. 参见例如Adrian和Liang（2018）。

36. 参见Greenwood、Hanson、Shleifer和Sørensen（即将出版）。在文本中讨论的演讲之后，Stein（2014）建议使用债券风险溢价的衡量标准作为金融风险的指标。

37. English（即将出版）讨论了挪威的案例。

38. 参见Svensson（2017a，b）。

39. Adrian和Liang（2018）。

40. 这一点由Gourio、Kashyap和Sim（2018）提出。Reinhart和Rogoff（2009）提供的证据表明，金融危机之后的衰退往往特别严重和持久。

41. Rey（2013）。

42. 其他因素也会影响全球周期。有关美联储政策在确定国际资本流动方面的重要性相对较低的研究，参见Clark、Converse、Coulibaly和Kamin（2016）。

43. Adrian和Shin（2010）。

## 第十五章　美联储的独立性及其社会角色

1. 伯南克新闻发布会文字记录，2013年12月18日，第39页。
2. 参见Brainard（2021）。
3. 参见Das和Spicer（2016年7月21日）。
4. Brainard（2020）讨论了美联储作为财政代理人的角色及其即时支票清算的FedNow服务。
5. 有关FedNow服务的更多信息，参见"美联储，FedNow服务"，2021年10月9日访问，https://www.federalreserve.gov/paymentsystems/fednow_about.htm。
6. 美联储，"保护少数存款机构"，2021年10月9日访问，https://www.federalreserve.gov/publications/files/preserving-minority-depository-institutions-2020.pdf。
7. 有关CRA的更多信息参见美联储《社区再投资法案》，2021年2月26日访问，https://www.federalreserve.gov/consumerscommunities/cra_about.htm。
8. Wessel、Sheiner和Ng（2019）。美联储理事会的少数族裔和妇女包容性办公室每年向国会提交报告。参见美联储，"美联储如何促进工作场所的多样性和包容性？"2021年2月26日访问，https://www.federalreserve.gov/faqs/how-does-the-fed-foster-diversity-and-inclusion-in-the-workplace.htm。
9. Smialek（2021年2月2日）。
10. Holston、Laubach和Williams（2017）。
11. 布林德（1996）。

# 参考文献

Aaronson, Stephanie R., Mary C. Daly, William L. Wascher, and David W. Wilcox. 2019. "Okun Revisited: Who Benefits Most from a Strong Economy?" *Brookings Papers on Economic Activity* (Spring): 333–404.

Abrams, Burton A. 2006. "How Richard Nixon Pressured Arthur Burns: Evidence from the Nixon Tapes." *Journal of Economic Perspectives* 20 (4): 177–88.

Achenbach, Joel, William Wan, and Lena H. Sun. 2020. "Coronavirus Forecasts Are Grim: 'It's Going to Get Worse.'" *Washington Post*, March 11.

Adrian, Tobias, Fernando Duarte, Nellie Liang, and Pawel Zabczyk. 2020. "Monetary and Macroprudential Policy with Endogenous Risk." IMF Working Paper No. 2020/236. Washington, DC: International Monetary Fund.

Adrian, Tobias, and Nellie Liang. 2018. "Monetary Policy, Financial Conditions, and Financial Stability." *International Journal of Central Banking* 14 (1): 73–131.

Adrian, Tobias, and Hyun Song Shin. 2010. "Liquidity and Leverage." *Journal of Financial Intermediation* 19 (3): 418–37.

Agur, Itai, and Maria Demertzis. 2013. "'Leaning against the Wind' and the Timing of Monetary Policy." *Journal of International Money and Finance* 35 (June): 179–94.

Ahamed, Liaquat. 2009. *Lords of Finance: The Bankers Who Broke the World*. New York: The Penguin Press.

Ajello, Andrea, Thomas Laubach, David López-Salido, and Taisuke Nakata. 2019. "Financial Stability and Optimal Interest-Rate Policy." *International Journal of Central Banking* 15 (1): 279–326.

Allen, Steven G., Robert L. Clark, and Sylvester J. Schieber. 2001. "Has Job Security Vanished in Large Corporations?" In *On The Job: Is Long-Term Employment a Thing of the Past?*, edited by David Neumark. New York: Russell Sage Foundation.

Altavilla, Carlo, Luca Brugnolini, Refet Gürkaynak, Roberto Motto, and Giuseppe Ragusa. 2019. "Monetary Policy in Action: Multiple Dimensions of ECB Policy Communication and Their Financial Market Effects." Center for Economic Policy Research. *VoxEU*, October 4.

Altavilla, Carlo, Lorenzo Burlon, Mariassunta Giannetti, and Sarah Holton. 2021. "Is There a Zero

Lower Bound? The Effects of Negative Policy Rates on Banks and Firms." *Journal of Financial Economics* (forthcoming July).

Altavilla, Carlo, Giacomo Carboni, and Roberto Motto. 2015. "Asset Purchase Programmes and Financial Markets: Lessons from the Euro Area." ECB Working Paper 1864. Frankfurt, Germany: European Central Bank.

Altavilla, Carlo, and Domenico Giannone. 2017. "The Effectiveness of Non-Standard Monetary Policy Measures: Evidence from Survey Data." *Journal of Applied Econometrics* 32 (5): 952–64.

Amiti, Mary, Stephen J. Redding, and David E. Weinstein. 2020. "Who's Paying for the US Tariffs? A Longer-Term Perspective." *AEA Papers and Proceedings* 110 (May): 541–46.

Andrade, Philippe, Christophe Cahn, Henri Fraisse, and Jean-Stéphane Mésonnier. 2019. "Can the Provision of Long-Term Liquidity Help to Avoid a Credit Crunch? Evidence from the Eurosystem's LTRO." *Journal of the European Economic Association* 17 (4): 1070–1106.

Andrade, Philippe, Jordi Galí, Hervé Le Bihan, and Julien Matheron. 2019. "The Optimal Inflation Target and the Natural Rate of Interest." *Brookings Papers on Economic Activity* (Fall): 173–255.

Appelbaum, Binyamin. 2017. "Richmond Fed President Resigns, Admitting He Violated Confidentiality." *New York Times*, April 4.

Arteta, Carlos, M. Ayhan Kose, Marc Stocker, and Temel Taskin. 2018. "Implications of Negative Interest Rate Policies: An Early Assessment." *Pacific Economic Review* 23 (1): 8–26.

Baer, Justin. 2020. "The Day the Coronavirus Nearly Broke the Markets." *Wall Street Journal*, May 20.

Bagehot, Walter. 1873. *Lombard Street: A Description of the Money Market*. London: Henry S. King & Co.

Baker, Scott R., Nicholas Bloom, and Steven J. Davis. 2016. "Measuring Economic Policy Uncertainty." *Quarterly Journal of Economics* 131 (4): 1593–1636.

Barberis, Nicholas, Robin Greenwood, Lawrence Jin, and Andrei Shleifer. 2018. "Extrapolation and Bubbles." *Journal of Financial Economics* 129 (2): 203–27.

Bartlett, Charles. 2018. "The Financial Crisis, Then and Now: Ancient Rome and 2008 CE." Harvard University, Weatherhead Center for International Affairs. *Epicenter* (blog), December 10. https://epicenter.wcfia.harvard.edu/blog/financial-crisis-then-and-now.

Bartscher, Alina K., Moritz Kuhn, Moritz Schularick, and Paul Wachtel. 2021. "Monetary Policy and Racial Inequality." Staff Report 959. Federal Reserve Bank of New York.

Bauer, Michael D., and Glenn D. Rudebusch. 2014. "The Signaling Channel for Federal Reserve Bond Purchases." *International Journal of Central Banking* 10 (3): 233–89.

Bean, Charles, Matthias Paustian, Adrian Panalver, and Tim Taylor. 2010. "Monetary Policy after the Fall." In *Proceedings*. Jackson Hole, WY: Federal Reserve Bank of Kansas City.

Bernanke, Ben S. 1983. "Nonmonetary Effects of the Financial Crisis in Propagation of the Great Depression." *American Economic Review* 73 (3): 257–76.

———. 1999. "Japanese Monetary Policy: A Case of Self-Induced Paralysis?" Presented at the ASSA Meetings, Boston, MA, December. https://www.princeton.edu/~pkrugman/bernanke_paralysis.pdf.

———. 2000. *Essays on the Great Depression*. Princeton, NJ: Princeton University Press.

———. 2002a. "Asset-Price 'Bubbles' and Monetary Policy." New York, October 15.

———. 2002b. "Remarks on Milton Friedman's Ninetieth Birthday." Chicago, November 8.

———. 2002c. "Deflation: Making Sure 'It' Doesn't Happen Here." Washington, DC, November 21.

———. 2003a. "A Perspective on Inflation Targeting." Washington, DC, March 25.

———. 2003b. "Remarks." St. Louis, October 17.

———. 2004. "The Great Moderation." Washington, DC, February 20.

———. 2005. "The Global Saving Glut and the U.S. Current Account Deficit." Richmond, VA, March 10.

———. 2006. "Reflections on the Yield Curve and Monetary Policy." New York, March 20.
———. 2007. "Inflation Expectations and Inflation Forecasting." Cambridge, MA, July 10.
———. 2008a. "Remarks on Class Day 2008." Cambridge, MA, June 4.
———. 2008b. "Federal Reserve Policies in the Financial Crisis." Austin, TX, December 1.
———. 2009a. "The Crisis and the Policy Response." London, England, January 13.
———. 2009b. "The Chairman." Interview by Scott Pelley. *60 Minutes*. CBS, March 15.
———. 2010a. "Monetary Policy and the Housing Bubble." Atlanta, January 3.
———. 2010b. "The Economic Outlook and Monetary Policy." Jackson Hole, WY, August 27.
———. 2012. "Monetary Policy since the Onset of the Crisis." Jackson Hole, WY, August 31.
———. 2014a. "The Federal Reserve: Looking Back, Looking Forward." Philadelphia, January 3.
———. 2014b. "A Discussion on the Fed's 100th Anniversary." Washington, DC: Brookings Institution. January 16.
———. 2015a. *The Courage to Act: A Memoir of a Crisis and Its Aftermath*. New York: W. W. Norton.
———. 2015b. *The Federal Reserve and the Financial Crisis*. Princeton, NJ: Princeton University Press.
———. 2015c. "Why Are Interest Rates So Low?" Brookings Institution. *Ben Bernanke's Blog*, March 30.
———. 2015d. "Why Are Interest Rates So Low, Part 2: Secular Stagnation." Brookings Institution. *Ben Bernanke's Blog*, March 31.
———. 2015e. "Why Are Interest Rates So Low, Part 3: The Global Savings Glut." Brookings Institution. *Ben Bernanke's Blog*, April 1.
———. 2015f. "The Taylor Rule: A Benchmark for Monetary Policy?" Brookings Institution. *Ben Bernanke's Blog*, April 28.
———. 2015g. "Warren-Vitter and the Lender of Last Resort." Brookings Institution. *Ben Bernanke's Blog*, May 15.
———. 2015h. "Monetary Policy and Inequality." Brookings Institution. *Ben Bernanke's Blog*, June 1.
———. 2016. "The Fed's Shifting Perspective on the Economy and Its Implications for Monetary Policy." Brookings Institution. *Ben Bernanke's Blog*, August 8.
———. 2017a. "Monetary Policy in a New Era." In *Rethinking Macroeconomic Policy*. Washington, DC: Peterson Institute for International Economics. https://piie.com/system/files/documents/bernanke20171012paper.pdf.
———. 2017b. "Temporary Price-Level Targeting: An Alternative Framework for Monetary Policy." Brookings Institution. *Ben Bernanke's Blog*, October 12.
———. 2018. "The Real Effects of Disrupted Credit: Evidence from the Global Financial Crisis." *Brookings Papers on Economic Activity* (Fall): 251–342.
———. 2020. "The New Tools of Monetary Policy." *American Economic Review* 110 (4): 943–83.
Bernanke, Ben S., Timothy F. Geithner, and Henry M. Paulson, Jr. 2019. *Firefighting: The Financial Crisis and Its Lessons*. New York: Penguin Books.
———, eds. 2020. *First Responders: Inside the U.S. Strategy for Fighting the 2007–2009 Global Financial Crisis*. New Haven, CT: Yale University Press.
Bernanke, Ben S., Mark Gertler, and Simon Gilchrist. 1996. "The Financial Accelerator and the Flight to Quality." *Review of Economics and Statistics* 78 (1): 1–15.
Bernanke, Ben S., and Harold James. 1991. "The Gold Standard, Deflation, and Financial Crisis in the Great Depression: An International Comparison." In *Financial Markets and Financial Crises*, edited by R. Glenn Hubbard, 33–68. Chicago: University of Chicago Press.
Bernanke, Ben S., Michael T. Kiley, and John M. Roberts. 2019. "Monetary Policy Strategies for a Low-Rate Environment." *AEA Papers and Proceedings* 109 (May): 421–26.
Bernanke, Ben S., and Kenneth N. Kuttner. 2005. "What Explains the Stock Market's Reaction to Federal Reserve Policy?" *Journal of Finance* LX (3): 1221–57.

Bernanke, Ben S., Thomas Laubach, Frederic S. Mishkin, and Adam S. Posen. 1999. *Inflation Targeting: Lessons from the International Experience*. Princeton, NJ: Princeton University Press.

Bernanke, Ben S., and Frederic S. Mishkin. 1997. "Inflation Targeting: A New Framework for Monetary Policy?" *Journal of Economic Perspectives* 11 (2): 97–116.

Bernanke, Ben S., Vincent R. Reinhart, and Brian P. Sack. 2004. "Monetary Policy Alternatives at the Zero Bound: An Empirical Assessment." *Brookings Papers on Economic Activity* (Fall): 1–100.

Bernanke, Ben, and Janet Yellen. 2020. "The Federal Reserve Must Reduce Long-Term Damage from Coronavirus." *Financial Times*, March 18.

Bhattarai, Saroj, Gauti B. Eggertsson, and Bulat Gafarov. 2015. "Time Consistency and the Duration of Government Debt: A Signalling Theory of Quantitative Easing." Working Paper 21336. Cambridge, MA: National Bureau of Economic Research.

Bhattarai, Saroj, and Christopher J. Neely (forthcoming). "An Analysis of the Literature on International Unconventional Monetary Policy." *Journal of Economic Literature*.

Binder, Sarah, and Mark Spindel. 2017. *The Myth of Independence: How Congress Governs the Federal Reserve*. Princeton, NJ: Princeton University Press.

Bivens, Josh. 2015. "Gauging the Impact of the Fed on Inequality during the Great Recession." Hutchins Center Working Paper 12. Washington, DC: Brookings Institution.

Blanchard, Olivier. 2016. "The Phillips Curve: Back to the 60s?" *American Economic Review* 106 (5): 31–34.

———. 2019. "Public Debt and Low Interest Rates." *American Economic Review* 109 (4): 1197–1229.

Blanchard, Olivier, Eugenio Cerutti, and Lawrence Summers. 2015. "Inflation and Activity—Two Explorations and Their Monetary Policy Implications." Working Paper 21726. Cambridge, MA: National Bureau of Economic Research.

Blanchard, Olivier, Giovanni Dell'Ariccia, and Paolo Mauro. 2010. "Rethinking Macroeconomic Policy." IMF Staff Position Note. Washington, DC: International Monetary Fund.

Blinder, Alan S. 1996. "Central Banking in a Democracy." *Federal Reserve Bank of Richmond Economic Quarterly* 82 (4): 1–14.

Blinder, Alan S., and Ricardo Reis. 2005. "Understanding the Greenspan Standard." In *The Greenspan Era: Lessons for the Future*. Jackson Hole, WY: Federal Reserve Bank of Kansas City.

Blinder, Alan S., and Janet L. Yellen. 2001. *The Fabulous Decade: Macroeconomic Lessons from the 1990s*. New York: Century Foundation Press.

Bonis, Brian, Jane Ihrig, and Min Wei. 2017. "Projected Evolution of the SOMA Portfolio and the 10-Year Treasury Term Premium Effect." Board of Governors of the Federal Reserve System. *FEDS Notes*, September 22.

Borio, Claudio, and William White. 2003. "Whither Monetary and Financial Stability? The Implications of Evolving Policy Regimes." In *Monetary Policy and Uncertainty: Adapting to a Changing Economy*. Jackson Hole, WY: Federal Reserve Bank of Kansas City.

Borio, Claudio, and Haibin Zhu. 2012. "Capital Regulation, Risk-Taking and Monetary Policy: A Missing Link in the Transmission Mechanism?" *Journal of Financial Stability* 8 (4): 236–51.

Boushey, Heather, Ryan Nunn, and Jay Shambaugh, eds. 2019. *Recession Ready: Fiscal Policies to Stabilize the American Economy*. Washington, DC: Brookings Institution: The Hamilton Project, Washington Center for Equitable Growth.

Bowman, David, Christopher Erceg, and Mike Leahy. 2010. "Strategies for Targeting Interest Rates Out the Yield Curve." Staff Memo. Washington, DC: Board of Governors of the Federal Reserve System.

Boyle, Andrew. 1967. *Montagu Norman: A Biography*. London: Cassell.

Brainard, Lael. 2017. "Rethinking Monetary Policy in a New Normal." Washington, DC, October 12.

———. 2019. "Federal Reserve Review of Monetary Policy Strategy, Tools, and Communications: Some Preliminary Views." New York, November 26.
———. 2020. "The Future of Retail Payments in the United States." Washington, DC, August 6.
———. 2021. "Supporting Responsible Use of AI and Equitable Outcomes in Financial Services." Washington, DC, January 12.
Brauer, David. 2007. "The Natural Rate of Unemployment." Working Paper 2007-06. Washington, DC: Congressional Budget Office.
Brunnermeier, Markus K., and Yann Koby. 2018. "The Reversal Interest Rate." Working Paper 25406. Cambridge, MA: National Bureau of Economic Research.
Bullard, James, and Riccardo DiCecio. 2019. "Optimal Monetary Policy for the Masses." Working Paper 2019-009. Federal Reserve Bank of St. Louis.
Bunn, Philip, Alice Pugh, and Chris Yeates. 2018. "The Distributional Impact of Monetary Policy Easing in the UK between 2008 and 2014." Staff Working Paper 720. London: Bank of England.
Burke, Chris, Spence Hilton, Ruth Judson, Kurt Lewis, and David Skeie. 2010. "Reducing the IOER Rate: An Analysis of Options." Staff Memo. Washington, DC: Board of Governors of the Federal Reserve System.
Burns, Arthur F. 1970. "The Basis for Lasting Prosperity." Speech delivered at Pepperdine University, Los Angeles, December 7.
———. 1979. "The Anguish of Central Banking." Per Jacobsson Lecture, Belgrade, Yugoslavia, September 30. http://www.perjacobsson.org/lectures/1979.pdf.
Bush, Ryan, Haitham Jendoubi, Matthew Raskin, and Giorgio Topa. 2020. "How Did Market Perceptions of the FOMC's Reaction Function Change after the Fed's Framework Review?" Federal Reserve Bank of New York. *Liberty Street Economics*, December 18.
Caballero, Ricardo J., Emmanuel Farhi, and Pierre-Olivier Gourinchas. 2017. "The Safe Assets Shortage Conundrum." *Journal of Economic Perspectives* 31 (3): 29–46.
Caballero, Ricardo J., Takeo Hoshi, and Anil K. Kashyap. 2008. "Zombie Lending and Depressed Restructuring in Japan." *American Economic Review* 98 (5): 1943–77.
Caballero, Ricardo J., and Gunes Kamber. 2019. "On the Global Impact of Risk-off Shocks and Policy-Put Frameworks." Working Paper 26031. Cambridge, MA: National Bureau of Economic Research.
Cahill, Michael E., Stefania D'Amico, Canlin Li, and John S. Sears. 2013. "Duration Risk versus Local Supply Channel in Treasury Yields: Evidence from the Federal Reserve's Asset Purchase Announcements." Working Paper 2013-35. Finance and Economics Discussion Series. Washington, DC: Board of Governors of the Federal Reserve System.
Cahn, Christophe, Julien Matheron, and Jean-Guillaume Sahuc. 2017. "Assessing the Macroeconomic Effects of LTROs during the Great Recession." *Journal of Money, Credit and Banking* 49 (7): 1443–82.
Caldara, Dario, Etienne Gagnon, Enrique Martínez-García, and Christopher J. Neely. 2020. "Monetary Policy and Economic Performance since the Financial Crisis." Working Paper 2020-065. Finance and Economics Discussion Series. Washington, DC: Board of Governors of the Federal Reserve System.
Campbell, Jeffrey R., Charles L. Evans, Jonas D. M. Fisher, and Alejandro Justiniano. 2012. "Macroeconomic Effects of Federal Reserve Forward Guidance." *Brookings Papers on Economic Activity* (Spring): 1–80.
Campbell, John Y., and Robert J. Shiller. 1998. "Valuation Ratios and the Long-Run Stock Market Outlook." *Journal of Portfolio Management* 24 (2): 11–26.
Carney, Mark. 2012. "A Monetary Framework for All Seasons." Speech delivered at the U.S. Monetary Policy Forum, New York, February 24.

Carvalho, Carlos, Eric Hsu, and Fernanda Nechio. 2016. "Measuring the Effect of the Zero Lower Bound on Monetary Policy." Working Paper 2016-06. Federal Reserve Bank of San Francisco.

Case, Karl, John Quigley, and Robert Shiller. 2013. "Wealth Effects Revisited 1975–2012." *Critical Finance Review* 2 (1): 101–28.

Cetorelli, Nicola, Linda S. Goldberg, and Fabiola Ravazzolo. 2020. "Have the Fed Swap Lines Reduced Dollar Funding Strains during the COVID-19 Outbreak?" Federal Reserve Bank of New York. *Liberty Street Economics*, May 22.

Charbonneau, Karyne, and Lori Rennison. 2015. "Forward Guidance at the Effective Lower Bound: International Experience." Staff Discussion Paper 15. Ottawa, Ontario: Bank of Canada.

Chaurushiya, Radha, and Ken Kuttner. 2003. "Targeting the Yield Curve: The Experience of the Federal Reserve, 1942–1951." Staff Memo. Washington, DC: Board of Governors of the Federal Reserve System.

Cheng, Jeffrey, David Wessel, and Joshua Younger. 2020. "How Did COVID-19 Disrupt the Market for U.S. Treasury Debt?" Washington, DC: Brookings Institution. May 1.

Chung, Hess, Etienne Gagnon, Taisuke Nakata, Matthias Paustian, Bernd Schlusche, James Trevino, Diego Vilan, and Wei Zheng. 2019. "Monetary Policy Options at the Effective Lower Bound: Assessing the Federal Reserve's Current Policy Toolkit." Finance and Economics Discussion Series 2019-003. Washington, DC: Board of Governors of the Federal Reserve System.

Chung, Hess, Jean-Philippe Laforte, David Reifschneider, and John C. Williams. 2012. "Have We Underestimated the Likelihood and Severity of Zero Lower Bound Events?" *Journey of Money, Credit and Banking* 44 (1): 47–82.

Churm, Rohan, Michael Joyce, George Kapetanios, and Konstantinos Theodoridis. 2021. "Unconventional Monetary Policies and the Macroeconomy: The Impact of the UK's QE2 and Funding for Lending Scheme." *The Quarterly Review of Economics and Finance* 80: 721–36.

Claessens, Stijn. 2015. "An Overview of Macroprudential Policy Tools." *Annual Review of Financial Economics* 7 (1): 397–422.

Clarida, Richard H. 2019. "The Federal Reserve's Review of Its Monetary Policy Strategy, Tools, and Communication Practices." Presented at the 2019 U.S. Monetary Policy Forum, New York, February 22.

———. 2020a. "The Federal Reserve's New Monetary Policy Framework: A Robust Evolution." Washington, DC, August 31.

———. 2020b. "The Federal Reserve's New Framework: Context and Consequences." Washington, DC, November 16.

———. 2021. "Outlooks, Outcomes, and Prospects for U.S. Monetary Policy." Washington, DC, August 4.

Clark, John, Nathan Converse, Brahima Coulibaly, and Steven Kamin. 2016. "Emerging Market Capital Flows and U.S. Monetary Policy." Washington, DC: Board of Governors of the Federal Reserve System. *IFDP Notes*, October 18.

Clouse, Jim, Bill English, Jon Faust, Jane Ihrig, Jeff Huther, Beth Klee, Mike Leahy, David Reifschneider, and Julie Remache. 2013. "Fiscal Implications of Additional Large-Scale Asset Purchases for the Federal Government and the Federal Reserve." Staff Memo. Washington, DC: Board of Governors of the Federal Reserve System.

Coibion, Olivier, Yuriy Gorodnichenko, Edward S. Knotek II, and Raphael Schoenle. 2020. "Average Inflation Targeting and Household Expectations." Working Paper 27836. Cambridge, MA: National Bureau of Economic Research.

Condon, Christopher. 2019. "Key Trump Quotes on Powell as Fed Remains in the Firing Line." Bloomberg, December 17.

Correa, Ricardo, and Sally Davies. 2008. "Implications of the Health of the Japanese Banking Sector for the Effectiveness of Monetary Policy." Staff Memo. Washington, DC: Board of Governors of the Federal Reserve System.

Cox, Jeff. 2018. "Powell Says We're 'A Long Way' from Neutral on Interest Rates, Indicating More Hikes Are Coming." CNBC, October 3.

Crane, Leland D., Ryan A. Decker, Aaron Flaaen, Adrian Hamins-Puertolas, and Christopher Kurz. 2020. "Business Exit during the COVID-19 Pandemic: Non-Traditional Measures in Historical Context." Finance and Economics Discussion Series 2020-089. Washington, DC: Board of Governors of the Federal Reserve System.

Crockett, Andrew. 2000. "Marrying the Micro- and Macro-Prudential Dimensions of Financial Stability." Speech at the Eleventh International Conference of Banking Supervisors, Basel, Switzerland, September 20.

Daly, Mary C., Bart Hobijn, Ayşegül Şahin, and Robert G. Valletta. 2012. "A Search and Matching Approach to Labor Markets: Did the Natural Rate of Unemployment Rise?" *Journal of Economic Perspectives* 26 (3): 3–26.

Dam, Kenneth, and George Shultz. 1977. "Reflections on Wage and Price Controls." *Industrial and Labor Relations Review* (January): 139.

D'Amico, Stefania, William English, David López-Salido, and Edward Nelson. 2012. "The Federal Reserve's Large-Scale Asset Purchase Programmes: Rationale and Effects." *Economic Journal* 122 (564): 415–46.

D'Amico, Stefania, and Iryna Kaminska. 2019. "Credit Easing versus Quantitative Easing: Evidence from Corporate and Government Bond Purchase Programs." London: Bank of England Working Paper 825.

D'Amico, Stefania, and Thomas B. King. 2013. "Flow and Stock Effects of Large-Scale Treasury Purchases: Evidence on the Importance of Local Supply." *Journal of Financial Economics* 108 (2): 425–48.

Das, Krishna N., and Jonathan Spicer. 2016. "How the New York Fed Fumbled over the Bangladesh Bank Cyber-Heist." Reuters, July 21.

Das, Sonali. 2019. "China's Evolving Exchange Rate Regime." Working Paper 19/50. Washington, DC: International Monetary Fund.

Davis, Josh, Cristian Fuenzalida, and Alan M. Taylor. 2021. "The Natural Rate Puzzle: Global Macro Trends and the Market-Implied R*." Working Paper 26560. Cambridge, MA: National Bureau of Economic Research.

De Santis, Roberto A. 2020. "Impact of the Asset Purchase Programme on Euro Area Government Bond Yields Using Market News." *Economic Modelling* 86 (March): 192–209.

Del Negro, Marco, Domenico Giannone, Marc P. Giannoni, and Andrea Tambalotti. 2017. "Safety, Liquidity, and the Natural Rate of Interest." *Brookings Papers on Economic Activity* (Spring): 235–94.

Del Negro, Marco, Marc Giannoni, and Christina Patterson. 2015. "The Forward Guidance Puzzle." Staff Report 574. Federal Reserve Bank of New York.

Del Negro, Marco, Michele Lenza, Giorgio E. Primiceri, and Andrea Tambalotti. 2020. "What's Up with the Phillips Curve?" *Brookings Papers on Economic Activity* (Spring): 301–73.

Dell'Ariccia, Giovanni, Pau Rabanal, and Damiano Sandri. 2018. "Unconventional Monetary Policies in the Euro Area, Japan, and the United Kingdom." *Journal of Economic Perspectives* 32 (4): 147–72.

Devlin-Foltz, Sebastian, Alice M. Henriques, and John E. Sabelhaus. 2016. "The Role of Social Security in Overall Retirement Resources: A Distributional Perspective." Washington, DC: Board of Governors of the Federal Reserve System. *FEDS Notes*, July 29.

Di Maggio, Marco, Amir Kermani, and Christopher J. Palmer. 2020. "How Quantitative Easing Works: Evidence on the Refinancing Channel." *The Review of Economic Studies* 87 (3): 1498–1528.

Draghi, Mario. 2012. "Remarks at the Global Investment Conference." London, England, July 26.

Duarte, Fernando, and Carlo Rosa. 2015. "The Equity Risk Premium: A Review of Models." Staff Report 714. Federal Reserve Bank of New York.

Duffie, Darrell. 2020. "Still the World's Safe Haven? Redesigning the U.S. Treasury Market after the COVID-19 Crisis." Hutchins Center Working Paper 62. Washington, DC: Brookings Institution.

Eggertsson, Gauti B., and Michael Woodford. 2003. "The Zero Bound on Interest Rates and Optimal Monetary Policy." *Brookings Papers on Economic Activity* (Spring): 139–235.

Eichengreen, Barry. 1992. *Golden Fetters: The Gold Standard and the Great Depression 1919–1939*. Oxford and New York: Oxford University Press.

Eichengreen, Barry, and Jeffrey Sachs. 1985. "Exchange Rates and Economic Recovery in the 1930s." *Journal of Economic History* 45 (4): 925–46.

Eisenschmidt, Jens, and Frank Smets. 2018. "Negative Interest Rates: Lessons from the Euro Area." In *Monetary Policy and Financial Stability: Transmission Mechanisms and Policy Implications*, edited by Álvaro Aguirre, Markus Brunnermeier, and Diego Saravia, 13–42. Santiago: Central Bank of Chile.

Engen, Eric M., Thomas Laubach, and David Reifschneider. 2015. "The Macroeconomic Effects of the Federal Reserve's Unconventional Monetary Policies." Finance and Economics Discussion Series 2015-005. Washington, DC: Board of Governors of the Federal Reserve System.

English, William. (forthcoming). "Monetary Policy and Financial Stability." In *The Handbook of Financial Stress Testing*, edited by J. Doyne Farmer, Alissa Kleinnijenhuis, Til Schuermann, and Thom Wetzer.

Erceg, Chris, Jesper Linde, and David Reifschneider. 2010. "Macroeconomic Consequences of a European Sovereign Debt Crisis." Staff Memo. Washington, DC: Board of Governors of the Federal Reserve System.

Erceg, Christopher, Michael T. Kiley, and David López-Salido. 2011. "Alternative Monetary Policy Frameworks." Staff Memo. Washington, DC: Board of Governors of the Federal Reserve System.

Erceg, Christopher, David López-Salido, and Robert Tetlow. 2011. "Adopting an Alternative Monetary Policy Framework." Staff Memo. Washington, DC: Board of Governors of the Federal Reserve System.

Eser, Fabian, Wolfgang Lemke, Ken Nyholm, Sören Radde, and Andreea Liliana Vladu. 2019. "Tracing the Impact of the ECB's Asset Purchase Programme on the Yield Curve." ECB Working Paper 2293. Frankfurt, Germany: European Central Bank.

Evans, Charles L. 2012. "Monetary Policy in a Low-Inflation Environment: Developing a State-Contingent Price-Level Target." *Journal of Money, Credit and Banking* 44 (s1): 147–55.

Fair, Ray C. 1978. "The Effect of Economic Events on Votes for President." *Review of Economic and Statistics* 60 (2): 159–73.

Favara, Giovanni, Camelia Minoiu, and Ander Perez-Orive. 2021. "U.S. Zombie Firms: How Many and How Consequential?" Washington, DC: Board of Governors of the Federal Reserve System. *FEDS Notes*, July 30.

Femia, Katherine, Steven Friedman, and Brian Sack. 2013. "The Effects of Policy Guidance on Perceptions of the Fed's Reaction Function." Staff Report 652. Washington, DC: Federal Reserve Bank of New York.

Ferguson, Jr., Roger W. 2003. "September 11, the Federal Reserve, and the Financial System." Nashville, TN, February 5.

Fernald, John G. 2014. "Productivity and Potential Output before, during, and after the Great Recession." In *NBER Macroeconomics Annual 2014*. Vol. 29: 1–51. Cambridge, MA: National Bureau of Economic Research.

Fernald, John G., Robert E. Hall, James H. Stock, and Mark W. Watson. 2017. "The Disappointing Recovery of Output after 2009." *Brookings Papers on Economic Activity* (Spring): 1–58.

Feroli, Michael, David Greenlaw, Peter Hooper, Frederic S. Mishkin, and Amir Sufi. 2017. "Language after Liftoff: Fed Communication Away from the Zero Lower Bound." *Research in Economics* 71 (3): 452–90.

Ferrell, Robert H. 2010. *Inside the Nixon Administration: The Secret Diary of Arthur Burns, 1969–1974*. Lawrence: University Press of Kansas.

Fischer, Stanley. 1995. "Central-Bank Independence Revisited." *American Economic Review* 85 (2): 201–6.

Fisher, Irving. 1930. *The Theory of Interest*. New York: The Macmillan Co.

———. 1973. "I Discovered the Phillips Curve: A Statistical Relation between Unemployment and Price Changes." *Journal of Political Economy* 81 (2): 496–502.

Fleming, Sam. 2018. "Janet Yellen on Trump, Fed Politics and Nurturing Recovery." *Financial Times*, October 26.

Forbes, Kristen J. 2019. "Inflation Dynamics: Dead, Dormant, or Determined Abroad?" *Brookings Papers on Economic Activity* (Fall): 257–338.

Freund, James, Timothy Curry, Peter Hirsch, and Theodore Kelley. 1997. "Commercial Real Estate and the Banking Crises of the 1980s and Early 1990s." In *History of the Eighties: Lessons for the Future*, Vol. 1: *An Examination of the Banking Crises of the 1980s and Early 1990s*, Chapter 3. Washington, DC: Federal Deposit Insurance Corporation. https://www.fdic.gov/bank/historical/history/137_165.pdf.

Friedman, Milton. 1968. "The Role of Monetary Policy." *American Economic Review* 58 (1): 1–17.

———. 1969. *The Optimum Quantity of Money and Other Essays*. Chicago: Aldine Publishing Company.

Friedman, Milton, and Anna Jacobson Schwartz. 1963. *A Monetary History of the United States: 1867–1960*. Princeton, NJ: Princeton University Press.

Furman, Jason. 2020. "The Fiscal Response to the Great Recession: Steps Taken, Paths Rejected, and Lessons for Next Time." In *First Responders: Inside the U.S. Strategy for Fighting the 2007–2009 Global Financial Crisis*, 451–88. New Haven, CT: Yale University Press.

Furman, Jason, and Lawrence Summers. 2020. "A Reconsideration of Fiscal Policy in the Era of Low Interest Rates." Discussion Draft. Washington, DC: Brookings Institution.

Gagnon, Joseph E. 2016. "Quantitative Easing: An Underappreciated Success." Policy Brief PB16-4. Washington, DC: Peterson Institute for International Economics.

———. 2018. "QE Skeptics Overstate Their Case." Peterson Institute for International Economics. *Realtime Economic Issues Watch*, July 5.

Gagnon, Joseph, Matthew Raskin, Julie Remache, and Brian Sack. 2011. "The Financial Market Effects of the Federal Reserve's Large-Scale Asset Purchases." *International Journal of Central Banking* 7 (1): 3–43.

Ghebreyesus, Tedros Adhanom. 2020. "Opening Remarks at the Media Briefing on COVID-19." World Health Organization. March 11. https://www.who.int/dg/speeches/detail/who-director-general-s-opening-remarks-at-the-media-briefing-on-covid-19---11-march-2020.

Gilchrist, Simon, and Egon Zakrajšek. 2012. "Credit Spreads and Business Cycle Fluctuations." *American Economic Review* 102 (4): 1692–1720.

———. 2013. "The Impact of the Federal Reserve's Large-Scale Asset Purchase Programs on Corporate Credit Risk." *Journal of Money, Credit and Banking* 45 (s2): 29–57.

———. 2019. "Trade Exposure and the Evolution of Inflation Dynamics." Working Paper 2019-007. Finance and Economics Discussion Series. Washington, DC: Board of Governors of the Federal Reserve System.

Glaeser, Edward L., Joshua D. Gottlieb, and Joseph Gyourko. 2013. "Can Cheap Credit Explain the Housing Boom?" In *Housing and the Financial Crisis*, edited by Edward L. Glaeser and Todd Sinai, 301–59. Chicago: University of Chicago Press.

Goodfriend, Marvin, and Robert G. King. 2005. "The Incredible Volcker Disinflation." *Journal of Monetary Economics* 52 (5): 981–1015.

Gordon, Robert J. 2013. "The Phillips Curve Is Alive and Well: Inflation and the NAIRU during the Slow Recovery." Working Paper 19390. Cambridge, MA: National Bureau of Economic Research.

———. 2016. *The Rise and Fall of American Growth: The U.S. Standard of Living since the Civil War*. Princeton, NJ: Princeton University Press.

Gorton, Gary B. 2012. *Misunderstanding Financial Crises: Why We Don't See Them Coming*. New York: Oxford University Press.

Gorton, Gary, and Andrew Metrick. 2012. "Securitized Banking and the Run on Repo." *Journal of Financial Economics* 104 (3): 425–51.

Gourio, François, Anil K. Kashyap, and Jae Sim. 2018. "The Tradeoffs in Leaning against the Wind." *IMF Economic Review* 66 (March): 70–115.

Gramlich, Edward M. 2007. "Booms and Busts, the Case of Subprime Mortgages." *Federal Reserve Bank of Kansas City Economic Review* 109: 105–13.

Granville, Kevin. 2017. "A President at War with His Fed Chief, 5 Decades before Trump." *New York Times*, June 13.

Greenlaw, David, James D. Hamilton, Ethan Harris, and Kenneth D. West. 2018. "A Skeptical View of the Impact of the Fed's Balance Sheet." Working Paper 24687. Cambridge, MA: National Bureau of Economic Research.

Greenspan, Alan. 1996. "The Challenge of Central Banking in a Democratic Society." Washington, DC, December 5.

———. 2005. "Mortgage Banking." Palm Desert, California, September 26.

———. 2007. *The Age of Turbulence: Adventures in a New World*. New York: Penguin Press.

Greenwood, Robin, Samuel G. Hanson, Joshua S. Rudolph, and Lawrence H. Summers. 2015. "Debt Management Conflicts between the U.S. Treasury and the Federal Reserve." In *The $13 Trillion Question: How America Manages Its Debt*, 43–89. Washington, DC: Brookings Institution Press.

Greenwood, Robin, Samuel G. Hanson, Andrei Shleifer, and Jakob Ahm Sørensen. (forthcoming). "Predictable Financial Crises." *Journal of Finance*.

Greenwood, Robin, and Dimitri Vayanos. 2014. "Bond Supply and Excess Bond Return." *Review of Financial Studies* 27 (3): 663–713.

Grisse, Christian, Signe Krogstrup, and Silvio Schumacher. 2017. "Lower-Bound Beliefs and Long-Term Interest Rates." *International Journal of Central Banking* 13 (3): 165–202.

Gürkaynak, Refet S., Brian Sack, and Eric T. Swanson. 2005. "Do Actions Speak Louder Than Words? The Response of Asset Prices to Monetary Policy Actions and Statements." *International Journal of Central Banking* 1 (1): 55–93.

Haltom, Renee. 2013. "Failure of Continental Illinois." *Federal Reserve History*, November 22. https://www.federalreservehistory.org/essays/failure-of-continental-illinois.

Hamilton, James D., and Jing Cynthia Wu. 2012. "The Effectiveness of Alternative Monetary Policy Tools in a Zero Lower Bound Environment." *Journal of Money, Credit and Banking* 44 (1): 3–46.

Hansen, Alvin H. 1939. "Economic Progress and Declining Population Growth." *American Economic Review* 29 (1): 1–15.

Hanson, Samuel, and Jeremy C. Stein. 2015. "Monetary Policy and Long-Term Rates." *Journal of Financial Economics* 115 (3): 429–48.

Harker, Patrick T. 2017. "Economic Outlook: The Labor Market, Rates, and the Balance Sheet." Presented at the Market News International (MNI) Connect Roundtable, New York, May 23.

Heathcote, Jonathan, Fabrizio Perri, and Giovanni L. Violante. 2020. "The Rise of US Earnings Inequality: Does the Cycle Drive the Trend?" *Review of Economic Dynamics* 37 (s1): S181–204.

Hetzel, Robert L. 1998. "Arthur Burns and Inflation." *Federal Reserve Bank of Richmond Economic Quarterly* 84 (1): 21–44.

———. 2008. *The Monetary Policy of the Federal Reserve: A History*. Studies in Economic History. Cambridge: Cambridge University Press.

Hetzel, Robert L., and Ralph F. Leach. 2001. "The Treasury-Fed Accord: A New Narrative Account." *Federal Reserve Bank of Richmond Economic Quarterly* 87 (1): 33–55.

Hodgson, Godfrey. 1998. "Obituary: William McChesney Martin." *The Independent*, August 20.

Holston, Kathryn, Thomas Laubach, and John C. Williams. 2017. "Measuring the Natural Rate of Interest: International Trends and Determinants." *Journal of International Economics* 108 (S1): S59–75.

Hooker, Mark A. 2002. "Are Oil Shocks Inflationary? Asymmetric and Nonlinear Specifications versus Changes in Regime." *Journal of Money, Credit and Banking* 34 (2): 540–61.

Hooper, Peter, Frederic S. Mishkin, and Amir Sufi. 2020. "Prospects for Inflation in a High Pressure Economy: Is the Phillips Curve Dead or Is It Just Hibernating?" *Research in Economics* 74 (1): 26–62.

Hubbard, Glenn, and Donald Kohn, eds. 2021. *Report of the Task Force on Financial Stability*. Washington, DC: Brookings Institution.

Hubert, Paul, and Fabien Labondance. 2018. "The Effect of ECB Forward Guidance on the Term Structure of Interest Rates." *International Journal of Central Banking* 14 (5): 193–222.

Ihrig, Jane, Elizabeth Klee, Canlin Li, Min Wei, and Joe Kachovec. 2018. "Expectations about the Federal Reserve's Balance Sheet and the Term Structure of Interest Rates." *International Journal of Central Banking* 14 (2): 341–90.

Irwin, Neil. 2018. "The Most Important Least-Noticed Economic Event of the Decade." *New York Times*, September 29.

Jamrisko, Michelle, Chloe Whiteaker, and Jeremy Scott Diamond. 2018. "Yellen's Labor Market Dashboard." Bloomberg, February 2.

Jonung, Lars, and Eoin Drea. 2009. "The Euro: It Can't Happen, It's a Bad Idea, It Won't Last. US Economists on the EMU, 1989–2002." Economic Papers 395. Brussels, Belgium: European Commission.

Jordà, Òscar, Moritz Schularick, and Alan M. Taylor. 2013. "When Credit Bites Back." *Journal of Money, Credit and Banking* 45 (s2): 3–28.

———. 2015a. "Interest Rates and House Prices: Pill or Poison?" Federal Reserve Bank of San Francisco. *FRBSF Economic Letter*, August 3.

———. 2015b. "Leveraged Bubbles." *Journal of Monetary Economics* 76 (S): S1–20.

Joyce, Michael A. S., Ana Lasaosa, Ibrahim Stevens, and Matthew Tong. 2011. "The Financial Market Impact of Quantitative Easing in the United Kingdom." *International Journal of Central Banking* 7 (3): 113–61.

Joyce, Michael A. S., and Matthew Tong. 2012. "QE and the Gilt Market: A Disaggregated Analysis." *Economic Journal* 122 (564): 348–84.

Kacperczyk, Marcin, and Philipp Schnabl. 2010. "When Safe Proved Risky: Commercial Paper during the Financial Crisis of 2007–2009." *Journal of Economic Perspectives* 24 (1): 29–50.

Kashyap, Anil K., and Caspar Siegert. 2019. "Financial Stability Considerations and Monetary Policy?" In *Financial Stability Considerations and Monetary Policy*. Federal Reserve Bank of Chicago.

Katz, Lawrence F., and Alan B. Krueger. 1999. "The High-Pressure U.S. Labor Market of the 1990s." *Brookings Papers on Economic Activity* (Spring): 1–87.

Kiley, Michael T. 2014. "The Aggregate Demand Effects of Short- and Long-Term Interest Rates." *International Journal of Central Banking* 10 (4): 69–104.

———. 2015. "Low Inflation in the United States: A Summary of Recent Research." Board of Governors of the Federal Reserve System. *FEDS Notes*, November 23.

———. 2018. "Quantitative Easing and the 'New Normal' in Monetary Policy." Finance and Economic Discussion Series 2018-004. Washington, DC: Board of Governors of the Federal Reserve System.

———. 2019. "The Global Equilibrium Real Interest Rate: Concepts, Estimates, and Challenges." Finance and Economics Discussion Series 2019-076. Washington, DC: Board of Governors of the Federal Reserve System.

Kim, Kyungmin, Thomas Laubach, and Min Wei. 2020. "Macroeconomic Effects of Large-Scale Asset Purchases: New Evidence." Finance and Economics Discussion Series 2020-047. Washington, DC: Board of Governors of the Federal Reserve System.

Kocherlakota, Narayana. 2016. "'Helicopter Money' Won't Provide Much Extra Lift." Bloomberg, March 24.

Kohn, Donald, and Brian Sack. 2020. "Monetary Policy during the Financial Crisis." In *First Responders: Inside the U.S. Strategy for Fighting the 2007–2009 Global Financial Crisis*, edited by Ben S. Bernanke, Timothy F. Geithner, and Henry M. Paulson, Jr., 421–50. New Haven, CT: Yale University Press.

Kopcke, Richard W., and Anthony Webb. 2013. "How Has the Financial Crisis Affected the Finances of Older Households?" Working Paper. Boston, MA: Center for Retirement Research at Boston College. https://citeseerx.ist.psu.edu/viewdoc/download?doi=10.1.1.651.2278&rep=rep1&type=pdf.

Krishnamurthy, Arvind, and Annette Vissing-Jorgensen. 2011. "The Effects of Quantitative Easing on Interest Rates: Channels and Implications for Policy." *Brookings Papers on Economic Activity* (Fall): 215–65.

Krugman, Paul R. 1998. "It's Baaack: Japan's Slump and the Return of the Liquidity Trap." *Brookings Papers on Economic Activity* (Fall): 137–205.

Kurtzman, Robert, Stephan Luck, and Tom Zimmermann. 2017. "Did QE Lead Banks to Relax Their Lending Standards? Evidence from the Federal Reserve's LSAPs." Finance and Economics Discussion Series 2017-093. Washington, DC: Board of Governors of the Federal Reserve System.

Kuttner, Kenneth N. 2012. "Low Interest Rates and Housing Bubbles: Still No Smoking Gun." In *The Role of Central Banks in Financial Stability: How Has It Changed?* Federal Reserve Bank of Chicago.

———. 2018. "Outside the Box: Unconventional Monetary Policy in the Great Recession and Beyond." *Journal of Economic Perspectives* 32 (4): 121–46.

Laforte, Jean-Philippe. 2018. "Overview of the Changes to the FRB/US Model (2018)." Washington, DC: Board of Governors of the Federal Reserve System. *FEDS Notes*, December 7.

Lagarde, Christine. 2020a. "Our Response to the Coronavirus Emergency." European Central Bank. *The ECB Blog*, March 19.

———. 2020b. "The Monetary Policy Strategy Review: Some Preliminary Considerations." Speech at the "ECB and Its Watchers XXI" conference, Frankfurt, Germany, September 30.

Laubach, Thomas, and John C. Williams. 2003. "Measuring the Natural Rate of Interest." *Review of Economics and Statistics* 85 (4): 1063–70.

Leigh, Daniel. 2010. "A 4% Inflation Target?" Center for Economic and Policy Research. *VoxEU*, March 9.

Lewis, Michael. 2010. *The Big Short: Inside the Doomsday Machine*. New York: W. W. Norton.

Li, Canlin, and Min Wei. 2013. "Term Structure Modelling with Supply Factors and the Federal Reserve's Large Scale Asset Purchase Programs." *International Journal of Central Banking* 9 (1): 3–39.

Liang, J. Nellie, and Rochelle M. Edge. 2019. "New Financial Stability Governance Structures and Central Banks." Hutchins Center Working Paper 50. Washington, DC: Brookings Institution.

Lindsey, David E. 2003. "A Modern History of FOMC Communication: 1975–2002." Staff Memo. Washington, DC: Board of Governors of the Federal Reserve System.

Loomis, Carol J. 1998. "A House Built on Sand." *Fortune*, October 26. https://archive.fortune.com/magazines/fortune/fortune_archive/1998/10/26/250015/index.htm.

Lopez, Jose A., Andrew K. Rose, and Mark M. Spiegel. 2020. "Why Have Negative Nominal Interest Rates Had Such a Small Effect on Bank Performance? Cross Country Evidence." *European Economic Review* 124 (May).

Lu, Lina, Matthew Pritsker, Andrei Zlate, Kenechukwu Anadu, and James Bohn. 2019. "Reach for Yield by U.S. Public Pension Funds." Finance and Economics Discussion Series 2019-048. Washington, DC: Board of Governors of the Federal Reserve System.

Mahedy, Tim, and Adam Shapiro. 2017. "What's Down with Inflation?" Federal Reserve Bank of San Francisco. *FRBSF Economic Letters*, November 27.

Mallaby, Sebastian. 2016. *The Man Who Knew: The Life and Times of Alan Greenspan*. New York: Penguin Press.

Mankiw, N. Gregory. 2020. "A Skeptic's Guide to Modern Monetary Theory." In *AEA Papers and Proceedings*, 110:141–44.

Manski, Charles F., and John D. Straub. 2000. "Worker Perceptions of Job Insecurity in the Mid-1990s: Evidence from the Survey of Economic Expectations." *Journal of Human Resources* 35 (3): 447–79.

Matthews, Dylan. 2019. "Modern Monetary Theory, Explained." *Vox*, April 16.

McGowan, Müge Adalet, Dan Andrews, and Valentine Millot. 2018. "The Walking Dead? Zombie Firms and Productivity Performance in OECD Countries." *Economic Policy* 33 (96): 685–736.

McLaren, Nick, Ryan N. Banerjee, and David Latto. 2014. "Using Changes in Auction Maturity Sectors to Help Identify the Impact of QE on Gilt Yields." *Economic Journal* 124 (576): 453–79.

McLeay, Michael, and Silvana Tenreyro. 2020. "Optimal Inflation and the Identification of the Phillips Curve." In *NBER Macroeconomics Annual*. Vol. 34. Cambridge, MA: National Bureau of Economic Research.

Meade, Ellen E., Nicholas A. Burk, and Melanie Josselyn. 2015. "The FOMC Meeting Minutes: An Assessment of Counting Words and the Diversity of Views." Washington, DC: Board of Governors of the Federal Reserve System. *FEDS Notes*, May 16.

Meaning, Jack, and Feng Zhu. 2011. "The Impact of Recent Central Bank Asset Purchase Programmes." *BIS Quarterly Review* (December): 73–83.

Metrick, Andrew, and Daniel Tarullo. 2021. "Congruent Financial Regulation." *Brookings Papers on Economic Activity* (Spring).

Mian, Atif, Ludwig Straub, and Amir Sufi. 2021. "What Explains the Decline in r*? Rising Income Inequality versus Demographic Shifts." In *Proceedings*. Jackson Hole, WY: Federal Reserve Bank of Kansas City.

Mian, Atif, Amir Sufi, and Emil Verner. 2017. "Household Debt and Business Cycles Worldwide." *Quarterly Journal of Economics* 132 (4): 1755–1817.

Minsky, Hyman P. 1986. *Stabilizing an Unstable Economy*. New Haven, CT: Yale University Press.

Mishkin, Frederic S. 2007. "Inflation Dynamics." *International Finance* 10 (3): 317–34.

Mishkin, Frederic S., and Eugene N. White. 2003. "U.S. Stock Market Crashes and Their Aftermath:

Implications for Monetary Policy." In *Asset Price Bubbles: The Implications for Monetary, Regulatory and International Policies*, edited by William B. Hunter, George G. Kaufman, and Michael Pormerleano. Cambridge, MA: MIT Press.

Mondale, Walter, and David Hage. 2010. *The Good Fight: A Life in Liberal Politics*. New York: Scribner.

Mui, Ylan Q. 2016. "Why the Federal Reserve Is Rethinking Everything." *Washington Post*, July 27.

Nakata, Taisuke. 2015. "Credibility of Optimal Forward Guidance at the Interest Rate Lower Bound." Washington, DC: Board of Governors of the Federal Reserve System. *FEDS Notes*, August 27.

Nechio, Fernanda, and Glenn D. Rudebusch. 2016. "Has the Fed Fallen behind the Curve This Year?" Federal Reserve Bank of San Francisco. *FRBSF Economic Letter*, November 7.

Nelson, Edward. 2021. "The Emergence of Forward Guidance as a Monetary Policy Tool." 2021–033. Finance and Economics Discussion Series. Washington, DC: Board of Governors of the Federal Reserve System.

Nelson, Jack. 1990. "Interest Rates Peril Fed Chief's Job, Sources Say." *Los Angeles Times*, March 9.

Okazaki, Yosuke, and Nao Sudo. 2018. "Natural Rate of Interest in Japan: Measuring Its Size and Identifying Drivers Based on a DSGE Model." Bank of Japan Working Paper 18-E-6. Tokyo: Bank of Japan.

Orphanides, Athanasios. 2003. "The Quest for Prosperity without Inflation." *Journal of Monetary Economics* 50 (3): 633–63.

Orphanides, Athanasios, and John Williams. 2013. "Monetary Policy Mistakes and the Evolution of Inflation Expectations." In *The Great Inflation: The Rebirth of Modern Central Banking*, edited by Michael D. Bordo and Athanasios Orphanides. Chicago: University of Chicago Press.

Owyang, Michael T., and Tatevik Sekhposyan. 2012. "Okun's Law over the Business Cycle: Was the Great Recession All That Different?" *Federal Reserve Bank of St. Louis Review* (September): 399–418.

Paligorova, Teodora, and Jesus A. Sierra Jimenez. 2012. "Monetary Policy and the Risk-Taking Channel: Insights from the Lending Behaviour of Banks." *Bank of Canada Review*, 23–30.

Peek, Joe, and Eric S. Rosengren. 1992. "The Capital Crunch in New England." *New England Economic Review* (May): 21–31.

Phelps, Edmund S. 1968. "Money-Wage Dynamics and Labor-Market Equilibrium." *Journal of Political Economy* 76 (4): 678–711.

Phillips, A. W. 1958. "The Relation between Unemployment and the Rate of Change of Money Wage Rates in the United Kingdom, 1861–1957." *Economica* 25 (100): 283–99.

Potter, Simon, and Frank Smets. 2019. "Unconventional Monetary Policy Tools: A Cross-Country Analysis." Committee on the Global Financial System Paper 63. Basel, Switzerland: Bank for International Settlements.

Powell, Jerome H. 2015. "'Audit the Fed' and Other Proposals." Washington, DC, February 9.

———. 2018a. Interview with Kai Ryssdal, *Marketplace*, July 12. https://www.marketplace.org/2018/07/12/powell-transcript.

———. 2018b. "Monetary Policy in a Changing Economy." Jackson Hole, WY, August 24.

———. 2019a. "Opening Remarks." Presented at the Federal Reserve Bank of Chicago, Conference on Monetary Policy Strategy, Tools, and Communication Practices, Chicago, June 4.

———. 2019b. "Challenges for Monetary Policy." Jackson Hole, WY, August 23.

———. 2020a. "Current Economic Issues." Washington, DC, May 13.

———. 2020b. "Q&A with Alan Blinder." *Wall Street Journal*, May 29. https://www.wsj.com/articles/transcript-fed-chief-jerome-powell-q-a-with-alan-blinder-11590779548.

———. 2020c. "New Economic Challenges and the Fed's Monetary Policy Review." Jackson Hole, WY, August 27.

Pozsar, Zoltan, Tobias Adrian, Adam Ashcraft, and Hayley Boesky. 2010. "Shadow Banking." Staff Report 458. Federal Reserve Bank of New York.

Quarles, Randal K. 2020. "What Happened? What Have We Learned from It? Lessons From COVID-19 Stress on the Financial System." Washington, DC, October 15.

Rachel, Łukasz, and Lawrence H. Summers. 2019. "On Secular Stagnation in the Industrialized World." *Brookings Papers on Economic Activity* (Spring): 1–54.

Radelet, Steven, and Jeffrey Sachs. 2000. "The Onset of the East Asian Financial Crisis." In *Currency Crises*, edited by Paul Krugman. Chicago: University of Chicago Press.

Rajan, Raghuram G. 2005. "Has Financial Development Made the World Riskier?" In *Proceedings*. Jackson Hole, WY: Federal Reserve Bank of Kansas City.

Rankin, Jennifer. 2020. "EU Summit Deal: What Has Been Agreed and Why Was It So Difficult?" *The Guardian*, July 21.

Raskin, Matthew D. 2013. "The Effects of the Federal Reserve's Date-Based Forward Guidance." Finance and Economics Discussion Series 2013-37. Washington, DC: Board of Governors of the Federal Reserve System.

Rebucci, Alessandro, Jonathan S. Hartley, and Daniel Jiménez. 2020. "An Event Study of COVID-19 Central Bank Quantitative Easing in Advanced and Emerging Economies." Working Paper 27339. Cambridge, MA: National Bureau of Economic Research.

Reifschneider, David. 2016. "Gauging the Ability of the FOMC to Respond to Future Recessions." Finance and Economics Discussion Series 2016-068. Washington, DC: Board of Governors of the Federal Reserve System.

Reinhart, Carmen M., and Vincent R. Reinhart. 2011. "Limits of Monetary Policy in Theory and Practice." *Cato Journal* 31 (3): 427–39.

Reinhart, Carmen M., and Kenneth S. Rogoff. 2009. *This Time Is Different: Eight Centuries of Financial Folly*. Princeton and Oxford: Princeton University Press.

Rey, Hélène. 2013. "Dilemma Not Trilemma: The Global Financial Cycle and Monetary Policy Independence." In *Proceedings*. Jackson Hole, WY: Federal Reserve Bank of Kansas City.

Richter, Björn, Moritz Schularick, and Ilhyock Shim. 2019. "The Costs of Macroprudential Policy." *Journal of International Economics* 118 (May): 263–82.

Roberts, John M. 2006. "Monetary Policy and Inflation Dynamics." *International Journal of Central Banking* 2 (3): 193–230.

Robinson, Kenneth J. 2013. "Depository Institutions Deregulation and Monetary Control Act of 1980." *Federal Reserve History*, November 22. https://www.federalreservehistory.org/essays/monetary-control-act-of-1980.

Rodnyansky, Alexander, and Olivier M. Darmouni. 2017. "The Effects of Quantitative Easing on Bank Lending Behavior." *The Review of Financial Studies* 30 (11): 3858–87.

Rogoff, Kenneth S. 1985. "The Optimal Degree of Commitment to an Intermediate Monetary Target." *Quarterly Journal of Economics* 100 (4).

———. 2017. *The Curse of Cash: How Large-Denomination Bills Aid Crime and Tax Evasion and Constrain Monetary Policy*. Princeton, NJ: Princeton University Press.

Romer, Christina D. 2011. "Dear Ben: It's Time for Your Volcker Moment." *New York Times*, October 29.

Romer, Christina D., and David H. Romer. 2002. "A Rehabilitation of Monetary Policy in the 1950's." *American Economic Review* 92 (2): 121–27.

Romero, Jessie. 2013. "Treasury-Fed Accord." *Federal Reserve History*, November 22. https://www.federalreservehistory.org/essays/treasury-fed-accord.

Rosenfeld, Everett. 2015. "Fed's Fischer: Too Early to Decide on Sept Hike." CNBC, August 28.

Samuels, Brett. 2020. "Trump Calls Fed Chair Powell 'Most Improved Player.'" *The Hill*, May 13.

Samuelson, Paul, and Robert Solow. 1960. "Analytical Aspects of Anti-Inflation Policy." *American Economic Review*, Papers and Proceedings 50 (2): 177–94.

Schreft, Stacey L. 1990. "Credit Controls: 1980." *Federal Reserve Bank of Richmond Economic Review* 76 (Nov): 25–55.

Schrimpf, Andreas, Hyun Song Shin, and Vladyslav Sushko. 2020. "Leverage and Margin Spirals in Fixed Income Markets during the Covid-19 Crisis." BIS Bulletin 2. Basel, Switzerland: Bank for International Settlements.

Shiller, Robert J. 2000. *Irrational Exuberance*. Princeton, NJ: Princeton University Press.

———. 2007. "Understanding Recent Trends in House Prices and Homeownership." In *Proceedings*. Jackson Hole, WY: Federal Reserve Bank of Kansas City.

———. 2019. *Narrative Economics: How Stories Go Viral and Drive Major Economic Events*. Princeton, NJ: Princeton University Press.

Silber, William L. 2012. *Volcker: The Triumph of Persistence*. London: Bloomsbury Press.

Slacalek, Jiri, Oreste Tristani, and Giovanni L. Violante. 2020. "Household Balance Sheet Channels of Monetary Policy: A Back of the Envelope Calculation for the Euro Area." *Journal of Economic Dynamics and Control* 115 (June): 103879.

Smialek, Jeanna. 2021. "Why Are There So Few Black Economists at the Fed?" *New York Times*, February 2.

Spicer, Jonathan. 2015. "Market turmoil makes September rate hike 'less compelling'—Fed's Dudley." Reuters, August 26.

Staiger, Douglas O., James H. Stock, and Mark W. Watson. 1997. "How Precise Are Estimates of the Natural Rate of Unemployment." In *Reducing Inflation: Motivation and Strategy*, edited by Christina D. Romer and David H. Romer, 195–246. Chicago: University of Chicago Press.

Steelman, Aaron. 2013. "Full Employment and Balanced Growth Act of 1978 (Humphrey-Hawkins)." *Federal Reserve History*, November 22. https://www.federalreservehistory.org/essays/humphrey-hawkins-act.

Stein, Jeremy C. 2013. "Overheating in Credit Markets: Origins, Measurement, and Policy Responses." St. Louis, February 7.

———. 2014. "Incorporating Financial Stability Considerations into a Monetary Policy Framework." Washington, DC, March 21.

Stewart, Jay. 2000. "Did Job Security Decline in the 1990s?" Working Paper 330. Washington, DC: Bureau of Labor Statistics.

Stock, James H., and Mark W. Watson. 2007. "Why Has U.S. Inflation Become Harder to Forecast?" *Journal of Money, Credit and Banking* 39 (1): 3–33.

———. 2020. "Slack and Cyclically Sensitive Inflation." *Journal of Money, Credit and Banking* 52 (2): 393–428.

Summers, Lawrence H. 2014. "U.S. Economic Prospects: Secular Stagnation, Hysteresis, and the Zero Lower Bound." *Business Economics* 49 (2).

Sumner, Scott B. 2014. "Nominal GDP Targeting: A Simple Rule to Improve Fed Performance." *Cato Journal* 34 (2): 315–37.

Svensson, Lars E.O. 1999. "Price-Level Targeting versus Inflation Targeting: A Free Lunch?" *Journal of Money, Credit and Banking* 31 (3): 277–95.

———. 2017a. "Leaning against the Wind: The Role of Different Assumptions about the Costs." Working Paper 23745. Cambridge, MA: National Bureau of Economic Research.

———. 2017b. "Cost-Benefit Analysis of Leaning against the Wind." *Journal of Monetary Economics* 90 (October): 193–213.

Swanson, Eric T. 2011. "Let's Twist Again: A High-Frequency Event-Study Analysis of Operation Twist and Its Implications for QE2." *Brookings Papers on Economic Activity* (Spring): 151–88.

———. 2020. "Measuring the Effects of Federal Reserve Forward Guidance and Asset Purchases on Financial Markets." *Journal of Monetary Economics* 118: 32–53.

Swanson, Eric T., and John C. Williams. 2014. "Measuring the Effect of the Zero Lower Bound on Medium- and Longer-Term Interest Rates." *American Economic Review* 104 (10): 3154–85.

Tankersley, Jim. 2019. "Herman Cain's Fed Chances Dim amid Republican Senate Opposition." *New York Times*, April 11.

Tankersley, Jim, Maggie Haberman, and Emily Cochrane. 2019. "Trump Won't Nominate Stephen Moore for Fed Board." *New York Times*, May 2.

Taylor, Derrick Bryson. 2020. "A Timeline of the Coronavirus." *New York Times*, March 17.

Taylor, John B. 1993. "Discretion versus Policy Rules in Practice." *Carnegie-Rochester Conference Series on Public Policy* 39 (December): 195–214.

Timiraos, Nick, and Kate Davidson. 2017. "Wall Street Veteran Leads Search for Next Fed Chief." *Wall Street Journal*, June 13.

Uchitelle, Louis, and N. R. Kleinfield. 1996. "On the Battlefields of Business, Millions of Casualties." *New York Times*, March 3. https://archive.nytimes.com/www.nytimes.com/specials/downsize/03down1.html.

Vayanos, Dimitri, and Jean-Luc Vila. 2021. "A Preferred-Habitat Model of the Term Structure of Interest Rates." *Econometrica* 89 (1): 77–112.

Volcker, Paul A. 1990. "The Triumph of Central Banking?" Per Jacobsson Lecture, Washington, DC, September 23. http://www.perjacobsson.org/lectures/1990.pdf.

———. 2018. *Keeping At It: The Quest for Sound Money and Good Government*. New York: PublicAffairs: Hachette Book Group.

Weinraub, Mark. 2020. "Trump's Payments to Farmers Hit All-Time High ahead of Election." Reuters, October 19.

Wells, Wyatt C. 1994. *Economist in an Uncertain World: Arthur F. Burns and the Federal Reserve, 1970–1978*. New York: Columbia University Press.

Wessel, David, Louise Sheiner, and Michael Ng. 2019. "Gender and Racial Diversity of Federal Government Economists." Washington, DC: Brookings Institution: Hutchins Center on Fiscal and Monetary Policy.

Wheatley, Jonathan, and Peter Garnham. 2010. "Brazil in 'Currency War' Alert." *Financial Times*, September 27.

Wicksell, Knut. 1936. *Interest and Prices: A Study of the Causes Regulating the Value of Money*. R.S. Kahn, trans. New York: Sentry Press.

Williams, John C. 2014. "Monetary Policy at the Zero Lower Bound: Putting Theory into Practice." Hutchins Center Working Paper. Washington, DC: Brookings Institution.

———. 2017. "Speed Limits and Stall Speeds: Fostering Sustainable Growth in the United States." Sydney, Australia, June 26.

Willoughby, Jack. 2000. "Burning Up." *Barron's*, March 20.

Woodford, Michael. 2012. "Methods of Policy Accommodation at the Interest-Rate Lower Bound." In *The Changing Policy Landscape*, 185–288. Jackson Hole, WY: Federal Reserve Bank of Kansas City.

Woodward, Bob. 2000. *Maestro: Greenspan's Fed and the American Boom*. New York: Simon & Schuster.

Wu, Tao. 2014. "Unconventional Monetary Policy and Long-Term Interest Rates." IMF Working Paper 14/189. Washington, DC: International Monetary Fund.

Yellen, Janet L. 2014. "Labor Market Dynamics and Monetary Policy." Jackson Hole, WY, August 22.

———. 2015. "Inflation Dynamics and Monetary Policy." Amherst, MA, September 24.

———. 2017a. "The Economic Outlook and the Conduct of Monetary Policy." Stanford CA, January 19.

———. 2017b. "Financial Stability a Decade after the Onset of the Crisis." Jackson Hole, WY, August 25.

———. 2017c. "Inflation, Uncertainty, and Monetary Policy." Cleveland, OH, September 26.

———. 2018. "Keynote Address on the Tenth Anniversary of the Financial Crisis." Washington, DC, September 21.

Yilla, Kadija, and Nellie Liang. 2020. "What Are Macroprudential Tools?" Washington, DC: Brookings Institution. February 11.